Los Cuatro Jinetes del Apocalipsis

Vicente Blasco Ibáñez

PRIMERA PARTE

I. EN EL JARDÍN DE LA CAPILLA EXPIATORIA

Debían encontrarse a las cinco de la tarde en el pequeño jardín de la Capilla Expiatoria; pero Julio Desnoyers llegó media hora antes, con la impaciencia del enamorado que cree adelantar el momento de la cita presentándose con anticipación. Al pasar la verja por el bulevar Haussmann, se dio cuenta repentinamente de que en París el mes de julio pertenece al verano. El curso de las estaciones era para él en aquellos momentos algo embrollado que exigía cálculos. Habían transcurrido cinco meses desde las últimas entrevistas en este square que ofrece a las parejas errantes el refugio de una calma húmeda y fúnebre junto a un bulevar de continuo movimiento y en las inmediaciones de una gran estación de ferrocarril. La hora de la cita era siempre las cinco. Julio veía llegar a su amada a la luz de los reverberos, encendidos recientemente, con el bulto envuelto en pieles y llevándose el manguito al rostro lo mismo que un antifaz. La voz dulce, al saludarlo, esparcía su respiración congelada por el frío: un nimbo de vapor blanco y tenue. Después de varias entrevistas preparatorias y titubeantes, abandonaron definitivamente el jardín. Su amor había adquirido la majestuosa importancia del hecho consumado, y fue a refugiarse de cinco a siete en un quinto piso de la rue de la Pompe, donde tenía Julio su estudio de pintor. Las cortinas bien corridas sobre el ventanal de cristales, la chimenea ardiente esparciendo palpitaciones de púrpura como única luz de la habitación, el monótono canto del samovar hirviendo junto a las tazas de té, todo el recogimiento de una vida aislada por el dulce egoísmo, no les permitió enterarse de que las tardes iban siendo más largas, de que afuera aún lucía a ratos el sol en el fondo de los pozos de nácar abiertos en las nubes, y que la primavera, una primavera tímida y pálida, empezaba a mostrar sus dedos verdes en los botones de las ramas, sufriendo las últimas mordeduras del invierno, negro jabalí que volvía sobre sus pasos.

Luego, Julio había hecho un viaje a Buenos Aires, encontrando en el otro hemisferio las últimas sonrisas del otoño y los primeros vientos helados en la Pampa. Y cuando se imaginaba que el invierno era para él la eterna estación, pues le salía al paso en sus cambios de domicilio de un extremo a

otros del planeta, he aquí que se le aparecía inesperadamente el verano en este jardín de barrio.

Un enjambre de niños correteaba y gritaba en las cortas avenidas alrededor del monumento expiatorio. Lo primero que vio Julio al entrar fue un aro que venía rodando hacia sus piernas empujado por una mano infantil. Luego tropezó con una pelota. En torno de los castaños se aglomeraba el público habitual de los días calurosos, buscando la sombra azul acribillada de puntos de luz. Eran criadas de las casas próximas que hacían labores o charlaban, siguiendo con mirada indiferente los juegos violentos de los niños confiados a su vigilancia, burgueses del barrio que descendían al jardín para leer su periódico, haciéndose la ilusión de que los rodeaba la paz de los bosques. Todos los bancos estaban llenos. Algunas mujeres ocupaban taburetes plegadizos de lona, con el aplomo que confiere el derecho de propiedad. Las sillas de hierro, asientos sometidos a pago, servían de refugio a varias señoras cargadas de paquetes, burguesas de los alrededores de París que esperaban a otros individuos de su familia para tomar el tren en la gare Saint-Lazare... Y Julio había propuesto en una carta neumática el encontrarse, como en otros tiempos, en este lugar, por considerarlo poco frecuentado. Y ella, con no menos olvido de la realidad, fijaba en su respuesta la hora de siempre, las cinco, creyendo que, después de pasar unos minutos en el Printemps o las Galerías con pretexto de hacer compras, podría deslizarse hasta el jardín solitario, sin riesgos a ser vista por algunos de sus numerosos conocidos.

Desnoyers gozó una voluptuosidad casi olvidada —la del movimiento en un vasto espacio— al pasear haciendo crujir bajo sus pies los granos de arena. Durante veinte días, sus paseos habían sido sobre tablas, siguiendo con el automatismo de un caballo de picadero la vista ovoidal de la cubierta de un buque. Sus plantas, habituadas a un suelo inseguro, guardaban aún sobre la tierra firme cierta sensación de movilidad elástica. Sus idas y venidas no despertaban la curiosidad de las gentes sentadas en el paseo. Una preocupación común parecía abarcar a todos, hombres y mujeres. Los grupos cruzaban en alta voz sus impresiones. Los que tenían un periódico en la mano veían aproximarse a los vecinos con sonrisa de interrogación. Habían desaparecido de golpe la desconfianza y el recelo

que impulsan a los habitantes de las grandes ciudades a ignorarse mutuamente, midiéndose con la vista cual si fuesen enemigos.

«Hablan de la guerra —se dijo Desnoyers—. Todo París sólo habla a estas horas de la posibilidad de la guerra».

Fuera del jardín se notaba igualmente la misma ansiedad que hacía a las gentes fraternales e igualitarias. Los vendedores de periódicos pasaban por el bulevar voceando las publicaciones de la tarde. Su carrera furiosa era cortada por las manos ávidas de los transeúntes, que se disputaban los papeles. Todo lector se veía rodeado de un grupo que le pedía noticias o intentaba descifrar por encima de sus hombros los gruesos y sensacionales rótulos que encabezaban la hoja. En la rue des Mathurins, al otro lado del square, un corro de trabajadores, bajo el toldo de una taberna, oía los comentarios de un amigo, que acompañaba sus palabras agitando el periódico con ademanes oratorios. El tránsito en las calles, el movimiento general de la ciudad, era lo mismo que en otros días; pero a Julio le pareció que los vehículos iban más aprisa, que había en el aire un estremecimiento de fiebre, que las gentes hablaban y sonreían de un modo distinto. Todos parecían conocerse. A él mismo lo miraban las mujeres del jardín como si le hubiesen visto en los días anteriores. Podía acercarse a ellas y entablar conversación, sin que experimentasen extrañeza. «Hablan de la guerra», volvió a repetirse; pero con la conmiseración de una inteligencia superior que conoce el porvenir y se halla por encima de las impresiones del vulgo.

Sabía a qué atenerse. Había desembarcado a las diez de la noche, aún no hacía veinticuatro horas que pisaba tierra, y su mentalidad era la de un hombre que viene de lejos, a través de las inmensidades oceánicas, de los horizontes sin obstáculos, y se sorprende viéndose asaltado por las preocupaciones que gobiernan a los grandes grupos humanos. Al desembarcar había estado dos horas en un café de Boulogne, contemplando cómo las familias burguesas pasaban la velada en la monótona placidez de una vida sin peligros. Luego, el tren especial de los viajeros de América le había conducido a París, dejándolo a las cuatro de la madrugada en un andén de la estación del norte entre los brazos de Pepe Argensola, joven español al que llamaba unas veces mi secretario y otras mi escudero, por no saber con certeza qué funciones desempeñaba cerca de su persona. En realidad era una mezcla de amigo y de parásito, el camarada pobre complaciente y activo que acompañaba al señorito de familia rica en mala inteligencia con sus padres, participando de las alternativas de su fortuna, recogiendo las migajas de los días prósperos e inventando expedientes para conservar las apariencias en las horas de penuria.

—¿Qué hay de la guerra? —Le había dicho Argensola antes de preguntarle por el resultado de su viaje—. Tú vienes de fuera y debes de saber mucho.

Luego se había dormido en su antigua cama, guardadora de gratos recuerdos, mientras el secretario paseaba por el estudio hablando de Servia, de Rusia y del káiser. También este muchacho escéptico para todo lo que no estuviese en relación con su egoísmo, parecía contagiado por la preocupación general. Cuando despertó, la carta de ella citándole para las cinco de la tarde contenía igualmente algunas palabras sobre el temido peligro. A través de su estilo de enamorada, parecía transpirar la preocupación de París. Al salir en busca del almuerzo, la portera, con pretexto de darle la bienvenida, le había pedido noticias. Y en el restaurante, en el café, en la calle, siempre la guerra..., la posibilidad de una guerra con Alemania... Desnoyers era optimista. ¿Qué podían significar estas inquietudes para un hombre como él, que acababa de vivir más de veinte días entre alemanes, cruzando el Atlántico bajo la bandera del Imperio? Había salido de Buenos Aires en un vapor de Hamburgo: el König Friedrich August. El mundo estaba en santa tranquilidad cuando el buque se alejó de tierra. Sólo en México blancos y mestizos se exterminaban revolucionariamente, para que nadie pudiese creer que el hombre es un animal degenerado por la paz. Los pueblos demostraban en el resto del planeta una cordura extraordinaria. Hasta en el trasatlántico, el pequeño mundo de pasajeros de las más diversas nacionalidades parecía un fragmento de la sociedad futura implantado como ensayo en los tiempos presentes, un boceto del mundo del porvenir, sin fronteras ni antagonismos de razas. Una mañana, la música de abordo que hacía oír todos los domingos el Coral, de Lutero, despertó a los durmientes de los camarotes de primera clase con la más inaudita de las alboradas. Desnoyers se frotó los ojos creyendo vivir aún en las alucinaciones del sueño. Los cobres alemanes rugían la Marsellesa, por los pasillos y las cubiertas. El camarero, sonriendo ante su asombro, acabó por explicar el acontecimiento: «Catorce de Julio». En los vapores alemanes se celebran como propias las grandes fiestas de todas las naciones que proporcionan carga y pasajeros. Sus capitanes cuidan escrupulosamente de cumplir los ritos de esta religión de la bandera y del recuerdo histórico. La más insignificante República ve empavesado el buque en su honor. Es una diversión más, que ayuda a combatir la monotonía del viaje y sirve a los altos fines de la propaganda germánica. Por primera vez la gran fecha de Francia era festejada en un buque alemán; y mientras los músicos seguían paseando por los diversos pisos, una Marsellesa galopante, sudorosa y con el pelo suelto, los grupos matinales comentaban el suceso.

—¡Qué finura! —Decían las damas sudamericanas—. Estos alemanes no son tan ordinarios como parecen. Es una atención... algo muy distinguido. ¿Y aún hay quien cree que ellos y Francia van a golpearse?...

Los contadísimos franceses que viajaban en el buque se veían admirados, como si hubiesen crecido desmesuradamente ante la pública consideración. Eran tres nada más: un joyero viejo que venía de visitar sus sucursales de América, y dos muchachas comisionistas de la rue de la Paix, las personas más modositas y tímidas de a bordo, vestales de ojos alegres y nariz respingada, que se mantenían aparte, sin permitirse la menor expansión en este ambiente poco grato. Por la noche hubo banquete de gala. En el fondo del comedor, la bandera francesa y la del Imperio formaban un vistoso y disparatado cortinaje.

Todos los pasajeros alemanes iban de frac y sus damas exhibían las blancuras de sus escotes. Los uniformes de los sirvientes brillaban como en un día de gran revista. A los postres sonó el repiqueteo de un cuchillo sobre un vaso, y se hizo el silencio. El comandante iba a hablar. Y el bravo marino, que unía a sus funciones náuticas la obligación de hacer arengas en los banquetes y abrir los bailes con la dama de mayor respeto, empezó el desarrollo de un rosario de palabras semejantes a frotamientos de tabletas, con largos intervalos de vacilante silencio. Desnoyers sabía un poco de alemán, como recuerdo de sus relaciones con los parientes que tenía en Berlín, y pudo atrapar algunas palabras. Repetía el comandante a cada momento paz y amigos. Un vecino de mesa, comisionista de comercio, se ofreció como intérprete, con la obsequiosidad del que vive de la propaganda.

—El comandante pide a Dios que mantenga la paz entre Alemania y Francia y espera que cada vez serán más amigos los dos pueblos.

Otro orador se levantó en la misma mesa que ocupaba el marino. Era el más respetado de los pasajeros alemanes, un rico industrial de Düsseldorf que venía de visitar a sus corresponsales de América. Nunca lo designaban por su nombre. Tenía el título de consejero de Comercio, y para sus compatriotas era Herr Comerzienrath, así como su esposa se hacía dar el título de Frau Rath. La señora consejera, mucho más joven que su importante esposo, había atraído desde el principio del viaje la atención de Desnoyers. Ella, por su parte, hizo una excepción en favor de este joven argentino, abdicando su título desde las primeras palabras.

«Me llamo Berta», dijo dengosamente, como una duquesa de Versalles a un lindo abate sentado a sus pies. El marido también protestó al oír que Desnoyers le llamaba consejero, como sus compatriotas. «Mis amigos me llaman capitán. Yo mando una compañía de la Landsturm». Y el gesto con que el industrial acompañó estas palabras revelaba la melancolía de un hombre no comprendido menospreciando los honores que goza para pensar únicamente en lo que posee.

Mientras pronunciaba el discurso, Julio examinó su pequeña cabeza y su robusto pescuezo, que le daban cierta semejanza con un perro de pelea. Imaginariamente veía el alto y opresor cuello del uniforme haciendo surgir sobre sus bordes un doble bullón de grasa roja. Los bigotes enhiestos y engomados tomaban un avance agresivo. Su voz era cortante y seca, como si sacudiese las palabras... Así debía de lanzar el emperador sus arengas. Y el burgués belicoso, con instintiva simulación, encogía el brazo izquierdo, apoyando la mano en la empuñadura de un sable invisible.

A pesar de su gesto fiero y su oratoria de mando, todos los oyentes alemanes rieron estrepitosamente a las primeras palabras, como hombres que saben apreciar el sacrificio de un Herr Comerzienrath cuando se digna divertir una reunión.

—Dice cosas muy graciosas de los franceses —apuntó el intérprete en voz baja

—. Pero no son ofensivas.

Julio había adivinado algo de esto al oír repetidas veces la palabra franzosen. Se daba cuenta aproximadamente de lo que decía el orador: «franzosen, niños grandes, alegres, graciosos, imprevisores. ¡Las cosas que podrían hacer juntos los alemanes y ellos, si olvidasen los rencores del pasado!» Los oyentes germanos ya no reían. El consejero renunciaba a su ironía, una ironía grandiosa, aplastante, de muchas toneladas de peso, enorme como el buque. Ahora desarrollaba la parte seria de su arenga, y el mismo comisionista parecía conmovido.

—Dice, señor —continuó—, que desea que Francia sea muy grande y que algún día marchemos juntos contra otros enemigos..., ¡contra otros!

Y guiñaba un ojo sonriendo maliciosamente, con la misma sonrisa de común inteligencia que despertaba en todos esta alusión al misterioso enemigo.

Al final, el capitán consejero levantó su copa por Francia. Hoch!, gritó como si mandase una revolución a sus soldados de la reserva. Por tres veces dio el grito, y toda la masa germánica puesta en pie, contestó con un Hoch! Semejante a un rugido, mientras la música instalada en el antecomedor rompía a tocar la Marsellesa.

Desnoyers se conmovió. Un escalofrío de entusiasmo subía por su espalda. Se le humedecieron los ojos, y al beberse el champaña creyó haber tragado algunas lágrimas. Él llevaba un nombre francés, tenía sangre francesa, y lo que hacían aquellos gringos —que las más de las veces le parecían ridículos y ordinarios— era digno de agradecimiento. ¡Los súbditos del káiser festejando la gran fecha de la Revolución!...

Creyó estar asistiendo a un gran suceso histórico.

—¡Muy bien! —dijo a otros sudamericanos que ocupaban las mesas inmediatas —. Hay que reconocer que han estado muy gentiles.

Luego, con la vehemencia de sus veintiséis años, acometió en el antecomedor al joyero, echándole en cara su mutismo. Era el único ciudadano de Francia que iba a bordo. Debía haber dicho cuatro palabras de agradecimiento. La fiesta terminaba mal por su culpa.

—¿Y por qué no habló usted, que es hijo de francés? —dijo el otro—.

—Yo soy un ciudadano argentino —contestó Julio—.

Y se alejó del joyero, mientras éste, pensando que podía haber hablado, daba explicaciones a los que le rodeaban. Era muy peligroso mezclarse en asuntos diplomáticos. Además, él no tenía instrucciones de su Gobierno. Y por unas cuantas horas se creyó un hombre que había estado a punto de desempeñar un gran papel en la Historia. Pasaba Desnoyers el resto de la noche en el fumadero, atraído por la presencia de la señora consejera. El capitán de la Landstrum, avanzando un enorme cigarro entre sus bigotes, jugaba al póquer con otros compatriotas que le seguían en orden de dignidades y riquezas. Su compañera se mantenía al lado suyo gran parte de la velada, presenciando el ir y venir de los camareros cargados de bocks, sin atreverse a intervenir en este consumo enorme de cerveza. Su preocupación era guardar un asiento vacío junto a ella para que lo ocupase Desnoyers. Le tenía por el hombre más distinguido de a bordo porque tomaba champaña en todas las comidas. Era de mediana estatura, moreno, con un pie breve —que la obligaba a ella a recoger los suyos debajo de las faldas—, y su frente aparecía como un triángulo bajo dos crenchas de pelo lisas, negras, lustrosas cual planchas de laca. El tipo opuesto de los hombres que la rodeaban. Además, vivía en París, en la ciudad que ella no había visto nunca, después de numerosos viajes por ambos hemisferios.

—¡Oh París! ¡París! —Decía abriendo los ojos y frunciendo los labios para expresar su admiración cuando hablaba a solas con el argentino—. ¡Cómo me gustaría ir a él!

Y para que le contase las cosas de París se permitía ciertas confidencias sobre los placeres de Berlín, pero con ruborosa modestia, admitiendo por adelantado que en el mundo hay más, mucho más, y que ella deseaba conocerlo.

Julio, al pasear ahora en torno de la Capilla Expiatoria, se acordaba con cierto remordimiento de la esposa del consejero Erckmann. ¡Él, que había hecho el viaje a América por una mujer para reunir dinero y casarse con ella!... Pero en seguida encontraba excusas a su conducta. Nadie iba a saber lo ocurrido. Además, él no era un asceta, y Berta Erkmann representaba una amistad tentadora en medio del mar. Al recordarla, veía imaginariamente un caballo de carreras grande, enjuto, rubio y de largas zancadas. Era una alemana a la moderna, que no reconocía otro defecto a su país que la pesadez de sus mujeres, combatiendo en su persona este peligro nacional con toda clase de métodos alimenticios. La comida era para ella un tormento, y el desfile de los bocks en el fumadero un suplicio tantalesco. La esbeltez conseguida y mantenida por esta tensión de la voluntad dejaba más visible la robustez de su andamiaje, el fuerte esqueleto, con mandíbulas poderosas y unos dientes grandes, sanos, deslumbradores, que tal vez daban origen a la comparación irreverente de Desnoyers. «Es delgada, y sin embargo, enorme», decía al examinarla. Pero a continuación la declaraba igualmente la mujer más distinguida a bordo; distinguida para el Océano, elegante a estilo de Munich, con vestidos de colores indefinibles que hacían recordar el arte persa y las viñetas de los manuscritos medievales. El Marido admiraba la elegancia de Berta, lamentando en secreto su esterilidad casi como un delito de alta traición. La patria alemana era grandiosa por la fecundidad de sus mujeres. El káiser, con sus hipérboles de artista, había hecho constar que la verdadera belleza alemana debe tener el talle a partir de un metro cincuenta.

Cuando entró Desnoyers en el fumadero para ocupar el asiento que le reservaba la consejera, el marido y sus opulentos camaradas tenían la baraja inactiva sobre el verde tapete. Herr Rath continuaba entre amigos su discurso, y los oyentes se sacaban el cigarro de los labios para lanzar gruñidos de aprobación. La presencia de Julio provocó una sonrisa de general amabilidad. Era Francia que venía a fraternizar con ellos. Sabían que su padre era francés, y esto bastaba para que lo acogiesen como si llegase en línea recta del palacio del Quai d'Orsay, representando a la más alta diplomacia de la República. El afán de proselitismo hizo que todos ellos le concediesen de pronto una importancia desmesurada.

—Nosotros —continuó el consejero, mirando fijamente a Desnoyers como si esperase de él una declaración solemne— deseamos vivir en buena amistad con Francia.

El joven Julio aprobó con la cabeza, para no mostrarse desatento. Le parecía muy bien que las gentes no fuesen enemigas. Por él podía afirmarse esta amistad cuanto quisieran. Lo único que le interesaba en aquellos momentos era cierta rodilla que buscaba la suya por debajo de la mesa, transmitiéndole su dulce calor a través de un doble telón de sedas.

—Pero Francia —siguió quejumbrosamente el industrial— se muestra arisca con nosotros. Hace años que nuestro emperador le tiende la mano con noble lealtad, y ella finge no verla... Esto reconocerá usted que no es correcto.

Aquí Desnoyers creyó que debía decir algo, para que el orador no adivinase sus verdaderas preocupaciones.

—Tal vez no hacen ustedes bastante. ¡Si ustedes devolviesen, ante todo, lo que le quitaron!...

Se hizo un silencio de estupefacción, como si hubiese sonado en el buque la señal de alarma. Algunos de los que se llevaban el cigarro a los labios quedaron con la mano inmóvil a dos dedos de la boca, abriendo los ojos desmesuradamente. Pero allí estaba el capitán de la Landnstrum para dar forma su muda protesta.

—¡Devolver! — Dijo con una voz que parecía ensordecida por el repentino hinchamiento de su cuello—. Nosotros no tenemos por qué devolver nada, ya que nada hemos quitado. Lo que poseemos lo ganamos con nuestro heroísmo.

La oculta rodilla se hizo más insinuante, como si aconsejase prudencia al joven con sus dulces frotamientos.

—No diga usted esas cosas —suspiró Berta—. Eso sólo lo dicen los republicanos corrompidos de París. ¡Un joven tan distinguido, que ha estado en Berlín y tiene parientes en Alemania!... Como Desnoyers ante toda afirmación hecha con tono altivo sentía un impulso hereditario de agresividad, dijo fríamente:

—Es como si le quitase a usted el reloj y luego le propusiera que fuésemos amigos, olvidando lo ocurrido. Aunque usted pudiera olvidar, lo primero sería que yo le devolviese el reloj. Quiso responder tantas cosas a la vez el consejero Erckmann, que balbució, saltando de una idea a otra:

—¡Comparar la reconquista de Alsacia a un robo!... ¡Una tierra alemana!... La raza..., la lengua..., la historia...

—Pero ¿dónde consta su voluntad de ser alemana? —Preguntó el joven sin perder la calma—. ¿Cuándo han consultado ustedes su opinión?

Quedó indeciso el consejero, como si dudase entre caer sobre el insolente o aplastarlo con su desprecio.

—Joven, usted no sabe lo que dice —afirmó con majestad—. Usted es argentino y no entiende las cosas de Europa. Y los demás asintieron, despojándolo repentinamente de la ciudadanía que le habían atribuido poco antes. El consejero, con una rudeza militar, le había vuelto la espalda, y tomando la baraja, distribuía cartas. Se reanudó la partida. Desnoyers, viéndose aislado por este menosprecio silencioso, sintió deseos de interrumpir el juego con una violencia. Pero la oculta rodilla seguía aconsejándole la calma y una mano no menos invisible buscó su diestra, oprimiéndola dulcemente. Esto bastó para que recobrase la serenidad. La señora consejera seguía con ojos fijos la marcha del juego. Él miró también, y una sonrisa maligna contrajo levemente los extremos de su boca, al mismo tiempo que se decía mentalmente, a guisa de consuelo: «¡Capitán, capitán!... No sabes lo que te espera».

Estando en tierra firme no se habría acercado más a estos hombres; pero la vida en un trasatlántico, con su inevitable promiscuidad, obliga al olvido. Al otro día, el consejero y sus amigos fueron en busca de él, extremando sus amabilidades par borrar todo recurso enojoso. Era un joven distinguido, pertenecía a una familia rica y todos ellos poseían en su país tiendas y otros negocios. De lo único que cuidaron fue de no mencionar más su origen francés. Era argentino, y todos a coro se interesaban por la grandeza de su nación y de todas las naciones de la América del Sur, donde tenían corresponsales y empresas, exagerando su importancia como si fuesen grandes potencias, comentando con gravedad los hechos los hechos y palabras de sus personajes políticos, dando a entender que en Alemania no había quien no se preocupase de su porvenir, prediciendo a todas ellas una gloria futura, reflejo de la del Imperio, siempre que se mantuviesen bajo la influencia germánica.

A pesar de estos halagos, Desnoyers no se presentó con la misma asiduidad que antes a la hora del póquer. La consejera se retiraba a su camarote más pronto que de costumbre. La proximidad de la línea equinoccial le proporcionaba un sueño irresistible, abandonando a su esposo, que seguía con los naipes en la mano. Julio, por su parte, tenía misteriosas ocupaciones que sólo le permitían subir a cubierta después de medianoche. Con la precipitación de un hombre que desea ser visto para evitar sospechas, entraba en el fumadero hablando alto y venía a sentarse junto al marido y sus camaradas. La partida había terminado, y un derroche de cerveza y gruesos cigarros de Hamburgo servía para festejar el éxito de los gananciosos. Era la hora de las expansiones germánicas, de la intimidad entre hombres, de las bromas lentas y pesadas, de los cuentos subidos de color. El consejero presidía con toda su grandeza estas diabluras de los puertos anseáticos, que gozaban de grandes créditos en el Deutsch Bank, o tenderos instalados en las repúblicas del Plata, con una familia innumerable. Él era un guerrero, un capitán, y al celebrar cada chiste lento con una sonrisa que hinchaba su robusta cerviz, creía estar en el vivac entre sus compañeros de armas.

En honor de los sudamericanos, que, cansados de pasear por la cubierta, entraban a oír lo que decían los gringos, los cuentistas vertían al español las gracias y los relatos licenciosos despertados en su memoria por la cerveza abundante. Julio admiraba la risa fácil de que estaban dotados todos estos hombres. Mientras los extranjeros permanecían impasibles, ellos reían con sonoras carcajadas, echándose atrás en sus asientos. Y cuando el auditorio alemán permanecía frío, el cuentista apelaba a un recurso infalible para remediar su falta de éxito.

—Al káiser le contaron este cuento, y cuando káiser lo oyó, káiser rió mucho.

No necesitaba decir más. Todos reían, «¡ja, ja, ja!» con una carcajada espontánea pero breve; una risa en tres golpes, pues él prolongarla podía interpretarse como una falta de respeto a la majestad. Cerca de Europa, una oleada de noticias salió al encuentro del buque. Los empleados del telégrafo sin hilos trabajaban incesantemente. Una noche, al entrar Desnoyers en el fumadero, vio a los notables germánicos manoteando y con los rostros animados. No bebían cerveza; habían hecho destapar botellas de champaña alemán, y la frau consejera impresionada, sin duda, por los acontecimientos, se abstenía de bajar a su camarote. El capitán Erckmann, al ver al joven argentino, le ofreció una copa.

—Es la guerra —dijo con entusiasmo—, la guerra que llega... ¡Ya era hora! Desnoyers hizo un gesto de asombro. ¡La guerra!... ¿Qué guerra era ésa?... Había leído, como todos, en la tablilla de anuncios del antecomedor, un radiograma dando cuenta de que el Gobierno austríaco acababa de enviar un ultimátum a Servia, sin que esto le produjese la menor emoción. Menospreciaba las cuestiones de los Balcanes. Eran querellas de pueblos piojosos, que acaparaban la atención del mundo; distrayéndole de empresas más serias. ¿Cómo podía interesar este suceso al belicoso consejero? Las dos naciones acabarían por entenderse. La diplomacia sirve algunas veces para algo.

—No —insistió ferozmente el alemán—; es la guerra, la bendita guerra. Rusia sostendrá a Servia, y nosotros apoyaremos a nuestra aliada...

¿Qué hará Francia? ¿Usted sabe lo que hará Francia?... Julio levantó los hombros con mal humor, como pidiendo que le dejasen en paz.

—Es la guerra —continuó el consejero—, la guerra preventiva que necesitamos. Rusia crece demasiado aprisa y se prepara contra nosotros. Cuatro años más de paz, y habrá terminado sus ferrocarriles estratégicos y su fuerza militar, unida a la de sus aliados, valdrá tanto como la nuestra. Mejor es darle ahora un buen golpe. Hay que aprovechar la ocasión... La guerra. ¡La guerra preventiva! Todo su clan le escuchaba en silencio. Algunos no parecían sentir el contagio de su entusiasmo. ¡La guerra!... Con la imaginación veían los negocios paralizados, los corresponsales en quiebra, los Bancos cortando los créditos..., una catástrofe más pavorosa para ellos que las matanzas de las batallas. Pero aprobaban con gruñidos y movimientos de cabeza las feroces declamaciones de Erckmann. Era un Herr Rath, y, además, un oficial. Debía de estar en el secreto de los destinos de su patria, y esto bastaba para que bebiesen en silencio por el éxito de la guerra.

El joven creyó que el consejero y sus admiradores estaban borrachos. «Fíjese, capitán —dijo con tono conciliador—; eso que usted dice tal vez carece de lógica».

¿Cómo podía convenir una guerra a la industriosa Alemania? Por momentos iba ensanchando su acción: cada vez conquistaba un mercado nuevo; todos los años su balance comercial aparecía aumentado en proporciones inauditas. Sesenta años antes tenía que tripular sus escasos buques con los cocheros de Berlín castigados por la Policía. Ahora, sus flotas comerciales y de guerra surcaban todos los Océanos y no había puerto donde la mercancía germánica no ocupase la parte más considerable de los muelles. Sólo necesitaba seguir viviendo de este modo, mantenerse alejada de las aventuras guerreras. Veinte años más de paz, y los alemanes serían los dueños de los mercados del mundo, venciendo a Inglaterra, su maestra de ayer, en esta lucha sin sangre. ¿Y todo esto iban a exponerlo —como el que juega su fortuna entera a una carta— en una lucha que podía serles desfavorable?...

—No. ¡La guerra —insistió rabiosamente el consejero—, la guerra preventiva! Vivimos rodeados de enemigos, y esto no puede continuar. Es mejor que terminemos de una vez. ¡O ellos o nosotros! Alemania se siente con fuerzas para desafiar al mundo. Debemos poner fin a la amenaza rusa. Y si Francia no se mantiene quietecita, ¡peor para ella!... Y si alguien más... ¡alguien!, se atreve a intervenir en contra nuestra, ¡peor para ella! Cuando yo monto en mis talleres una máquina nueva, es para hacerla producir y que no descanse. Nosotros poseemos el primer Ejército del mundo, y hay que ponerlo en movimiento para que no se oxide.

Luego añadió con pesada ironía:

—Han establecido un círculo de hierro en torno de nosotros para ahogarnos. Pero Alemania tiene los pechos muy robustos, y le basta hincharlos para romper el corsé. Hay que despertar antes que nos veamos maniatados mientras dormimos. ¡Ay del que encontremos enfrente de nosotros!...

Desnoyers sintió la necesidad de contestar a estas arrogancias. Él no había visto nunca el círculo de hierro de que se quejaban los alemanes. Lo único que hacían las naciones era no seguir viviendo confiadas ni inactivas ante la desmesurada ambición germánica. Se preparaban simplemente para defenderse de una agresión casi segura. Querían sostener su dignidad, atropellada a todas horas por las más inauditas pretensiones.

—¿No serán los otros pueblos —preguntó— los que se ven obligados a defenderse, y ustedes los que representan un peligro para el mundo?

Una mano invisible buscó la suya por debajo de la mesa, como algunas noches antes, para recomendarle prudencia. Pero ahora apretaba fuerte, con la autoridad que confiere el derecho adquirido.

—¡Oh señor! —Suspiró la dulce Berta—. ¡Decir esas cosas un joven tan distinguido y que tiene...!

No pudo continuar, pues su esposo le cortó la palabra. Ya no estaban en los mares de América, y el consejero se expresó con la rudeza de un dueño de casa.

—Tuve el honor de manifestarle, joven —dijo, imitando la cortante frialdad de los diplomáticos—, que usted no es más que un sudamericano, e ignora las cosas de Europa.

No le llamó indio; pero Julio oyó interiormente la palabra lo mismo que si el alemán la hubiese proferido. ¡Ay, si la garra oculta y suave no le tuviese sujeto con sus crispaciones de emoción!... Pero este contacto mantuvo su calma y hasta le hizo sonreír. «¡Gracias, capitán! —dijo mentalmente—. Es lo menos que puedes hacer para cobrarte».

Y aquí terminaron sus relaciones con el consejero y su grupo. Los comerciantes, al verse cada vez más próximos a su patria, se iban despojando del servil deseo de agradar que les acompañaba en sus viajes al Nuevo Mundo. Tenían, además, graves cosas de que ocuparse. El servicio telegráfico funcionaba sin descanso. El comandante del buque conferenciaba en su camarote con el consejero, por ser el compatriota de mayor importancia. Sus amigos buscaban los lugares más ocultos para hablar entre ellos. Hasta Berta empezó a huir de Desnoyers. Le sonreía aún de lejos: pero su sonrisa iba dirigida más a los recuerdos que a la realidad presente. Entre Lisboa y las costas de Inglaterra habló Julio por última vez con el marido. Todas las mañanas aparecían en la tablilla del antecomedor noticias alarmantes transmitidas por los aparatos radiográficos. El Imperio se estaba armando contra sus enemigos. Dios los castigaría, haciendo caer sobre ellos toda clase de desgracias. Desnoyers quedó estupefacto de asombro ante la última noticia. «Trescientos mil revolucionarios sitian a París en este momento. Los barrios exteriores empiezan a arder. Se reproducen los horrores de la Commune».

—Pero ¡estos alemanes se han vuelto locos! —gritó el joven ante el radiograma, rodeado de un grupo de curiosos, tan asombrados como él—. Vamos a perder el poco sentido que nos queda... ¿Qué revolucionarios son ésos? ¿Qué revolución puede estallar en París si los hombres del Gobierno no son reaccionarios?

Una voz se levó detrás de él, ruda, autoritaria, como si pretendiese cortar las dudas del auditorio. Era el Herr consejero el que hablaba.

—Joven, esas noticias las envían las primeras agencias de Alemania... Y Alemania no miente nunca.

Luego de esta afirmación le volvió la espalda, y ya no se vieron más. En la madrugada siguiente —último día del viaje—, el camarero de Desnoyers lo despertó con apresuramiento. «Herr, suba a cubierta: lindo espectáculo». El mar estaba velado por la niebla; pero entre los brumosos telones se marcaban unas siluetas semejantes a islas con robustas torres y agudos minaretes. Las islas avanzaban sobre el agua aceitosa lenta y majestuosamente, con pesadez sombría. Julio contó hasta dieciocho. Parecían llenar el Océano. Era la escuadra de la Mancha, que acababa de salir de las costas de Inglaterra por orden del Gobierno, navegando sin otro fin que el de hacer constar su fuerza. Por primera vez viendo entre la bruma este desfile de dreadnoughts, que evocaban la imagen de un rebaño de monstruos marinos de la Prehistoria, se dio cuenta exacta

Desnoyers del poderío británico. El buque alemán pasó entre ellos empequeñecido, humillado, acelerando su marcha. «Cualquiera diría

—pensó el joven— que tiene la conciencia inquieta y desea ponerse a salvo». Cerca de él, un pasajero sudamericano bromeaba con un alemán. «¡Si la guerra se hubiese declarado ya entre ellos y ustedes!... ¡Si nos hiciesen prisioneros!» Después de mediodía entraron en la rada de Southampton. El Friedrich August mostró prisa en salir cuanto antes. Las operaciones se hicieron con vertiginosa rapidez. La carga fue enorme: carga de personal y de equipajes. Dos vapores llenos abordaron al trasatlántico. Una avalancha de alemanes residentes en Inglaterra invadió las cubiertas con la alegría del que pisa suelo amigo, deseando verse cuanto antes en Hamburgo. Luego el buque avanzó por el canal con una rapidez desusada en estos parajes.

La gente, asomada a las bordas, comentaba los extraordinarios encuentros en este bulevar marítimo, frecuentado ordinariamente por buques de paz. Unos humos en el horizonte eran los de la escuadra francesa llevando al presidente Poincaré, que volvía de Rusia. La alarma europea había interrumpido su viaje. Luego vieron más barcos ingleses que rondaban ante sus costas como perros agresivos y vigilantes. Dos acorazados de la América del Norte se dieron a conocer por sus mástiles en forma de cestos. Después pasó a todo vapor, con rumbo al Báltico, un navío rudo, blanco y lustroso desde las cofas a la línea de flotación. «¡Mal! —Clamaban los viajeros procedentes de América—. ¡Muy mal! Parece que esta vez va la cosa en serio». Y miraban con inquietud las costas cercanas a un lado y a otro. Ofrecían el aspecto de siempre; pero detrás de ellas se estaba preparando tal vez un nuevo período de la Historia.

El trasatlántico debía llegar a Boulogne a medianoche, aguardando hasta el amanecer para que desembarcasen cómodamente los viajeros. Sin embargo, llegó a las diez, echó el ancla lejos del puerto, y el comandante dio órdenes para que el desembarco se hiciese en menos de media hora. Para esto habían acelerado la marcha, derrochando carbón. Necesitaba alejarse cuanto antes, en busca del refugio de Hamburgo.

Por algo funcionaban los aparatos radiográficos.

A la luz de los focos azules, que esparcían sobre el mar una claridad lívida, empezó el trasbordo de pasajeros y equipajes con destino a París desde el trasatlántico a los remolcadores. «¡Aprisa! ¡Aprisa!»

Los marineros empujaban a las señoras de paso tardo, que recontaban sus maletas, creyendo haber pedido alguna. Los camareros cargaban con los niños como si fuesen paquetes. La precipitación general hacía desaparecer la exagerada y untuosa amabilidad germánica. «Son como lacayos —pensó entonces Desnoyers—. Creen próxima la hora del triunfo y no consideran necesario seguir fingiendo...»

Se vio sobre un remolcador que danzaba sobre las ondulaciones del mar, frente al muro negro e inmóvil del trasatlántico, acribillado de redondeles luminosos y con los balconajes de las cubiertas repletos de gente que saludaba agitando pañuelos. Julio reconoció a Berta, que movía una mano, pero sin verlo, sin saber en qué remolcador estaba, por una necesidad de manifestar su agradecimiento a los dulces recuerdos que se iban a perder en el misterio del mar y de la noche.

«¡Adiós, consejera!»

Empezó a agrandarse la distancia entre el trasatlántico y los remolcadores que navegaban hacia la boca del puerto. Como si hubiese aguardado este momento de impunidad, una voz estentórea surgió de la última cubierta entre ruidosas carcajadas.

«¡Hasta luego! ¡Pronto nos veremos en París!» Y la banda de música, la misma banda que trece días antes había asombrado a Desnoyers con su inesperada Marsellesa, rompió a tocar una marcha guerrera del tiempo de Federico el Grande, una marcha de granaderos con acompañamiento de trompetas. Así se perdió en la sombra, con la precipitación de la fuga y la insolencia de una venganza próxima, el último trasatlántico alemán que tocó en las costas francesas.

Esto había sido en la noche anterior. Aún no iban transcurridas veinticuatro horas, pero Desnoyers lo consideraba como un suceso lejano, de vagarosa realidad. Su pensamiento, dispuesto siempre a la contradicción, no participaba de la alarma general. Las arrogancias del consejero le parecían ahora baladronadas de un burgués metido a soldado.

Las inquietudes de la gente de París eran estremecimientos nerviosos de un pueblo que vive plácidamente y se alarma apenas vislumbra un peligro para su bienestar. ¡Tantas veces habían hablado de una guerra inmediata, solucionándose el conflicto en último instante!... Además, él no quería que hubiese guerra, porque la guerra trastornaba sus planes de vida futura, y el hombre acepta como lógico y razonable todo lo que conviene a su egoísmo, colocándolo por encima de la realidad.

«No, no habrá guerra —repitió mientras paseaba por el jardín—. Estas gentes parecen locas. ¿Cómo puede surgir una guerra en estos tiempos?...» Y después de aplastar sus dudas, que renacían indudablemente al poco rato, pensó en lo que le interesaba por el momento, consultando su reloj. Las cinco. Ella iba a llegar de un instante a otro. Creyó reconocerla de lejos en una señora que atravesaba la verja por la entrada de la rue Pasquier. Le parecía algo distinta, pero se le ocurrió que las modas veraniegas podía haber cambiado el aspecto de su persona. Antes que se aproximase pudo convencerse de su error. No iba sola: otra señora se unió a ella. Eran tal vez inglesas o norteamericanas, de las que rinden un culto romántico a la memoria de María Antonieta. Deseaban visitar la Capilla Expiatoria, antigua tumba de la reina ejecutada. Julio las vio cómo subían los peldaños, atravesando el patio interior, en cuyo suelo están enterrados ochocientos suizos muertos en la jornada del 10 de agosto, con otras víctimas de la cólera revolucionaria.

Desalentado por esta decepción, siguió paseando. Su mal humor le hizo ver considerablemente agrandada la fealdad del monumento con que la restauración borbónica había adornado el antiguo cementerio de la Magdalena. Pasaba el tiempo sin que ella llegase. En cada una de sus vueltas miraba con avidez hacia las entradas del jardín. Y ocurrió lo que en todas sus entrevistas. Ella se presentó de pronto, como si cayese de lo alto o surgiera del suelo lo mismo que una aparición. Una tos, un leve ruido de pasos, y, al volverse Julio Casi chocó con la que llegaba.

—¡Margarita! ¡Oh Margarita!...

Era ella, y, sin embargo, tardó en reconocerla. Experimentaba cierta extrañeza al ver en plena realidad este rostro que había ocupado su imaginación durante tres meses, haciéndose cada vez más espiritual e impreciso con el idealismo de la ausencia. Pero la duda fue de breves instantes. A continuación le pareció que el tiempo y el espacio quedaban suprimidos, que él no había hecho ningún viaje y solo iban transcurridas una horas desde su última entrevista. Adivinó Margarita la expansión que iba a surgir en las exclamaciones de Julio, el apretón vehemente de manos, tal vez algo más, y se mostró fría y serena.

—No; aquí, no —dijo con un mohín de contrariedad— ¡Qué idea habernos citado en este sitio!

Fueron a sentarse en las sillas de hierro, al amparo de un grupo de plantas; pero ella se levantó inmediatamente. Podían verla los que transitaban por el bulevar con sólo que volviesen los ojos hacia el jardín. A estas horas, muchas amigas suyas debían de andar por las inmediaciones, a causa de la proximidad de los grandes almacenes... Buscaron el refugio de una esquina del monumento, metiéndose entre éste y la rue des Mathurins. Desnoyers colocó dos sillas junto a un macizo de vegetación, y al sentarse quedaron invisibles para los que transitaban por el otro lado de la verja. Pero ninguna soledad. A pocos pasos de ellos, un señor grueso y miope leía su periódico, un grupo de mujeres charlaba y hacía labores. Una señora con peluca roja y dos perros —alguna vecina que bajaba al jardín para dar aire a sus acompañantes— pasó varias veces ante la amorosa pareja, sonriendo discretamente.

—¡Qué fastidio! —Gimió Margarita—. ¡Qué mala idea haber venido a este lugar! Se miraban los dos atentamente, como si quisieran darse exacta cuenta de las transformaciones operadas por el tiempo.

—Estás más moreno —dijo ella—. Pareces un hombre de mar.

Julio la encontraba más hermosa que antes, reconociendo que bien valía su posesión las contrariedades que habían originado su viaje a América. Era más alta que él, de una esbeltez elegante y armoniosa. «Tiene el paso musical», decía Desnoyers al evocar su imagen. Y lo primero que admiró al volverla a ver fue el ritmo suelto, juguetón y gracioso con que marchaba por el jardín buscando nuevo asiento. Su rostro no era de trazos regulares, pero tenía una gracia picante: un verdadero rostro de parisiense. Todo cuanto han podido inventar las artes de embellecimiento femenil se reunía en su persona, sometida a los más exquisitos cuidados. Había vivido siempre para ella. Sólo desde algunos meses antes abdicó en parte este dulcísimo egoísmo, sacrificando reuniones, tés y visitas, para dedicar a Desnoyers las horas de la tarde. Elegante y pintada como una muñeca de gran precio, teniendo por suprema aspiración el ser un maniquí que realzase con su gracia corporal las invenciones de los modistos, había acabado por sentir las mismas preocupaciones y alegrías de las otras mujeres, creándose una vida interior. El núcleo de esta nueva vida, que permanecía oculta bajo su antigua frivolidad fue Desnoyers. Luego, cuando se imaginaba haber organizado su existencia definitivamente - las satisfacciones de la elegancia para el mundo y las dichas del amor en íntimo secreto-, una catástrofe fulminante, la intervención del marido, cuya presencia parecía haber olvidado, trastornó su inconsciente felicidad. Ella, que se creía el centro del Universo, imaginando que los sucesos debían rodar con arreglo a sus deseos y gustos, sufrió la cruel sorpresa con más asombro que dolor.

—Y tú ¿cómo te encuentras? —siguió diciendo Margarita.

Para que Julio no se equivocase al contestarle, miró su amplia falda, añadiendo:

—Te advierto que ha cambiado la moda. Terminó la falda entravée. Ahora empieza a llevarse corta y con mucho vuelo.

Desnoyers tuvo que ocuparse del vestido con tanto apasionamiento como de ella, mezclando las apreciaciones sobre la reciente moda y los elogios a la belleza de Margarita.

—¿has pensado mucho en mí? —continuó. ¿No me has engañado una sola vez?

¿Ni una siquiera?... Di la verdad: mira que yo conozco bien cuándo mientes.

—Siempre ha pensado en ti —dijo él, llevándose una mano al corazón como si jurase ante un juez.

Y lo dijo rotundamente, con un acento de verdad, pues en sus infidelidades —que ahora estaban completamente olvidadas— le había acompañado el recuerdo de Margarita.

—Pero ¡hablemos de ti! —Añadió Julio—. ¿Qué es lo que has hecho en este tiempo?

Había aproximado su silla a la de ella todo lo posible. Sus rodillas estaban en contacto. Tomaba una de sus manos, acariciándola, introduciendo un dedo por la abertura del guante. ¡Aquel maldito jardín, que no permitía mayores intimidades y los obligaba a hablar en voz baja después de tres meses de ausencia!... A pesar de su discreción, el señor que leía el periódico levantó la cabeza para mirarlos irritado por encima de sus gafas, como si una mosca le distrajera con sus zumbidos... ¡Venir a hablar tonterías de amor en un jardín público, cuando toda Europa estaba amenazada de una catástrofe! Margarita, repeliendo la mano audaz, habló tranquilamente de su existencia durante los últimos meses.

—He entretenido mi vida como he podido, aburriéndome mucho. Ya sabes que me fui a vivir con mamá, y mamá es una señora a la antigua, que no comprende nuestros gustos. He ido al teatro con mi hermano; he hecho visitas al abogado para enterarme de la marcha de mi divorcio y darle prisa... Y nada más.

—¿Y tu marido?...

—No hablemos de él, ¿quieres? El pobre me da lástima. Tan bueno..., tan correcto... El abogado asegura que pasa por todo y no quiere oponer obstáculos. Me dicen que no viene a París, que vive en su fábrica. Nuestra antigua casa está cerrada. Hay veces que siento remordimiento al pensar que he sido mala con él.

—¿Y yo? —dijo Julio, retirando su mano.

—Tienes razón —contestó ella, sonriendo—. Tú eres la vida. Resulta cruel, pero es humano. Debemos vivir nuestra existencia, sin fijarnos en si molestamos a los demás. Hay que ser egoístas para ser felices.

Los dos quedaron en silencio. El recuerdo del marido había pasado entre ellos como un soplo glacial. Julio fue el primero en reanimarse.

—¿Y no has bailado en todo ese tiempo?

No. ¿Cómo era posible? Fíjate: ¡una señora que está en gestiones de divorcio!... No he ido a ninguna reunión chic desde que te marchaste. He querido guardar cierto luto por tu ausencia. Un día tangueamos en una fiesta de familia. ¡Qué horror!... Faltabas tú, maestro. Habían vuelto a estrecharse las manos y sonreían. Desfilaban ante sus ojos los recuerdos de algunos meses antes, cuando se había iniciado su amor, de cinco a siete de la tarde, bailando en los hoteles de los Campos Elíseos, que realizaban la unión indisoluble del tango con la taza de té.

Ella pareció arrancarse de estos recuerdos a impulsos de una obsesión tenaz que sólo había olvidado en los primeros instantes del encuentro.

—Tú, que sabes mucho, di ¿crees que habrá guerra? ¡La gente habla tanto!... ¿No te parece que todo acabará por arreglarse? Desnoyers la apoyó con su optimismo.

No creía en la posibilidad de una guerra. Era algo absurdo.

—Lo mismo digo yo. Nuestra época no es de salvajes. Yo he conocido alemanes, personas chic y bien educadas, que seguramente piensan igual que nosotros. Un profesor viejo que va a casa explicaba ayer a mamá que las guerras ya no son posibles en estos tiempos de adelanto. A los dos meses, apenas quedarían hombres; a los tres, el mundo se vería sin dinero para continuar la lucha. No recuerdo cómo era esto; pero él lo explicaba palpablemente, de un modo que daba gusto oírle.

Reflexionó en silencio, queriendo coordinar sus recuerdos confusos; pero, asustada ante el esfuerzo que esto suponía, añadió por su cuenta:

—Imagínate una guerra. ¡Qué horror! La vida social, paralizada. Se acabarían las reuniones, los trajes, los teatros. Hasta es posible que no se inventasen modas. Todas las mujeres, de luto. ¿Concibes eso?... Y París, desierto... ¡Tan bonito como lo encontraba yo esta tarde cuando venía en tu busca!... No, no puede ser. Figúrate que el mes próximo nos vamos a

Vichy: mamá necesita las aguas; luego a Biarritz. Después iré a un castillo del Loira. Y, además, hay nuestro asunto, mi divorcio, nuestro casamiento, que puede realizarse el año que viene... ¡Y todo esto vendría a estorbarlo y cortarlo una guerra!... No, no es posible. Son cosas de mi hermano y otros como él, que sueñan con el peligro de Alemania. Estoy segura de que mi marido, que sólo gusta de ocuparse de cosas serias y enojosas, también es de los que creen próxima la guerra y se preparan para hacerla. ¡Qué disparate! Di conmigo que es un disparate. Necesito que tú me lo digas.

Y tranquilizada por las afirmaciones de su amante, cambió el rumbo de la conversación. La posibilidad del nuevo matrimonio mencionado por ella evocó en su memoria el objeto del viaje realizado por Desnoyers. No habían tenido tiempo para escribirse durante la corta separación.

—¿Conseguiste dinero? Con la alegría de verte he olvidado tantas cosas...

Él habló, adoptando el aire de un experto en negocios. Traía menos de lo que esperaba. Había encontrado al país en una de sus crisis periódicas. Pero aun así, había conseguido reunir cuatrocientos mil francos. En la cartera guardaba un cheque por esta cantidad. Más adelante le harían nuevos envíos. Un señor del campo, algo pariente suyo, cuidaba de sus asuntos. Margarita parecía satisfecha. También adoptó ella un aire de mujer grave, a pesar de su frivolidad.

—El dinero es el dinero —dijo sentenciosamente—, y sin él no hay dicha segura. Con tus cuatrocientos mil francos y lo que yo tengo podremos ir adelante... Te advierto que mi marido desea entregar mi dote. Así lo ha dicho a mi hermano. Pero el estado de sus negocios, la marcha de su fábrica, no le permiten restituir con tanta prisa como él quisiera hacerlo. El pobre me da lástima... Tan honrado y recto en todas sus cosas. ¡Si no fuese tan vulgar!...

Otra vez pareció arrepentirse Margarita de estos elogios espontáneos y tardíos que enfriaban su entrevista. Julio pareció molesto al escucharlos. Y de nuevo cambió ella el objeto de su charla.

—¿Y tu familia? ¿La has visto?

Desnoyers había estado en casa de sus padres antes de dirigirse a la Capilla Expiatoria. Una entrada furtiva en el gran edificio de la avenida de Víctor Hugo. Había subido al primer piso por la escalera de servicio, como un proveedor. Luego se había deslizado en la cocina lo mismo que un soldado amante de una de las criadas. Allí había venido a abrazarle su madre, la pobre doña Luisa, llorando, cubriéndolo de besos frenéticos, como si hubiese creído perderle para siempre. Luego había aparecido Luisita, la llamada Chichí, que lo contemplaba siempre con simpática curiosidad, como si quisiera enterarse bien de cómo es un hermano malo y adorable que aparta a las mujeres decentes del camino de la virtud y vive haciendo locuras. A continuación, una gran sorpresa para Desnoyers, pues vio entrar en la cocina, con aires de actriz solemne, de madre noble de tragedia, a su tía Elena, la casada con el alemán, la que vivía en Berlín rodeada de innumerables hijos.

—Está en París hace un mes. Va a pasar una temporada en nuestro castillo. Y también parece que anda por aquí su hijo mayor, mi primo, el sabio, al que no he visto hace años.

La entrevista había sido cortada repetidas veces por el miedo. «El viejo está en casa, ten cuidado», le decía su madre cada vez que levantaba la voz. Y su tía Elena iba hacia la puerta con paso dramático, lo mismo que una heroína resuelta a dar de puñaladas al tirano que pasa el umbral de su cámara. Toda la familia continuaba sometida a la rígida autoridad de Marcelo Desnoyers.

—¡Ay ese viejo! —Exclamó Julio refiriéndose a su padre—. Que viva muchos años; pero ¡cómo pesa sobre todos nosotros!

Su madre, que no se cansaba de contemplarlo, había tenido que acelerar el final de la entrevista, asustada por ciertos ruidos. «Márchate. Podría sorprendernos, y el disgusto sería enorme». Y él había huído de la casa paterna, saludando por las lágrimas de las dos señoras y las miradas admirativas de Chichí, ruborosa y satisfecha a la vez de su hermano que provocaba entre sus amigas escándalo y entusiasmo. Margarita habló también del señor Desnoyers. Un viejo terrible, un hombre a la antigua, con el que no llegarían nunca a entenderse. Quedaron en silencio los dos, mirándose fijamente. Ya se habían dicho lo de mayor urgencia, que interesaba a su porvenir. Pero otras cosas más inmediatas quedaban en su interior y parecían asomar a los ojos, tímidas y vacilantes, antes de escaparse en forma de palabras. No se atrevían a hablar como enamorados. Cada vez era mayor en torno de ellos el número de testigos. La señora de los perros y la peluca pasaba con más frecuencia, acortando sus vueltas por el square para saludarlos con una sonrisa de complicidad. El lector de periódicos contaba ahora con un vecino de banco para hablar de las posibilidades de la guerra. El jardín se convertía en una calle. Las modistillas, al salir de los obradores, y las señoras, de vuelta de los almacenes, lo atravesaban para ganar terreno. La corta avenida era un atajo cada vez más frecuentado, y todos los transeúntes lanzaban al pasar una mirada curiosa sobre la elegante señora y su compañero, sentados al amparo de un grupo de vegetación, con el aspecto encogido y falsamente natural de las personas que desean ocultarse y fingen al mismo tiempo una actitud despreocupada.

—¡Qué fastidio! —Gimió Margarita—. Nos van a sorprender.

Una muchacha la miró fijamente, y ella creyó reconocer a una empleada de un modisto célebre. Además, podían atravesar el jardín algunas de las personas amigas que una hora antes había entrevisto en la muchedumbre que llenaba los grandes almacenes próximos.

—Vámonos —continuó— ¡Si nos viesen juntos! Figúrate lo que hablarían... Y ahora precisamente que la gente nos tiene algo olvidados.

Desnoyers protestó con mal humor. ¿Marcharse?... París era pequeño para ellos por culpa de Margarita, que se negaba a volver al único sitio donde estarían al abrigo de toda sorpresa. En otro paseo, en un restaurante, allí donde fuesen, corrían igual riesgo de ser conocidos. Ella sólo aceptaba entrevistas en lugares públicos, y al mismo tiempo sentía miedo a la curiosidad de la gente. ¡Si Margarita quisiera ir a su estudio, de tan dulces recuerdos!...

—No; a tu casa, no —repuso ella con apresuramiento—. No puedo olvidar el último día que estuve allí.

Pero Julio insistió, adivinando en su firme negativa el agrietamiento de una primera vacilación. ¿Dónde estarían mejor? Además, ¿no iban a casarse tan pronto como les fuese posible?...

—Te digo que no —repitió ella—. ¡Quién sabe si mi marido me vigila! ¡Qué complicación para mi divorcio si nos sorprenden en tu casa!

Ahora fue él quien hizo el elogio del marido, esforzándose para demostrar que esta vigilancia era incompatible con su carácter. El ingeniero había aceptado los hechos, juzgándolos irreparables, y en aquel momento sólo pensaba en rehacer su vida.

—No: mejor es separarse —continuó ella—. Mañana nos veremos. Tú buscarás otro sitio más discreto. Piensa; tú encuentras solución a todo.

Él deseaba una solución inmediata. Habían abandonado sus asientos, dirigiéndose lentamente hacia la rue des Mathurins. Julio hablaba con una elocuencia temblorosa y persuasiva. Mañana, no; ahora. No tenían más que llamar a un «auto» de alquiler; unos minutos de carrera, y luego el aislamiento, el misterio, la vuelta al dulce pasado, la intimidad de aquel estudio que había visto sus mejores horas. Creerían que no había transcurrido el tiempo, que estaban aún en sus primeras entrevistas.

—No —dijo ella con acento desfallecido, buscando una última resistencia—. Además, estará allí tu secretario, un español que te acompaña. ¡Qué vergüenza encontrarme con él!...

Julio rió... ¡Argensola! ¿Podía ser un obstáculo este camarada que conocía todo su pasado? Si lo encontraban en la casa, saldría inmediatamente. Más de una vez le había obligado a abandonar el estudio para que no estorbase. Su discreción era tal, que le hacía presentir los sucesos. De seguro que había salido, adivinando una visita próxima que no podía ser más lógica. Andaría por las calles en busca de noticias.

Calló Margarita, como si se declarase vencida al ver agotados sus pretextos. Desnoyers calló también, aceptando favorablemente su silencio. Habían salido del jardín, y ella miraba en torno con inquietud, asustada de verse en plena calle al lado de su amante y buscando un refugio. De pronto vio ante ella una portezuela roja de automóvil abierta por la mano de su compañero.

—Sube —ordenó Julio.

Y ella subió apresuradamente, con el ansia de ocultarse cuanto antes. El vehículo se puso en marcha a gran velocidad. Margarita bajó inmediatamente la cortinilla de la ventana próxima a su asiento. Pero antes que terminara la operación y pudiera volver la cabeza, sintió una boca ávida que acariciaba su nuca.

—No; aquí, no —dijo con tono suplicante—. Seamos serios.

Y mientras él, rebelde a estas exhortaciones, insistía en sus apasionados avances, la voz de Margarita volvió a sonar sobre el estrépito de ferretería vieja que lanzaba el automóvil saltando sobre el pavimento.

—¿Crees realmente que no habrá guerra? ¿Crees que podremos casarnos?... Dímelo otra vez. Necesito que me tranquilices. Quiero oírlo de tu boca.

II. EL CENTAURO MADARIAGA

En 1870, Marcelo Desnoyers tenía diecinueve años. Había nacido en los alrededores de París. Era hijo único, y su padre, dedicado a pequeñas especulaciones de construcción, mantenía a la familia en un modesto bienestar. El albañil quiso hacer de su hijo un arquitecto, y Marcelo empezaba los estudios preparatorios, cuando murió el padre repentinamente, dejando sus negocios embrollados. En pocos meses, él y su madre descendieron la pendiente de la ruina, viéndose obligados a renunciar a sus comodidades burguesas para vivir como obreros.

Cuando, a los catorce años, tuvo que escoger un oficio, se hizo tallista. Este oficio era un arte y estaba en relación con las aficiones despertadas en Marcelo por sus estudios, forzosamente abandonados. La madre se retiró al campo, buscando el amparo de unos parientes. Él avanzó con rapidez en el taller, ayudando a su maestro en todos los trabajos importantes que realizaba en provincias. Las primeras noticias de la guerra con Prusia le sorprendieron en Marsella, trabajando en el decorado de un teatro.

Marcelo era enemigo del Imperio, como todos los jóvenes de su generación. Además, sentíase influido por los obreros viejos, que habían intervenido en la República del 48 y guardaban vivo el recuerdo del golpe de estado del 2 de diciembre. Un día vio en las calles de Marsellla una manifestación popular en favor de la paz, que equivalía a una protesta contra el Gobierno. Los viejos republicanos, en lucha implacable contra el emperador; los compañeros de la Internacional, que acababan de organizarse, y gran número de españoles e italianos, huidos de sus países por recientes insurrecciones componían el cortejo. Un estudiante melenudo y tísico llevaba la bandera. «Es la paz que deseamos; una paz que una a todos los hombres», cantaban los manifestantes. Pero en la Tierra los más nobles propósitos rara vez son oídos, pues el Destino se divierte en torcerlos y desviarlos. Apenas entraron en la Cannebière los amigos de la paz con su himno y su estandarte, fue la guerra lo que les salió al paso, teniendo que apelar al puño y al garrote. El día antes habían desembarcado unos batallones de zuavos de Argelia que iban a reforzar el ejército de la frontera, y estos veteranos, acostumbrados a la existencia colonial, poco escrupulosa en materia de atropellos, creyeron oportuno intervenir en la manifestación, unos con las bayonetas, otros con los cinturones desceñidos «¡Viva la muerte!» Y una lluvia de zurriagazos y golpes cayó sobre los cantores. Marcelo pudo ver cómo el cándido estudiante que hacía llamamientos a la paz con una gravedad sacerdotal rodaba envuelto en su estandarte bajo el regocijado pateo de los zuavos. Y no se enteró de más, pues le alcanzaron varios correazos, una cuchillada leve en un hombro, y tuvo que correr lo mismo que los otros.

Aquel día se reveló por primera vez su carácter tenaz, soberbio, irritable ante la contradicción, hasta el punto de adoptar las más extremas resoluciones. El recuerdo de los golpes recibidos le enfureció como algo que pedía venganza. «¡Abajo la guerra!» Ya que no le era posible protestar de otro modo, abandonaría su país. La lucha iba a ser larga, desastrosa, según los enemigos del Imperio. Él entraba en quinta dentro de unos meses. Podía el emperador arreglar sus asuntos como mejor le pareciese. Desnoyers renunciaba al honor de servirle. Vaciló un poco al acordarse de su madre. Pero sus parientes del campo no le abandonarían, y él tenía el propósito de trabajar mucho para enviarle dinero. ¡Quién sabe si le esperaba la riqueza al otro lado del mar!... ¡Adiós Francia!

Gracias a sus ahorros, un corredor del puerto le ofreció el embarco sin papeles en tres buques. Uno iba a Egipto; otro, a Australia; otro, a Montevideo y Buenos Aires.

¿Cuál le parecía mejor?... Desnoyers, recordando sus lecturas, quiso consultar el viento y seguir el rumbo que le marcase, como lo había visto hacer a varios héroes de novelas. Pero aquel día el viento soplaba de la parte del mar, internándose en Francia. También quiso echar una moneda en alto para que indicase su destino. Al fin, se decidió por el buque que saliese antes. Sólo cuando estuvo con su magro equipaje sobre la cubierta de un vapor próximo a zarpar tuvo interés en conocer su rumbo.

«Para el río de la Plata...» Y acogió estas palabras con un gesto de fatalista. «¡Vaya por la América del Sur!» No le desagradaba el país. Lo conocía por ciertas publicaciones de viajes, cuyas láminas representaban tropeles de caballos en libertad, indios desnudos y emplumados, gauchos hirsutos volteando sobre sus cabezas lazos serpenteantes y correas con bolas.

El millonario Desnoyers se acordaba siempre de su viaje a América: cuarenta y tres días de navegación en un vapor pequeño y desvencijado, que sonaba a hierro viejo, gemía por todas sus junturas al menor golpe de mar y se detuvo cuatro veces por fatiga de la máquina, quedando a merced de olas y corrientes. En Montevideo pudo enterarse de los reveses sufridos por su patria y de que el Imperio ya no existía. Sintió la vergüenza al saber que la nación se gobernaba por sí misma, defendiéndose tenazmente detrás de las murallas de París. ¡Y él había huido!... Meses después, los sucesos de la Commune le consolaron de su fuga. De quedarse allá, la cólera por los fracasos nacionales, sus relaciones de compañerismo, el ambiente que vivía, todo le hubiese arrastrado a la revuelta. A aquellas horas estaría fusilado o viviría en un presidio colonial, como tantos de sus antiguos camaradas. Alabó su resolución y dejó de pensar en los asuntos de su patria. La necesidad de ganarse la subsistencia en un país extranjero, cuya lengua empezaba a conocer, hizo que sólo se ocupase de su persona. La vida agitada y aventurera de los pueblos nuevos le arrastró a través de los más diversos oficios y las más disparatadas improvisaciones. Se sintió fuerte, con una audacia y un aplomo que nunca había tenido en el viejo mundo. «Yo sirvo para todo —decía— si me dan tiempo para ejercitarme.» Hasta fue soldado -él, que había huido de su patria por no tomar un fusil-, y recibió una herida en uno de los muchos combates entre blancos y colorados de la Ribera Oriental. En Buenos Aires volvió a trabajar de tallista. La ciudad empezaba a transformarse, rompiendo su envoltura de gran aldea. Desnoyers pasó varios años ornando salones y fachadas. Fue una existencia laboriosa, sedentaria y remuneradora. Pero un día se cansó de este ahorro lento que sólo podía proporcionarle, a la larga, una fortuna mediocre. Él había ido al Nuevo Mundo para hacerse rico, como tantos otros. Y a los veintisiete años se lanzó de nuevo en plena aventura, huyendo de las ciudades, queriendo arrancar el dinero de las entrañas de una Naturaleza virgen. Intentó cultivos en las selvas del Norte; pero la langosta los arrasó en unas horas. Fue comerciante de ganado, arreando con sólo dos peones tropas de novillos y mulas, que hacía pasar a Chile o Bolivia por las soledades nevadas de los Andes. Perdió en esta vida la exacta noción del tiempo y el espacio, emprendiendo travesías que duraban meses por llanuras interminables. Tan pronto se consideraba próximo a la fortuna, como lo perdía todo de golpe por una especulación desgraciada. Y en uno de estos momentos de ruina y desaliento, teniendo ya treinta años, fue cuando se puso al servicio del rico estanciero Julio Madariaga.

Conocía a este millonario rústico por sus compras de reses. Era un español que había llegado muy joven al país, plegándose con gusto a sus costumbres y viviendo como un gaucho, después de adquirir enormes propiedades. Generalmente, lo apodaban el gallego Madariaga, a causa de su nacionalidad, aunque había nacido en Castilla. Las gentes del campo trasladaban al apellido el título de respeto que precede al nombre, llamándole don Madariaga.

—Compañero —dijo a Desnoyers un día que estaba de buen humor, lo que en él era raro—, pasa usted muchos apuros. La falta de plata se huele de lejos. ¿Por qué sigue en esta perra vida?... Créame, gabacho, y quédese aquí. Yo voy haciéndome viejo y necesito un hombre.

Al concertarse el francés con Madariaga, los propietarios de las inmediaciones, que vivían a quince o veinte leguas de la estancia, detenían al nuevo empleado en los caminos para augurarle toda clase de infortunios.

—No durará usted mucho. A don Madariaga no hay quien lo resista. Hemos perdido la cuenta de sus administradores. Es un hombre que hay que matarlo o abandonarlo. Pronto se marchará usted. Desnoyers no tardó en convencerse de que había algo de cierto en tales murmuraciones. Madariaga era de un carácter insufrible: pero, tocado de cierta simpatía por el francés, procuraba no molestarlo con su irritabilidad.

—Es una perla ese gabacho —decía, como excusando sus muestras de consideración—. Yo lo quiero porque es muy serio... Así me gustan a mí los hombres.

No sabía con certeza el mismo Desnoyers en qué podía consistir esta seriedad tan admirada por su patrón; pero experimentó un secreto orgullo al verlo agresivo con todos, hasta con su familia, mientras tomaba, al hablar con él, un tono de rudeza paternal. La familia la constituían su esposa, misiá Petrona, a la que él llama la china, y dos hijas, ya mujeres, que habían pasado por un colegio de Buenos Aires, pero al volver a la estancia recobraron en parte la rusticidad originaria. La fortuna de Madariaga era enorme. Había vivido en el campo desde su llegada a América, cuando la gente blanca no se atrevía a establecerse fuera de las poblaciones por miedo a los indios bravos. Su primer dinero lo ganó como heroico comerciante, llevando mercancías en una carreta de fortín a fortín. Mató indios, fue herido dos veces por ellos, vivió cautivo una temporada, y acabó por hacerse amigo de un cacique. Con sus ganancias compró tierra, mucha tierra, poco deseada por lo insegura, dedicándose a la cría de novillos, que había de defender carabina en mano de los piratas de la pradera. Luego se casó con su china, joven mestiza que iba descalza, pero tenía varios campos de sus padres. Estos habían vivido en una pobreza casi salvaje sobre tierras de su propiedad que exigían varias jornadas de trote para ser recorridas. Después, cuando el Gobierno fue empujando a los indios hacia las fronteras y puso en venta los territorios sin dueño —apreciando como una abnegación patriótica que alguien quisiera adquirirlos—, Madariaga compró y compró a precios insignificantes y con larguísimos plazos. Adquirir tierra y poblarla de animales fue la misión de su vida. A veces, galopando en compañía de Desnoyers por sus campos interminables, no podía reprimir un sentimiento de orgullo.

«Va en busca de un nuevo peón que trabajará sus tierras dentro de quince años.» EL personal de la estancia comentaba el parecido fisonómico de ciertos jóvenes que trabajan lo mismo que los demás, galopando desde el alba para ejecutar las diversas operaciones del pastoreo. Su origen era objeto de irrespetuosos comentarios. El capataz Celedonio, mestizo de treinta años, generalmente detestado por su carácter duro y avariento también ofrecía una lejana semejanza con el patrón. Casi todos los años se presentaba con aire de misterio alguna mujer que venía de muy lejos, china sucia y malcarada, de relieves colgantes, llevando de la mano a un mesticillo de ojos de brasa. Pedía hablar a solas con el dueño; y al verse frente a él, le recordaba un viaje realizado diez o doce años antes para comprar una punta de reses.

—¿Se acuerda, patrón, que pasó la noche en mi rancho porque el río iba crecido? El patrón no se acordaba de nada. Únicamente un vago instinto parecía indicarle

que la mujer decía verdad.

—Bueno; y ¿qué?

—Patrón, aquí lo tiene... Más vale que se haga hombre a su lado que en otra parte. Y le presentaba al pequeño mestizo. ¡Uno más y ofrecido con esta sencillez!...

«Falta de religión y buenas costumbres.» Con repentina modestia dudaba de la veracidad de la mujer. ¿Por qué había de ser precisamente suyo?... La vacilación no era, sin embargo, muy larga.

—Por si es, ponlo con los otros.

La madre se marchaba tranquila, viendo asegurado el porvenir del pequeño; porque aquel hombre pródigo en violencias también lo era en generosidades. Al final no le faltaría a su hijo un pedazo de tierra y un buen hato de ovejas.

Estas adopciones provocaron al principio una rebeldía de misiá Petrona, la única que se permitió en toda su existencia. Pero el centauro le impuso un silencio de terror.

—¿Y aún te atreves a hablar, vaca floja?... Una mujer que sólo ha sabido darme hembras. Vergüenza debías tener.

La misma mano que extraía negligentemente de un bolsillo los billetes hechos una bola, dándolos a capricho, sin reparar en cantidades, llevaba colgada a la muñeca un rebenque. Era para golpear al caballo; pero lo levantaba con facilidad cuando alguno de los peones incurría en su cólera.

—Te pego porque puedo —decía como excusa al serenarse.

Un día, el golpeado hizo un paso atrás, buscando el cuchillo en el cinto.

—A mí no me pega usted, patrón. Yo no he nacido en estos pagos... Yo soy de

Corrientes. El patrón quedó con el látigo en alto.

—¿De verdad que no has nacido aquí?... Entonces tienes razón: no puedo pegarte. Toma cinco pesos.

Cuando Desnoyers entró en la estancia, Madariaga empezaba a perder la cuenta de los que estaban bajo su potestad a uso latino antiguo y podían recibir sus golpes. Eran tantos, que incurría en frecuentes confusiones. El francés admiró el ojo experto de su patrón para los negocios. Le bastaba contemplar por breves minutos un rebaño de miles de reses para saber su número con exactitud. Galopaba con aire indiferente en torno del inmenso grupo cornudo y pataleante, y de pronto hacía apartar varios animales. Había descubierto que estaban enfermos. Con un comprador como Madariaga, las marrullerías y artificios de los vendedores resultaban inútiles. Su serenidad ante la desgracia era también admirable. Una sequía sembraba repentinamente sus prados de vacas muertas. La llanura parecía un campo de batalla abandonado. Por todas partes, bultos negros; en el aire, grandes espirales de cuervos que llegaban de muchas leguas a la redonda. Otras veces era el frío: un inesperado descenso del termómetro cubría el suelo de cadáveres. Diez mil animales, quince mil, tal vez más, se habían perdido.

—¿Qué hacer? —Decía Madariaga con resignación—. Sin tales desgracias, esta tierra sería un paraíso... Ahora lo que importa es salvar los cueros.

Echaba pestes contra la soberbia de los emigrantes de Europa, contra las nuevas costumbres de la gente pobre, porque no disponía de bastantes brazos para desollar a las víctimas en poco tiempo y miles de pieles se perdían al corromperse unidas a la carne. Los huesos blanqueaban la tierra como montones de nieve. Los peoncitos iban colocando en los postes del alambrado cráneos de vaca con los cuernos retorcidos, adorno rústico que evocaba la imagen de un desfile de liras helénicas.

—Por suerte queda la tierra —añadía el estanciero—.

Galopaba por sus campos inmensos, que empezaban a verdear bajo las nuevas lluvias. Había sido de los primeros en convertir las tierras vírgenes en praderas, sustituyendo el pasto natural con la alfalfa. Donde antes vivía un novillo, colocaba ahora tres. «La mesa está puesta —decía alegremente—. Vamos en busca de nuevos convidados.» Y compraba a precios irrisorios el ganado desfallecido de hambre en los campos naturales, llevándolo a un rápido engordamiento en sus tierras opulentas.

Una mañana, Desnoyers le salvó la vida. Había levantado su rebenque sobre un peón recién entrado en la estancia, y éste le acometió cuchillo en mano. Madariaga se defendía a latigazos, convencido de que iba a recibir de un momento a otro la cuchillada mortal, cuando llegó el francés y, sacando su revólver, dominó y desarmó al adversario.

—¡Gracias, gabacho! —dijo el estanciero, emocionado—. Eres todo un hombre y debo recompensarte. Desde hoy... te hablaré de tú.

Desnoyers no llegó a comprender qué recompensa podía significar este tuteo.

¡Era tan raro aquel hombre!...

Algunas consideraciones personales vinieron, sin embargo, a mejorar su estado. No comió más en el edificio donde estaba instalada la Administración. El dueño exigió imperativamente que en adelante ocupase un sitio en su propia mesa. Y así entró Desnoyers en la intimidad de la familia Madariaga. La esposa era una figura muda cuando el marido estaba presente. Se levantaba en plena noche para vigilar el desayuno de los peones, la distribución de la galleta, el hervor de las marmitas de café o de mate cocido. Arreaba a las criadas, parlanchinas y perezosas, que se perdían con facilidad en las arboledas próximas a la casa. Hacía sentir en la cocina y sus anexos una autoridad de verdadera patrona; pero apenas sonaba la voz del marido, parecía encogerse en un silencio de respeto y temor. Al sentarse la china a la mesa lo contemplaba con sus ojos redondos, fijos como los de un búho, revelando una sumisión devota.

Desnoyers llegó a pensar que en esta admiración había mucho de asombro por la energía con que el estanciero —cerca ya de los sesenta años seguía improvisando nuevos pobladores para sus tierras. Las dos hijas, Luisa y Elena, aceptaron con entusiasmo al comensal, que venía a animar sus monótonas conversaciones del comedor, cortadas muchas veces por las cóleras del padre. Además, era de París.

«¡París!», suspiraba Elena, la menor, poniendo los ojos en blanco. Y Desnoyers se veía consultado por ellas en materias de elegancia cada vez que encargaban algo a los almacenes de ropas de Buenos Aires. El interior de la casa reflejaba los diversos gustos de las dos generaciones. Las niñas tenían un salón con muebles ricos-apoyados en paredes agrietadas- y lámparas ostentosas que nunca se encendían. El padre perturbaba con su rudeza esta habitación, cuidada y admirada por las dos hermanas. Las alfombras parecían entristecerse y palidecer bajo las huellas de barro que dejaban las botas del centauro. Sobre una mesa dorada aparecía el rebenque. Las muestras de maíz esparcían sus granos sobre la seda de un sofá que sólo ocupaban las señoritas con cierto recogimiento, como si temiesen romperlo. Junto a la entrada del comedor había una báscula, y Madariaga se enfureció cuando las hijas le pidieron que la llevase a las dependencias. Él no iba a molestarse con un viaje cada vez que se le ocurriese averiguar el peso de un cuero suelto... Un piano entró en la estancia, y Elena pasaba las horas tecleando lecciones con una buena fe desesperante. «¡Irá de Dios! ¡Si al menos tocase la jota o el pericón!» Y el padre, a la hora de la siesta, se iba a dormir sobre un poncho, entre los eucaliptos cercanos.

Esta hija menor, a la que apodaba la Romántica, era el objeto de sus cóleras y sus burlas. ¿De dónde había salido con unos gustos que nunca sintieron él y su pobre china? Sobre el piano se amontonaban cuadernos de música. En un ángulo del disparatado salón, varias cajas de conservas, arregladas a guisa de biblioteca por el carpintero de la estancia, contenían libros.

—Mira, gabacho —decía Madariaga—. Todo versos y novelas. ¡Puros embustes!... ¡Aire!

Él tenía su biblioteca, más importante y gloriosa, y ocupaba menos lugar. En su escritorio, adornado con carabinas, lazos y monturas chapeadas de plata, un pequeño armario contenía los títulos de propiedad y varios legajos que el estanciero hojeaba con miradas de orgullo.

—Pon atención y oirás maravillas —anunciaba a Desnoyers, tirando de uno de los cuadernos.

Era la historia de las bestias famosas que había entrado en la estancia para la reproducción y mejoramiento de sus ganados; el árbol genealógico, las cartas de nobleza, la pedigree de todos los animales. Había de ser él quien leyese los papeles, pues no permitía que los tocase ni su familia. Y con las gafas caladas iba deletreando la historia de cada héroe pecuario: «Diamond III, nieto de Diamond I, que fue propiedad del rey de Inglaterra, e hijo de Diamond II, triunfador en todos los concursos.» Su Diamond le había costado muchos miles; pero los caballos más gallardos de la estancia, que se vendían a precios magníficos, eran sus descendientes.

—Tenía más talento que algunas personas. Sólo le faltaba hablar. Es el mismo que está embalsamado junto a la puerta del salón. Las niñas quieren que lo eche de allí...

¡Que se atrevan a tocarlo! ¡Primero, las echo a ellas!

Luego continuaba leyendo la historia de una dinastía de toros, todos con nombre propio y un número romano a continuación, lo mismo que los reyes; animales adquiridos en las grandes ferias de Inglaterra por el testarudo estanciero. Nunca había estado allá; pero empleaba el cable para batirse a libras esterlinas con los propietarios británicos, deseosos de conservar para su patria tales portentos. Gracias a estos reproductores, que atravesaron el Océano con iguales comodidades que un pasajero millonario, había podido hacer desfilar en los concursos de Buenos Aires sus novillos, que eran torreones de carne, elefantes comestibles, con el lomo cuadrado y liso lo mismo que una mesa.

—Esto representa algo, ¿no te parece, gabacho? Esto vale más que todas las estampas con lunas, lagos, amantes y otras macanas que mi Romántica pone en las paredes para que críen polvo.

Y señalaba los diplomas honoríficos que adornaban el escritorio, las copas de bronces y demás bisutería gloriosa conquistada en los concursos por los hijos de su pedigree.

Luisa, la hija mayor —llamada Chicha, a uso americano—, merecía más respeto de su padre. «Es mi pobre china —decía—; la misma bondad y el mismo empuje para el trabajo, pero con más señorío.» Lo del señorío lo aceptaba Desnoyers inmediatamente, y aun le parecía una expresión incompleta y débil. Lo que no podía admitir era que aquella muchacha pálida, modesta, con grandes ojos negros y sonrisa de pueril malicia, tuviese el menor parecido físico con la respetable matrona que le había dado la existencia.

La gran fiesta para Chicha era la misa del domingo. Representaba un viaje de tres leguas al pueblo más cercano, un contacto semanal con gentes que no eran las mismas de la estancia. Un carruaje tirado por cuatro caballos se llevaba a la señora y a las señoritas con los últimos trajes y sombreros llegados de Europa a través de las tiendas de Buenos Aires. Por indicación de Chicha, iba Desnoyers con ellas, tomando las riendas al cochero. El padre se quedaba para recorrer sus campos en la soledad del domingo, enterándose mejor de los descuidos de su gente. Él era muy religioso:

«Religión y buenas costumbres.» Pero había dado miles de pesos para la construcción de la vecina iglesia, y un hombre de su fortuna no iba a estar sometido a las mismas obligaciones de los pelagatos.

Durante el almuerzo dominical, las dos señoras hacían comentarios sobre las personas y méritos de varios jóvenes del pueblo y de las estancias próximas que se detenían a la puerta de la iglesia para verlas.

—¡Háganse ilusiones, niñas! —Decía el padre—. ¿Ustedes creen que las quieren por su lindura?... Lo que buscan esos sinvergüenzas son los pesos del viejo Madariaga; y así que los tuviesen, tal vez les soltarían a ustedes una paliza diaria.

La estancia recibía numerosos visitantes. Unos eran jóvenes de los alrededores, que llegaban sobre briosos caballos haciendo suertes de equitación. Deseaban ver a don Julio con los más inverosímiles pretextos, y aprovechaban la oportunidad para hablar con Chicha y Elena. Otras veces eran señoritos de Buenos Aires, que pedían alojamiento en la estancia, diciendo que iban de paso. Don Madariaga gruñía:

—¡Otro hijo de tal que viene en busca de los pesos del gallego! Si no se va pronto, lo... corro a patadas.

Pero el pretendiente no tardaba en irse, intimidado por la mudez hostil del patrón. Esta mudez se prolongó de un modo alarmante, a pesar de que la estancia ya no recibía visitas. Madariaga parecía abstraído, y todos los de la familia, incluso Desnoyers, respetaban y temían su silencio. Comía enfurruñado, con la cabeza baja. De pronto levantaba los ojos para mirar a Chicha, luego a Desnoyers, y fijarlos últimamente en su esposa, como si fuese a pedirle cuentas. La Romántica no existía para él. Cuando más, le dedicaba un bufido irónico al verla erguida en la puerta a la hora del atardecer contemplando el horizonte, ensangrentado por la muerte del sol, con un codo en el quicio y una mejilla en una mano, imitando la actitud de cierta dama blanca que había visto en un cromo esperando la llegada del caballero de los ensueños.

Cinco años llevaba Desnoyers en la casa, cuando un día entró en el escritorio del amo con el aire brusco de los tímidos que adoptan una resolución.

—Don Julio, me marcho, y deseo que ajustemos cuentas.

Madariaga lo miró socarronamente. ¿Irse?... ¿Por qué? Pero en vano repitió sus preguntas. El francés se tascaba en una serie de explicaciones incoherentes. «Me voy; debo irme.»

—¡Ah ladrón, profeta falso! —gritó el estanciero con voz estentórea.

Pero Desnoyers no se inmutó ante el insulto. Había oído muchas veces a su patrón las mismas palabras cuando comentaba algo gracioso o al regatear con los compradores de bestias.

—¡Ah ladrón, profeta falso! ¿Crees que no sé por qué te vas? ¿Te imaginas que el viejo Madariaga no ha visto tus miraditas y las miraditas de la mosca muerta de su hija, y cuando os paseabais tú y ellas agarrados de la mano, en presencia de la pobre china, que está ciega del entendimiento?... No está mal el golpe, gabacho. Con él te apoderas de la mitad de los pesos del gallego, y ya puedes decir que has hecho la América.

Y mientras gritaba esto, o, más bien, lo aullaba, había empuñado el rebenque, dando golpecitos de punta en el estómago de su administrador con una insistencia que lo mismo podía ser afectuosa que hostil.

—Por eso vengo a despedirme —dijo Desnoyers con altivez—. Sé que es una pasión absurda, y quiero marcharme.

—¡El señor se va! —Siguió gritando el estanciero—. ¡El señor cree que aquí puede hacer lo que quiera! No, señor; aquí no manda nadie más que el viejo Madariaga, y yo ordeno que te quedes... ¡Ay las mujeres! Únicamente sirven para enemistar a los hombres. ¡Y que no podamos vivir sin ellas!...

Dio varios paseos silenciosos por la habitación, como si las últimas palabras le hiciesen pensar en cosas lejanas muy distintas de lo que hasta entonces había dicho. Desnoyers miró con inquietud el látigo que aún empuñaba su diestra. ¿Si intentaría pegarle, como a los peones?... Estaba dudando entre hacer frente a un hombre que siempre le había tratado con benevolencia o apelar a una fuga discreta, aprovechando una de sus vueltas, cuando el estanciero se plantó ante él.

—¿Tú la quieres de veras..., de veras? —preguntó—. ¿Estás seguro de que ella te quiere a ti? Fíjate bien en lo que dices, que en eso del amor hay mucho de engaño y ceguera. También yo, cuando me casé, estaba loco por mi china. ¿De verdad que os queréis?... Pues bien; llévatela, gabacho del demonio, ya que alguien se la ha de llevar, y que no te salga una vaca floja como su madre... A ver si me llenas la estancia de nietos.

Reaparecía el gran productor de hombres y de bestias al formular este deseo. Y como si considerase necesario explicar su actitud, añadió:

—Todo esto lo hago porque te quiero; y te quiero porque eres serio.

Otra vez quedó absorto el francés, no sabiendo en qué consistía la tan apreciada seriedad.

Desnoyers, al casarse pensó en su madre. ¡Si la pobre vieja pudiese ver este salto extraordinario de su fortuna! Pero mamá había muerto un año antes, creyendo a su hijo enormemente rico, porque le enviaba todos los meses ciento cincuenta pesos, algo más de trescientos francos, extraídos del sueldo que cobraba en la estancia. Su ingreso en la familia de Madariaga sirvió para que éste atendiese con menos interés a sus negocios.

Tiraba de él la ciudad, con la atracción de los encantos no conocidos. Hablaba con desprecio de las mujeres del campo, chinas mal lavadas, que le inspiraban ahora repugnancia. Había abandonado sus ropas de jinete campestre y exhibía con satisfacción pueril los trajes con que le disfrazaba un sastre de la capital. Cuando Elena quería acompañarle a Buenos Aires, se defendía pretextando negocios enojosos. «No; ya irás con tu madre.» La suerte de campos y ganados no le inspiraba inquietudes. Su fortuna, dirigida por Desnoyers, estaba en buenas manos.

—Este es muy serio —decía en el comedor, ante la familia reunida—. Tan serio como yo... De éste no se ríe nadie.

Y al fin pudo adivinar el francés que su suegro, al hablar de seriedad, aludía a la entereza de carácter. Según declaración espontánea de Madariaga, desde los primeros días que trató a Desnoyers pudo adivinar un genio igual al suyo, tal vez más duro y firme, pero sin alaridos ni excentricidades. Por esto le había tratado con benevolencia extraordinaria, presintiendo que un choque entre los dos no tendría arreglo. Sus únicas desavenencias fueron la causa de los gastos establecidos por Madariaga en tiempos anteriores. Desde que el yerno dirigía las estancias, los trabajos costaban menos y la gente mostraba mayor actividad. Y esto sin gritos, sin palabras fuertes, con sólo su presencia y sus órdenes breves.

El viejo era el único que le hacía frente para mantener el caprichoso sistema del palo seguido de la dádiva. Le sublevaba el orden minucioso de arbitrariedad extravagante, de tiranía bonachona. Con frecuencia se presentaba a Desnoyers algunos de los mestizos a los que suponía la malicia pública en íntimo parentesco con el estanciero. «Patroncito, dice el patrón viejo que me dé cinco pesos.» El patroncito respondía negativamente, y poco después se presentaba Madariaga, iracundo de gesto, pero midiendo las palabras, en consideración a que su yerno era tan serio como él.

—Mucho te quiero, hijo, pero aquí nadie manda más que yo... ¡Ah gabacho! Eres igual a todos los de tu tierra: centavo que pilláis va a la media, y no ve más luz del sol aunque os crucifiquen... ¿Dije cinco pesos? Le darás diez. Lo mando yo y basta. El francés pagaba, encogiéndose de hombros, mientras su suegro, satisfecho del triunfo, huía a Buenos Aires. Era bueno hacer constar que la estancia pertenecía aún al gallego Madariaga. De uno de sus viajes volvió con un acompañante: un joven alemán, que, según él, lo sabía todo y servía para todo. Su yerno trabajaba demasiado. Karl Hartrott le ayudaría en la contabilidad. Y Desnoyers lo aceptó, sintiendo a los pocos días una naciente estimación por el nuevo empleado.

Que perteneciesen a dos naciones enemigas nada significaba. En todas partes hay buenas gentes, y este Karl era un subordinado digno de aprecio. Se mantenía a distancia de sus iguales y era inflexible y duro con los inferiores. Todas sus facultades parecía concentrarlas en el servicio y la admiración de los que estaban por encima de él. Apenas despegaba los labios Madariaga, el alemán movía la cabeza apoyando por adelantado sus palabras. Si decía algo gracioso, su risa era de una escandalosa sonoridad. Con Desnoyers se mostraba taciturno y aplicado, trabajando sin reparar en horas. Apenas le veía entrar en la administración, saltaba de su asiento irguiéndose con militar rigidez. Todo estaba dispuesto a hacerlo. Por cuenta propia, espiaba al personal, delatando sus descuidos y defectos. Este servicio no entusiasmaba a su jefe inmediato, pero lo agradecía como una muestra de interés por el establecimiento.

Alababa el viejo estanciero su adquisición como un triunfo, pretendiendo que su yerno la celebrase igualmente.

—Un mozo muy útil, ¿no es cierto?... Estos gringos de la Alemania sirven bien, saben muchas cosas y cuestan poco. Luego, ¡tan disciplinados!, ¡tan humilditos!... Yo siento decírtelo, porque eres gabacho; pero os habéis echado malos enemigos. Son gente dura de pelar.

Desnoyers contestaba con un gesto de indiferencia. Su patria estaba lejos y también la del alemán. ¡A saber si volverían a ella! Allí eran argentinos, y debían pensar en las cosas inmediatas, sin preocuparse del pasado.

—Además, ¡tiene tan poco orgullo! —continuó Madariaga con tono irónico—. Cualquier gringo de éstos, cuando es dependiente en la capital, barre la tienda, hace la comida, lleva la contabilidad, vende a los parroquianos, escribe a máquina, traduce de cuatro a cinco lenguas, y acompaña, si es preciso, a la amiga del amo, como si fuese una gran señora... todo por veinticinco pesos al mes. ¿Quién puede luchar con una gente así? Tú, gabacho, eres como yo..., muy serio, y te morirías de hambre antes de pasar por ciertas cosas. Por eso te digo que resultan temibles.

El estanciero, después de una corta reflexión, añadió:

—Tal vez no son tan buenos como parecen. Hay que ver cómo tratan a los que están debajo de ellos. Puede que se hagan los simples sin serlo, y cuando sonríen al recibir una patada, dicen para sus adentros: «Espera que llegue la mía, y te devolveré tres.»

Luego pareció arrepentirse de sus palabras.

—De todos modos, este Karl es un pobre mozo; un infeliz, que apenas digo yo algo, abre la boca como si fuese a tragar moscas. Él asegura que es de gran familia, pero ¡vaya usted a saber de estos gringos!... Todos los muertos de hambre, al venir a América la echamos de hijos de príncipes.

A éste lo había tuteado Madariaga desde el primer instante, no por agradecimiento, como a Desnoyers, sino para hacerle sentir su inferioridad. Lo había introducido igualmente en su casa, pero únicamente para que diese lecciones de piano a la hija menor. La Romántica ya no se colocaba al atardecer en la puerta contemplando el sol poniente. Karl, una vez terminado su trabajo de Administración, venía a la casa del estanciero, sentándose al lado de Elena que tecleaba con una tenacidad digna de mejor suerte. A última hora, el alemán acompañándose en el piano, cantaba fragmentos de Wagner, que hacían dormitar a Madariaga en un sillón con el fuerte cigarro paraguayo adherido a los labios.

Elena contemplaba, mientras tanto, con creciente interés al gringo cantor. No era el caballero de los ensueños esperado por la dama blanca. Era casi un sirviente, un inmigrante rubio tirando a rojo, carnudo, algo pesado y con ojos bovinos que reflejaban un eterno miedo a desagradar a sus jefes. Pero, día por día, iba encontrando en él algo que modificaba sus primeras impresiones: la blancura femenil de Karl más allá de la cara y las manos tostadas por el sol; la creciente marcialidad de sus bigotes: la soltura con que montaba a caballo; su aire trovadoresco al entonar con una voz de tenor algo sorda romanzas voluptuosas con palabras que ella no podía entender. Una noche, a la hora de la cena, no pudo contenerse, y habló con la vehemencia febril del que ha hecho un gran descubrimiento:

—Papá, Karl es noble. Pertenece a una gran familia.

El estanciero hizo un gesto de indiferencia. Otras cosas le preocupaban en aquellos días. Pero durante la velada sintió la necesidad de descargar en alguien la cólera interna que le venía royendo desde su último viaje a Buenos Aires, e interrumpió al cantor.

—Oye, gringo: ¿qué es eso de tu nobleza y demás macanas que le has contado a la niña?

Karl abandonó el piano para erguirse y responder. Bajo la influencia del canto reciente, había en su actitud algo que recordaba a Lohengrin en el momento de revelar el secreto de su vida. Su padre había sido el general von Hartrott, uno de los caudillos secundarios de la guerra del 70. El emperador lo había recompensado ennobleciéndolo. Uno de sus tíos era consejero íntimo del rey de Prusia. Sus hermanos mayores figuraban en la oficialidad de los regimientos privilegiados. Él había arrastrado el sable como teniente.

Madariaga le interrumpió, fatigado de tanta grandeza. «Mentiras..., macanas..., aire.» ¡Hablarle a él de nobleza de los gringos!... Había salido muy joven de Europa para sumirse en las revueltas democráticas de América, y aunque la nobleza le parecía algo anacrónico e incomprensible, se imaginaba que la única auténtica y respetable era la de su país. A los gringos les concedía el primer lugar para la invención de máquinas, para los barcos, para la cría de animales de precio; pero todos los condes y marqueses de la gringuería le parecían falsificados.

—Todo farsas —volvió a repetir—. Ni en tu país hay noblezas, ni tenéis todos juntos cinco pesos. Si los tuvierais, no vendríais aquí a comer ni enviaríais las mujeres que enviáis, que son... tú sabes lo que son tan bien como yo.

Con asombro de Desnoyers, el alemán encogió esta rociada humildemente, asintiendo con movimientos de cabeza a las últimas palabras del patrón.

—Si fuesen verdad —continuó Madariaga implacablemente— todas estas macanas de títulos, sables y uniformes, ¿Por qué has venido aquí? ¿Qué diablos has hecho en tu tierra para tener que marcharte? Ahora Karl bajó la frente, confuso y balbuciendo.

—Papá... papá —suplicó Elena.

¡Pobrecito! ¡Cómo le humillaban porque era pobre!... Y sintió un hondo agradecimiento hacia su cuñado al ver que rompía su mutismo para defender al alemán.

—Pero si yo aprecio a este mozo! —dijo Madariaga, excusándose—. Son los de su tierra los que me dan rabia.

Cuando, pasados algunos días, hizo Desnoyers un viaje a Buenos Aires, se explicó la cólera del viejo. Durante varios meses había sido el protector de una tiple de origen alemán olvidada en América por una compañía de opereta italiana. Ella le recomendó a Karl, compatriota desgraciado que, luego de rodar por varias naciones de América y ejercer diversos oficios, vivía al lado suyo en clase de caballero cantor. Madariaga había gastado alegremente muchos miles de pesos. Un entusiasmo juvenil le acompañó en esta nueva existencia de placeres urbanos, hasta que al descubrir la segunda vida que llevaba la alemana en sus ausencias y cómo reía de él con los parásitos de su séquito, montó en cólera, despidiéndose para siempre, con acompañamiento de golpes y fractura de muebles.

¡La última aventura de su historia!... Desnoyers adivinó esta voluntad de renunciamiento al oír que por primera vez confesaba sus años. No pensaba volver a la capital. ¡Todo mentira! La existencia en el campo, rodeado de la familia y haciendo mucho bien a los pobres, era lo único cierto. Y el terrible centauro se expresaba con una ternura idílica, con una firme virtud de sesenta y cinco años, insensibles ya a la tentación.

Después de su escena con Karl, había aumentado el sueldo de éste, apelando como siempre a la generosidad para reparar sus violencias. Lo que no podía olvidar era lo de su nobleza, que le daba motivo para nuevas bromas. Aquel relato glorioso había traído a su memoria los árboles genealógicos de los reproductores de la estancia. El alemán era un pedigree, y con este apodo le designó en adelante. Sentados, en las noches veraniegas, bajo un cobertizo de la casa, se extasiaba patriarcalmente contemplando a su familia en torno de él. La calma nocturna se iba poblando de zumbidos de insectos y croar de ranas. De los lejanos ranchos venían los cantares de los peones que se preparaban su cena. Era la época de la siega, y grandes bandas de emigrantes se alojaban en la estancia para el trabajo extraordinario. Madariaga había conocido días tristes de guerra y violencias. Se acordaba de los últimos años de la tiranía de Rosas, presenciados por él al llegar al país. Enumeraba las diversas revoluciones nacionales y provinciales en las que había tomado parte, por no ser menos que sus vecinos, y a las que designaba con el título de puebladas. Pero todo esto había desaparecido y no volvería a repetirse. Los tiempos eran de paz, de trabajo y abundancia.

—Fíjate, gabacho —decía, espantando con los chorros de humo de su cigarro los mosquitos que volteaban en torno de él—. Yo soy español, tú, francés, Karl es alemán, mis niñas argentinas, el cocinero ruso, su ayudante griego, el peón de cuadra inglés, las chinas de cocina, unas son del país, otras gallegas o italianas, y entre los peones los hay de todas castas y leyes... ¡Y todos vivimos en paz! En Europa tal vez nos habríamos golpeado a estas horas; pero aquí todos amigos.

Y se deleitaba escuchando la música de los trabajadores: lamentos de canciones italianas, con acompañamiento de acordeón, guitarreos españoles y criollos apoyando a unas voces bravías que cantaban al amor y la muerte.

—Esto es el Arca de Noé —afirmó el estanciero.

Quería decir la torre de Babel, según pensó Desnoyers, pero para el viejo era lo mismo.

—Yo creo —continuó— que vivimos así porque en esta parte del mundo no hay reyes y los ejércitos son pocos, y los hombres sólo piensan en pasarlo lo mejor posible gracias a su trabajo. Pero también creo que vivimos en paz porque hay abundancia y a todos les llega su parte... ¡La que se armaría si las raciones fuesen menos que las personas!

Volvió a quedar en reflexivo silencio, para añadir poco después.

—Sea por lo que sea, hay que reconocer que aquí se vive más tranquilo que en el otro mundo. Los hombres se aprecian por lo que valen y se juntan sin pensar en si proceden de una tierra o de otra. Los mozos no van en rebaño a matar a otros mozos que no conocen, y cuyo delito es haber nacido en el pueblo de enfrente... El hombre no es una mala bestia en todas partes, lo reconozco; pero aquí come, tiene tierra de sobra para tenderse, y es bueno, con la bondad de un perro harto. Allá son demasiados, viven en montón, estorbándose unos a otros, la pitanza es escasa, y se vuelven rabiosos con facilidad. ¡Viva la paz, gabacho, y la existencia tranquila! Donde uno se encuentre bien y no corra peligro de que lo maten por cosas que no entiende, allí está su verdadera tierra.

Y como un eco de las reflexiones del rústico personaje, Karl, sentado en el salón ante el piano, entonaba a media voz un himno de Beethoven:

«Cantemos la alegría de la vida; cantemos la libertad. Nunca mientas y traiciones a tu semejante, aunque te ofrezcan por ello el mayor trono de la Tierra.» ¡La paz!... A los pocos días se acordó Desnoyers con amargura de estas ilusiones del viejo. Fue la guerra, una guerra doméstica, la que estalló en el idílico escenario de la estancia.

«Patroncito, corra, que el patrón viejo ha pelado cuchillo y quiere matar al alemán.»

Y Desnoyers había corrido fuera de su escritorio, avisado por las voces de un peón. Madariaga perseguía cuchillo en mano a Karl, atropellando a todos los que intentaban cerrarle el paso. Únicamente él pudo detenerlo, arrebatándole el arma.

—¡Ese pedigree sinvergüenza! —Vociferaba el viejo con la boca lívida, agitándose entre los brazos de su yerno—. Todos los muertos de hambre creen que no hay más que llegar a esta casa para llevarse mis hijas y mis pesos... ¡Suéltame te digo! ¡Suéltame para que lo mate!...

Y con el deseo de verse libre, daba excusas a Desnoyers. A él lo había aceptado como yerno porque era de su gusto, modesto, honrado y... serio. ¡Pero ese pedigree cantor, con todas sus soberbias!... ¡Un hombre que él había sacado... no quería decir de dónde! Y el francés, tan enterado como él de sus primeras relaciones con Karl, fingió no entenderlo.

Como el alemán había huido, el estanciero acabó por dejarse empujar hasta su casa. Hablaba de dar una paliza a la Romántica y otra a la china por no enterarse de las cosas. Había sorprendido a su hija agarrada de las manos con el gringo en un bosquecillo cercano y cambiando entre ellos un beso.

—¡Viene por mis pesos! —aullaba—. Quiere hacer la América pronto a costa del gallego, y para esto tanta humildad, y tanto canto, y tanta nobleza. ¡Embustero!...

¡Músico!

Y repitió con insistencia lo de ¡músico!, como si fuese la concreción de todos sus desprecios.

Desnoyers, firme y sobrio en palabras, dio un desenlace al conflicto.

La Romántica, abrazada a su madre, se refugió en los altos de la casa. El cuñado había protegido su retirada; pero a pesar de esto, la sensible Elena gimió entre lágrimas pensando en el alemán:

«¡Pobrecito! ¡Todos contra él!» Mientras tanto, la esposa de Desnoyers retenía al padre en su despacho, apelando a toda su influencia de hija juiciosa. El francés fue en busca de Karl, mal repuesto aún de la terrible sorpresa, y le dio un caballo para que se trasladase inmediatamente a la estación de ferrocarril más próxima. Se alejó de la estancia, pero no permaneció solo mucho tiempo. Transcurridos unos días, la Romántica se marchó detrás de él... Iseo la de las blancas manos fue en busca del caballero Tristán. La desesperación de Madariaga no se mostró violenta y atronadora, como esperaba su yerno. Por primera vez le vio este llorar. Su vejez robusta y alegre desapareció de golpe. En una hora parecía haber vivido diez años. Como un niño, arrugado y trémulo, se abrazó a Desnoyers, mojándole el cuello con sus lágrimas.

—¡Se la ha llevado! ¡El hijo de una gran... pulga se la ha llevado!

Esta vez no hizo pesar su responsabilidad sobre su china. Lloró junto a ella, y como si pretendiese consolarla con una confesión pública, dijo repetidas veces:

—Por mis pecados... Todo ha sido por mis grandísimos pecados.

Empezó para Desnoyers una época de dificultades y conflictos. Los fugitivos le buscaron en una de sus visitas a la capital, implorando su protección. La Romántica lloraba, afirmando que sólo su cuñado, «el hombre más caballero del mundo», podía salvarla. Karl lo miró como un perro fiel que se confía a su amo. Estas entrevistas se repitieron en todos sus viajes. Luego, al volver a la estancia, encontraba al viejo malhumorado, silenciosos, mirando con fijeza ante él, como si contemplase algo invisible para los demás, y diciendo de pronto: «Es un castigo: el castigo de mis pecados.» El recuerdo de sus primeras relaciones con el alemán, antes de llevarlo a la estancia, le atormentaba como un remordimiento. Algunas tardes hacía ensillar su caballo, partiendo a todo galope hacia el pueblo más próximo. Ya no iba en busca de ranchos hospitalarios. Necesitaba pasar un rato en la iglesia, hablar a solas con las imágenes, que estaban allí sólo para él, ya que era él quien había pagado las facturas de adquisición...

«Por mi culpa, por mi grandísima culpa.»

Pero a pesar de su arrepentimiento, Desnoyers tuvo que esforzarse mucho para obtener de él un arreglo. Cuando le habló de regularizar la situación de los fugitivos, facilitando los trámites necesarios para el matrimonio, no le dejó continuar. «Haz lo que quieras, pero no me hables de ellos.» Pasaron muchos meses. Un día, el francés se acercó con cierto misterio. «Elena tiene un hijo, y le llaman Julio, como a usted.»

—Y tú, grandísimo inútil —gritó el estanciero—, y la vaca floja de tu mujer vivís tranquilamente, sin darme un nieto... ¡Ah gabacho! Por eso los alemanes acabarán montándose sobre vosotros. Ya ves: ese bandido tiene un hijo, y tú, después de cuatro años de matrimonio..., nada. Necesito un nieto, ¿lo entiendes?

Y para consolarse de esta falta de niños en su hogar, se iba al rancho del capataz Celedonio, donde una bandada de pequeños mestizos se agrupaban, temerosos y esperanzados, en torno del patrón viejo. De pronto murió la china. La pobre misiá Petrona se fue discretamente, como había vivido, procurando en su última hora evitar toda contrariedad al esposo, pidiéndole perdón con la mirada por las molestias que podía causarle su muerte. Elena se presentó en la estancia para ver el cadáver de su madre, y Desnoyers, que llevaba más de un año sosteniendo a los fugitivos a espaldas del suegro, aprovechó la ocasión para vencer el enojo de éste.

—La perdono —dijo el estanciero después de una larga resistencia—. Lo hago por la pobre finada y por ti. Que se quede en la estancia y que venga con ella el gringo sinvergüenza.

Nada de trato. El alemán sería un empleado a las órdenes de Desnoyers, y la pareja viviría en el edificio de la Administración, como si no perteneciese a la familia. Jamás dirigiría la palabra a Karl.

Pero apenas lo vio llegar, le habló para tratarle de usted, dándole órdenes rudamente, lo mismo que a un extraño. Después pasó siempre junto a él como si no lo conociese. Al encontrar en su casa a Elena acompañando a la hermana mayor, también seguía adelante. En vano la Romántica, transfigurada por la maternidad, aprovechaba todas las ocasiones para colocar delante de él a su pequeño y repetía sonoramente su nombre: «Julio... Julio.»

—Un hijo del gringo cantor, blanco como un cabrito desollado y con pelo de zanahoria, quieren que sea nieto mío... Prefiero a los de Celedonio.

Y para mayor protesta, entraba en la vivienda del capataz, repartiendo a la chiquillería puñados de pesos.

A los siete años de efectuado el matrimonio, la esposa de Desnoyers sintió que iba a ser madre. Su hermana tenía ya tres hijos. Pero ¿que valían éstos para Madariaga, comparados con el nieto que iba a llegar? «Será varón —dijo con firmeza—, porque yo lo necesito así. Se llamara Julio, y quiero que se parezca a mí pobre finada.» Desde la muerte de su esposa, que ya no la llamaba la china, sintió algo semejante a un amor póstumo por aquella pobre mujer que tanto le había aguantado durante su existencia, siempre tímida y silenciosa. «Mi pobre finada» surgía a cada instante con la obsesión de un remordimiento.

Sus deseos se cumplieron. Luisa dio a luz un varón, que recibió el nombre de Julio, y aunque mostraba en sus rasgos fisonómicos, todavía abocetados, una gran semejanza con su abuela, tenía el cabello y los ojos negros y la tez de moreno pálido.

¡Bienvenido!... Este era su nieto.

Y con la generosidad de la alegría permitió que el alemán entrase en su casa para asistir a la fiesta del bautizo. Cuando Julio Desnoyers tuvo cuatro años, el abuelo lo paseó a caballo por toda la estancia, colocándolo en el delantero de la silla. Iba de rancho en rancho para mostrarlo al populacho cobrizo, como un anciano monarca que presenta a un heredero. Más adelante, cuando el nieto pudo hablar sueltamente, se entretuvo conversando con él horas enteras a la sombra de los eucaliptos. Empezaba a marcarse en el viejo cierta decadencia mental. Aún no chocheaba, pero su agresividad iba tomando un carácter pueril. Hasta en las mayores expansiones de cariño se valía de la contradicción, buscando molestar a sus allegados.

—¡Ven aquí, profeta falso! —Decía a su nieto—. Tú eres un gabacho.

Julio protestaba como si lo insultasen. Su madre le había enseñado que era argentino, y su padre le recomendaba que añadiese español, para dar gusto al abuelo.

—Bueno; pues si no eres gabacho —continuaba el estanciero— grita: ¡Abajo Napoleón!

Y miraba en torno de él para ver si estaba cerca Desnoyers, creyendo causarle con esto una gran molestia. Pero el yerno seguía adelante, encogiéndose de hombros.

—¡Abajo Napoleón! —decía Julio.

Y presentaba la mano inmediatamente, mientras el abuelo buscaba sus bolsillos. Los hijos de Karl, que ya eran cuatro, y se movían en torno del abuelo como un coro humilde mantenido a distancia, contemplaban con envidia estas dádivas. Para agradarle, un día que lo vieron solo se acercaron resueltamente, gritando al unísono:

«¡Abajo Napoleón!»

—¡Gringos atrevidos! —Bramó el viejo—. Eso se lo habrá enseñado a ustedes el sinvergüenza de su padre. Si lo vuelven a repetir, los corro a rebencazos... ¡Insultar así a un gran hombre!

Esta descendencia rubia la toleraba, pero sin permitirle ninguna intimidad. Desnoyers y su esposa tomaban la defensa de sus sobrinos, tachándole de injusto. Y para desahogar los comentarios de su antipatía buscaba a Celedonio, el mejor de los oyentes, pues contestaba a todo: «Sí, patrón.» «Así será, patrón.»

—Ellos no tienen culpa alguna —decía el viejo—, pero yo no puedo quererlos. Además, ¡tan semejantes a su padre, tan blancos, con el pelo de zanahoria deshilachada, y los dos mayores llevan anteojos, lo mismo que si fuesen escribanos!... No parecen gentes con esos vidrios: parecen tiburones.

Madariaga no había visto nunca tiburones, pero se los imaginaba, sin saber por qué, con unos ojos redondos de vidrio, como fondos de botella.

A la edad de ocho años Julio era un jinete. «¡A caballo, peoncito!», ordenaba el abuelo. Y salían a galope por los campos, pasando como centellas entre millares y millares de reses cornudas. El peoncito, orgulloso de su título, obedecía en todo al maestro. Y así aprendió a tirar el lazo a los toros, dejándolos aprisionados y vencidos, a hacer saltar las vallas de alambre a su pequeño caballo, a salvar de un bote un hoyo profundo, a deslizarse por las barrancas, no sin rodar muchas veces debajo de su montura.—¡Ah gaucho fino! —Decía el abuelo, orgulloso de estas hazañas—. Toma cinco pesos para que le regales un pañuelo a una china.

El viejo, en su creciente embrollamiento mental, no se daba cuenta exacta de la relación entre las pasiones y los años. Y el infantil jinete, al guardarse el dinero, se preguntaba qué china era aquélla y por qué razón debía hacerle un regalo.

Desnoyers tuvo que arrancar a su hijo de las enseñanzas del abuelo.

Era inútil que hiciese venir maestros para Julio o que intentase enviarlo a la escuela de la estancia. Madariaga raptaba a su nieto, escapándose juntos a correr el campo. El padre acabó por instalar al hijo en un gran colegio de la capital cuando ya había pasado de los once años. Entonces, el viejo fijó su atención en la hermana de Julio, que sólo tenía tres años, llevándola, como al otro, de rancho en rancho sobre el delantero de su montura. Todos llamaban Chichí a la hija del Chicha, pero el abuelo le dio el título de peoncito, como a su hermano. Y Chichí, que se criaba vigorosa y rústica, desayunándose con carne y hablando en sueños del asado, siguió fácilmente las aficiones del viejo. Iba vestida como un muchacho, montaba lo mismo que los hombres, y para merecer el título de gaucho fino conferido por el abuelo, llevaba un cuchillo en la trasera del cinturón. Los dos corrían el campo de sol a sol. Madariaga parecía seguir como una bandera la trenza ondulante de la amazona. Ésta, a los nueve años, echaba ya con habilidad su lazo a las reses. Lo que más irritaba al estanciero era que la familia le recordase su vejez. Los consejos de Desnoyers para que permaneciese tranquilo en casa los acogía como insultos. Así que avanzaba en años, era más agresivo y temerario, extremando su actividad, como si con ella quisiera espantar a la muerte. Sólo admitía ayuda de su travieso peoncito. Cuando al ir a montar acudían los hijos de Karl, que eran ya unos grandullones, para tenerle el estribo, los repelía con bufidos de indignación.

—¿Creen ustedes que yo no puedo sostenerme?... Aún tengo vida para rato, y los que aguardan que muera para agarrar mis pesos se llevan chasco.

El alemán y su esposa, mantenidos aparte en la vida de la estancia, tenían que sufrir en silencio estas alusiones. Karl, necesitado de protección, vivía a la sombra del francés, aprovechando toda oportunidad para abrumarle con sus elogios. Jamás podría agradecer bastante lo que hacía por él. Era su único defensor. Deseaba una ocasión para mostrarle su gratitud; morir por él, si era preciso. La esposa admiraba a su cuñado con grandes extremos de entusiasmo. «El caballero más cumplido de la Tierra.» Y Desnoyers agradecía en silencio esta adhesión, reconociendo que el alemán era un excelente compañero. Como disponía en absoluto de la fortuna de la familia, ayudaba generosamente a Karl sin que el viejo se enterase. Él fue quien tomó la iniciativa para que pudiesen realizar la mayor de sus ilusiones. El alemán soñaba con una visita a su país. ¡Tantos años en América!... Desnoyers, por lo mismo que no sentía deseos de volver a Europa, quiso facilitar este anhelo de sus cuñados, y dio a Karl los medios para que hiciese el viaje con toda su familia. El viejo no quiso saber quién costeaba los gastos. «Que se vayan —dijo con alegría— y que no vuelvan nunca.» La ausencia no fue larga. Gastaron en tres meses lo que llevaban para un año. Karl, que había hecho saber a sus parientes la gran fortuna que significaba su matrimonio, quiso presentarse como un millonario en pleno goce de sus riquezas. Elena volvió transfigurada, hablando con orgullo de sus parientes: del barón, coronel de húsares, del comandante de la Guardia, del consejero de la corte, declarando que todos los pueblos resultaban despreciables al lado de la patria de su esposo. Hasta tomó cierto aire de protección al alabar a Desnoyers, un hombre bueno, ciertamente, pero sin nacimiento, sin raza, y además francés. Karl, en cambio, manifestaba la misma adhesión de antes, permaneciendo en sumisa modestia detrás de su cuñado. Éste tenía las llaves de la caja y era su única defensa ante el terrible viejo...

Había dejado sus dos hijos mayores en un colegio de Alemania. Años después, fueron saliendo con igual destino los otros nietos del estanciero, que éste consideraba antipáticos e inoportunos, «con pelos de zanahoria y ojos de tiburón.»

El viejo se veía ahora solo. Le habían arrebatado su segundo peoncito. La severa Chicha no podía tolerar que su hija se criase como un muchacho, cabalgando a todas horas y repitiendo las palabras gruesas del abuelo. Estaba en un colegio de la capital, y las monjas educadoras tenían que batallar grandemente para vencer las rebeliones y malicias de su bravía alumna.

Al volver a la estancia Julio y Chichí durante las vacaciones, el abuelo concentraba sus predilecciones en el primero, como si la niña sólo hubiese sido un sustituto. Desnoyers se quejaba de la conducta un tanto desordenada de su hijo. Ya no estaba en el colegio. Su vida era la de un estudiante de familia rica que remedia la parsimonia de sus padres con toda clase de préstamos imprudentes, Pero Madariaga salía en defensa de su nieto: «¡Ah gaucho fino!...» Al verlo en la estancia, admiraba su gentileza de buen mozo. Le tentaba los brazos para convencerse de su fuerza; le hacía relatar sus peleas nocturnas, como valeroso campeón de una de las bandas de muchachos licenciados, llamados patotas en el argot de la capital. Sentía deseos de ir a Buenos Aires para admirar de cerca esta vida alegre. Pero, ¡ay!, él no tenía dieciséis años como su nieto. Ya había pasado de los ochenta.

—¡Ven acá, profeta falso! Cuéntame cuántos hijos tienes... ¡Porque tú debes de tener muchos hijos!

—¡Papá! —protestaba Chicha, que siempre andaba cerca, temiendo las malas enseñanzas del abuelo.

—¡Déjate de moler! —gritaba éste, irritado—. Yo sé lo que me digo.

La paternidad figuraba inevitablemente en todas sus fantasías amorosas. Estaba casi ciego, y el agonizar de sus ojos iba acompañado de un creciente desarreglo mental. Su locura senil tomaba un carácter lúbrico, expresándose con un lenguaje que escandalizaba o hacía reír a todos los de la estancia.

—¡Ah ladrón, y qué lindo eres! —Decía, mirando al nieto con sus ojos que sólo veían pálidas sombras—. El vivo retrato de mi pobre finada... Diviértete, que tu abuelo está aquí con sus pesos. Si sólo hubieses de contar con lo que te regale tu padre, vivirías como un ermitaño. El gabacho es de los de puño duro: con él no hay farra posible. Pero yo pienso en ti, peoncito. Gasta y triunfa, que para eso tu tatica ha juntado plata.

Cuando los nietos se marchaban de la estancia, entretenía su soledad yendo de rancho en rancho. Una mestiza ya madura hacía hervir en el fogón el agua para su mate. El viejo pensaba confusamente que bien podía ser hija suya. Otra de quince años le ofrecía la calabacita de amargo líquido, con su canuto de plata para sorber. Una nieta tal vez, aunque él no estaba seguro. Y así pasaba las tardes, inmóvil y silencioso, tomando mate tras mate, rodeado de familias que lo contemplaban con admiración y miedo.

Cada vez que subía a caballo para estas correrías, su hija mayor protestaba. «¡A los ochenta y cuatro años! ¿No era mejor que se quedase tranquilamente en casa? Cualquier día iban a lamentar una desgracia...» Y la desgracia vino. El caballo del patrón volvió un anochecer con paso tardo y sin jinete. El viejo había rodado en una cuesta, y cuando lo recogieron estaba muerto. Así terminó el centauro, como había vivido siempre: con el rebenque colgado de la muñeca y las piernas arqueadas por la curva de la montura.

Su testamento lo guardaba un escribano español de Buenos Aires casi tan viejo como él. La familia sintió miedo al contemplar el voluminoso testamento. ¿Qué disposiciones terribles habría dictado Madariaga?

La lectura de la primera parte tranquilizó a Karl y Elena. El viejo mejoraba considerablemente a la esposa de Desnoyers; pero aun así, quedaba una parte enorme para la Romántica y los suyos. «Hago esto — decía— en memoria de mi pobre finada y para que no hablen las gentes.»

Venían a continuación ochenta y seis legados, que formaban otros tantos capítulos del volumen testamentario. Ochenta y cinco individuos subidos de color —hombres y mujeres— que vivían en la estancia largos años como puesteros y arrendatarios, recibían la última munificencia paternal del viejo. Al frente de ellos figuraba Celedonio, que en vida de Madariaga se había enriquecido ya sin otro trabajo que escucharle, repitiendo: «Así será, patrón.» Más de un millón de pesos representaban estas mandas de tierras y reses. El que completaba el número de los beneficiados era Julio Desnoyers. El abuelo hacía mención especial de él, legándole un campo «para que atendiera a sus gastos particulares, supliendo lo que no le diese su padre».

—Pero ¡eso representa centenares de miles de pesos! —protestó Karl, que se había hecho más exigente al convencerse de que su esposa no estaba olvidada en el testamento.

Los días que siguieron a esta lectura resultaron penosos para la familia. Elena y los suyos miraban al otro grupo como si acabasen de despertar, contemplándolo bajo una nueva luz, con aspecto distinto. Olvidaban lo que iban a recibir para ver únicamente las mejoras de los parientes.

Desnoyers, benévolo y conciliador, tenía un plan. Experto en la administración de estos bienes enormes, sabía que un reparto entre los herederos iba a duplicar los gastos sin aumentar los productos. Calculaba, además, las complicaciones y desembolsos de una partición judicial de nueve estancias considerables, centenares de miles de reses, depósitos en los bancos, casas en las ciudades y deudas por cobrar.

¿No era mejor seguir como hasta entonces?... ¿No habían vivido en la santa paz de una familia unida?...

El alemán, al escuchar su proposición se irguió con orgullo. No; cada uno a lo suyo. Cada cual que viviese en su esfera. Él quería establecerse en Europa, disponiendo libremente de los bienes heredados. Necesitaba volver a su mundo.

Lo miró frente a frente Desnoyers, viendo a un Karl cuya existencia no había sospechado nunca cuando vivía bajo su protección, tímido y servil. También el frances crey6 contemplar lo que le rodeaba bajo una nueva luz.

-Esta bien -dijo-. Cada uno que se lleve lo suyo. Me parece justa.

III. LA FAMILIA DESNOYERS

La «sucesión Madariaga» —como decían en su lenguaje los hombres de ley, interesados en prolongarla para aumento de los honorarios— quedó dividida en dos grupos separados por el mar. Los Desnoyers se establecieron en Buenos Aires. Los Hartrott se trasladaron a Berlín luego que Karl hubo vendido todos los bienes para emplear el producto en empresas industriales y tierras de su país. Desnoyers no quiso seguir viviendo en el campo. Veinte años había sido el jefe de una enorme explotación agrícola y ganadera, mandando a centenares de hombres en varias estancias. Ahora el radio de su autoridad se había restringido considerablemente al parcelarse la fortuna del viejo con la parte de Elena y los numerosos legados. Le encolerizaba ver establecidos en tierras inmediatas a varios extranjeros, casi todos alemanes, que las habían comprado a Karl. Además, se hacía viejo, la fortuna de su mujer representaba unos veinte millones de pesos, y su ambicioso cuñado, al trasladarse a Europa, demostraba tal vez mejor sentido que él.

Arrendó parte de sus tierras, confió la administración de otras a algunos de los favorecidos por el testamento, viendo siempre en Desnoyers al patrón, y se trasladó a Buenos Aires. De este modo podía vigilar a su hijo, que seguía llevando una vida endiablada, sin salir adelante de los estudios de ingeniería... Además, Chichí era ya una mujer, su robustez le daba un aspecto precoz, superior a sus años, y no era conveniente mantenerla en el campo, para que fuese una señorita rústica como su madre. Doña Luisa parecía cansada igualmente de la vida de la estancia. Los triunfos de su hermana le producían cierta molestia. Era incapaz de sentir celos; pero, por ambición maternal, deseaba que sus hijos no se quedasen atrás, brillando y ascendiendo como los hijos de la otra.

Durante un año llegaron a la casa que Desnoyers había instalado en la capital las más asombrosas noticias de Alemania. «La tía de Berlín» —como llamaban a Elena sus sobrinos— enviaba unas cartas larguísimas con relatos de bailes, comidas, cacerías y dignidades militares: «nuestro hermano el coronel», «nuestro primo el barón», «nuestro tío el consejero íntimo», «nuestro tío segundo, el consejero verdaderamente íntimo». Todas las extravagancias del escalafón social alemán, que discurre incesantemente títulos nuevos para satisfacer la sed de honores de un pueblo dividido en castas, eran enumeradas con delectación por la antigua Romántica. Hasta hablaba del secretario de su esposo, que no era un cualquiera, pues había ganado como escribiente en las oficinas públicas el título de Rechnungsrath (consejero de Cálculo). Además, mencionaba con orgullo el Oberpedell retirado que tenía en su casa, explicando que esto quiere decir: «Portero superior.»

Las noticias referentes a sus hijos no resultaban menos gloriosas. El mayor era el sabio de la familia. Se dedicaba a la filología y las ciencias históricas; pero su vistaresultaba cada vez más deficiente, a causa de las continuas lecturas. Pronto sería doctor, y antes de los treinta años. Herr Professor. La madre lamentaba que no fuese militar, considerando sus aficiones como algo que torcía los altos destinos de la familia. El profesorado, las ciencias y la literatura eran refugio de los judíos, imposibilitados por su origen de obtener un grado en el Ejército. Pero se consolaba pensando que un profesor célebre puede conseguir con el tiempo una consideración social casi comparable a la de un coronel.

Sus otros cuatro hijos varones serían oficiales. El padre preparaba el terreno para que pudiesen entrar en la Guardia o en algún regimiento aristocrático sin que los compañeros de Cuerpo votasen en contra al proponer su admisión. Las dos niñas se casarían seguramente, cuando tuviesen edad para ello, con oficiales de húsares que ostentasen en su nombre una partícula nobiliaria, altivos y graciosos señores de los que hablaba con entusiasmo la hija de misiá Petrona. La instalación de los Hartrott era digna de sus nuevas amistades. En la casa de Berlín, la servidumbre iba de calzón corto y peluca blanca en noches de gran comida. Karl había comprado un castillo viejo, con torreones puntiagudos, fantasmas en los subterráneos y varias leyendas de asesinatos, asaltos y violaciones que amenizaban su historia de un modo interesante. Un arquitecto condecorado con muchas órdenes extranjeras, y que, además, ostentaba el título de consejero de Construcción, era el encargado de modernizar el edificio medieval sin que perdiese su aspecto terrorífico. La Romántica describía por anticipado las recepciones en el tenebroso salón, a la luz difusa de las lámparas eléctricas, que imitarían antorchas; el crepitar de la blasonada chimenea, con sus falsos leños erizados de llamas de gas; todo el esplendor del lujo moderno aliado con los recuerdos de una época de nobleza omnipotente, la mejor, según ella, de la Historia.

Además, las cacerías, las futuras cacerías, en una extensión de tierras arenosas y movedizas, con bosques de pinos, en nada comparables al rico suelo de la estancia natal, pero que habían tenido el honor de ser pisadas siglos antes por los marqueses de Brandeburgo, fundadores de la casa reinante de Prusia. Y todos estos progresos, esta rápida ascensión de la familia, ¡en sólo un año!... Tenían que luchar con otras familias ultramarinas que habían amasado fortunas enormes en los Estados Unidos, el Brasil o las costas del Pacífico. Pero eran alemanes sin nacimiento, groseros plebeyos que en vano pugnaban por introducirse en el gran mundo haciendo donativos a las obras imperiales. Con todos sus millones, a lo más que podían aspirar era a unir sus hijas con oficiales de infantería de línea. ¡Mientras que Karl!... ¡Los parientes de Karl!... Y la Romántica dejaba correr la pluma glorificando a una familia en cuyo seno creía haber nacido. De tarde en tarde, con las epístolas de Elena llegaban otras breves dirigidas a Desnoyers. El cuñado le daba cuenta de sus operaciones, lo mismo que cuando vivía en la estancia protegido por él. Pero a esta deferencia se unía un orgullo mal disimulado, un deseo de desquitarse de sus épocas de humillación voluntaria. Todo lo que hacía era grande y glorioso. Había colocado sus millones en empresas industriales de la moderna Alemania. Era accionista de fábricas de armamento, enormes como pueblos; de compañías de navegación, que lanzaban un navío cada medio año. El emperador se interesaba en estas obras, mirando con benevolencia a los que deseaban ayudarle. Además, Karl compraba tierras. Parecía a primera vista una locura haber vendido los opulentos campos de su herencia para adquirir arenales prusianos que sólo producían a fuerza de abonos. Pero siendo terrateniente figuraba en el partido agrario, el grupo aristocrático y conservador por excelencia, y así vivía en dos mundos opuestos e igualmente distinguidos: el de los grandes industriales, amigos del emperador y el de los junkers, hidalgos del campo, guardianes de la tradición y abastecedores de oficiales del rey de Prusia. Al enterarse Desnoyers de estos progresos, pensó en los sacrificios pecuniarios que representaban. Conocía el pasado de Karl. Un día, en la estancia, a impulsos del agradecimiento, había revelado al francés la causa de su viaje a América. Era un antiguo oficial del Ejército de su país; mas el deseo de vivir ostentosamente, sin otros recursos que el sueldo, lo arrastró a cometer actos reprensibles: sustracción de fondos pertenecientes al regimiento, deudas sagradas sin pagar, falsificación de firmas. Estos delitos no habían sido perseguidos oficialmente por consideración a la memoria de su padre; pero los compañeros de Cuerpo le sometieron a un tribunal de honor. Sus hermanos y amigos le aconsejaron el pistoletazo como único remedio; mas él amaba la vida y huyó a América, donde, a costa de humillaciones, había acabado por triunfar. La riqueza borra las manchas del pasado con más rapidez que el tiempo. La noticia de su fortuna al otro lado del Océano hizo que su familia le recibiese bien en el primer viaje, introduciéndolo de nuevo en su mundo. Nadie podía recordar historias vergonzosas de centenares de marcos tratándose de un hombre que hablaba de las tierras de su suegro, más extensas que muchos principados alemanes. Ahora, al instalarse definitivamente en el país, todo estaba olvidado; pero ¡qué de contribuciones impuestas a su vanidad!... Desnoyers adivinó los miles de marcos vertidos a manos llenas para las obras caritativas de la emperatriz, para las propagandas imperialistas, para las sociedades de veteranos, para todos los grupos de agresión y expansión constituidos por las ambiciones germánicas.

El francés, hombre sobrio, parsimonioso en sus gastos y exento de ambiciones, sonreía ante las grandezas de su cuñado. Tenía a Karl por un excelente compañero, aunque de un orgullo pueril. Recordaba con satisfacción los años que habían pasado juntos en el campo. No podía olvidar al alemán que rondaba en torno de él, cariñoso y sumiso como un hermano menor. Cuando su familia comentaba con una vivacidad algo envidiosa las glorias de los parientes de Berlín, él decía, sonriendo:

«Déjenlos en paz; su dinero les cuesta.»

Pero el entusiasmo que respiraban las cartas de Alemania acabó por crear en torno de su persona un ambiente de inquietud y rebelión. Chichí fue la primera en el ataque.

¿Por qué no iban ellos a Europa, como los otros Todas sus amigas habían estado allá. Familias de tenderos italianos y españoles emprendían el viaje. ¡Y ella, que era hija de un francés, no había visto París!... ¡Oh París! Los médicos que asistían a las señoras melancólicas declaraban la existencia de una enfermedad nueva y temible:

«la enfermedad de París». Doña Luisa ayudaba a su hija. ¿Por qué no había de vivir ella en Europa, lo mismo que su hermana, siendo, como era, más rica? Hasta Julio declaró gravemente que en el viejo mundo estudiaría con mayor aprovechamiento. América no es tierra de sabios.

Y el padre terminó por hacerse la misma pregunta, extrañando que no se le hubiera ocurrido antes lo de la ida a Europa. ¡Treinta y cuatro años sin salir de aquel país, que no era el suyo!... Ya era hora de marcharse. Vivía demasiado cerca de los negocios. En vano quería guardar su indiferencia de estanciero retirado. Todos ganaban dinero en torno de él. En el club, en el teatro, allí donde iba, las gentes hablaban de compras de tierras, de ventas, de negocios rápidos con el provecho triplicado, de liquidaciones portentosas. Empezaban a pesarle las sumas que guardaba inactivas en los bancos. Acabaría por mezclarse en alguna especulación, como el jugador que no puede ver la ruleta sin llevar la mano al bolsillo. Para esto no valía la pena haber abandonado la estancia. Su familia tenía razón: «¡A París!...» Porque en el grupo Desnoyers ir a Europa significaba ir a París. Podía la tía de Berlín contar toda clase de grandezas de la tierra de su marido. «¡Macanas! —Exclamaba Julio, que había hecho serias comparaciones geográficas y étnicas en sus noches de correría—. No hay más que París.» Chichí saludaba con una mueca irónica la menor duda acerca de esto: «¿Es que las modas elegantes las inventaron acaso en Alemania?» Doña Luisa apoyó a sus hijos. ¡París!... Jamás se le había ocurrido ir a una tierra de luteranos para verse protegida por su hermana.

—¡Vaya por París! —dijo el francés, como si le hablasen de una ciudad desconocida.

Se había acostumbrado a creer que jamás volvería a ella. Durante sus primeros años de vida en América le era imposible este viaje, por no haber hecho el servicio militar. Luego tuvo vagas noticias de diversas amnistías. Además, había transcurrido tiempo sobrado para la prescripción. Pero una pereza de voluntad le hacía considerar la vuelta a la patria como algo absurdo e inútil. Nada conservaba al otro lado del mar que tirase de él. Hasta había perdido toda relación con aquellos parientes del campo que albergaron a su madre. En las horas de tristeza proyectaba entretener su actividad, elevando un mausoleo enorme, todo de mármol, en la recoleta, el cementerio de los ricos, para trasladar a su cripta los restos de Madariaga, como fundador de dinastía, siguiéndole él, y luego todos los suyos, cuando les llegase la hora. Empezaba a sentir el peso de su vejez. Estaba próximo a los sesenta años y la vida rural del campo, las cabalgadas bajo la lluvia, los ríos vadeados sobre el caballo nadador, las noches pasadas al raso, le habían proporcionado un reuma que amargaba sus mejores días. Pero la familia acabó por comunicarle su entusiasmo. «¡A París!...» Creía tener veinte años, Y olvidando la habitual parsimonia, deseó que los suyos viajasen, lo mismo que una familia reinante, en camarote de gran lujo y con servidumbre propia. Dos vírgenes cobrizas nacidas en la estancia y elevadas al rango de doncellas de la señora y su hija los siguieron en el viaje, sin que sus ojos oblicuos revelasen asombro ante las mayores novedades.

Una vez en París, Desnoyers se sintió desorientado. Embrollaba los nombres de las calles y proponía visitas a edificios desaparecidos mucho antes. Todas sus iniciativas para alardear de buen conocedor iban acompañadas de fracasos. Sus hijos, guiándose por recientes lecturas, conocían a París mejor que él. Se consideraba un extranjero en su patria. Al principio, hasta experimentó cierta extrañeza al hacer uso del idioma natal. Había permanecido en la estancia años enteros, sin pronunciar una palabra en su lengua. Pensaba en español, y al trasladar las ideas al idioma de sus ascendientes, salpicaba al francés con toda clase de locuciones criollas.

—Donde un hombre hace su fortuna y constituye su familia, allí está su verdadera patria —decía sentenciosamente , recordando a Madariaga.

La imagen del lejano país surgió en él con obsesión dominadora tan pronto como se amortiguaron las primeras impresiones del viaje. No tenía amigos franceses, y al salir a la calle, sus pasos se encaminaban instintivamente hacia los lugares de reunión de los argentinos. A éstos les ocurría lo mismo. Se habían alejado de su patria para sentir con más intensidad el deseo de hablar de ella a todas horas. Leía los periódicos de allá, comentaba el alza de los campos, la importancia de la próxima cosecha, la venta de novillos. Al volver hacia su casa le acompañaba igualmente el recuerdo de la tierra americana, pensando con delectación en que las dos chinas habían atropellado la dignidad profesional de la cocinera francesa, preparando una mazamorra, una carbonada o un puchero a estilo criollo. Se había instalado la familia en una casa ostentosa de la avenida de Víctor Hugo: veintiocho mil francos de alquiler. Doña Luisa tuvo que entrar y salir muchas veces para habituarse al imponente aspecto de los porteros: él, condecorado, vestido de negro y con patillas blancas, como un notario de comedia; ella, majestuosa, con cadena de oro sobre el pecho exuberante, y recibiendo a los inquilinos en un salón rojo y dorado. Arriba, en las habitaciones, un lujo ultramoderno, frío y glacial a la vista, con paredes blancas y vidrieras de pequeños rectángulos, exasperaba a Desnoyers, que sentía entusiasmo por las tallas complicadas y los muebles ricos de su juventud. Él mismo dirigió el arreglo de las numerosas piezas, que parecían siempre vacías.

Chichí protestaba contra la avaricia de papá al verlo comprar lentamente, con tanteos y vacilaciones.

—Avaro, no —respondía él—. Es que conozco el precio de las cosas.

Los objetos sólo le gustaban cuando los había adquirido por la tercera parte de su valor. El engaño del que se desprendía de ellos, representaba un testimonio de superioridad para el que los compraba. París le ofreció un lugar de placeres como no podía encontrarlo en el resto del mundo: el Hotel Drout. Iba a él todas las tardes, cuando no encontraba en los periódicos el anuncio de otras subastas de importancia. Durante varios años no hubo naufragio célebre en la vida parisiense, con la consiguiente liquidación de restos, del que no se llevase una parte. La utilidad y necesidad de tales compras resultaban de interés secundario; lo importante era adquirir a precios irrisorios. Y las subasta inundaron aquellas habitaciones, que al principio se amueblaban con lentitud desesperante. Su hija se quejó ahora de que la casa se llenaba demasiado. Los muebles y objetos de adorno eran ricos; pero tantos...,

¡tantos! Los salones tomaban un aspecto de almacén de antigüedades. Las paredes blancas parecían despegarse de las sillerías magníficas y las vitrinas repletas. Alfombras suntuosas y rapadas, sobre las que habían caminado varias generaciones, cubrieron todos los pisos. Cortinajes ostentosos no encontrando un hueco vacío en los salones iban a adornar las puertas inmediatas a la cocina. Desaparecían las molduras de las paredes bajo un chapeado de cuadros estrechamente unidos como las escamas de una coraza. ¿Quién podía tachar a Desnoyers de avaro?... Gastaba mucho más que si un mueblista de moda fuese su proveedor.

La idea de que todo lo adquiría por la cuarta parte de su precio le hizo continuar estos derroches de hombre económico. Sólo podía dormir bien cuando se imaginaba haber realizado en el día un buen negocio. Compraba en las subastas miles de botellas procedentes de quiebras. Y él, que apenas bebía, abarrotaba sus cuevas, recomendando a la familia que emplease el champaña como vino ordinario. La ruina de un peletero le hizo adquirir catorce mil francos de pieles que representaban un valor de noventa mil. Todo el grupo Desnoyers pareció sentir de pronto un frío glacial, como si los témpanos polares invadiesen la avenida de Víctor Hugo. El padre se limitó a obsequiarse con un gabán de pieles; pero encargó tres para su hija Chichí y doña Luisa se presentaron en todas partes cubiertas de sedosas y variadas pelambreras: un día, chinchillas; otro, zorro azul, marta cibelina o lobo marino. El mismo adornaba las paredes con nuevos lotes de cuadros, dando martillazos en lo alto de una escalera, para ahorrarse el gasto de un obrero. Quería ofrecer a los hijos ejemplos de economía. En sus horas de inactividad cambiaba de sitio los muebles más pesados, ocurriéndosele toda especie de combinaciones. Era una reminiscencia de su buena época, cuando manejaba en la estancia sacos de trigo y fardos de cueros. Su hijo, al notar que miraba con fijeza un aparador monumental, se ponía en salvo prudentemente. Desnoyers sentía cierta indecisión ante sus dos criados, personajes correctos, solemnes, siempre de frac, que no ocultaban su extrañeza al ver a un hombre con más de un millón de renta entregados a tales funciones. Al fin, eran las dos doncellas cobrizas las que ayudaban al patrón, uniéndose a él con una familiaridad de compañeros de destierro. Cuatro automóviles completaban el lujo de la familia. Los hijos se habrían contentado con uno nada más, pequeño, flamante, exhibiendo la marca de moda. Pero Desnoyers no era hombre para desperdiciar las buenas ocasiones, y uno tras otro, había adquirido los cuatro, tentado por el precio. Eran enormes y majestuosos, como las carrozas antiguas. Su entrada en una calle hacía volver la cabeza a los transeúntes. El chófer necesitaba dos ayudantes para atender a este rebaño de mastodontes. Pero el dueño sólo hacía memorias de la habilidad con que creía haber engañado a los vendedores, ansioso de perder de vista tales monumentos.

A los hijos les recomendaba modestia y economía.

—Somos menos ricos de lo que ustedes creen. Tenemos muchos bienes, pero producen renta escasa.

Y después de negarse a un gasto doméstico de doscientos francos, empleaba cinco mil en una compra innecesaria, sólo porque representaba, según él, una gran pérdida para el vendedor. Julio y su hermana protestaban ante doña Luisa. Chichí llegó a afirmar que jamás se casaría con un hombre como su padre.

—¡Cállate! —Decía escandalizada, la criolla—: Jamás me ha dado un motivo de queja. Deseo que encuentres uno igual. Las riñas del marido, su carácter irritable, su voluntad avasalladora, perdían toda importancia para ella al pensar en su felicidad. En tantos años de matrimonio..., ¡nada! Había sido una virtud inconmovible, hasta en el campo, donde las personas, rodeadas de bestias y enriqueciéndose con su procreación, parecen contaminarse de la amoralidad de los rebaños. ¡Ella, que se acordaba tanto de su padre!... Su misma hermana debía vivir menos tranquila con el vanidoso Karl, capaz de ser infiel sin deseo alguno, sólo por imitar los gestos de los poderosos.

Desnoyers marchaba unido a su mujer por una rutina afectuosa. Doña Luisa, en su limitada imaginación, evocaba el recuerdo de las yuntas de la estancia, que se negaban a avanzar cuando un animal extraño sustituía al compañero ausente. El marido se encolerizaba con facilidad, haciéndola responsable de todas las contrariedades con que le afligían sus hijos, pero no podía ir sin ella a parte alguna. Las tardes del Hotel Drout le resultaban insípidas cuando no tenía a su lado a esta confidente de sus proyectos y sus cóleras.

—Hoy hay ventas de alhajas. ¿Vamos?...

Su proposición la hacía con voz suave e insinuante, una voz que recordaba a doña Luisa los primeros diálogos en los alrededores de la casa paterna. Y marchaban por distinto camino. Ella, en uno de sus vehículos monumentales, pues no gustaba de andar, acostumbrada al quietismo de la estancia o a correr el campo a caballo. Desnoyers, el hombre de los cuatro automóviles, los aborrecía por ser refractario a los peligros de la novedad, por modestia y porque necesitaba ir a pie, proporcionando a su cuerpo un ejercicio que compensase la falta de trabajo. Al juntarse en la sala de ventas, repleta de gentío, examinaban las joyas, fijando de antemano lo que pensaba ofrecer. Pero él, pronto a exacerbarse ante la contradicción, iba siempre más lejos, mirando a sus contendientes al soltar las cifras lo mismo que si les enviase puñetazos. Después de tales expediciones, la señora se mostraba majestuosa y deslumbrante, como una basílica de Bizancio: las orejas y el cuello, con gruesas perlas; el pecho, constelado de brillantes; las manos, irradiando agujas de luz con todos los colores del iris.

Chichí protestaba: «Demasiado, mamá.» Iban a confundirla con una prendera. Pero la criolla, satisfecha de su esplendor, que era el coronamiento de una vida humilde, atribuía a la envidia tales quejas. Su hija era una señorita y no podía lucir estas preciosidades. Pero más adelante le agradecería que las hubiese reunido para ella. La casa resultaba ya insuficiente para contener tantas compras. En las cuevas se amontonaban muebles, cuadros, estatuas y cortinajes para adornar muchas viviendas. Don Marcelo se quejaba de la pequeñez de un piso de veintiocho mil francos que podría servir de albergue a cuatro familias como la suya. Empezaba a pensar con pena en la renuncia de tantas ocasiones tentadoras, cuando un corredor de propiedades, de los que atisban al extranjero, le sacó de esta situación embarazosa.

¿Por qué no compraba un castillo?... Toda la familia aceptó la idea. Un castillo histórico, lo más histórico que pudiera encontrarse, completaría su grandiosa instalación. Chichí palideció de orgullo. Algunas de sus amigas tenían castillo. Otras, de antigua familia colonial, acostumbradas a menospreciarla por su origen campesino, rugirían de envidia al enterarse de esta adquisición que casi representaba un ennoblecimiento. La madre sonrió con la esperanza de varios meses de campo que le recordasen la vida simple y feliz de su juventud. Julio fue el menos entusiasta. El viejo quería tenerle largas temporadas fuera de París; pero acabó con conformarse, pensando en que esto daría ocasión a frecuentes viajes en automóvil. Desnoyers se acordaba de los parientes de Berlín. ¿Por qué no había de tener su castillo, como los otros?... Las ocasiones eran tentadoras. A docenas le ofrecían las mansiones históricas. Sus dueños ansiaban desprenderse de ellas, agobiados por los gastos de sostenimiento. Y compró el castillo de Villeblanche—sur—Marne, edificado en tiempos de las guerras de religión, mezcla de palacio y fortaleza, con fachada italiana del Renacimiento, sombríos torreones de aguda caperuza y fosos acuáticos, en los que nadaban cisnes.

Él no podía vivir sin un pedazo de tierra sobre el que ejerciese su autoridad, peleando con la resistencia de hombres y cosas. Además le tentaban las vastas proporciones de las piezas del castillo, desprovistas de muebles. Una oportunidad para instalar el sobrante de sus cuevas, entregándose a nuevas compras. En este ambiente de lobreguez señorial, los objetos del pasado se amoldarían con facilidad, sin el grito de protesta que parecían lanzar al ponerse en contacto con las paredes blancas de las habitaciones modernas... La histórica morada exigía cuantiosos desembolsos; por algo había cambiado de propietarios muchas veces. Pero él y la tierra se conocían perfectamente... Y al mismo tiempo que llenaba los salones del edificio, intentó en el extenso parque cultivos y explotaciones de ganado, como una reducción de sus empresas de América. La propiedad debía sostenerse con lo que produjese. No era miedo a los gastos: era que él no estaba acostumbrado a perder dinero. La adquisición del castillo le proporcionó una honrosa amistad, viendo en ella la mejor ventaja del negocio. Entró en relaciones con un vecino, el senador Lacour, que había sido ministro dos veces y vegetaba ahora en la Alta Cámara, mudo durante la sesión, movedizo y verboso en los pasillos, para sostener su influencia. Era un prócer de la nobleza republicana, un aristócrata del régimen, que tenía su estirpe en las agitaciones de la

Revolución, así como los nobles de pergaminos ponen la suya en las Cruzadas. Su bisabuelo había pertenecido a la Convención: su padre había figurado en la República de 1848. Él, como hijo de proscrito muerto en el destierro, marchó, siendo muy joven, detrás de la figura grandilocuente de Gambetta, y hablaba a todas horas de la gloria del maestro para que un rayo de ella se reflejase sobre el discípulo. Su hijo René, alumno de la Escuela Central, encontraba viejo juego al padre, riendo un poco de su republicanismo romántico y humanitario. Pero esto no le impedía esperar, para cuando fuese ingeniero, la protección oficial atesorada por cuatro generaciones de Lacours dedicadas al servicio de la República.

Don Marcelo, que miraba con inquietud toda amistad nueva, temiendo una demanda de préstamo, se entregó con entusiasmo al trato del gran hombre. El personaje era admirador de la riqueza, y encontró por su parte cierto talento a este millonario del otro lado del mar que hablaba de pastoreos sin límites y rebaños inmensos. Sus relaciones fueron más allá del egoísmo de una vecindad de campo, continuándose en París. René acabó por visitar la casa de la avenida de Víctor Hugo como si fuese suya.

Las únicas contrariedades en la existencia de Desnoyers provenían de sus hijos. Chichí le irritaba por la independencia de sus gustos. No amaba las cosas viejas, por sólidas y espléndidas que fuesen. Prefería las frivolidades de la última moda. Todos los regalos de su padre los aceptaba con frialdad. Ante una blonda secular adquirida en una subasta, torcía el gesto. «Más me gustaría un vestido nuevo de trescientos francos.» Además, se apoyaba en los malos ejemplos de su hermano para hacer frente a los viejos.

El padre la había confiado por completo a doña Luisa. La niña era ya una mujer.

Pero el antiguo peoncito no mostraba gran respeto ante los consejos y órdenes de la bondadosa criolla. Se había entregado con entusiasmo al patinaje, por considerarlo la más elegante de las diversiones. Iba todas las tardes al Palais de Glace y doña Chicha la seguía, privándose de acompañar al marido en sus compras. ¡Las horas de aburrimiento mortal ante la pista helada, viendo cómo a los sones de un órgano se deslizaban sobre cuchillos por el blanco redondel los balanceantes monigotes humanos, echando atrás las espirales de su cabellera, que se escapaban del sombrero, haciendo claquear los pliegues de la falda detrás de los patines, hermosota, grandullona y fuerte, con la salud insolente de una criatura que, según su padre, había sido destetada con bistecs.

Al fin, doña Luisa se cansó de esta vigilancia molesta. Prefería acompañar al marido en su cacería de riquezas a bajo precio. Y Chichí fue al patinaje con una de sus doncellas cobrizas, pasando por la tarde entre sus amigas del deporte, todas procedentes del Nuevo Mundo. Se comunicaban sus ideas bajo el deslumbramiento de París, libres de los escrúpulos y preocupaciones de la tierra natal. Todas ellas creían haber nacido meses antes, reconociéndose con méritos no sospechados hasta entonces. El cambio de hemisferio había aumentado sus valores.

Algunas hasta escribían versos en francés. Y Desnoyers se alarmaba, dando suelta a su mal humor cuando, por la noche, iba emitiendo Chichí, en forma de aforismos, lo que ella y sus compañeras habían discurrido como un resumen de lecturas y observaciones: «La vida es la vida, y hay que vivirla.» «Yo me casaré con el hombre que me guste, sea quien sea.» Estas contrariedades del padre carecían de importancia al ser comparadas con las que le proporcionaba el otro. ¡Ay el otro!... Julio, al llegar a París, había torcido el curso de sus aspiraciones. Ya no pesaba en hacerse ingeniero: quería ser pintor. Don Marcelo opuso la resistencia del asombro, mas al fin cedió.

¡Vaya por la pintura! Lo importante era que no careciese de profesión. La propiedad y la riqueza las consideraba sagradas; pero tenía por indignos de sus goces a los que no hubiesen trabajado. Recordó, además, sus años de tallista. Tal vez las mismas facultades, sofocadas en él por la pobreza, renacían en su descendiente. ¿Si llegaría a ser un gran pintor este muchacho perezoso, de ingenio vivaz, que vacilaba antes de emprender su camino en la vida?... Pasó por todos los caprichos de Julio, que, estando aún en sus primeras tentativas de dibujo y colorido, exigía una existencia aparte para trabajar con más libertad. El padre lo instaló cerca de su casa, en un estudio de la rue de la Pompe, que había pertenecido a un pintor extranjero de cierta fama. El taller y sus anexos eran demasiado grandes para un aprendiz. Pero el maestro había muerto, y Desnoyers aprovechó la buena ocasión que le ofrecían los herederos, comprando en bloque muebles y cuadros. Doña Luisa visitó diariamente el taller, como una buena madre que cuida del bienestar de su hijo para que trabaje mejor. Ella misma, quitándose los guantes, vaciaba los platillos de bronce, repletos de colillas de cigarros, y borraba en muebles y alfombras la ceniza caída de las pipas. Los visitantes de Julio, jóvenes melenudos que hablaban de cosas que ella no podía entender, eran algo descuidados en sus maneras... Más adelante encontró mujeres ligeras de ropas, y fue recibida por su hijo con mal gesto. ¿Es que mamá no le permitía trabajar en paz?... Y la pobre señora, al salir de su casa todas las mañanas, iba hacia la rue de la Pompe; pero se detenía en mitad del camino, metiéndose en la iglesia de Saint-Honoré d'Eylau. El padre se mostró más prudente. Un hombre de sus años no podía mezclarse en la sociedad de un artista joven. Julio, a los pocos meses, pasó semanas enteras sin ir a dormir al domicilio paterno. Finalmente, se instaló en el estudio, pasando por su casa con rapidez para que la familia se convenciese de que aún existía... Desnoyers, algunas mañanas, llegaba a la rue de la Pompe para hacer preguntas a la portera. Eran las diez: el artista estaba durmiendo. Al volver a mediodía, continuaba el pesado sueño. Luego del almuerzo, una nueva visita para recibir mejores noticias. Eran las dos: el señorito se estaba levantando en aquel instante. Y su padre se retiraba furioso. Pero ¿cuándo pintaba este pintor?...

Había intentado al principio conquistar un renombre con el pincel, por considerar esto empresa fácil. Ser artista le colocaba por encima de sus amigos, muchachos sudamericanos sin otra ocupación que gozar de la existencia, derramando dinero ruidosamente para que todos se enterasen de su prodigalidad. Con serena audacia, se lanzó a pintar cuadros. Amaba la pintura bonita, distinguida, elegante; una pintura dulzona como una romanza y que sólo copiase las formas de la mujer. Tenía dinero y un buen estudio; su padre estaba a sus espaldas dispuesto a ayudarle: ¿por qué no había de hacer lo que tantos otros que carecían de medios?... Y acometió la tarea de embadurnar un lienzo, dándole el título de La danza de las horas: un pretexto para copiar buenas mozas y escoger modelos. Dibujaba con frenética rapidez, rellenando el interior de los contornos de masas de color. Hasta aquí todo iba bien.

Pero después vacilaba, permaneciendo inactivo ante el cuadro, para arrinconarlo finalmente en espera de tiempos mejores. Lo mismo le ocurrió al intentar varios estudios de cabezas femeniles. No podía terminar nada, y esto le produjo cierta desesperación. Luego se resignó, como el que se tiende fatigado ante el obstáculo y espera una intervención providencial que le ayude a salvarlo. Lo importante era ser pintor..., aunque no pintase. Esto le permitía dar tarjetas con excusas de alta estética a las mujeres alegres, invitándolas a su estudio. Vivía de noche. Don Marcelo, al hacer averiguaciones sobre los trabajos del artista, no podía contener su indignación. Los dos veían todas las mañanas las primeras horas de luz: el padre al saltar del lecho, el hijo, camino de su estudio para meterse entre sábanas y no despertar hasta media tarde.

La crédula doña Luisa inventaba las más absurdas explicaciones para defender a su hijo. ¡Quién sabe! Tal vez pintaba de noche, valiéndose de procedimientos nuevos.

¡Los hombres inventan ahora tantas diabluras!...

Desnoyers conocía estos trabajos nocturnos: escándalos en los restaurantes de Montmartre y peleas, muchas peleas. Él y los de su banda, que a las siete de la tarde creían indispensable el frac o el smoking, eran a modo de una partida de indios implantando en París las costumbres violentas del desierto. El champaña resultaba en ellos un vino de pelea. Rompían y pagaban, pero sus generosidades iban seguidas casi siempre de una batalla. Nadie tenía como Julio la bofetada rápida y la tarjeta pronta. Su padre aceptaba con gestos de tristeza las noticias de ciertos amigos que se imaginaban halagar su vanidad haciéndole el relato de encuentros caballerescos en los que su primogénito rasgaba siempre la piel del adversario. El pintor entendía más de esgrima que de su arte. Era campeón de varias armas, boxeaba, y hasta poseía los golpes favoritos de los paladines que vagan por las fortificaciones. «Inútil y peligroso como todos los zánganos», protestaba el padre. Pero sentía latir en el fondo de su pensamiento una irresistible satisfacción, un orgullo animal, al considerar que este aturdido temible era obra suya.

Por un momento creyó haber encontrado el medio de apartarle de tal existencia. Los parientes de Berlín visitaron a los Desnoyers en su castillo de Villeblanche. Karl Hartrott apreció con bondadosa superioridad las colecciones ricas y un tanto disparatadas de su cuñado. No estaba mal: reconocía cierto cachet a la casa de París y al castillo. Podían servir para completar y dar pátina a un título nobiliario. ¡Pero Alemania!... ¡Las comodidades de su patria!... Quería que el cuñado admirase a su vez cómo vivía él y sus nobles amistades que embellecían su opulencia. Y tanto insistió en sus cartas, que los Desnoyers hicieron el viaje. Este cambio de ambiente podía modificar a Julio. Tal vez despertase su emulación viendo de cerca la laboriosidad de sus primos, todos con una carrera. Además, el francés creía en la influencia corruptora de País y en la pureza de costumbres de la patriarcal Alemania.

Cuatro meses estuvieron allá. Desnoyers sintió al poco tiempo un deseo de huir. Cada cual con los suyos; no podría entenderse nunca con aquellas gentes. Muy amables, con amabilidad pegajosa y visibles deseos de agradar, pero dando tropezones continuamente por una falta irremediable de tacto, por una voluntad de hacer sentir su grandeza. Los personajes amigos de los Hartrott hacían manifestaciones de amor a Francia: el amor piadoso que inspira un niño travieso y débil necesitado de protección. Y esto lo acompañaban con toda clase de recuerdos inoportunos sobre las guerras en que los franceses habían sido vencidos. Todo lo de Alemania, un monumento, una estación de ferrocarril, un simple objeto de comedor daba lugar a comparaciones gloriosas. «En Francia no tienen ustedes eso.»

«Indudablemente, en América no habrán ustedes visto nada semejante.» Don Marcelo se marchó fatigado de tanta protección. Su esposa y su hija se habían resistido a aceptar que la elegancia de Berlín fuese superior a la de París.

Chichí, en plena audacia sacrílega, escandalizó a sus primas declarando que no podía sufrir a los oficialitos de talle encorsetado y monóculo inconmovible, que se inclinaban ante las jóvenes con una rigidez automática, uniendo a sus galanterías una mueca de superioridad.

Julio, bajo la dirección de sus primos, se sumió en el ambiente virtuoso de Berlín. Con el mayor, el sabio, no había que contar. Era un infeliz, dedicado a sus libros, y que consideraba a toda la familia con gesto protector. Los otros, subtenientes o alumnos portaespada, le mostraron con orgullo los progresos de la alegría germánica. Conoció los restaurantes nocturnos, que eran una imitación de los de París, pero mucho más grandes. Las mujeres, que allá se contaban a docenas, eran aquí centenares. La embriaguez escandalosa no resultaba un incidente, sino algo buscado con plena voluntad, como indispensable para la alegría. Todo grandioso, brillante, colosal. Los vividores se divertían por pelotones, el público se emborrachaba por compañías, las mercenarias formaban regimientos. Experimentó una sensación de disgusto ante las hembras serviles y tímidas, acostumbradas al golpe, y que buscaban resarcirse con avidez de las grandes quiebras y desengaños sufridos en su comercio. Le era imposible celebrar, como sus primos, con grandes carcajadas el desencanto de estas mujeres cuando veían perdidas sus horas sin conseguir otra cosa que bebida abundante. Además, le molestaba el libertinaje grosero, ruidoso, con publicidad, como un alarde de riqueza. «Esto no lo hay en París — decían sus acompañantes admirando los salones enormes, con centenares de parejas y miles de bebedores—; no, no lo hay en París.» Se fatigaba de tanta grandeza sin medida. Creyó asistir a una fiesta de marineros hambrientos, ansiosos de resarcirse de un golpe de todas las privaciones anteriores. Y sentía los mismos deseos de huir de su padre.

De este viaje volvió Marcelo Desnoyers con una melancólica resignación. Aquellas gentes habían progresado mucho. Él no era un patriota ciego, y reconocía lo evidente. En pocos años habían transformado su país; su industria era poderosa..., mas resultaban de un trato irresistible. Cada uno en su casa, y ¡ojalá que nunca se les ocurriese envidiar la del vecino!... Pero esta última sospecha la repelía inmediatamente con su optimismo de hombre de negocios. «Van a ser muy ricos — pensaba—. Sus asuntos marchan, y el que es rico no siente deseos de reñir. La guerra con que sueñan cuatro locos resulta imposible.» El joven Desnoyers reanudó su vida parisiense, viviendo siempre en el estudio y presentándose de tarde en tarde en la casa paterna. Doña Luisa empezó a hablar de un tal Argensola, joven español de gran sabiduría, reconociendo que sus consejos podían ser de mucha utilidad para su hijo. Éste no sabía con certeza si el nuevo compañero era un amigo, un maestro o un sirviente. Otra duda sufrían los visitantes. Los aficionados a las letras hablaban de Argensola como de un pintor; los pintores sólo le reconocían superioridad como literato. Nunca pudo recordar exactamente dónde le había visto la primera vez. Era de los que subían a su estudio en las tardes de invierno, atraídos por la caricia roja de la estufa y los vinos facilitados ocultamente por la madre. Tronaba el español ante la botella liberalmente renovada y la caja de cigarrillos abierta sobre la mesa, hablando de todo con autoridad. Una noche se quedó a dormir en un diván. No tenía domicilio fijo. Y después de esta primera noche, las pasó todas en el estudio.

Julio acabó por admirarle como un reflejo de su personalidad. ¡Lo que sabía aquel Argensola, venido de Madrid en tercera clase y con veinte francos en el bolsillo para violar a la gloria, según sus propias palabras! Al ver que pintaba con tanta dureza como él, empleando el mismo dibujo pueril y torpe, se enterneció. Sólo los falsos artistas, los hombres de oficio, los ejecutantes sin pensamiento, se preocupan del colorido y otras ranciedades. Argensola era un artista psicológico, un pintor de almas. Y el discípulo sintió asombro y despecho al enterarse de lo sencillo que era pintar un alma. Sobre un rostro exangüe, con el mentón agudo como un puñal, el español trazaba unos ojos redondos y a cada pupila le asestaba una pincelada blanca, un punto de luz..., el alma. Luego, plantándose ante el lienzo, clasificaba esta alma con su facundia inagotable, atribuyéndole toda clase de conflictos y crisis. Y tal era su poder de obsesión, que Julio veía lo que el otro se imaginaba haber puesto en los ojos de redondez buhesca. Él también pintaría almas..., almas de mujeres. Con ser tan fácil este trabajo de engendramiento psíquico, Argensola gustaba más de charlar recostado en un diván o leer al amor de la estufa mientras el amigo y protector estaba fuera. Otra ventaja esta afición a la lectura para el joven Desnoyers, que al abrir un volumen iba directamente a las últimas páginas o al índice, queriendo hacer una idea, como él decía. Algunas veces, en los salones, había preguntado con aplomo a un autor cuál era su mejor libro. Y su sonrisa de hombre listo daba a entender que era una precaución para no perder el tiempo con los otros volúmenes. Ahora ya no necesitaba cometer estas torpezas. Argensola leería por él. Cuando le adivinaba interesado por un volumen, exigía inmediata participación: «Cuéntame el argumento». Y el secretario no sólo hacía la síntesis de comedias y novelas, sino que le comunicaba el argumento de Schopenhauer o el argumento de Nietzsche... Luego doña Luisa casi vertía lágrimas al oír que las visitas se ocupaban de su hijo con la benevolencia que inspira la riqueza: «Un poco diablo el mozo, pero ¡qué bien preparado!...» A cambio de sus lecciones, Argensola recibía el mismo trato que un esclavo griego de los que enseñaban retórica a los patricios jóvenes de la Roma decadente. En mitad de una explicación, su señor y amigo le interrumpía.

—Prepárame una camisa de frac. Estoy invitado esta noche.

Otras veces, cuando el maestro experimentaba una sensación de bienestar animal con un libro en la mano junto a la estufa roncadora, viendo a través de la vidriera la tarde gris y lluviosa, se presentaba de repente el discípulo:

—¡Pronto..., a la calle! Va a venir una mujer.

Y Argensola, con el gesto de un perro que sacude sus lanas, marchaba a continuar su lectura en algún cafetucho incómodo de las cercanías. Su influencia descendió de las cimas de la intelectualidad para intervenir en las vulgaridades de la vida material. Era el intendente del patrono, el mediador entre su dinero y los que se presentaban a reclamarlo factura en mano. «Dinero», decía lacónicamente a fines de mes. Y Desnoyers prorrumpía en quejas y maldiciones. ¿De dónde iba a sacarlo? El viejo era de una dureza reglamentaria y no toleraba el menor avance sobre el mes siguiente. Le tenía sometido a un régimen de miseria. Tres mil francos mensuales: ¿qué podía hacer con esto una persona decente?...

Deseoso de reducirle, estrechaba el cerco, interviniendo directamente en la administración de su casa para que doña Luisa no pudiera hacer donativos al hijo. En vano se había puesto en contacto con varios usureros de París, hablándoles de su propiedad más allá del Océano. Estos señores tenían a mano la juventud del país y no necesitaban exponer sus capitales en el otro mundo. Igual fracaso le acompañaba cuando, con repetidas muestras de cariño, quería convencer a don Marcelo de que tres mil francos al mes son una miseria. El millonario rugía de indignación. ¡Tres mil francos una miseria! ¡Y además las deudas del hijo que había tenido que pagar en varias ocasiones!...

—Cuando yo era de tu edad... —empezaba diciendo.

Pero Julio cortaba la conversación. Había oído muchas veces la historia de su padre. ¡Ah viejo avariento! Lo que le daba todos los meses no era más que la renta del legado de su abuelo... Y por consejo de Argensola, se atrevió a reclamar el campo. La administración de esa tierra pensaba confiarla a Celedonio, el antiguo capataz, que era ahora un personaje en su país, y al que él llamaba irónicamente mi tío. Desnoyers acogió su rebeldía fríamente: «Me parece justo. Ya eres mayor de edad». Y luego de entregarle el legado extremó su vigilancia en los gastos de la casa, evitando a doña Luisa todo manejo de dinero. En adelante miró a su hijo como a un adversario al que necesitaba vencer, tratándolo durante sus rápidas apariciones en la avenida de Víctor Hugo con glacial cortesía, lo mismo que a un extraño. Una opulencia transitoria animó por algún tiempo el estudio. Julio había aumentado sus gastos, considerándose rico. Pero las cartas del tío de América disiparon estas ilusiones. Primeramente, las remesas de dinero excedieron en muy poco a la cantidad mensual que le entregaba su padre. Luego disminuyeron de un modo alarmante. Todas las calamidades de la tierra parecían haber caído juntas sobre el campo, según Celedonio. Los pastos escaseaban: unas veces era por falta de lluvia; otras, por las inundaciones; y las reses perecían a centenares. Julio necesitaba mayores ingresos, y el mestizo marrullero le enviaba lo que podía pero como simple préstamo, reservando el cobro para cuando ajustasen cuentas. A pesar de tales auxilios, el joven Desnoyers sufría apuros. Jugaba ahora en un círculo elegante, creyendo compensar de tal modo sus periódicas escaseces, y esto servía para que desaparecieran con mayor rapidez las cantidades recibidas de América... ¡Qué un hombre como él se viese atormentado por la falta de unos miles de francos! ¿De qué le servía tener un padre con tantos millones?

Si los acreedores se mostraban amenazantes, recurría al secretario. Debía ver a mamá inmediatamente: él quería evitarse sus lágrimas y reconvenciones. Y Argensola se deslizaba como un ratero por la escalera de servicio del caserón de la avenida de Víctor Hugo. El local de su embajada era siempre la cocina, con gran peligro de que el terrible Desnoyers llegase hasta allí en una de sus evoluciones de hombre laborioso, sorprendiendo al intruso. Doña Luisa lloraba, conmovida por las dramáticas palabras del mensajero. ¡Qué podía hacer! Era más pobre que sus criadas: joyas, muchas joyas, pero ni un franco. Fue

Argensola quien propuso una solución, digna de su experiencia. Él salvaría a la buena madre, llevando al Monte de Piedad algunas de sus alhajas. Conocía el camino. Y la señora aceptó el consejo; pero sólo le entregaba joyas de mediano valor, sospechando que no las vería más. Tardíos escrúpulos le hacían prorrumpir a veces en rotundas negativas. Podía saberlo su Marcelo; ¡qué horror!... Pero el español consideraba denigrante salir de allí sin llevarse algo, y, a falta de dinero, cargaba con un cesto de botellas de la rica bodega de Desnoyers.

Todas las mañanas entraba doña Luisa en Saint—Honoré d'Eylau para rogar por su hijo. Apreciaba esta iglesia como algo propio. Era un islote hospitalario y familiar en el océano inexplorado de París. Cruzaba discretos saludos con los fieles habituales, gentes del barrio procedentes de las diversas Repúblicas del Nuevo Mundo. Le parecía estar más cerca de Dios y de los santos al oír en el atrio conversaciones en su idioma. Además, era a modo de un salón por donde transcurrían los grandes sucesos de la colonia sudamericana. Un día era una boda con flores, orquesta y cánticos. Ella, con su Chichí al lado, saludaba a las personas conocidas, cumplimentando luego a los novios. Otro día eran los funerales por un ex presidente de la República o cualquier otro personaje ultramarino que terminaba en París su existencia tormentosa. ¡Pobre presidente! ¡Pobre general!...

Doña Luisa recordaba al muerto. Lo había visto en aquella iglesia muchas veces oyendo su misa devotamente, y se indignaba contra las malas lenguas que, a guisa de oración fúnebre, hacían memoria de fusilamientos y Bancos liquidados allá en su país. ¡Un señor tan bueno y tan religioso! ¡Que Dios lo tenga en su gloria!... Y al salir a la plaza contemplaba con ojos tiernos los jinetes y amazonas que se dirigían al Bosque, los lujosos automóviles, la mañana radiante de sol, toda la fresca puerilidad de las primeras horas del día, reconociendo que es muy hermoso vivir.

Su mirada de gratitud para lo existente acababa por acariciar el monumento del centro de la plaza, todo erizado de alas, como si fuese a desprenderse del suelo.

¡Víctor Hugo!... Le bastaba haber oído este nombre en boca de su hijo para contemplar la estatua con un interés de familia. Lo único que sabía del poeta era que había muerto. De eso casi estaba segura. Pero se lo imaginaba en vida gran amigo de Julio, en vista de la frecuencia con que repetía su nombre. ¡Ay su hijo!... Todos sus pensamientos, sus conjeturas, sus deseos, convergían en él y en su irreducible marido. Ansiaba que los dos hombres se entendiesen, terminando una lucha en la que ella era la única víctima. ¿No haría Dios el milagro?... Como un enfermo que cambia de sanatorio, persiguiendo a la salud, abandonaba la iglesia de su calle para frecuentar la Capilla Española de la avenida de Friedland. Aquí aún se consideraba más entre los suyos. A través de las sudamericanas, finas y elegantes, como si se hubiesen escapado de una lámina de periódico de modas, sus ojos buscaban con admiración a otras damas peor trajeadas, gordas, con armiños teatrales y joyas antiguas. Al encontrarse estas señoras en el atrio, hablaban con voces fuertes y manoteos expresivos, recortando enérgicamente las palabras. La hija del estanciero se atrevía a saludarlas, por haberse suscrito a todas sus obras de beneficencia, y al ver devuelto el saludo experimentaba una satisfacción que le hacía olvidar momentáneamente sus penas. Eran de aquellas familias que admiraba su padre sin saber por qué: procedían de lo que llamaban al otro lado del mar la madre patria, todas excelentísimas y altísimas para la buena doña Chicha y emparentadas con reyes. No sabía si darles la mano o doblar una rodillas, como había oído vagamente que es de uso en las Cortes. Pero de pronto recordaba sus preocupaciones, y seguía adelante para dirigir sus ruegos a Dios. ¡Ay, que se acordase de ella! ¡Que no olvidase a su hijo por mucho tiempo!...

Fue la gloria la que se acordó de Julio, estrechándolo en sus brazos de luz. Se vio de pronto con todos los honores y ventajas de la celebridad. La fama sorprende cautelosamente por los caminos más tortuosos e ignorados. Ni la pintura de almas ni una existencia accidentada llena de amoríos costosos y duelos complicados proporcionaron al joven Desnoyers su renombre. La gloria le tomó por los pies.

Un nuevo placer había venido del otro lado de los mares, para felicidad de los humanos. Las gentes se interrogaban de los iniciados que buscan reconocerse: «¿Sabe usted tanguear?...» El tango se había apoderado del mundo. Era el himno heroico de una Humanidad que concentraba de pronto sus aspiraciones en el armónico contoneo de las caderas, midiendo la inteligencia por la agilidad de los pies. Una música incoherente y monótona, de inspiración africana, satisfacía el ideal artístico de una sociedad que no necesitaba de más. El mundo danzaba..., danzaba..., danzaba. Un baile de negros de Cuba, introducido en la América del Sur por los marineros que cargan tasajo para las Antillas, conquistaba la Tierra entera en pocos meses, daba la vuelta a su redondez, saltando victorioso de nación en nación..., lo mismo que la Marsellesa. Penetraba hasta en las Cortes más ceremoniosas, derrumbando las tradiciones del recato y la etiqueta, como un canto de revolución: la revolución de las frivolidades. El Papa tenía que convertirse en maestro de baile, recomendando la furlana contra el tango, ya que todo el mundo cristiano, sin distinción de sectas, se unía en el deseo común de agitar los pies con un frenesí tan incansable como el de los poseídos de la Edad Media. Julio Desnoyers, al encontrar esta danza de su adolescencia, soberana y triunfadora en pleno París, se entregó a ella con la confianza que inspira una amante vieja. ¡Quién le hubiese anunciado, cuando era estudiante y frecuentaba los bailes más abyectos de Buenos Aires, vigilados por la Policía, que estaba haciendo el aprendizaje de la gloria!

De cinco a siete, centenares de ojos le siguieron con admiración en los salones de los Campos Elíseos, donde costaba cinco francos una taza de té, con derecho a intervenir en la danza sagrada. «Tiene la línea», decían las damas, apreciando su cuerpo esbelto de mediana estatura y fuertes resortes. Y él, con el chaqué ceñido de talle y abombado de pecho, los pies de femenil pequeñez enfundados en charol y cañas blancas sobre altos tacones, bailaba grave, reflexivo, silencioso, como un matemático en pleno problema, mientras las luces azuleaban las dos cortinas oscuras, apretadas y brillantes de sus guedejas. Las mujeres solicitaban ser presentadas a él, con la dulce esperanza de que sus amigas las envidiasen viéndolas en los brazos del maestro. Las invitaciones llovían sobre Julio. Se abrían a su paso los salones más inaccesibles. Todas las tardes adquiría una docena de amistades. La moda había traído profesores del otro lado del mar, compadritos de los arrabales de Buenos Aires, orgullosos y confusos al verse aclamados lo mismo que un tenor de fama o un conferenciante. Pero sobre estos bailarines, de una vulgaridad originaria y que se hacían pagar, triunfaba Julio Desnoyers. Los incidentes de su vida anterior eran comentados por las mujeres como hazañas de galán novelesco.

—Te estás matando —decía Argensola—. Bailas demasiado.

La gloria de su amigo representaba nuevas molestias para él. Sus plácidas lecturas ante la estufa se veían ahora interrumpidas diariamente. Imposible leer más de un capítulo. El hombre célebre le apremiaba con sus órdenes para que se marchase a la calle. «Una nueva lección», decía el parásito. Y cuando estaba solo, numerosas visitas, todas de mujeres: unas, preguntonas y agresivas; otras, melancólicas, con aire de abanico, venían a interrumpirle en su reflexivo entretenimiento. Una de éstas aterraba con su insistencia a los habitantes del estudio. Era una americana del Norte, de edad problemática, entre los treinta y dos y los cincuenta y nueve años, siempre con faldas cortas, que al sentarse se recogían indiscretas, como movidas por un resorte. Varios bailes con Desnoyers y una visita a la rue de la Pompe representaban para ella sagrados derechos adquiridos, y perseguía al maestro con la desesperación de una creyente abandonada. Julio había escapado al saber que esta beldad, de esbeltez juvenil vista por el dorso, tenía dos nietos. «Máster Desnoyers ha salido», decía invariablemente Argensola al recibirla. Y la abuela lloraba, prorrumpiendo en amenazas. Quería suicidarse allí mismo, para que su cadáver espantase a las otras mujeres que venían a quitarle lo que consideraba suyo. Ahora era Argensola el que despedía a su compañero cuando deseaba verse solo. «Creo que la yanqui va a venir», decía con fingida indiferencia. Y el gran hombre escapaba, valiéndose muchas veces de la escalera de servicio. En esta época empezó a desarrollarse el suceso más importante de su existencia. La familia Desnoyers iba unirse con la del senador Lacour.

René, el hijo único de éste, había acabado por inspirar a Chichí cierto interés que casi era amor. El personaje deseaba para su descendiente los campos sin límites, los rebaños inmensos, cuya descripción le conmovía como un relato maravilloso. Era viudo, pero gustaba de dar en su casa reuniones y banquetes. Toda celebridad nueva le sugería inmediatamente el plan de un almuerzo. No había personaje de paso en París, viajero polar o cantante famoso que escapase sin ser exhibido en el comedor de Lacour. El hijo de Desnoyers —en el que apenas se había fijado hasta entonces—

le inspiró una simpatía repentina. El senador era un hombre moderno, y no clasificaba la gloria ni distinguía las reputaciones. Le bastaba que un apellido sonase para aceptarlo con entusiasmo. Al visitarle Julio lo presentaba con orgullo a sus amigos, faltando poco para que le llamase querido maestro. El tango acaparaba todas las conversaciones. Hasta en la Academia se habían ocupado de él para demostrar elocuentemente que la juventud de la antigua Atenas se divertía con algo semejante.... Y Lacour había soñado toda su vida en una República ateniense para su país.

El joven Desnoyers conoció en estas reuniones al matrimonio Laurier. Él era un ingeniero que poseía una fábrica de motores para automóviles en las inmediaciones de París; un hombre de treinta y cinco años, grande, silencioso, que posaba en torno a su persona una mirada lenta, como si quisiera penetrar más profundamente en los hombres y los objetos. Madame Laurier tenía diez años menos que su marido, y parecía despegarse de él por la fuerza de un rudo contraste. Era de carácter ligero, elegante, frívola, y amaba la vida por los placeres y satisfacciones que proporciona. Parecía aceptar con sonriente conformidad la adoración silenciosa y grave de su esposo. No podía hacer menos por una criatura de sus méritos. Además, había aportado al matrimonio una dote de trescientos mil francos, capital que sirvió al ingeniero para ensanchar sus negocios. El senador había intervenido en el arreglo de esta sociedad matrimonial. Laurier le interesaba por ser hijo de un compañero de su juventud.

La presencia de Julio fue para Margarita Laurier un rayo de sol en el aburrido salón de Lacour. Ella bailaba la danza de moda, frecuentando los té—tango donde era admirado Desnoyers. ¡Verse de pronto al lado de este hombre célebre e interesante que se disputaban las mujeres!... Para que no la creyese una burguesa igual a las otras contertulias del senador, habló de sus costureros, todos de la rue de la Paix, declarando gravemente que una mujer que se respeta no puede salir a la calle con un vestido de menos de ochocientos francos, y que el sombrero de mil, objeto de asombro hace pocos años, era ahora una vulgaridad.

Este conocimiento sirvió para que la pequeña Laurier —como la llamaban las amigas, a pesar de su buena estatura— se viese buscada por el maestro en los bailes, saliendo a danzar con él entre miradas de despecho y envidia. ¡Qué triunfo para la esposa de un simple ingeniero, que iba a todas partes en el automóvil de su marido!... Julio sintió al principio la atracción de la novedad. La había creído igual a todas las que languidecían en sus brazos siguiendo el ritmo complicado de la danza. Después la encontró distinta. Las resistencias de ella a continuación de las primeras intimidades verbales exaltaron su deseo. En realidad, nunca había tratado a una mujer de su clase. Las de su primera época eran parroquianas de los restaurantes nocturnos, que acababan por hacerse pagar. Ahora, la celebridad traía a sus brazos damas de alta posición, pero con un pasado inconfesable, ansiosas de novedades y excesivamente maduras. Esta burguesa que marchaba hacia él y en el momento del abandono retrocedía con bruscos renacimientos de pudor representaba algo extraordinario. Los salones de tango experimentaron una gran pérdida. Desnoyers se dejó ver con menos frecuencia, abandonando su gloria a los profesionales. Transcurrían semanas enteras sin que las devotas pudiesen admirar de cinco a siete sus crenchas y sus piececitos charolados brillando bajo las luces al compás de graciosos movimientos.

Margarita Laurier también huyó de estos lugares. Las entrevistas de los dos se desarrollaban con arreglo a lo que ella había leído en las novelas amorosas que tienen por escenario a París. Iba en busca de Julio temiendo ser reconocida, trémula de emoción, escogiendo los trajes más sombríos, cubriéndose el rostro con un velo tupido, el velo del adulterio, como decían sus amigas. Se daban cita en los squares de barrio menos frecuentados, cambiando de lugar, como los pájaros miedosos, que a la más leve inquietud levantaban el vuelo para ir a posarse a gran distancia. Unas veces se juntaban en las Buttes-Chaumont, otras preferían los jardines de la orilla izquierda del Sena, el Luxemburgo y hasta el remoto parque de Monsouris. Ella sentía escalofríos de terror al pensar que su marido podía sorprenderla, mientras el laborioso ingeniero estaba en la fábrica, a una distancia enorme de la realidad. Su aspecto azarado, sus excesivas precauciones para deslizarse inadvertida, acababan por llamar la atención de los transeúntes.

Julio se impacientó con las molestias de este amor errante, sin otro resultado que algunos besos furtivos. Pero callaba al fin, dominado por las palabras suplicantes de Margarita. No quería ser suya como una de tantas;

necesitaba convencerse de que este amor iba a durar siempre. Era su primera falta y deseaba que fuese la última.

¡Ay! ¡Su reputación intacta hasta entonces!... ¡El miedo a lo que podía decir la gente!... Los dos retrocedieron hasta la adolescencia; se amaron con la pasión confiada y pueril de los quince años, que nunca habían conocido. Julio había saltado de la niñez a los placeres del libertinaje, recorriendo de un golpe toda la iniciación de la vida. Ella había deseado el matrimonio por hacer como las demás, por adquirir el respeto y la libertad de mujer casada, sintiendo únicamente hacia su esposo un vago agradecimiento. «Terminamos por donde otros empiezan», decía Desnoyers.

Su pasión tomaba todas las formas de un amor intenso, creyente y vulgar. Se enternecían con un sentimentalismo de romanza al estrecharse las manos y cambiar un beso en un banco de jardín a la hora del crepúsculo. Él guardaba un mechón de pelo de Margarita, aunque dudando de su autenticidad, con la vaga sospecha de que bien podía ser de los añadidos impuestos por la moda. Ella abandonaba su cabeza en uno de sus hombros, se apelotonaba, como si implorase su dominación; pero siempre al aire libre. Apenas intentaba Julio mayores intimidades en el interior de un carruaje, madame le repelía vigorosamente. Una dualidad contradictoria parecía inspirar sus actos. Todas las mañanas despertaba dispuesta al vencimiento final. Pero luego, al verse junto a él, reaparecía la pequeña burguesa, celosa de su reputación, fiel a la enseñanza de su madre. Un día accedió a visitar el estudio, con el interés que inspiran los lugares habitados por la persona amada. «Júrame que me respetarás». Él tenía el juramento fácil, y juró por todo lo que Margarita quiso... Y desde este día ya vagaron perseguidos por el viento del invierno. Se quedaron en el estudio, y Argensola tuvo que modificar su existencia, buscando la estufa de algún pintor amigo para continuar sus lecturas. Esta situación se prolongó dos meses. No supieron nunca qué fuerza secreta derrumbó de pronto su tranquila felicidad. Tal vez fue una amiga de ella, que, adivinando los hechos, los hizo saber al marido por medio de un anónimo; tal vez se delató la misma esposa inconscientemente, con sus alegrías inexplicables, sus regresos tardíos a la casa, cuando la comida estaba ya en la mesa, y la repentina aversión que mostraba al ingeniero en las horas de intimidad matrimonial para mantenerse fiel al recuerdo del otro. El compartirse entre el compañero legal y el hombre amado era un tormento que no podía soportar su entusiasmo simple y vehemente.

Cuando trotaba una noche por la rue de la Pompe mirando el reloj y temblando de impaciencia al no encontrar un automóvil o un simple fiacre, le cortó el paso un hombre... ¡Esteban Laurier! Aún se estremecía de miedo al recordar esta hora trágica. Por un momento creyó que iba a matarla. Los hombres serios, tímidos y sumisos son terribles en sus explosiones de cólera. El marido lo sabía todo. Con la misma paciencia que empleaba en la solución de sus problemas industriales, la había estudiado día tras día, sin que pudiese adivinar esta vigilancia en su rostro impasible. Luego la había seguido, hasta adquirir la completa evidencia de su infortunio. Margarita no se lo había imaginado nunca tan vulgar y ruidoso en sus pasiones. Esperaba que aceptase los hechos fríamente, con un ligero tinte de ironía filosófica, como lo hacen los hombres verdaderamente distinguidos, como lo habían hecho los maridos de muchas de sus amigas. Pero el pobre ingeniero, que más allá de su trabajo sólo veía a su esposa, amándola como mujer y admirándola como un ser dulce y delicado, resumen de todas las gracias y elegancias, no podía resignarse, y gritó y amenazó sin recato alguno, haciendo que el escándalo se esparciese por todo el círculo de sus amistades. El senador experimentaba una gran molestia al recordar que era en su respetable vivienda donde se habían conocido los culpables. Pero su cólera se dirigió contra el esposo. ¡Qué falta de saber vivir!... Las mujeres son las mujeres, y todo tiene arreglo. Pero después de las imprudencias de este energúmeno no era posible una solución elegante y había que entablar el divorcio.

El viejo Desnoyers se irritó al conocer la última hazaña de su hijo. Laurier le inspiraba un gran afecto. La solidaridad instintiva que existe entre los hombres de trabajo, pacientes y silenciosos, les había hecho buscarse. En las tertulias del senador pedía noticias al ingeniero de la marcha de sus negocios, interesándose por el desarrollo de aquella fábrica, de la que hablaba con ternuras de padre. El millonario, que gozaba fama de avariento, había llegado a ofrecerle su apoyo desinteresado, por si algún día necesitaba ensanchar su acción laboriosa. ¡Y a este hombre bueno venía a robarle la felicidad su hijo, un bailarín frívolo e inútil!... Laurier, en los primeros momentos, habló de batirse. Su cólera fue la del caballo de labor que rompe los tirantes de la máquina de trabajo, eriza su pelaje con relinchos de locura y muerde. El padre se indignó ante su determinación... ¡Un escándalo más! Julio había dedicado la mejor parte de su existencia al manejo de las armas.

—Lo matará— decía el senador—. Estoy seguro de que lo matará. Es la lógica de la vida: el inútil mata siempre al que sirve para algo. Pero no hubo muerte alguna. El padre de la República supo manejar a unos y otros con la misma habilidad que mostraba en los pasillos del Senado al surgir una crisis ministerial. Se acalló el escándalo. Margarita fue a vivir con su madre, y empezaron las primeras gestiones para el divorcio.

Algunas tardes, cuando en el reloj del estudio daban las siete, ella había dicho tristemente, entre los desperezos de su cansancio amoroso:

—Marcharme... Marcharme, cuando ésta es mi verdadera casa... ¡Ay, por qué no somos casados!

Y él, que sentía florecer en su alma todo un jardín de virtudes burguesas, ignoradas hasta entonces, repetía, convencido:

—Es verdad. ¡Por qué no somos casados!

Sus deseos podían realizarse. El marido les facilitaba el paso con su inesperada intervención. Y el joven Desnoyers se marchó a América para reunir dinero y casarse con Margarita.

IV. EL PRIMO DE BERLIN

El estudio de Julio Desnoyers ocupaba el último piso sobre la calle. El ascensor y la escalera principal terminaban ante su puerta. A sus espaldas, dos pequeños departamentos recibían la luz de un patio interior, teniendo como único medio de comunicación la escalera de servicio, que ascendía hasta las buhardillas. Argensola, al quedarse en el estudio durante el viaje de su compañero, había buscado la amistad de estos vecinos de piso. La más grande de las habitaciones se hallaba desocupada durante el día. Sus dueños sólo volvían después de comer en el restaurante. Era un matrimonio de empleados, que únicamente permanecía en casa los días festivos. El hombre, vigoroso y de aspecto marcial, prestaba servicio de inspector en un gran almacén. Había sido militar en África, ostentaba una condecoración y tenía el grado de subteniente en el ejército de reserva. Ella era una rubia abultada y algo anémica, de ojos claros y gesto sentimental. En los días de fiesta pasaba largas horas ante el piano, evocando sus recuerdos musicales, siempre los mismos. Otras veces la veía Argensola por una ventana interior trabajando en la cocina, ayudada por su compañero, riendo los dos de sus torpezas e inexperiencias al improvisar la comida del domingo. La portera tenía a esta mujer por alemana; pero ella hacía constar su condición de suiza. Desempeñaba el empleo de cajera en un almacén, que no era el mismo donde trabajaba su compañero. Por las mañanas salían juntos, para separarse en la plaza de la estrella, siguiendo cada uno distinta dirección. A las siete de la tarde se saludaban con un beso en plena calle, como enamorados que se encuentran por primera vez, y luego de su comida volvían al nido de la rue de la Pompe. Argensola se vio rechazado, en todos sus intentos de amistad, por el egoísmo de esta pareja. Le contestaban con una cortesía glacial: vivían únicamente para ellos.

El otro departamento, compuesto de dos piezas, estaba ocupado por un hombre solo. Era un ruso o polaco, que volvía casi siempre con paquetes de libros y pasaba largas horas escribiendo junto a una ventana del patio. El español le tuvo desde el primer momento por un hombre misterioso que ocultaba tal vez enormes méritos: un verdadero personaje de novela. Le impresionaba el aspecto exótico de Tchernoff: su barba revuelta, sus melenas aceitosas, sus gafas sobre una nariz amplia que parecía deformada por un puñetazo. Como un nimbo invisible le circundaba cierto hedor compuesto de vino barato y emanaciones de ropas trasudadas. Argensola lo percibía a través de la puerta de servicio: «El amigo Tchernoff que vuelve». Y salía a la escalera interior para hablar con su vecino. Éste defendió por mucho tiempo el acceso a su vivienda. El español llegó a creer que se dedicaba a la alquimia y otras operaciones misteriosas. Cuando, por fin, pudo entrar vio libros, muchos libros, libros por todas partes, esparcidos en el suelo, alineados sobre tablas, apilados en los rincones, invadiendo sillas desvencijadas, mesas viejas, y una cama, que sólo era rehecha de tarde en tarde, cuando el dueño, alarmado por la creciente invasión de polvo y telarañas, reclamaba el auxilio de una amiga de la portera. Argensola reconoció al fin, con cierto desencanto, que no había nada misterioso en la vida de este hombre. Lo que escribía junto a la ventana eran traducciones, unas hechas de encargo, otras voluntariamente, para los periódicos socialistas. Lo único asombroso en él era la cantidad de idiomas que conocía.

—Todos los sabe —dijo a Desnoyers al describirle a este vecino—. Le basta oír uno nuevo para dominarlo a los pocos días. Posee la clave el secreto de las lenguas vivas y muertas. Habla el castellano como nosotros y no ha estado jamás en un país de habla española. La sensación del misterio volvió a experimentarla Argensola al leer los títulos de varios de los volúmenes amontonados. Eran libros antiguos en su mayor parte, muchos de ellos en idiomas que él no podía descifrar, recolectados a precios bajos en librerías de lance y en las cajas de los bouquinistes instaladas sobre los parapetos del Sena. Sólo aquel hombre que tenía la clave de todas las lenguas podía adquirir tales volúmenes. Una atmósfera de misticismo, de iniciaciones sobrehumanas, de secretos intactos a través de los siglos, parecía desprenderse de estos montones de volúmenes polvorientos, algunos con las hojas roídas. Y, confundidos con los libros vetustos, aparecían otros de cubierta flamante y roja, cuadernos de propaganda socialista, folletos en todos los idiomas de Europa y periódicos, muchos periódicos, con títulos que evocaban la revolución. Tchernoff no parecía gustar de visitas y conversaciones. Sonreía enigmáticamente a través de su barba de ogro, ahorrando palabras para terminar pronto la entrevista. Pero Argensola poseía el medio de vencer a este personaje huraño. Le bastaba guiñar un ojo con expresiva invitación: «¿Vamos?» Y se instalaban los dos en la cocina del estudio, frente a una botella procedente de la avenida de Víctor Hugo. Los vinos preciosos de don Marcelo enternecían al ruso, haciéndolo más comunicativo. Pero, aun valiéndose de este auxilio, el español sabía poca cosa de su existencia. Algunas veces nombraba a Jaurès y a otros oradores socialistas. Su medio de vida más seguro era traducir para los periódicos del partido. En varias ocasiones se le escapó el nombre de Siberia, declarando que había estado allí mucho tiempo. Pero no quería hablar del lejano país, visitado contra su voluntad. Sonreía modestamente, sin prestarse a mayores revelaciones. Al día siguiente de la llegada de Julio Desnoyers, estaba Argensola, por la mañana, hablando con Tchernoff en el rellano de la escalera de servicio, cuando sonó el timbre de la puerta del estudio que comunicaba con la escalera principal. Una gran contrariedad. El ruso, que conocía a los políticos avanzados, le estaba dando cuenta de las gestiones realizadas por Jaurès para mantener la paz. Aún había muchos que sentían esperanzas. Él, Tchernoff, comentaba estas ilusiones con la sonrisa de esfinge achatada. Tenía sus motivos para dudar... Pero sonó el timbre otra vez y el español corrió a abrir, abandonando a su amigo.

Un señor deseaba ver a Julio. Hablaba el francés correctamente; pero su acento fue una revelación para Argensola. Al entrar en el dormitorio en busca de su compañero, que acababa de levantarse, dijo con seguridad:

—Es tu primo de Berlín, que viene a despedirse. No puede ser otro.

Los tres hombres se juntaron en el estudio. Desnoyers presentó a su camarada, para que el recién llegado no se equivocase acerca de su condición social.

—He oído hablar de él. El señor Argensola, un joven de grandes méritos.

Y el doctor Julius von Hartrott dijo esto con la suficiencia de un hombre que lo sabe todo y desea agradar a un inferior, concediéndole la limosna de su atención.

Los dos primos se contemplaron con una curiosidad no exenta de recelo. Los ligaba un parentesco íntimo, pero se conocían muy poco, presintiendo mutuamente una completa divergencia de opiniones y gustos.

Al examinar Argensola a este sabio le encontró cierto aspecto de oficial vestido de paisano. Se notaba en su persona un deseo de imitar a las gentes de espada cuando, de tarde en tarde, adoptan el hábito civil; la aspiración de todo burgués alemán a que lo confundan con los de clase superior. Sus pantalones eran estrechos, como si estuvieran destinados a enfundarse en botas de montar. La chaqueta, con dos filas de botones, tenía el talle recogido, amplio y largo el faldón y muy subidas las solapas, imitando vagamente una levita militar. El bigote rojizo sobre una mandíbula fuerte y el pelo cortado a rape completaban esta simulación guerrera. Pero sus ojos, unos ojos de estudio, con la pupila mate, grandes, asombrados y miopes, se refugiaban detrás de unas gafas de gruesos cristales, dándole un aspecto de hombre pacífico.

Desnoyers sabía de él que era profesor auxiliar de Universidad, que había publicado algunos volúmenes gruesos y pesados como ladrillos, y figuraba entre los colaboradores de un Seminario histórico, asociación para la rebusca de documentos, dirigida por un historiador famoso. En una solapa ostentaba la roseta de una Orden extranjera. Su respeto por el sabio de la familia iba acompañado de cierto menosprecio. Él y su hermana Chichí habían sentido desde pequeños una hostilidad instintiva hacia los primos de Berlín. Le molestaba, además, ver citado por su familia como ejemplo digno de imitación a este pedante, que sólo conocía la vida a través de los libros y pasaba su existencia averiguando lo que habían hecho los hombres en otras épocas para sacar consecuencias con arreglo a sus opiniones de alemán. Julio tenía gran facilidad para la admiración y reverenciaba a todos los escritores cuyos argumentos le había contado Argensola; pero no podía aceptar la grandeza intelectual del ilustre pariente. Durante su permanencia en Berlín, una palabra alemana de invención vulgar le había servido para clasificarlo. Los libros de investigación minuciosa y pesada se publicaban a docenas todos los meses. No había profesor que dejase de levantar sobre la base de un simple detalle su volumen enorme, escrito de un modo torpe y confuso. Y la gente, al apreciar a estos autores miopes, incapaces de una visión genial de conjunto, los llamaba Sitzfleisch haben (con mucha carne en las posaderas), aludiendo a las larguísimas asentadas que representaban sus obras. Esto era su primo para él: un Sitzfleisch haben. El doctor von Hartrott, al explicar su visita, habló en español. Se valía de este idioma por haber sido el de la familia durante su niñez y al mismo tiempo por precaución, pues miró en torno repetidas veces, como si temiese ser oído. Venía a despedirse de Julio. Su madre le había hablado de su llegada, y no quería marcharse sin verlo. Iba a salir de París dentro de unas horas; las circunstancias eran apremiantes.

—Pero ¿tú crees que habrá guerra? —preguntó Desnoyers.

—La guerra será mañana o pasado. No hay quien la evite. Es un hecho necesario para la salud de la Humanidad.

Se hizo un silencio. Julio y Argensola miraron con asombro a este hombre de aspecto pacífico que acababa de hablar con arrogancia belicosa. Los dos adivinaron que el doctor hacía su visita por las necesidades de comunicar a alguien sus opiniones y sus entusiasmos. Al mismo tiempo, tal vez deseaba conocer lo que ellos pensaban y sabían, como una de tantas manifestaciones de la muchedumbre de París.

—Tú no eres francés —añadió, dirigiéndose a su primo—. Tú has nacido en

Argentina y delante de ti puede decirse la verdad.

—¿Y tú no has nacido allá? —preguntó Julio, sonriendo.

El doctor hizo un movimiento de protesta, como si acabase de oír algo insultante.

—No; yo soy alemán. Nazca donde nazca uno de nosotros, pertenece siempre a la madre Alemania. Luego continuó, dirigiéndose a Argensola:

—También el señor es extranjero. Procede de la noble España, que nos debe a nosotros lo mejor que tiene: el culto del honor, el espíritu caballeresco.

El español quiso protestar; pero el sabio no le dejó, añadiendo con tono doctoral:

—Ustedes eran celtas miserables, sumidos en la vileza de una raza inferior y matizados por el latinismo de Roma, lo que hacía aún más triste su situación. Afortunadamente, fueron conquistados por los godos y otros pueblos de nuestra raza, que les infundieron la dignidad de personas. No olvide usted, joven, que los vándalos fueron los abuelos de los prusianos actuales.

De nuevo intentó hablar Argensola; pero su amigo le hizo un signo para que no interrumpiese al profesor. Este parecía haber olvidado la reserva de poco antes, entusiasmándose con sus propias palabras.

—Vamos a presenciar grandes sucesos —continuó—. Dichosos los que hemos nacido en la época presente, la más interesante de la Historia. La

Humanidad cambia de rumbo en estos momentos. Ahora empieza la verdadera civilización.

La guerra próxima iba a ser, según él, de una brevedad nunca vista. Alemania se había preparado para realizar el hecho decisivo sin que la vida económica del mundo sufriese una larga perturbación. Un mes le bastaría para aplastar a Francia, el más temible de sus adversarios. Luego marcharía contra Rusia, que, lenta en sus movimientos, no podría oponer una defensa inmediata. Finalmente, atacaría a la orgullosa Inglaterra, aislándola en su archipiélago, para que no estorbase más con su preponderancia el progreso germánico. Esta serie de rápidos golpes y victorias fulminantes sólo necesitaban para desarrollarse el curso de un verano. La caída de las hojas saludaría en el próximo otoño el triunfo definitivo de Alemania.

Con la seguridad de un catedrático que no espera ser refutado por sus oyentes, explicó la superioridad de la raza germánica. Los hombres estaban divididos en dos grupos: dolicocéfalos y braquicéfalos, según la conformidad de su cráneo. Otra distinción científica los repartía en hombre de cabellos rubios o de cabellos negros. Los dolicocéfalos representaban pureza de raza, mentalidad superior. Los braquicéfalos eran mestizos, con todos los estigmas de la degeneración. El germano, dolicocéfalo por excelencia, era el único heredero de los primitivos arios.

Todos los otros pueblos, especialmente los del sur de Europa, llamados latinos, pertenecían a una Humanidad degenerada. El español no pudo contenerse más. ¡Pero si estas teorías del racismo eran antiguallas en las que no creía ya ninguna persona medianamente ilustrada! ¡Si no existía un pueblo puro, ya que todos ellos tenían mil mezclas en su sangre después de tanto cruzamiento histórico!... Muchos alemanes presentaban los mismos signos étnicos que el profesor atribuía a las razas inferiores.

—Hay algo de eso —dijo Hartrott—. Pero aunque la raza germánica no sea pura, es la menos impura de todas, y a ella corresponde el gobierno del mundo.

Su voz tomaba una agudeza irónica y cortante al hablar de los celtas, pobladores de las tierras del Sur. Habían retrasado el progreso de la

Humanidad, lanzándola por un falso derrotero. El celta es individualista, y por consecuencia, un revolucionario ingobernable que tiende al igualitarismo. Además, es humanitario y hace de la piedad una virtud, defendiendo la existencia de los débiles que no sirven para nada.

El nobilísimo germano pone por encima de todo el orden y la fuerza. Elegido por la Naturaleza para mandar a las razas eunucas, posee todas las virtudes que distinguen a los jefes. La Revolución francesa había sido simplemente un choque entre germanos y celtas. Los nobles de Francia descendían de los guerreros alemanes instalados en el país después de la invasión llamada de los bárbaros. La burguesía y el pueblo representaban el elemento galocelta. La raza inferior había vencido a la superior, desorganizando al país y perturbando al mundo.

El celtismo era el inventor de la democracia, de la doctrina socialista, de la anarquía. Pero iba a sonar la hora del desquite germánico, y la raza nórdica volvería a restablecer el orden, ya que para esto la había favorecido Dios conservando su indiscutible superioridad.

—Un pueblo —añadió— sólo puede aspirar a grandes destinos si es fundamentalmente germánico. Cuando menos germánico sea, menos resultará su civilización. Nosotros representamos la aristocracia de la Humanidad, la sal de la Tierra, como dijo nuestro Guillermo. Argensola escuchaba con asombro estas afirmaciones orgullosas. Todos los grandes pueblos habían pasado por la fiebre del imperialismo. Los griegos aspiraban a la hegemonía, por ser los más civilizados y creerse los más aptos para dar la civilización a los otros hombres. Los romanos, al conquistar las tierras, implantaban el derecho y las reglas de justicia. Los franceses de la Revolución y del Imperio justificaban sus invasiones con el deseo de libertar a los hombres y sembrar nuevas ideas. Hasta los españoles del siglo XVI, al batallar con media Europa por la unidad religiosa y el exterminio de la herejía, trabajaban por un ideal erróneo, oscuro, pero desinteresado. Todos se movían en la Historia por algo que consideraban generoso y estaba por encima de sus intereses. Sólo la Alemania de aquel profesor intentaba imponerse al mundo en nombre de la superioridad de su raza, superioridad que nadie le había reconocido, que ella misma se atribuía, dando a sus afirmaciones un barniz de falsa ciencia.

—Hasta ahora, las guerras han sido de soldados —continuó Hartrott—. La que ahora va a empezar será de soldados y profesores. En su preparación ha tomado la Universidad tanta parte como el Estado Mayor. La ciencia germánica, la primera de todas, está unida para siempre a lo que los revolucionarios latinos llaman desdeñosamente el militarismo. La fuerza señora del mundo, es la que crea el derecho, la que impondrá nuestra civilización, única verdadera. Nuestros ejércitos son los representantes de nuestra cultura, y en unas cuantas semanas librarán al mundo de su decadencia céltica, rejuveneciéndolo.

El porvenir inmenso de su raza le hacía expresarse con un entusiasmo lírico. Guillermo I, Bismarck, todos los héroes de las victorias pasadas, le inspiraban veneración, pero hablaba de ellos como de dioses moribundos, cuya hora había pasado. Eran los gloriosos abuelos, de pretensiones modestas, que se limitaron a ensanchar las fronteras, a realizar la unidad del Imperio, oponiéndose luego con una prudencia de valetudinarios a todos los atrevimientos de la nueva generación. Sus ambiciones no iban más allá de una hegemonía continental... Pero luego surgía Guillermo II, el héroe complejo que necesitaba el país.

—Mi maestro Lamprecht —dijo Hartrott —ha hecho el retrato de su grandeza. Es la tradición y el futuro, el orden y la audacia. Tiene la convicción de que representa la Monarquía por la gracia de Dios, lo mismo que su abuelo. Pero su inteligencia viva y brillante reconoce y acepta las novedades modernas. Al mismo tiempo que romántico, feudal y sostenedor de los conservadores agrarios, es un hombre del día: busca las soluciones prácticas y muestra un espíritu utilitario, a la americana. En él se equilibran el instinto y la razón.

Alemania, guiada por este héroe, había ido agrupando sus fuerzas y reconociendo su verdadero camino. La Universidad lo aclamaba con más entusiasmo aún que sus ejércitos. ¿Para qué almacenar tanta fuerza de agresión y mantenerla sin empleo?... El imperio del mundo correspondía al pueblo germánico. Los historiadores y filósofos, discípulos de Treitscke, iban a encargarse de forjar los derechos que justificasen esta dominación mundial. Y Lamprecht, el historiador psicológico, lanzaba, como los otros profesores, el credo de la superioridad absoluta de la raza germánica. Era justo que dominase al mundo, ya que ella sola dispone de la fuerza. Esta germanización telúrica resultaría de inmensos beneficios para los hombres. La Tierra iba a ser feliz bajo la dominación de un pueblo nacido para amo. El Estado alemán, potencia tentacular, eclipsaría con su gloria a los más ilustres 60 imperios del pasado y del presente. Gott mit uns (Dios es con nosotros).

—¿Quién podrá negar que, como dice mi maestro, existe un Dios cristiano germánico, el Gran Aliado, que se manifiesta a nuestros enemigos los extranjeros como una divinidad fuerte y celosa?... Desnoyers escuchaba con asombro a su primo, mirando al mismo tiempo a Argensola. Éste, con el movimiento de sus ojos, parecía hablarle.

«Está loco —decía—. Estos alemanes están locos de orgullo».

Mientras tanto, el profesor, incapaz de contener su entusiasmo, seguía exponiendo las grandezas de su raza.

La fe sufre eclipses hasta en los espíritus más superiores. Por esto el káiser providencial había mostrado inexplicables desfallecimientos. Era demasiado bueno y bondadoso. Deliciae generis humani, como decía el profesor Lasson, también maestro de Hartrott. Pudiendo con su inmenso poderío aniquilarlo todo, se limitaba a mantener la paz. Pero la nación no quería detenerse, y empujaba al conductor que la había puesto en movimiento. Inútil apretar los frenos. «Quien no avanza retrocede», tal era el grito del pangermanismo al emperador. Había que ir adelante, hasta conquistar la Tierra entera.

—Y la guerra viene —continuó—. Necesitamos las colonias dc los demás, ya que Bismarck, por un error de su vejez testaruda, no exigió nada a la hora del reparto mundial, dejando que Inglaterra y Francia se llevasen las mejores tierras. Necesitamos que pertenezcan a Alemania todos los países que tienen sangre germánica y que han sido civilizados por nuestros ascendientes.

Hartrott enumeraba los países. Holanda y Bélgica eran alemanes. Francia lo era también por los francos: una tercera parte de su sangre procedía de germanos. Italia... (Aquí se detenía el profesor, recordando que esta nación era una aliada, poco segura ciertamente, pero unida todavía por los compromisos diplomáticos. Sin embargo, mencionaba a los longobardos y otras razas procedentes del Norte) España y Portugal habían sido pobladas por el godo rubio, y pertenecían también a la raza germánica. Y como la mayoría de las naciones de América eran de origen hispánico o portugués, quedaban comprendidas en esta reivindicación.

—Todavía es prematuro pensar en ellas —añadió el doctor modestamente—, pero algún día sonará la hora de la justicia. Después de nuestro triunfo continental, tiempo tendremos de pensar en su suerte... La América del Norte también debe recibir nuestra influencia civilizadora. Existen en ella millones de alemanes que han creado su grandeza.

Hablaba de las futuras conquistas como si fuesen muestras de distinción con que su país iba a favorecer a los demás pueblos. Éstos seguirían viviendo políticamente lo mismo que antes, con sus Gobiernos propios, pero sometidos a la dirección de la raza germánica, como menores que necesitan la mano dura de un maestro. Formarían los Estados Unidos mundiales, con un presidente hereditario y todopoderoso, el emperador de Alemania, recibiendo los beneficios de la cultura germánica, trabajando disciplinados bajo su dirección industrial... Pero el mundo es ingrato, y la maldad humana se opone siempre a todos los progresos.

—No nos hacemos ilusiones —dijo el profesor con altiva tristeza—.

Nosotros no tenemos amigos. Todos nos miran con recelo, como a seres peligrosos, porque somos los más inteligentes, los más activos, y resultamos superiores a los demás... Pero ya que no nos aman, que nos teman. Como dice mi amigo Mann, la Kultur es la organización espiritual del mundo, pero no excluye el salvajismo sangriento cuando éste resulta necesario. La Kultur sublimiza lo demoníaco que llevamos en nosotros, y está por encima de la moral, la razón y la ciencia. Nosotros impondremos la Kultur a cañonazos.

Argensola seguía expresando con los ojos de su pensamiento: «Están locos, locos de orgullo... ¡Lo que espera el mundo con estas gentes!» Desnoyers intervino para aclarar con un poco de optimismo el monólogo sombrío. La guerra aún no se había declarado: la diplomacia negociaba. Tal vez se arreglase todo pacíficamente en el último instante, como había ocurrido otras veces. Su primo veía las cosas algo desfiguradas por un entusiasmo agresivo.

¡La sonrisa irónica, feroz, cortante, del doctor!... Argensola no había conocido al viejo Madariaga, y, sin embargo, se le ocurrió que así debían de sonreír los tiburones, aunque jamás había visto un tiburón.

—Es la guerra —afirmó Hartrott—. Cuando salí de Alemania, hace quince días, ya sabía yo que la guerra estaba próxima.

La seguridad con que lo dijo disipó todas las esperanzas de Julio. Además, le inquietaba el viaje d este hombre con pretexto de ver a su madre, de la que se había separado poco antes... ¿Qué había venido a hacer en París el doctor Julius von Hartrott?...

—Entonces —preguntó Desnoyers—, ¿para qué tantas entrevistas diplomáticas?

¿Por qué interviene el Gobierno alemán, aunque sea con tibieza, en el conflicto entre

Austria y Servia? ¿No sería mejor declarar la guerra francamente?

El profesor contestó con sencillez:

—Nuestro Gobierno quiere, sin duda, que sean los otros los que la declaren. El papel de agredido es siempre el más grato y justifica todas las resoluciones ulteriores, por extremadas que parezcan. Allá tenemos gentes que viven bien y no desean la guerra. Es conveniente hacerles creer que son los enemigos los que nos la imponen, para que sientan la necesidad de defenderse. Sólo los espíritus superiores llegan a la convicción de que los grandes adelantos únicamente se realizan con la espada, y que la guerra, como decía nuestro gran Treitschke, es la más alta forma del progreso. Otra vez sonrió con una expresión feroz. La moral, según él, debía existir entre los individuos, ya que sirve para hacerlos más obedientes y disciplinados. Pero la moral estorba a los Gobiernos y debe suprimirse como un obstáculo inútil. Para un Estado no existe la verdad ni la mentira; sólo reconoce la conveniencia y la utilidad de las cosas. El glorioso

Bismarck, para conseguir la guerra con Francia,, base de la grandeza alemana, no había vacilado en falsificar un despacho telegráfico.

—Y reconocerás que es el héroe más grande de nuestros tiempos. La Historia mira con bondad su hazaña. ¿Quién puede acusar al que triunfa?... El profesor Delbruck ha escrito con razón: «¡Bendita sea la mano que falsificó el telegrama de Ems!» Convenía que la guerra surgiese inmediatamente, ahora que las circunstancias resultaban favorables para Alemania y sus enemigos vivían descuidados. Era la guerra preventiva recomendada por el general Bernhardi y otros compatriotas ilustres. Resultaba peligroso esperar a que los enemigos estuvieran preparados y fuesen ellos que la declarasen. Además, ¿qué obstáculos representaban para los alemanes el derecho y otras ficciones inventadas por los pueblos débiles para sostenerse en su miseria?... Tenían la fuerza y la fuerza crea leyes nuevas. Si resultaban vencedores, la Historia no les pediría cuentas por lo que hubiesen hecho. Era Alemania la que pegaba, y los sacerdotes de todos los cultos acabarían por santificar con sus himnos la guerra bendita, si es que conducía al triunfo.

—Nosotros no hacemos la guerra por castigar a los servios regicidas, ni por liberar a los polacos y otros oprimidos por Rusia, descansando luego en la admiración de nuestra magnanimidad desinteresada. Queremos hacerla porque somos el primer pueblo de la Tierra y debemos extender nuestra actividad sobre el planeta entero. La hora de Alemania ha sonado. Vamos a ocupar nuestro sitio de potencia directora del mundo, como lo ocupó España en otros siglos, y Francia después, e Inglaterra actualmente. Lo que esos pueblos alcanzaron con una preparación de muchos años lo conseguiremos nosotros en cuatro meses. La bandera de tempestad del Imperio va a pasearse por mares y naciones; el sol iluminará grandes matanzas... La vieja Roma, enferma de muerte, apellidó bárbaros a los germanos que le abrieron la fosa. También huele a muerto el mundo de ahora y seguramente nos llamará bárbaros... ¡Sea! Cuando Tánger y Tolón, Amberes y Calais, estén sometidos a la barbarie germánica, ya hablaremos de eso más detenidamente... Tenemos la fuerza, y el que la posee no discute ni hace caso de palabras... ¡La fuerza! Esto es lo hermoso: la única palabra que suena brillante y clara... ¡La fuerza! Un puñetazo certero, y todos los argumentos quedan contestados.

—Pero ¿tan seguros estáis de la victoria? —Preguntó Desnoyers—. A veces el Destino ofrece terribles sorpresas. Hay fuerzas ocultas con las que no contamos y que trastornan los planes mejores.

La sonrisa del doctor fue ahora de soberano menosprecio. Todo estaba previsto y estudiado de larga fecha, con el minucioso método germánico. ¿Qué tenía enfrente?... El enemigo más temible era Francia, incapaz de resistir las influencias morales enervantes, los sufrimientos, los esfuerzos y las privaciones de la guerra: un pueblo debilitado físicamente, emponzoñado por el espíritu revolucionario, y que había prescindido del uso de las armas por un amor exagerado al bienestar.

—Nuestros generales —continuó— van a dejarla en tal estado, que jamás se atreverá a cruzarse en nuestro camino. Quedaba Rusia, pero sus masas amorfas eran lentas de reunir y difíciles de mover. El Estado Mayor de Berlín lo había dispuesto todo cronométricamente para el aplastamiento de Francia en cuatro semanas, llevando luego sus fuerzas enormes contra el Imperio ruso, antes que éste pudiese iniciar su acción.

—Acabaremos con el oso, luego de haber matado al gallo —afirmó el profesor victoriosamente.

Pero adivinando una objeción de su primo, se apresuró a continuar:

—Sé lo que vas a decirme. Queda otro enemigo: uno que no ha saltado todavía a la arena, pero que aguardamos todos los alemanes. Ese nos inspira más odio que los otros porque es de nuestra sangre, porque es un traidor a la raza... ¡Ah, cómo lo aborrecemos!

Y en el tono con que dijo estas palabras latían una expresión de odio y un deseo de venganza que impresionaron a los dos oyentes. Aunque Inglaterra nos ataque — prosiguió Hartrott— no por esto dejaremos de vencer. Este adversario no es más temible que los otros. Hace un siglo que reina sobre el mundo. Al caer Napoleón, recogió en el Congreso de Viena la hegemonía continental, y se batirá por conservarla. Pero ¿qué vale su energía?... Como dice nuestro Bernhardi, el pueblo inglés es un pueblo de rentistas y de sportsman. Su ejército está formado con los detritos de la nación. El país carece de espíritu militar. Nosotros somos un pueblo de guerreros, y nos será fácil vencer a los ingleses, debilitados por una falsa concepción de la vida.

El doctor hizo una pausa y añadió:

—Contamos, además, con la corrupción interna de nuestros enemigos, con su falta de unidad. Dios nos ayudará sembrando la confusión en estos pueblos odiosos.

No pasarán muchos días sin que se vea su mano. La revolución va a estallar en Francia al mismo tiempo que la guerra. El pueblo de París levantará barricadas en las calles: se reproducirá la anarquía de la Commune. Túnez, Argel y otras posesiones van a sublevarse contra la metrópoli.

Argensola creyó del caso sonreír con una incredulidad agresiva.

—Repito —insistió Hartrott— que este país va a conocer revoluciones e insurrecciones en sus colonias. Sé bien lo que digo... Rusia tendrá igualmente su revolución interior, revolución con bandera roja, que obligará al zar a pedirnos gracia de rodillas. No hay más que leer en los periódicos las recientes huelgas de San Petersburgo, las manifestaciones de los huelguistas con pretexto de la visita del presidente Poincaré... Inglaterra verá rechazadas por las colonias sus peticiones de apoyo. La India va a sublevarse contra ella y Egipto cree llegado el momento de su emancipación. Julio parecía impresionado por estas afirmaciones, formuladas con una seguridad doctoral. Casi se irritó contra el incrédulo Argensola, que seguía mirando al profesor insolentemente y repetía con los ojos:

«Está loco, loco de orgullo». Aquel hombre debía de tener serios motivos para formular tales profecías de desgracia. Su presencia en París, por lo mismo que era inexplicable para Desnoyers, daba a sus palabras una autoridad misteriosa.

—Pero las naciones se defenderán —arguyó éste a su primo—. No será tan fácil la victoria como crees.

—Sí, se defenderán. La lucha va a ser ruda. Parece que en los últimos años Francia se ha preocupado de su Ejército. Encontraremos cierta resistencia; el triunfo resultará más difícil, pero venceremos... Vosotros no sabéis hasta dónde llega la potencia ofensiva de Alemania. Nadie lo sabe con certeza más allá de sus fronteras. Si nuestros enemigos la conociesen en toda su intensidad, caerían de rodillas, prescindiendo de sacrificios inútiles.

Hubo un largo silencio. Julius von Hartrott parecía abstraído. El recuerdo de los elementos de fuerza acumulados por su raza le sumían en una especie de adoración mística.

—La victoria preliminar —dijo de pronto— hace tiempo que la hemos obtenido. Nuestros enemigos nos aborrecen, y, sin embargo, nos imitan. Todo lo que lleva la marca de Alemania es buscado en el mundo. Los mismos países que intentan resistir a nuestras armas copian nuestros métodos en sus universidades y admiran nuestras teorías, aun aquellas que no alcanzaron éxito en Alemania. Muchas veces reímos entre nosotros, como los augures romanos, al apreciar el servilismo con que nos siguen... ¡Y luego no quieren reconocer que somos la esencia superior!

Por primera vez Argensola aprobó con los ojos y el gesto las palabras de Hartrott. Exacto lo que decía: el mundo era víctima de la superstición alemana. Una cobardía intelectual, el miedo al fuerte, hacía admirar todo lo de procedencia germánica, sin discernimiento alguno, en bloque, por la intensidad del brillo: el oro revuelto con el talco. Los llamados latinos, al entregarse a esta admiración, dudaban de las propias fuerzas con un pesimismo irracional. Ellos eran los primeros en decretar su muerte. Y los orgullosos germanos no tenían más que repetir las palabras de estos pesimistas para afirmarse en la creencia de su superioridad.

Con el apasionamiento meridional, que salta sin gradación de un extremo a otro, muchos latinos habían proclamado que en el mundo futuro no quedaba sitio para las sociedades latinas, en plena agonía, añadiendo que sólo Alemania conservaba latente las fuerzas civilizadoras. Los franceses, que gritan entre ellos, incurriendo en las mayores exageraciones, sin darse cuenta de que hay quien los escucha al otro lado de las puertas, habían repetido durante muchos años que Francia estaba en plena descomposición y marchaba a la muerte. ¿Por qué se indignaban luego ante el menosprecio de los enemigos?.. ¿Cómo no habían de participar éstos de sus creencias? ... El profesor, interpretando erróneamente la aprobación muda de aquel joven que hasta entonces le había escuchado con sonrisa hostil, añadió:

—Hora es ya de hacer en Francia el ensayo de la cultura alemana, implantándola como vencedores.

Aquí le interrumpió Argensola: «¿Y si la cultura alemana no existiese, como lo afirma un alemán célebre?» Necesitaba contradecir a este pedante que los abrumaba con su orgullo. Hartrott casi saltó de su asiento al escuchar tal duda.

—¿Que alemán es ése?

—¡Nietzsche!

El profesor lo miró con lástima. Nietzsche había dicho a los hombres: «Sed duros», afirmando que «una buena guerra santificaba toda causa». Había alabado a Bismarck; había tomado parte en la guerra del 70; había glorificado al alemán cuando hablaba del león risueño y de la fiera rubia. Pero Argensola lo escuchó con la tranquilidad del que pisa un terreno seguro. ¡Oh tardes de plácida lectura junto a la chimenea del estudio, oyendo chocar la lluvia en los vidrios del ventanal!...

—El filósofo ha dicho eso —contestó— y ha dicho otras cosas diferentes, como todos los que piensan mucho. Su doctrina es de orgullo, pero de orgullo individual, no de orgullo de nación ni de raza. Él habló siempre contra la mentirosa superchería de las razas. Argensola recordaba palabra por palabra a su filósofo. Una cultura, según éste, era la «unidad de estilo en todas las manifestaciones de la vida». La ciencia no supone cultura. Un gran saber puede ir acompañado de una gran barbarie, por la ausencia de estilo o la confusión caótica de todos los estilos. Alemania, en opinión de Nietzsche, no tenía cultura propia por su carencia de estilo. «Los franceses

—había dicho— están a la cabeza de una cultura auténtica y fecunda, sea cual sea su valor, y hasta el presente todos hemos tomado de ella». Sus odios se concentraban sobre su propio país. «No puedo soportar la vida en Alemania. El espíritu de servilismo y mezquinería penetra por todas partes... Yo no creo más que en la cultura francesa, y todo lo demás que se llama Europa culta me parece una equivocación. Los raros casos de alta cultura que he encontrado en Alemania eran de origen francés».

—Ya sabe usted— continuó Argensola— que, al pelearse con Wagner por el exceso de germanismo en su arte, proclamó la necesidad de mediterraneizar en música. Su ideal fue una cultura para toda Europa, pero con base latina.

Julius von Hartrott contestó desdeñosamente, repitiendo las mismas palabras del español. Los hombres que piensan mucho dicen muchas cosas. Además, Nietzsche era un poeta que había muerto en plena demencia, y no figuraba entre los sabios de la Universidad. Su fama la habían labrado en el extranjero... Y no volvió a ocuparse más de aquel joven, como si se hubiese evaporado después de sus atrevidas objeciones. Toda su atención la concentraba ahora en Desnoyers.

—Este país —continuó— lleva la muerte en sus entrañas. ¿Cómo dudar de que surgirá en él una revolución apenas estalle la guerra?... Tú no has presenciado las agitaciones del bulevar con motivo del proceso Caillaux. Reaccionarios y revolucionarios se han insultado hasta hace tres días. Yo he visto cómo se desafiaban con gritos y cánticos, cómo se golpeaban en medio de la calle. Y esta división de opiniones aún se acentuará más cuando nuestras tropas crucen las fronteras. Será la guerra civil. Los antimilitaristas claman, creyendo que está en manos de su Gobierno el evitar el choque... ¡País degenerado por la democracia y por la inferioridad de su celtismo triunfante, deseoso de todas las libertades!... Nosotros somos el único pueblo libre de la Tierra, porque sabemos obedecer.

La paradoja hizo sonreír a Julio. ¡Alemania único pueblo libre!...

—Así es —afirmó con energía von Hartrott—. Tenemos la libertad que conviene a un gran pueblo: la libertad económica e intelectual.

—¿Y la libertad política?...

El profesor acogió esta pregunta con un gesto de menosprecio.

—¡La libertad política!... Únicamente los pueblos decadentes e ingobernables, las razas inferiores, ansiosas de igualdad y confusión democrática, hablan de libertad política. Los alemanes no la necesitamos. Somos un pueblo de amos, que reconoce la jerarquía y desea ser mandado por los que nacieron superiores. Nosotros tenemos el genio de la organización.

Este era, según el doctor, el gran secreto alemán, y la raza germánica, al apoderarse del mundo, haría partícipes a todos de su descubrimiento. Los pueblos quedarían organizados de modo que el individuo diese el máximo de su rendimiento en favor de la sociedad. Los hombres, regimentados para toda clase de producciones, obedeciendo como máquinas a una dirección superior y dando la mayor suma posible de trabajo: he aquí el estado perfecto. La libertad era una idea puramente negativa si no iba acompañada de un concepto positivo que la hiciese útil.

Los dos amigos escucharon con asombro la descripción del futuro que ofrecía al mundo la superioridad germánica. Cada individuo sometido a una producción intensiva, lo mismo que un pedazo de huerta del que desea sacar el dueño el mayor número de verduras... El hombre convertido en un mecanismo..., nada de operaciones inútiles que no proporcionan un resultado inmediato... ¡Y el pueblo que proclamaba este ideal sombrío era el mismo de los filósofos y los soñadores, que habían dado a la contemplación y la reflexión el primer lugar en su existencia!...

Hartrott volvió a insistir en la inferioridad de los enemigos de su raza. Para luchar se necesitaba fe, una confianza inquebrantable en la superioridad de las propias fuerzas.

—A estas horas, en Berlín todos aceptan la guerra, todos creen seguro el triunfo, ¡mientras que aquí! ... No digo que los franceses sientan miedo. Tienen un pasado de bravura que los galvaniza en ciertos momentos. Pero están tristes, se adivina que harían cualquier sacrificio por evitar lo que se les viene encima. El pueblo gritará de entusiasmo en el primer instante, como grita siempre que lo llevan a su perdición. Las clases superiores no tienen confianza en el porvenir, callan o mienten, pero en todos se adivina el presentimiento del desastre. Ayer hablé con tu padre. Es francés y es rico. Se muestra indignado contra los Gobiernos de su país porque le comprometen en conflictos europeos por defender a pueblos lejanos y sin interés. Se queja de los patriotas exaltados, que han mantenido abierto el abismo entre Alemania y Francia, imponiendo una reconciliación. Dice que Alsacia y Lorena no valen lo que costará una guerra en hombres y dinero... Reconoce nuestra grandeza; asegura que hemos progresado tan aprisa, que jamás podrán alcanzarnos los demás pueblos... Y como tu padre piensan muchos otros: todos los que se hallan satisfechos de su bienestar y temen perderlo. Créeme: un país que duda y teme la guerra está vencido antes de la primera batalla. Julio mostró cierta inquietud, como si pretendiese cortar la conversación.

—Deja a mi padre. Hoy dice eso porque la guerra no es todavía un hecho, y él necesita contradecir, indignarse con todo el que se halla a su alcance. Mañana tal vez dirá lo contrario... Mi padre es un latino.

El profesor miró su reloj. Debía marcharse: aún le quedaban muchas cosas que hacer antes de dirigirse a la estación. Los alemanes establecidos en París habían huído en grandes bandas, como si circulase entre ellos una orden secreta. Aquella tarde iban a partir los últimos que aún se mantenían en la capital ostensiblemente.

—He venido a verte por afecto de familia, porque era mi deber darte un aviso. Tu eres extranjero y nada te retiene aquí. Si deseas presenciar un gran acontecimiento histórico, quédate. Pero mejor será que te marches. La guerra va a ser dura, muy dura, y si París intenta resistirse como la otra vez, presenciaremos cosas terribles. Los medios ofensivos han cambiado mucho.

Desnoyers hizo un gesto de indiferencia.

—Lo mismo que tu padre —continuó el profesor—. Anoche, él y tu familia me contestaron de igual modo. Hasta mi madre prefiere quedarse al lado de su hermana, diciendo que los alemanes son muy buenos, muy civilizados, y nada puede temerse de ellos cuando triunfen.

Al doctor parecía molestarle esta buena opinión.

—No se dan cuenta de lo que es la guerra moderna; ignoran que nuestros generales han estudiado el arte de reducir al enemigo rápidamente y que lo emplearán con un método implacable. El terror es el único medio, ya que perturba el entendimiento del contrario, paraliza su acción, pulveriza su resistencia. Cuanto más feroz sea la guerra, más corta resultará: castigar con dureza es proceder humanamente. Y Alemania va a ser cruel, con una crueldad nunca vista, para que no se prolongue la lucha.

Había abandonado su asiento, requiriendo el bastón y el sombrero de paja. Argensola lo miraba con franca hostilidad. El profesor, al pasar junto a él, sólo hizo un rígido y desdeñoso movimiento de cabeza. Luego se dirigió hacia la puerta, acompañado por su primo. La despedida fue breve.

—Te repito mi consejo. Si no amas el peligro, márchate. Puede ser que me equivoque, y esta gente, convencida de que su defensa resulta inútil, se entregue buenamente... De todos modos, pronto nos veremos. Tendré el gusto de volver a París cuando la bandera del Imperio flote sobre la torre Eiffel. Asunto de tres o cuatro semanas. A principios de septiembre, con seguridad.

Francia iba a desaparecer; para el doctor, era indudable su muerte.

—Quedará París —añadió—, quedarán los franceses, porque un pueblo no se suprime fácilmente; pero ocuparán el lugar que les corresponde. Nosotros gobernaremos el mundo; ellos se cuidarán de inventar modas, harán agradable la vida al extranjero que los visite, y en el terreno intelectual los estimularemos para que eduquen actrices bonitas, produzcan novelas entretenidas y discurran comedias graciosas... Nada más.

Desnoyers rió mientras estrechaba la mano a su primo, fingiendo tomar sus palabras como paradojas.

—Hablo en serio —continuó Hartrott—. La última hora de la República francesa como nación importante ha sonado. La he visto de cerca y no merece otra suerte. Desorden y falta de confianza arriba; entusiasmo estéril abajo.

Al volver la cabeza vio otra vez la sonrisa de Argensola.

—Y nosotros entendemos un poco de esto —añadió agresivamente—. Estamos acostumbrados a examinar los pueblos que fueron, a estudiarlos fibra por fibra, y podemos conocer con una sola ojeada la psicología de los que aún viven.

El bohemio creyó ver a un cirujano hablando con suficiencia de los misterios de la voluntad ante un cadáver. ¡Qué sabía de la vida este pedante interpretador de documentos muertos! Cuando se cerró la puerta fue al encuentro de su amigo, que volvía desalentado. Argensola ya no tenía por loco al doctor Julius von Hartrott.

—¡Qué bruto! —Exclamó, levantando los brazos—. ¡Y pensar que viven sueltos estos fabricantes de sombríos errores!... ¡Quién diría que son de la misma tierra que produjo a Kant, el pacifista; al sereno Goethe, a Beethoven... Haber creído tantos años que formaban una nación de soñadores y filósofos ocupados en trabajar desinteresadamente por todos los hombres!

La farsa de un geógrafo alemán revivió en su memoria como una explicación: «El germano es un bicéfalo. Con una cabeza sueña y poetiza, mientras con la otra piensa y ejecuta».

Desnoyers se mostraba desesperado por la certidumbre de la guerra. Este profesor le parecía más temible que el consejero y los otros burgueses alemanes que había conocido en el buque. Su tristeza no era únicamente por el pensamiento egoísta de que la catástrofe iba a estorbar la realización de sus deseos y los de Margarita. Descubría de pronto, en esa hora de incertidumbre, que amaba a Francia. Veía en ella la patria de su padre y el país de la gran Revolución... Él, aunque no se había mezclado nunca en las luchas de la política, era republicano y había reído muchas veces de ciertos amigos suyos que adoraban a reyes y emperadores, considerando esto como un signo de distinción.

Argensola pretendió reanimarle.

—¡Quién sabe! Este es un país de sorpresas. Al francés hay que verlo a la hora en que procura remediar sus improvisaciones. Diga lo que diga el bárbaro de tu primo, hay entusiasmo, hay orden. Peor que nosotros debieron de verse los que vivían antes de lo de Valmy. Todo desorganizado; como única defensa, batallones de obreros y campesinos que por primera vez tomaban un fusil. Y, sin embargo, la Europa de las viejas monarquías no supo cómo librarse durante veinte años de estos guerreros improvisados.

V. DONDE APARECEN LOS CUATRO JINETES

Los dos amigos vivieron en los días siguientes una vida febril, considerablemente agrandada por la rapidez con que se sucedían los acontecimientos. Cada hora engendraba una novedad —las más de las veces falsa—, que removía la opinión con rudo vaivén. Tan pronto el peligro de la guerra aparecía conjurado, como circulaba la voz de que la movilización iba a ordenarse dentro de unos minutos. Veinticuatro horas representaban las inquietudes, la ansiedad y el desgaste nervioso de un año normal. Y lo que agravaba más esta situación era la incertidumbre, la espera del acontecimiento temido y todavía invisible, la angustia por el peligro que nunca acaba de llegar.

La Historia se extendía desbordada fuera de sus cauces, sucediéndose los hechos como los oleajes de una inundación. Austria declaraba la guerra a Servia, mientras los diplomáticos de las grandes potencias seguían trabajando por evitar el conflicto. La red eléctrica tendida en torno del planeta vibraba incesantemente en la profundidad de los Océanos y sobre el relieve de los continentes, transmitiendo esperanzas o pesimismos. Rusia movilizaba una parte de su Ejército. Alemania, que tenía tropas prontas con pretexto de maniobras, decretaba el estado de amenaza de guerra. Los austríacos, sin aguardar las gestiones de la diplomacia, iniciaban el bombardeo de Belgrado. Guillermo II, temiendo que la intervención de las potencias solucionase el conflicto entre el zar y el emperador de Austria, forzaba el curso de los acontecimientos declarando la guerra a Rusia. Luego, Alemania se aislaba, cortando las líneas férreas y las líneas telegráficas para amasar en el misterio sus fuerzas de invasión. Francia presenciaba esta avalancha de acontecimientos sobria en palabras y manifestaciones de entusiasmo. Una resolución fría y grave animaba a todos interiormente. Dos generaciones habían venido al mundo recibiendo, al abrir los ojos de la razón, la imagen de una guerra que forzosamente llegaría alguna vez. Nadie la deseaba: la imponían los adversarios... Pero todos la aceptaban, con el firme propósito de cumplir su deber.

París callaba durante el día con el enfurruñamiento de sus preocupaciones. Sólo algunos grupos de patriotas exaltados, siguiendo los tres colores de la bandera, pasaban por la plaza de la Concordia para dar vivas ante la estatua de Estrasburgo. Las gentes se abordaban en las calles amistosamente. Todos se conocían sin haberse visto nunca. Los ojos atraían a los ojos; las sonrisas parecían engancharse mutuamente con la simpatía de una idea común. Las mujeres estaban tristes, pero hablaban fuerte para ocultar sus emociones. En el largo crepúsculo de verano, los bulevares se llenaban de gentío. Los barrios extremos confluían al centro de la ciudad, como en los días ya remotos de las revoluciones. Se juntaban los grupos, formando una aglomeración sin término, de la que surgían gritos y cánticos. Las manifestaciones pasaban por el centro, bajo los faroles eléctricos que acababan de inflamarse. El desfile se prolongaba hasta medianoche, y la bandera nacional aparecía sobre la muchedumbre andante, escoltada por las banderas de otros pueblos.

En una de estas noches de sincero entusiasmo fue cuando los dos amigos escucharon una noticia inesperada, absurda: «Han matado a Jaurès». Los grupos la repetían con una extrañeza que parecía sobreponerse al dolor: «¡Asesinado Jaurès! ¿Y por qué» El buen sentido popular, que busca por instinto una explicación a todo atentado, quedaba en suspenso, sin poder orientarse. ¡Muerto el tribuno precisamente en el momento que más útil podía resultar su palabra de caldeador de muchedumbres!... Argensola pensó inmediatamente en Tchernoff: «¿Qué dirá nuestro vecino?...» Las gentes de orden temían una revolución. Desnoyers creyó por unos momentos que iban a cumplirse los sombríos vaticinios de su primo. Este asesinato, con sus correspondientes represalias, podía ser la señal de una guerra civil. Pero las masas del pueblo, transidas de dolor por la muerte de su héroe, permanecían en trágico silencio. Todos veían más allá del cadáver la imagen de la patria.

A la mañana siguiente el peligro se había desvanecido. Los obreros hablaban de generales y de guerra, enseñándose mutuamente sus libretas de soldados, anunciando la fecha en que debían partir, así que se publicase la orden de movilización: «Yo salgo el segundo día». «Yo, el primero». Los del ejército activo que estaban con permiso en sus casas eran llamados individualmente a los cuarteles. Se sucedían con atropellamiento los sucesos, todos en una misma dirección: la guerra, los alemanes se permitían avanzar en la frontera francesa, cuando su embajador todavía estaba en París haciendo promesas de paz. Al día siguiente de la muerte de Jaurès, el 1 de agosto, a media tarde, la muchedumbre se agolpó ante unos pedazos de papel escritos a mano con visible precipitación. Estos papeles precedieron a otros más grandes e impresos llevando en su cabecera dos banderitas cruzadas. «Ya llegó, ya es un hecho...» Era la orden de movilización general. Francia entera iba a correr a las armas. Y los pechos parecieron dilatarse con un suspiro de desahogo. Los ojos brillaban de satisfacción. ¡Terminada la pesadilla!... Era preferible la cruel realidad a una incertidumbre de días y días que los prolongaba como si fuesen semanas. En vano el presidente Poincaré, animado por una última esperanza, se dirigía a los franceses para explicar que la movilización no es la guerra y que un llamamiento a las armas sólo representaba una medida preventiva. «Es la guerra, la guerra inevitable», decía la muchedumbre con expresión fatalista. Y los que iban a partir en la misma noche o al día siguiente se mostraban los más entusiastas y animosos: «Ya que nos buscan, nos encontrarán. ¡Viva Francia!». El Canto de partida, himno de marcha de los voluntarios de la primera República, había sido exhumado por el instinto del pueblo, que pide su voz al arte en los momentos críticos. Los versos del convencional Chénier, adaptados a una música de guerrera gravedad, resonaban en las calles al mismo tiempo que La Marsellesa:

La République nous appelle, sachons vaincre ou sachons périr; un français doit vivre pour elle, pour elle un français doit mourir.

La movilización empezaba a las doce en punto de la noche. Desde el crepúsculo circularon por las calles grupos de hombres que se dirigían a las estaciones. Sus familias marchaban con ellos, llevando la maleta o el fardo de ropas. Los amigos del barrio los escoltaban. Una bandera tricolor iba al frente de estos pelotones. Los oficiales de reserva se enfundaban en sus uniformes, que ofrecían todas las molestias de los trajes largamente olvidados. Con el vientre oprimido por la correa y el revólver al costado, caminaban en busca del ferrocarril que había de conducirlos al punto de concentración. Uno de sus hijos llevaba el sable oculto en una funda de tela. La mujer, apoyada en su brazo, triste y orgullosa al mismo tiempo, dirigía con amoroso susurro sus últimas recomendaciones. Circulaban con toda velocidad tranvías, automóviles y fiacres. Nunca se habían visto en las calles de París tantos vehículos. Y, sin embargo, los que necesitaban uno llamaban en vano a los conductores. Nadie quería servir a los civiles. Todos los medios de transporte eran para los militares; todas las carreras terminaban en las estaciones de ferrocarril. Los pesados camiones de la Intendencia, llenos de sacos, eran saludados por el entusiasmo general: «¡Viva el Ejército!» Los soldados en traje de mecánica que iban tendidos en la cúspide de la pirámide rodante contestaban a la aclamación moviendo los brazos y profiriendo gritos que nadie llegaba a entender. La fraternidad había creado una tolerancia nunca vista. Se empujaba la muchedumbre, guardando en sus encuentros una buena educación inalterable. Chocaban los vehículos, y cuando los conductores, a impulsos de la costumbre, iban a injuriarse, intervenía el gentío y acababan por darse las manos. «¡Viva Francia!» Los transeúntes que escapaban de entre las ruedas de los automóviles reían, increpando bondadosamente al chófer:

«¡Matar a un francés que va en busca de su regimiento!» Y el conductor contestaba: «Yo también partiré dentro de unas horas. Este es mi último viaje». Los tranvías y ómnibus funcionaban con creciente irregularidad así como avanzaba la noche. Muchos empleados habían abandonado sus puestos para decir adiós a la familia y tomar el tren. Toda la vida de París se concentraba en media docena de ríos humanos que iban a desembocar en las estaciones.

Desnoyers y Argensola se encontraron en un café del bulevar cerca de la medianoche. Los dos estaban fatigados por las emociones del día, con la depresión nerviosa que sigue a los espectáculos ruidosos y violentos. Necesitaban descansar. La guerra era un hecho, y después de esta certidumbre, no sentían ansiedad por adquirir noticias nuevas. La permanencia en el café les resultó intolerable. En la atmósfera ardiente y cargada de humo, los consumidores cantaban y gritaban, agitando pequeñas banderas. Todos los himnos pasados y presentes eran entonados a coro, con acompañamiento de copas y platillos. El público, algo cosmopolita, revistaba las naciones de Europa para saludarlas con sus rugidos de entusiasmo. Todas, absolutamente todas, iban a estar al lado de Francia. «¡Viva!... ¡Viva!» Un matrimonio viejo ocupaba una mesa junto a los dos amigos. Eran rentistas de vida ordenada y mediocre, que tal vez no recordaba en toda su existencia haber estado despiertos a tales horas. Arrastrados por el entusiasmo, habían descendido al bulevar para ver la guerra más de cerca. El idioma extranjero que empleaban los vecinos dio al marido una alta idea de su importancia.

—¿Ustedes creen que Inglaterra marchará con nosotros? Argensola sabía tanto como él; pero contestó con autoridad:

—Seguramente; es cosa decidida. El viejo se puso en pie:

—¡Viva Inglaterra!

Y, acariciado por los ojos admirativos de su esposa, empezó a entonar una canción patriótica olvidada, marcando con movimientos de brazos el estribillo, que muy pocos alcanzaban a seguir. Los dos amigos tuvieron que emprender a pie el regreso a su casa. No encontraron un vehículo que quisiera recibirlos: todos iban en dirección opuesta, hacia las estaciones. Ambos estaban de mal humor; pero Argensola no podía marchar en silencio. —«¡Ah las mujeres!» Desnoyers conocía sus honestas relaciones desde algunos meses antes con una midinette de la rue Taibout. Paseos los domingos por los alrededores de París, varias idas al cinematógrafo, comentarios sobre las sublimidades de la última novela publicada en el folletón de un diario popular, besos a la despedida, cuando ella tomaba al anochecer el tren de Bois—Colombes para dormir en el domicilio paterno: eso era todo. Pero Argensola contaba malignamente con el tiempo, que madura las virtudes más ácidas. Aquella tarde habían tomado el aperitivo con un amigo francés que partía a la mañana siguiente para incorporarse a su regimiento. La muchacha lo había visto varias veces con él, sin que mereciese especial atención; pero ahora lo admiró de pronto, como si fuese otro. Había renunciado a volver esta noche a la casa de sus padres: quería ver cómo empieza una guerra. Comieron los tres juntos, y todas las atenciones de ella fueron para el que se iba, Hasta se ofendió con repentino pudor porque Argensola quiso hacer uso del derecho de prioridad, buscando su mano por debajo de la mesa. Mientras tanto, casi desplomaba su cabeza sobre el hombro del futuro héroe, envolviéndolo con miradas de admiración.

—¡Y se han ido!... ¡Se han ido juntos —dijo rencorosamente—. He tenido que abandonarlos para no prolongar mi triste situación. ¡Haber trabajado tanto... para otro!

Calló un momento, y, cambiando el curso de sus ideas, añadió:

—Reconozco, sin embargo, que su conducta es hermosa. ¡Qué generosidad la de las mujeres cuando creen llegado el momento de ofrecer!... Su padre le inspira gran miedo por sus cóleras, y, sin embargo, se queda una noche fuera de casa con uno a quien apenas conoce y en el que no pensaba a media tarde... La nación siente gratitud por los que van a exponer su existencia, y ella, la pobrecilla, desea hacer algo también por los destinados a la muerte, darles un poco de felicidad en la última hora..., y regala lo mejor que posee, lo que no puede recobrarse nunca. He hecho un mal papel... Ríete de mí; pero confiesa que esto es hermoso.

Desnoyers rió, efectivamente, del infortunio de su amigo, a pesar de que él también sufría grandes contrariedades, guardadas en secreto. No había vuelto a ver a margarita después de la primera entrevista. Sólo tenía noticias de ella por varias cartas... ¡Maldita guerra! ¡Qué trastorno para las gentes felices! La madre de Margarita estaba enferma. Pensaba en su hijo, que era oficial y debía partir el primer día de la movilización. Ella estaba inquieta igualmente por su hermano, y consideraba importuno ir al estudio mientras en su casa gemía la madre. ¿Cuándo iba a terminar esta situación? Le preocupaba también aquel cheque de cuatrocientos mil francos traídos de América. El día anterior habían excusado su pago en el Banco por falta de aviso. Luego declararon que tenían el aviso, pero tampoco le dieron el dinero. En aquella tarde, cuando los establecimientos de crédito estaban ya cerrados, el gobierno había lanzado un decreto estableciendo la moratoria, para evitar una bancarrota general a consecuencia del pánico financiero.

¿Cuándo le pagarían?... Tal vez cuando terminase la guerra que aún no había empezado; tal vez nunca. Él no tenía otro dinero efectivo que dos mil francos escasos que le habían sobrado del viaje. Todos sus amigos se encontraban en una situación angustiosa, privados de recibir las cantidades que guardaban en los Bancos. Los que poseían algún dinero estaban obligados a emprender una peregrinación de tienda en tienda o formar cola a la puerta de los Bancos para cambiar un billete. ¡Ah la guerra!

¡La estúpida guerra! En mitad de los Campos Elíseos vieron a un hombre con sombrero de alas anchas, que marchaba delante de ellos lentamente y hablando solo. Argensola lo reconoció al pasar junto a un farol: «El amigo Tchernoff». El ruso, al devolver el saludo, dejó escapar del fondo de su barba un ligero olor de vino. Sin invitación alguna arregló su paso al de ellos, siguiéndolos hacia el Arco del Triunfo. Julio sólo había cruzado silenciosos saludos con este amigo de Argensola al encontrarlo en el zaguán de la casa. Pero la tristeza ablanda el ánimo y hace buscar como una sombra refrescante la amistad de los humildes. Tchernoff, por su parte, miró a Desnoyers como si lo conociese toda su vida.

Había interrumpido su monólogo, que sólo escuchaban las masas de negra vegetación, los bancos solitarios, la sombra azul perforada por el temblor rojizo de los faroles, la noche veraniega con su cúpula de cálidos soplos y siderales parpadeos. Dio algunos pasos sin hablar, como una muestra de consideración a los acompañantes, y luego reanudó sus razonamientos, tomándolos donde los había abandonado, sin dar explicación alguna, como si marchase solo.

—... y a estas horas gritarán de entusiasmo lo mismo que los de aquí, creerán de buena fe que van a defender a su patria provocada, querrán morir por sus familias y hogares, que nadie ha amenazado.

—¿Quiénes son ésos, Tchernoff? —preguntó Argensola. Lo miró el ruso fijamente, como si extrañase su pregunta.

—Ellos —dijo con laconismo.

Los dos entendieron... «¡Ellos!» No podían ser otros.

—Yo he vivido diez años en Alemania —continuó, dando más conexión a sus palabras al verse escuchado—. Fui corresponsal del diario en Berlín, y conozco a aquellas gentes. Al pasar por el bulevar lleno de muchedumbre he visto con la imaginación lo que ocurre allá a estas horas. También cantan y rugen de entusiasmo, agitando banderas. Son iguales exteriormente unos y otros; pero ¡qué diferencia por dentro!... Anoche, en el bulevar, la gente persiguió a unos vocingleros que gritaban:

«¡A Berlín!» Es un grito de mal recuerdo y de peor gusto. Francia no quiere conquistas; su único deseo es ser respetada, vivir en paz, sin humillaciones ni intranquilidades. Esta noche, dos movilizados decían al marcharse: «Cuando entremos en Alemania les impondremos la República...» La República no es una cosa perfecta, amigos míos; pero representa algo mejor que vivir bajo un monarca irresponsable por la gracia de Dios. Cuando menos, supone tranquilidad y ausencia de ambiciones personales que perturben la vida. Y yo me he conmovido ante el sentimiento general de estos dos obreros, que, en vez de pensar en el exterminio de sus enemigos, quieren corregirlos, dándoles lo que ellos consideran mejor. Calló Tchernoff breves momentos para sonreír irónicamente ante el espectáculo que se ofrecía a su imaginación.

—En Berlín, las masas expresan su entusiasmo en forma elevada, como conviene a un pueblo superior. Los de abajo, que se consuelan de sus humillaciones con un grosero materialismo, gritan a estas horas: «¡A París! ¡Vamos a beber champaña gratis!» La burguesía pietista, capaz de todo por alcanzar un nuevo honor, y la aristocracia, que ha dado al mundo los mayores escándalos de los últimos años, gritan igualmente: «¡A París!» París es la Babilonia del pecado, la ciudad del Moulin Rouge y los restaurantes de Montmartre, únicos lugares que ellos conocen... Y mis camaradas de la Socialdemocracia también gritan; pero a éstos les han enseñado otro cántico: «¡A Moscú! ¡A Petersburgo! ¡Hay que aplastar a la tiranía rusa, peligro de la civilización!» El káiser manejando la tiranía de otro país como un espantajo para su pueblo... ¡qué risa!

Y la carcajada del ruso sonó en el silencio de la noche como un tableteo.

—Nosotros somos más civilizados que los alemanes —dijo cuando cesó de reír. Desnoyers, que lo escuchaba con interés, hizo un movimiento de sorpresa, y se dijo: «Este Tchernoff ha bebido algo».

—La civilización —continuó— no consiste únicamente en una gran industria, en muchos barcos, ejércitos y numerosas Universidades que sólo enseñan ciencia. Esta es una civilización material. Hay otra superior que eleva el alma y no permite que la dignidad humana sufra sin protesta continuas humillaciones. Un ciudadano suizo que vive en su chalet de madera, considerándose igual a los demás hombres de su país, es más civilizado que el Herr Professor, que tiene que cederle el paso a un teniente, o el rico de Hamburgo, que se encorva como un lacayo ante el que ostenta la partícula von.

Aquí el español asintió, como si adivinase lo que Tchernoff iba a añadir.

—Los rusos sufrimos una gran tiranía. Yo sé algo de esto. Conozco el hambre y el frío de los calabozos, he vivido en Siberia... Pero frente a nuestra tiranía ha existido siempre una protesta revolucionaria. Una parte de la nación es medio bárbara; pero el resto tiene una mentalidad superior, un espíritu de alta moral que le hace arrostrar peligros y sacrificios por la libertad y la verdad... ¿Y Alemania? ¿Quién ha protestado en ella jamás para defender los derechos humanos? ¿Qué revoluciones se han conocido en Prusia, tierra de grandes déspotas? El fundador del militarismo, Federico Guillermo, cuando se cansaba de dar palizas a su esposa y escupir en los platos de sus hijos, salía a la calle garrote en mano para golpear a los súbditos que no huían a tiempo. Su hijo, Federico el Grande, declaró que moría aburrido de gobernar a un pueblo de esclavos. En dos siglos de historia prusiana, una sola revolución: las barricadas en mil ochocientos cuarenta y ocho, mala copia berlinesa de la revolución de parís, y sin resultado alguno. Bismarck apretó la mano para aplastar los últimos intentos de protesta, si es que realmente existían. Y cuando sus amigos le amenazaban con una revolución, el junker feroz se llevaba las manos a los ijares, lanzando las más insolentes de sus carcajadas. ¡Una revolución en Prusia!... Nadie como él conocía a su pueblo.

Tchernoff no era patriota. Muchas veces le había oído Argensola hablar contra su país. Pero se indignaba al considerar el desprecio con que el orgullo germánico trataba al pueblo ruso. ¿Dónde estaba, en los últimos cuarenta años de grandeza imperialista, la hegemonía intelectual de que alardeaban los alemanes?... Excelentes peones de la ciencia; sabios tenaces y de vista corta, confinando cada uno en su especialidad; benedictinos del laboratorio, que trabajaban mucho y acertaban algunas veces a través de enormes equivocaciones dadas como verdades por ser suyas: eso era todo. Y al lado de tanta laboriosidad paciente y digna de respeto, ¡qué de charlatanismo! ¡Qué de grandes nombres explotados como una muestra de tienda!

¡Cuántos sabios metidos a hoteleros de sanatorio!... Un Herr Professor descubría la curación de la tisis, y los tísicos continuaban muriendo como antes. Descubría la curación de la tisis, y los tísicos continuaban muriendo como antes. Otro rotulaba con una cifra el remedio vencedor de la más inconfesable de las enfermedades, y la peste genital seguía azotando al mundo. Y todos estos errores representaban fortunas considerables: cada panacea salvadora daba lugar a la constitución de una Sociedad industrial, vendiéndose los productos a enormes precios, como si el dolor fuese un privilegio de los ricos. ¡Cuán lejos de ese bluff Pasteur y otros sabios de los pueblos inferiores, que libraban al mundo sus secretos sin prestarse a monopolios!

—La ciencia alemana — continuó Tchernoff— ha dado mucho a la Humanidad, lo reconozco; pero la ciencia de otras naciones ha dado mucho igualmente. Sólo un pueblo loco de orgullo puede imaginar que él lo es todo para la civilización y los demás no son nada... Aparte de sus sabios especialistas, ¿qué genio ha producido en nuestros tiempos esa Alemania que se cree universal? Wagner es el último romántico, cierra una época y pertenece al pasado. Nietzsche tuvo empeño en demostrar su origen polaco y abominó de Alemania, país, según él, de burgueses pedantes. Su eslavismo era tan pronunciado, que hasta profetizó el aplastamiento de los germanos por los eslavos... Y no quedan más. Nosotros, pueblo salvaje, hemos dado al mundo en los últimos tiempos artistas de una grandeza moral admirable. Tolstoy y Dostoyevski son universales. ¿Qué nombres puede colocar enfrente de ellos la Alemania de Guillermo Segundo?... Su país fue la patria de la música; pero los músicos rusos del presente son más originales que los continuadores del wagnerismo, que se refugian en las exasperaciones de la orquesta para ocultar su mediocridad... El pueblo alemán tuvo genios en su época de dolor, cuando aún no había nacido el orgullo pangermanista, cuando no existía el Imperio. Goethe, Schiller, Beethoven, fueron súbditos de pequeños principados. Recibieron la influencia de otros países, contribuyeron a la civilización universal, como ciudadanos del mundo, sin ocurrírseles que el mundo debía hacerse germánico porque prestaba atención a sus obras. El zarismo había cometido atrocidades. Tchernoff lo sabía por experiencia y no necesitaba que los alemanes vinieran a contárselo. Pero todas las clases ilustradas de Rusia eran enemigas de la tiranía y se levantaban contra ella. ¿Dónde estaban en Alemania los intelectuales enemigos del zarismo prusiano? Callaban o prorrumpían en adulaciones al ungido de Dios, músico y comediante como Nerón, de una inteligencia viva y superficial, que, por tocarlo todo, creía saberlo todo. Ansioso de alcanzar una postura escénica en la Historia, había acabado por afligir al mundo conla más grande de las calamidades.

—¿Por qué ha de ser rusa la tiranía que pesa sobre mi país? Los peores zares fueron imitadores de Prusia. En nuestros tiempos, cada vez que el pueblo ruso o polaco ha intentado reivindicar sus derechos, los reaccionarios emplearon al káiser como una amenaza, afirmando que vendría en su auxilio. Una mitad de la aristocracia rusa es alemana; alemanes los generales que más se han distinguido acuchillando al pueblo; alemanes los funcionarios que sostienen y aconsejan la tiranía; alemanes los oficiales que se encargan de castigar con matanzas las huelgas obreras y la rebelión de los pueblos anexionados. El eslavo reaccionario es brutal, pero tiene el sentimentalismo de una raza en la que muchos príncipes se hacen nihilistas. Levanta el látigo con facilidad, pero luego se arrepiente, y, a veces, llora. Yo he visto a oficiales rusos suicidarse por no marchar contra el pueblo o por el remordimiento de haber ejecutado matanzas. El alemán al servicio del zarismo no siente escrúpulos ni lamenta su conducta: mata fríamente, con método minucioso y exacto, como todo lo que ejecuta. El ruso es bárbaro, pega y se arrepiente; el alemán civilizado fusila sin vacilación. Nuestro zar, en su ensueño humanitario de eslavo, acarició la utopía generosa de la paz universal, organizando las conferencias de La Haya. El káiser de la cultura ha trabajado años y años en el montaje y engrasamiento de un organismo destructivo como nunca se conoció para aplastar a toda Europa. El ruso es un cristiano humilde, igualitario, democrático, sediento de justicia; el alemán alardea de cristianismo, pero es un idólatra como los germanos de otros siglos. Su religión ama la sangre y mantiene las castas; su verdadero culto es el de Odín, sólo que ahora el dios de la matanza ha cambiado el nombre y se llama el estado.

Se detuvo un instante Tchernoff, tal vez para apreciar mejor la extrañeza de sus acompañantes, y dijo luego con simplicidad:

—Yo soy cristiano.

Argensola, que conocía las ideas y la historia del ruso, hizo un movimiento de asombro. Julio insistió en sus sospechas:

«Decididamente, este Tchernoff está borracho».

—Es verdad —continuó— que me preocupo de Dios y no creo en los dogmas; pero mi alma es cristiana como la de todos los revolucionarios. La filosofía de la democracia moderna es un cristianismo laico. Los socialistas amamos al humilde, al menesteroso, al débil. Defendemos su derecho a la vida y al bienestar, lo mismo que los grandes exaltados de la religión, que vieron en todo infeliz a un hermano. Nosotros exigimos el respeto para el pobre en nombre de la justicia: los otros lo piden en nombre de la piedad. Pero unos y otros buscamos que los hombres se pongan de acuerdo para una vida mejor: que el fuerte se sacrifique por el débil, el poderoso por el humilde y el mundo se rija por la fraternidad, buscando la mayor igualdad posible. El eslavo resumía la historia de las aspiraciones humanas. El pensamiento griego había puesto el bienestar en la Tierra, pero sólo para unos cuantos, para los ciudadanos de sus pequeñas democracias, para los hombres libres, dejando abandonados a su miseria a los esclavos y los bárbaros, que constituían la mayor parte. El cristianismo, religión de humildes, había reconocido a todos los seres el derecho a la felicidad, pero esta felicidad la colocaba en el Ciclo, lejos de este mundo, valle de lágrimas. La Revolución y sus herederos, los socialistas ponían la felicidad en las realidades inmediatas de la tierra, lo mismo que los antiguos, y hacían partícipes de ella a todos los hombres, lo mismo que los cristianos.

—¿Dónde está el cristianismo de la Alemania presente?... Hay más espíritu cristiano en el socialismo de la laica República francesa, defensora de los débiles, que en la religiosidad de los junkers conservadores. Alemania se ha fabricado un Dios a su semejanza, y cuando cree adorarlo, es su propia imagen lo que adora. El Dios alemán es un reflejo del Estado alemán, que considera la guerra como la primera función de un pueblo y la más noble de las ocupaciones. Otros pueblos cristianos, cuando tienen que guerrear, sienten la contradicción que existe entre su conducta y el Evangelio, y se excusan alegando la cruel necesidad de defenderse. Alemania declara que la guerra es agradable a Dios. Yo conozco sermones alemanes probando que Jesús fue partidario del militarismo. El orgullo germánico, la convicción de que su raza está destinada providencialmente a dominar el mundo, ponía de acuerdo a protestantes, católicos y judíos.

—Por encima de sus diferencias de dogma está el Dios del estado, que es alemán: el Dios guerrero, al que tal vez llama Guillermo a estas horas mi respetable aliado. Las religiones tendieron siempre a la universalidad. Su fin es poner a los hombres en relación con Dios y sostener las relaciones entre todos los hombres. Prusia ha retrogradado a la barbarie, creando para su uso personal un segundo Jehová, una divinidad hostil a la mayor parte del género humano, que hace suyos los rencores y las ambiciones del pueblo alemán.

Luego, Tchernoff explicaba a su modo la creación de este Dios germánico, ambicioso, cruel, vengativo. Los alemanes eran unos cristianos de la víspera. Su cristianismo databa de seis siglos nada más, mientras que el de los otros pueblos de Europa era de diez, de quince, de dieciocho siglos. Cuando terminaban ya las Cruzadas, los prusianos vivían aún en el paganismo. La soberbia de raza, al impulsarlos a la guerra, hacía revivir a las divinidades muertas. A semejanza del antiguo Dios germánico, que era un caudillo militar, el Dios del Evangelio se veía adornado por los alemanes con lanza y escudo.

—El cristianismo en Berlín lleva casco y botas de montar. Dios se ve movilizado en estos momentos, lo mismo que Otto, Fritz y Franz, para que castigue a los enemigos del pueblo escogido. Nada importa que haya ordenado: «No matarás», y que su Hijo dijese en la Tierra: «Bienaventurados los pacíficos». El cristianismo, según los sacerdotes alemanes de todas las confesiones, sólo puede influir en el mejoramiento individual de los hombres y no debe inmiscuirse en la vida del estado. El Dios del estado prusiano es el viejo Dios alemán, un heredero de la feroz mitología germánica, una amalgama de las divinidades hambrientas de guerra.

En el silencio de la avenida, el ruso evocó las rojas figuras de los dioses implacables. Iban a despertar aquella noche al sentir en sus oídos el amado estrépito de las armas y en su olfato el perfume acre de la sangre. Tor, el dios brutal de la cabeza pequeña, estiraba sus bíceps, empuñando el martillo que aplasta ciudades. Wotan afinaba su lanza, que tiene el relámpago por hierro y el trueno por regatón. Odín, el del único ojo, bostezaba de gula en lo alto de su montaña, esperando a los guerreros muertos que se amontonaran alrededor de su trono. Las desmelenadas valquirias, vírgenes sudorosas y oliendo a potro, empezaban a galopar de nube en nube, azuzando a los hombres con aullidos, para llevarse los cadáveres, doblados como alforjas, sobre las ancas de sus rocines voladores.

—La religiosidad germánica —continuó el ruso— es la negación del cristianismo. Para ella, los hombres no son iguales ante Dios. Este sólo aprecía a los fuertes, y los apoya con su influencia para que se atrevan a todo. Los que nacieron débiles deben someterse a desaparecer. Los pueblos tampoco son iguales: están divididos en pueblos conductores y pueblos inferiores, cuyo destino es verse desmenuzados y asimilados por aquellos. Así lo quiere Dios. Y resulta inútil decir que el gran pueblo conductor es Alemania. Argensola le interrumpió. El orgullo alemán no se apoyaba sólo en su Dios: apelaba igualmente a la ciencia.

—Conozco eso —dijo el ruso sin dejarle terminar—: el determinismo, la desigualdad, la selección, la lucha por la vida... Los alemanes, tan orgullosos de su valer, construyen sobre terreno ajeno sus monumentos intelectuales, piden prestado al extranjero el material de cimentación cuando hacen obra nueva. Un francés y un inglés. Gobineau y Chamberlain, les han dado los argumentos para defender la superioridad de su raza. Con cascote sobrante de Darwin y de Spencer, su anciano Hæckel ha fabricado el monismo, doctrina que, aplicada a la política, consagra científicamente el orgullo alemán y reconoce su derecho a dominar el mundo, por ser el más fuerte.

No, mil veces no —continuó con energía después de un breve silencio—. Todo eso de la lucha por la vida con su cortejo de crueldades puede ser verdad en las especies inferiores, pero no debe ser verdad entre los hombres. Somos seres de razón y de progreso, y debemos libertarnos de la fatalidad del medio, modificándolo a nuestra conveniencia. El animal no conoce el derecho, la justicia, la compasión; vive esclavo de la lobreguez de sus instintos. Nosotros pensamos, y el pensamiento significa libertad. El fuerte, para serlo, no necesita mostrarse cruel; resulta más grande cuando no abusa de su fuerza y es bueno. Todos tienen derecho a la vida, ya que nacieron; y del mismo modo que subsisten los seres orgullosos y humildes, hermosos o débiles, deben seguir viviendo las naciones grandes y pequeñas, viejas y jóvenes. La finalidad de nuestra existencia no es la lucha, no es matar, para que luego nos maten a nosotros, y que, a su vez, caiga muerto nuestro matador. Dejemos eso a la ciega Naturaleza. Los pueblos civilizados, de seguir un pensamiento común, deben adoptar el de la Europa mediterránea, realizando la concepción más pacífica y dulce de la vida que sea posible.

Una sonrisa cruel agitó las barbas del ruso.

—Pero existe la Kultur, que los germanos quieren imponernos y que resulta lo más opuesto a la civilización. La civilización es el afinamiento del espíritu, el respeto al semejante, la tolerancia de la opinión ajena, la suavidad de las costumbres. La Kultur es la acción del estado que organiza y asimila individuos y colectividades para que la sirvan en su misión, Y esta misión consiste principalmente en colocarse por encima de los otros Estados, aplastándolos con su grandeza, o lo que es lo mismo, orgullo, ferocidad, violencia.

Habían llegado a la plaza de la Estrella. El Arco del Triunfo destacaba su mole oscura en el espacio estrellado. Las avenidas esparcían en todas direcciones una doble fila de luces. Los faroles situados en torno del monumento iluminaban sus bases gigantescas y los pies de los grupos escultóricos. Más arriba se cerraban las sombras, dando al claro monumento la negra densidad del ébano. Atravesaron la plaza y el Arco. Al verse bajo la bóveda, que repercutía, agrandando, el eco de sus pasos, se detuvieron. La brisa de la noche tomaba una frialdad invernal al deslizarse por el interior de la construcción. La bóveda recortaba las aristas de sus extremos sobre el difuso azul del espacio. Instintivamente volvieron los tres la cabeza para lanzar una mirada a los Campos Elíseos, que habían dejado atrás. Sólo vieron un río de sombra en el que flotaban rosarios de estrellas rojas entre dos largas escarpaduras negras formadas por los edificios. Pero estaban familiarizados con el panorama, y creyeron contemplar en la oscuridad sin ningún esfuerzo, la majestuosa pendiente de la avenida, la doble fila de palacios, la plaza de la Concordia en el fondo con su aguja egipcia, las arboledas de las Tullerías.

—Esto es hermoso —dijo Tchernoff, que veía algo más que sombras—. Toda una civilización que ama la paz y la dulzura de la vida ha pasado por aquí.

Un recuerdo enterneció al ruso. Muchas tardes, después del almuerzo, había encontrado en aquel mismo lugar a un hombre robusto, cuadrado, de barba rubia y ojos bondadosos. Parecía un gigante detenido en mitad de su crecimiento. Un perro lo acompañaba. Era Jaurès, su amigo Jaurès, que antes de ir a la Cámara daba un paseo hasta el arco desde su casa de Passy.

—Le gustaba situarse donde nos hallamos en este momento. Contemplaba las avenidas, los jardines lejanos, todo el parís que se ofrece a la admiración desde estaaltura. Y me decía conmovido: «Esto es magnífico. Una de las perspectivas más hermosas que pueden encontrarse en el mundo...» ¡Pobre Jaurès!

El ruso, por una asociación de ideas, evocaba la imagen de su compatriota Miguel Bakunin, otro revolucionario, el padre del anarquismo, llorando de emoción en un concierto luego de oír la sinfonía con coros de Beethoven, dirigida por un joven amigo suyo que se llamaba Ricardo Wagner. «Cuando venga nuestra revolución — gritaba estrechando la mano del maestro— y perezca lo existente, habrá que salvar esto a toda costa».

Tchernoff se arrancó a sus recuerdos para mirar en torno y decir con tristeza:

—Ellos han pasado por aquí.

Cada vez que atravesaba el Arco, la misma imagen surgía en su memoria. Ellos eran miles de cascos brillando al sol; miles de gruesas botas levantándose con mecánica rigidez todas a un tiempo; las trompetas cortas, los pífanos, los tamborcillos planos, conmoviendo el augusto silencio de la piedra; la marcha guerrera de Lohengrin sonando en las avenidas desiertas ante las casas cerradas.

Él, que era un extranjero, se sentía atraído por este monumento, con la atracción de los edificios venerables que guardan la gloria de los ascendientes. No quería saber quién lo había creado. Los hombres construyen creyendo solidificar una ida inmediata que halaga su orgullo. Luego sobreviene la Humanidad de más amplia visión, que cambia el significado de la obra y la engrandece, despojándola de su primitivo egoísmo. Las estatuas griegas, modelos de suprema belleza, habían sido en su origen simples imágenes de santuario regalados por la piedad de las devotas de aquellos tiempos. Al evocar la grandeza romana, todos veían con la imaginación el enorme Coliseo, redondel de matanzas, o los arcos elevados a la gloria de césares ineptos. Las obras representativas de los pueblos tenían dos significados: el interior e inmediato que le daban sus creadores, y el exterior, de un interés universal, que les comunicaban luego los siglos, haciendo de ellas un símbolo.

—El Arco —continuó Tchernoff— es francés por dentro, con sus nombres de batallas y generales que se prestan a la crítica. Exteriormente, es el monumento del pueblo que hizo la más grande de las revoluciones y de todos los pueblos que creen en la Libertad. La glorificación del hombre está allá abajo, en la columna de la plaza Vendôme. Aquí no hay nada individual. Sus constructores lo elevaron a la memoria del Gran Ejército, y ese Gran Ejército fue el pueblo en armas esparciendo por toda Europa la revolución. Los artistas, que son grandes intuitivos, presintieron el verdadero significado de esta obra. Los guerreros de Rude que entonaron la Marsellesa en el grupo que tenemos a la izquierda no son militares de oficio, son ciudadanos armados que marchan a ejercer su apostolado sublime y violento. Su desnudez me hace ver en ellos unos sans-culottes con casco griego... Aquí hay algo más que la gloria estrecha y egoísta de una sola nación. Todos en Europa despertamos a una nueva vida gracias a estos cruzados de la Libertad... Los pueblos evocan imágenes en mi pensamiento. Si recuerdo a Gracia, veo las columnatas del Partenón; Roma, señora del mundo, es el Coliseo y el Arco de Trajano; la Francia revolucionaria es el Arco de Triunfo.

Era algo más, según el ruso. Representaba un gran desquite histórico: los pueblos del Sur, las llamadas razas latinas, contestando después de muchos siglos a la invasión que había destruido el poderío romano; los hombres mediterráneos esparciéndose vencedores por las tierras de los antiguos bárbaros. Habían barrido el pasado como una ola destructora, para retirarse inmediatamente. La gran marea depositaba todo lo que envolvían sus entrañas, como las aguas de ciertos ríos que fecundan inundando. Y al replegarse los hombres, quedaba el suelo enriquecido por nuevas y generosas ideas.

—¡Si ellos volviesen! —añadió Tchernoff con un gesto de inquietud—. ¡Si pisasen de nuevo estas losas!... La otra vez eran unas pobres gentes asombradas por su rápida fortuna, que pasaron por aquí como un rústico por un salón. Se contentaron con dinero para el bolsillo y dos provincias que perpetuasen el recuerdo de su victoria... Pero ahora no serán soldados únicamente los que marchen contra París. A la cola de los ejércitos vienen, como iracundas cantineras, los Herr Professor, llevando al costado el tonelito de vino con pólvora que enloquece al bárbaro, el vino de la Kultur. Y en los furgones viene, igualmente, un bagaje enorme de salvajismo científico, una filosofía nueva que glorifica la fuerza como principio y santificación de todo, niega la libertad, suprime al débil y coloca al mundo entero bajo la dependencia de una minoría predilecta de Dios, sólo porque dispone de los procedimientos más rápidos y seguros de dar la muerte. La Humanidad debe temblar por su futuro si otra vez resuenan bajo esta bóveda las botas germánicas siguiendo una marcha de Wagner o de cualquier Kapellmeister de regimiento.

Se alejaron del Arco, siguiendo la avenida de Víctor Hugo. Tchernoff marchaba silencioso, como si le hubiese entristecido la imagen de este desfile hipotético. De pronto continuó en alta voz el curso de sus reflexiones.

—Y aunque entrasen, ¿qué importa?... No por esto moriría el Derecho. Sufre eclipses, pero renace; puede ser desconocido, pisoteado, pero no por esto deja de existir, y todas las almas buenas lo reconocen como única regla de vida. Un pueblo de locos quiere colocar la violencia sobre el pedestal que los demás han elevado al Derecho. Empeño inútil. La aspiración de los hombres será eternamente que exista cada vez más libertad, más fraternidad, más justicia.

Con esta afirmación el ruso pareció tranquilizarse. Él y sus acompañantes hablaron del espectáculo que ofrecía París preparándose para la guerra. Tchernoff se apiadaba de los grandes dolores provocados por la catástrofe, de los miles y miles de tragedias domésticas que se estaban desarrollando en aquel momento. Nada había cambiado aparentemente. En el centro de la ciudad y en torno de las estaciones se desarrollaba un movimiento extraordinario, pero el resto de la inmensa urbe no delataba el gran trastorno de su existencia. La calle solitaria ofrecía el mismo aspecto de todas las noches. La Brisa agitaba dulcemente las hojas de los árboles. Una paz solemne parecía desprenderse del espacio. Las casas dormían; pero detrás de las ventanas cerradas se adivinaban el insomnio de los ojos enrojecidos, la respiración de los pechos angustiados por la amenaza próxima, la agilidad trémula de las manos preparando el equipaje de guerra, tal vez el único gesto de amor, cambiado sin placer, con besos terminados en sollozos.

Tchernoff se acordó de sus vecinos, de aquella pareja que ocupaba el otro departamento interior detrás del estudio. Ya no sonaba el piano de ella. El ruso había percibido el rumor de disputas, choque de puertas cerradas con violencia y los pasos del hombre, que se iba en plena noche, huyendo de los llantos femeniles. Había empezado a desarrollarse el drama al otro lado de los tabiques: un drama vulgar, repetición de otros y otros que ocurrían al mismo tiempo.

—Ella es alemana —añadió el ruso—. Nuestra portera ha husmeado bien su nacionalidad. Él se habrá marchado a estas horas para incorporarse a su regimiento. Anoche apenas pude dormir. Escuché los gemidos de ella a través de la pared; un llanto lento, desesperado, de criatura abandonada, y la voz del hombre, que en vano intentó hacerla callar... ¡Qué lluvia de tristezas cae sobre el mundo! Aquella misma tarde, al salir de casa, la había encontrado frente a su puerta. Parecía otra mujer, con un aire de vejez, como si en unas horas hubiese vivido quince años. En vano había intentado animarla, recomendándole que aceptase con serenidad la ausencia de su hombre, para no hacer daño al otro ser que llevaba en sus entrañas.

—Porque esta infeliz va a ser madre. Oculta su estado con cierto pudor, pero yo la he sorprendido desde mi ventana arreglando ropitas de niño.

La mujer lo había escuchado como si no le entendiese. Las palabras eran impotentes ante su desesperación. Sólo había sabido balbucir como si hablase con ella misma: «Yo alemana. Él se va; tiene que irse...

Sola..., ¡sola para siempre!...»

Piensa en su nacionalidad, que le separa del otro; piensa en el campo de concentración al que le llevarán con sus compatriotas. Le da miedo el abandono en un país hostil que tiene que defenderse de la agresión de los suyos... Y todo esto cuando va a ser madre. ¡Qué miserias! ¡Qué tristezas!

Llegaron a la rue de la Pompe, y al entrar en la casa se despidió Tchernoff de sus acompañantes para subir por la escalera de servicio. Desnoyers quiso prolongar la conversación. Temía quedarse a solas con su amigo y que resurgiese su mal humor por las recientes contrariedades. La conversación con el ruso le interesaba. Subieron los tres por el ascensor. Argensola habló de la oportunidad de destapar una botella de las muchas que guardaba en la cocina.

Tchernoff podía volver a su casa por la puerta del estudio que daba a la escalera de servicio.

El amplio ventanal tenía las vidrieras abiertas; los huecos sobre el patio interior estaban abiertos igualmente; una brisa continua hacía palpitar las cortinas, balanceando los faroles antiguos, las banderas apolilladas y otros adornos del estudio romántico. Tomaron asiento en torno de una mesita, junto al ventanal, lejos de las luces que iluminaban un extremo de la amplia pieza. Estaban en la penumbra, vueltos de espaldas al interior. Tenían ante ellos los tejados de enfrente y un enorme rectángulo de sombra azul perforada por la fría agudeza de los astros. Las luces de la ciudad coloreaban el espacio sombrío con un reflejo sangriento.

Bebió dos copas Tchernoff, afirmando con chasquidos de lengua el mérito del líquido. Los tres callaban, con el silencio admirativo y temeroso que la grandiosidad de la noche impone a los hombres. Sus ojos saltaban de estrella a estrella, agrupándolas en líneas ideales, formando triángulos o cuadriláteros de fantástica irregularidad. A veces el furor parpadeante de un astro parecía enganchar al paso el rayo visual de sus miradas, manteniéndolas en hipnótica fijeza. El ruso, sin salir de su contemplación, se sirvió otra copa. Luego sonrió con una ironía cruel. Su rostro barbudo tomó la expresión de una máscara trágica asomando entre los telones de la noche.

—¡Qué pensarán allá arriba de los hombres! —murmuró—. ¿Estará enterada alguna estrella de que existió Bismarck?... ¿Conocerán los astros la misión divina del pueblo germánico?

Y siguió riendo.

Algo lejano e indeciso turbó el silencio de la noche deslizándose por el fondo de una de las grietas que cortaban la inmensa planicie de tejados. Los tres avanzaron la cabeza para escuchar mejor... Eran voces. Un coro varonil entonaba un himno simple, monótono, grave. Más bien lo adivinaban con el pensamiento que lo percibían en sus oídos. Varias notas sueltas llegadas hasta ellos con mayor intensidad en una de las fluctuaciones de la brisa permitieron a Argensola reconstruir el canto breve rematado por un aullido melódico, un verdadero canto de guerra.

C'est l'Alsace et la Lorraine, C'est l'Alsace qu'il nous faut

¡Oh, oh, oh, oh!

Un nuevo grupo de hombres iba a lo lejos, por el fondo de una calle, en busca de la estación de ferrocarril, puerta de la guerra. Debían de ser de los barrios exteriores, tal vez del campo, y al atravesar París envuelto en silencio, sentían el deseo de cantar la gran aspiración nacional, para que los que velaban detrás de las fachadas oscuras repeliesen toda perplejidad sabiendo que no estaban solos.

—Lo mismo que en las óperas —dijo Julio siguiendo los últimos sonidos del coro invisible, que se perdía..., se perdía, devorado por la distancia y la respiración nocturna.

Tchernoff siguió bebiendo, pero con aire distraído, fijos los ojos en la niebla rojiza que flotaba sobre los tejados. Adivinaban los dos amigos su labor mental en la contracción de su frente, en los gruñidos sordos que dejaba escapar como un eco del monólogo interior. De pronto, saltó de la reflexión a la palabra, sin preparación alguna, continuando en voz alta el curso de sus razonamientos.

—... Y cuando dentro de unas horas salga el sol, el mundo verá correr por sus campos los cuatro jinetes enemigos de los hombres... Ya piafan sus caballos malignos por la impaciencia de la carrera; ya sus jinetes de desgracia se conciertan y cruzan las últimas palabras antes de saltar sobre la silla.

—¿Qué jinetes son ésos? —preguntó Argensola.

—Los que preceden a la Bestia.

Encontraron los dos amigos tan ininteligible esta contestación como las palabras anteriores. Desnoyers volvió a repetirse mentalmente:

«Está borracho». Pero su curiosidad le hizo insistir. ¿Y qué bestia era aquélla?

Lo miró el ruso como si extrañase la pregunta: Creía haber hablado en alta voz desde el principio de sus reflexiones.

—La del Apocalipsis.

Se hizo un silencio; pero el laconismo del ruso no fue de larga duración. Sintió la necesidad de expresar su entusiasmo por el soñador de la roca marina de Patmos. El poeta de las visiones grandiosas y oscuras ejercía influencia, a través de dos mil años, sobre este revolucionario místico refugiado en el último piso de una casa de París. Todo lo había presentido Juan. Sus delirios, ininteligibles para el vulgo, encerraban el misterio de los grandes sucesos humanos. Describió Tchernoff la bestia apocalíptica surgiendo de las profundidades del mar. Era semejante a un leopardo, sus pies iguales a los de un oso, y su boca un hocico de león. Tenía siete cabezas y diez cuernos. De los cuernos pendían diez diademas, y en cada una de las siete cabezas llevaba escrita una blasfemia. Estas blasfemias no las decía el evangelista, tal vez porque eran distintas según las épocas, modificándose cada mil años, cuando la bestia hacía una nueva aparición. El ruso leía las que flameaban ahora en las cabezas del monstruo: blasfemia contra La Humanidad, contra la justicia, contra todo lo que hace tolerable y dulce la vida del hombre. «La fuerza es superior al derecho...» «El débil no debe existir...»«Sed duros para ser grandes...» Y la bestia, con toda su fealdad, pretendía gobernar al mundo y que los hombres le rindiesen adoración.

—Pero ¿los cuatro jinetes...? —preguntó Desnoyers.

Los cuatro jinetes precedían la aparición del monstruo en el ensueño de Juan.

Los siete sellos del libro del misterio eran rotos por el cordero en presencia del gran trono donde estaba sentado alguien que parecía de jaspe. El arco iris formaba en torno de su cabeza un dosel de esmeralda. Veinticuatro tronos se extendían en semicírculo, y en ellos veinticuatro ancianos con vestiduras blancas y coronas de oro, Cuatro animales enormes cubiertos de ojos y con seis alas parecían guardar el trono mayor. Sonaban las trompetas, saludando la rotura del primer sello.

«¡Mira!», gritaba al poeta visionario con voz estentórea uno de los animales... Y aparecía el primer jinete sobre un caballo blanco. En la mano llevaba un arco y en la cabeza una corona: era la Conquista, según unos; la Peste, según otros. Podían ser ambas cosas a la vez. Ostentaba una corona, y esto era bastante para Tchernoff.

«¡Surge!», gritaba el segundo animal removiendo sus mil ojos. Y del sello roto saltaba un caballo rojizo. Su jinete movía sobre la cabeza una enorme espada. Era la Guerra. La tranquilidad huía del mundo ante su galope furioso: los hombres iban a exterminarse.

Al abrirse el tercer sello, otro de los animales mugía como un trueno:

«¡Aparece!» Y Juan veía un caballo negro. El que lo montaba tenía una balanza en la mano para pesar el sustento de los hombres. Era el Hambre.

El cuarto animal saludaba con un bramido la rotura del cuarto sello. «¡Salta!» Y aparecía un caballo de color pálido. «El que lo monta se llama la Muerte, y un poder le fue dado para hacer perecer a los hombres por la espada, por el hambre, por la peste y por las bestias salvajes». Los cuatro jinetes emprendían una carrera loca, aplastante, sobre las cabezas de la Humanidad aterrada.

Tchernoff describía los cuatro azotes de la Tierra lo mismo que si los viese directamente. El jinete del caballo blanco iba vestido con un traje ostentoso y bárbaro. Su rostro oriental se contraía odiosamente, como si husmease las víctimas. Mientras su caballo seguía galopando, él armaba el arco para disparar la peste. En su espalda saltaba el carcaj de bronce lleno de flechas ponzoñosas que contenían los gérmenes de todas las enfermedades, lo mismo las que sorprenden a las gentes pacíficas en su retiro que las que envenenan las heridas del soldado en el campo de batalla.

El segundo jinete, el del caballo rojo, manejaba el enorme mandoble sobre sus cabellos, erizados por la violencia de la carrera. Era joven, pero el fiero entrecejo y la boca contraída le daban una expresión de ferocidad implacable. Sus vestiduras, arremolinadas por el impulso del galope, dejaban al descubierto una musculatura atlética.

Viejo, calvo y horriblemente descarnado, el tercer jinete saltaba sobre el cortante dorso del caballo negro. Sus piernas disecadas oprimían los flancos de la magra bestia. Con una mano enjuta mostraba la balanza, símbolo del alimento escaso, que iba a alcanzar el valor del oro.

Las rodillas del cuarto jinete, agudas como espuelas, picaban los costados del caballo pálido. Su piel apergaminada dejaba visibles las aristas y oquedades del esqueleto. Su faz de calavera se contraía con la risa sardónica de la destrucción. Los brazos de caña hacían voltear una hoz gigantesca. De sus hombros angulosos pendía un harapo de sudario.

Y la cabalgada furiosa de los cuatro jinetes pasaba como un huracán sobre la inmensa muchedumbre de los humanos. El cielo tomaba sobre sus cabezas una penumbra lívida de ocaso. Monstruos horribles y disformes aleteaban en espiral sobre la furiosa razzia, como una escolta repugnante. La pobre humanidad, loca de miedo, huía en todas las direcciones al escuchar el galope de la Peste, la Guerra, el Hambre y la Muerte. Hombres y mujeres, jóvenes y ancianos, se empujaban y caían al suelo en todas las actitudes y gestos del pavor, del asombro, de la desesperación. Y el caballo blanco, el rojo, el negro y el pálido los aplastaban con indiferencia bajo sus herraduras implacables: el atleta oía el crujido de sus costillajes rotos, el niño agonizaba agarrado al pecho maternal, el viejo cerraba para siempre los párpados con un gemido infantil.

—Dios se ha dormido, olvidando al mundo —continuó el ruso—. Tardará mucho en despertar, y mientras Él duerme, los cuatro jinetes feudatarios de la Bestia correrán la Tierra como únicos señores.

Se exaltaba con sus palabras. Abandonando su asiento, iba de un lado a otro con grandes pasos.. Le parecía débil su descripción de las cuatro calamidades vistas por el poeta sombrío. Un gran pintor había dado forma corporal a estos terribles ensueños.

—Yo tengo un libro —murmuraba—, un libro precioso.

Y repentinamente huyó del estudio, dirigiéndose a la escalera interior para entrar en sus habitaciones. Quería traer el libro para que lo viesen sus amigos. Argensola lo acompañó. Poco después volvieron con el volumen. Había dejado abiertas las puertas tras de ellos. Se estableció una corriente de aire más fuerte entre los huecos de las fachadas y el patio interior.

Tchernoff colocó bajo una lámpara su libro precioso. Era un volumen impreso en 1511, con texto latino y grabados. Desnoyers leyó el título: Apocalipsis cum figuris. Los grabados eran de Alberto Durero: una obra de juventud, cuando el maestro sólo tenía veintisiete años. Los tres quedaron en extática admiración ante la lámina que representaba la loca carrera de los jinetes apocalípticos. El cuádruple azote se precipitaba con un impulso arrollador sobre sus monturas fantásticas, aplastando a la Humanidad, loca de espanto.

Algo ocurrió de pronto que hizo salir a los tres hombres de su contemplación admirativa; algo extraordinario, indefinible: un gran estrépito que pareció entrar directamente en su cerebro sin pasar por los oídos; un choque en su corazón. El instinto les advirtió que algo grave acababa de ocurrir.

Quedaron en silencio, mirándose: un silencio de segundos, que fue interminable. Por las puertas abiertas llegó un ruido de alarma procedente del patio: persianas que se abrían, pasos atropellados en los diversos pisos, gritos de sorpresa y de terror.

Los tres corrieron instintivamente hacia las ventanas interiores. Antes de llegar a ellas, el ruso tuvo un presentimiento.

—Mi vecina... Debe de ser mi vecina. Tal vez se ha matado.

Al asomarse vieron luces en el fondo: gentes que se agitaban en torno de un bulto tendido sobre las baldosas. La alarma había poblado instantáneamente todas las ventanas. Era una noche sin sueño, una noche de nerviosidad, que mantenía a todos en dolorosa vigilia.

—Se ha matado —dijo una voz que parecía surgir de un pozo—. Es la alemana, que se ha matado.

La explicación de la portera saltó de ventana en ventana hasta el último piso.

El ruso movió la cabeza con expresión fatal. La infeliz no había dado sola el salto de muerte. Alguien presenciaba su desesperación, alguien la había empujado... ¡Los jinetes! ¡Los cuatro jinetes del Apocalipsis!... Ya estaban sobre la silla; ya emprendían su galope implacable, arrollador.

Las fuerzas ciegas del mal iban a correr libre por el mundo. Empezaba el suplicio de la Humanidad bajo la cabalgada salvaje de sus cuatro enemigos.

SEGUNDA PARTE

I. LAS ENVIDIAS DE DON MARCELO

El primer movimiento del viejo Desnoyers fue de asombro al convencerse de que la guerra resultaba inevitable. La Humanidad se había vuelto loca, ¿Era posible una guerra con tantos ferrocarriles, tantos buques de comercio, tantas máquinas, tanta actividad desarrollada en la costra de la Tierra y sus entrañas?... Las naciones se arruinarían para siempre. Estaban acostumbradas a necesidades y gastos que no conocieron los pueblos de hace un siglo. El capital era dueño del mundo, y la guerra iba a matarlo; pero a su vez moriría ella a los pocos meses, falta de dinero para sostenerse. Su alma de hombre de negocios se indignó ante los centenares de miles de millones que la loca aventura iba a invertir en humo y matanzas. Como su indignación necesitaba fijarse en algo inmediato, hizo responsables de la gran locura a sus mismos compatriotas. ¡Tanto hablar de la revancha! ¡Preocuparse durante cuarenta y cuatro años de dos provincias perdidas, cuando la nación era dueña de tierras enormes e inútiles en otros continentes!... Iban a tocar los resultados de tanta insensatez exasperada y ruidosa.

La guerra significaba para él un desastre a breve plazo. No tenía fe en su país: la época de Francia había pasado. Ahora los triunfadores eran los pueblos del Norte, y sobre todos, aquella Alemania, que él había visto de cerca, admirando con cierto pavor su disciplina, su dura organización. El antiguo obrero sentía el instinto conservador y egoísta de todos los que llegan a amasar millones. Despreciaba los ideales políticos; pero, por solidaridad de clase, había aceptado en los últimos años todas las declamaciones contra los escándalos del régimen. ¿Qué podía hacer una República corrompida y desorganizada ante el imperio más sólido y fuerte de la Tierra? «Vamos a la muerte —se decía a solas—. ¡Peor que en el setenta!... Nos tocará ver cosas horribles».

El orden y el entusiasmo con que acudían los franceses al llamamiento de la nación, convirtiéndose en soldados produjeron en él una extrañeza inmensa. A impulsos de esta sacudida moral, empezó a creer en algo. La gran masa de su país era buena; el pueblo valía, como en otros tiempos. Cuarenta y cuatro años de alarma y angustia habían hecho florecer las antiguas virtudes. Pero ¿y los jefes? ¿Dónde estaban los jefes para marchar a la victoria?... Su pregunta la repetían muchos. El anonimato del régimen democrático y de la paz mantenía al país en una ignorancia completa acerca de sus futuros caudillos. Todos veían cómo se formaban hora por hora los ejércitos; muy pocos conocían a los generales... Un nombre comenzó a sonar de boca en boca: «Joffre... Joffre». Sus primeros retratos hicieron agolparse a la muchedumbre curiosa. Desnoyers lo contempló atentamente: «Tiene aspecto de buena persona». Sus instintos de hombre de orden se sintieron halagados por el aire grave y sereno del general de la república. Experimentó de pronto una gran confianza, semejante a la que le inspiraban los gerentes de Banco de buena presencia. A este señor se le podían confiar los intereses, sin miedo a que hiciese locuras.

La avalancha de entusiasmo y emociones acabó por arrastrar a Desnoyers. Como todos los que le rodeaban, vio minutos que eran horas y horas que parecían años. Los sucesos se atropellaban; el mundo parecía resarcirse en una semana del largo quietismo de la paz. El viejo vivió en la calle, atraído por el espectáculo que ofrecía la muchedumbre civil saludando a la otra muchedumbre uniformada que partía para la guerra.

Por la noche presenció en los bulevares el paso de las manifestaciones. La bandera tricolor aleteaba sus colores bajo los faros eléctricos. Los cafés, desbordantes de público, lanzaban por las bocas inflamadas de sus puertas y ventanas el rígido musical de las canciones patrióticas. De pronto se abría el gentío en el centro de la calle, entre aplausos y vivas. Toda Europa pasaba por allí; toda Europa —menos los dos Imperios enemigos— saludaban espontáneamente con sus aclamaciones a la Francia en peligro. Iban desfilando las banderas de los diversos pueblos con todas las tintas del iris, y detrás de ellas, los rusos, de ojos claros y místicos; los ingleses, con la cabeza descubierta, entonando cánticos de religiosa gravedad; los griegos y rumanos, de perfil aquilino; los escandinavos, blancos y rojos; los americanos del Norte, con la ruidosidad de un entusiasmo algo pueril; los héroes sin patria, amigos del país de las revoluciones igualitarias; los italianos, arrogantes como un coro de tenores heroicos; los españoles y sudamericanos, incansables en sus vítores. Eran estudiantes y obreros que perfeccionaban sus conocimientos en escuelas y talleres; refugiados que se habían acogido a la hospitalaria playa de París como náufragos de guerras y revoluciones. Sus gritos no tenían significación oficial. Todos estos hombres se movían con espontáneo impulso, deseosos de manifestar su amor a la República. Y Desnoyers, conmovido por el espectáculo, pensaba que Francia era todavía algo en el mundo, que aún ejercía una fuerza moral sobre los pueblos, y sus alegrías o sus desgracias interesaban a la Humanidad. «En Berlín y en Viena —se dijo— también gritarán de entusiasmo en este momento... Pero los del país nada más. De seguro que ningún extranjero se une ostensiblemente a sus manifestaciones».

El pueblo de la revolución, legisladora de los Derechos del Hombre, recolectaba la gratitud de las muchedumbres. Empezó a sentirse cierto remordimiento ante el entusiasmo de los extranjeros que ofrecían su sangre a Francia. Muchos se lamentaban de que el Gobierno retardase veinte días la admisión de voluntarios, hasta que hubiesen terminado las operaciones de la movilización. ¡Y él, que había nacido francés, dudaba horas antes de su país!

Un día, la corriente popular le llevaba a la estación del este. Una masa humana se aglomeraba contra la verja, desbordándose en tentáculos por las calles inmediatas.

La estación, que iba adquiriendo la importancia de un lugar histórico, parecía un túnel estrecho por el que intentaba deslizarse todo un río, con grandes choques y rebullimientos contra sus paredes. Una parte de la Francia en armas se lanzaba por esta salida de parís hacia los campos de batalla de la frontera.

Desnoyers sólo había estado dos veces allí; a la ida y al regreso de su viaje a Alemania. Otros emprendían ahora el mismo camino. Las muchedumbres populares iban acudiendo de los extremos de la ciudad para ver cómo desaparecían en el interior de la estación masas humanas de contornos geométricos, uniformemente vestidas, con relámpagos de acero y cadencioso acompañamiento de choques metálicos. Los medios puntos de cristales, que brillaban al sol como bocas ígneas, tragaban y tragaban gente. Por la noche continuaba el desfile a la luz de los focos eléctricos. A través de las verjas pasaban miles y miles de corceles; hombres con el pecho forrado de hierro y cabelleras pendientes del casco, lo mismo que los paladines de remotos siglos; cajas enormes que servían de jaula a los cóndores de la aeronáutica; rosarios de cañones estrechos y largos, pintados de gris, protegidos por mamparas de acero, más semejantes a instrumentos astronómicos que a bocas de muerte; masas y masas de quepis rojos, moviéndose con el ritmo de la marcha, y filas de fusiles: unos, negros y escuetos, formando lúgubres cañaverales; otros rematados por bayonetas, que parecían espigas luminosas. Y sobre estos campos inquietos de mieses de acero, las banderas de los regimientos se estremecían en el aire como pájaros de colores: el cuerpo blanco, un ala azul, la otra roja, una corbata de oro en el cuello, y en lo alto, el pico de bronce, el hierro de la lanza que apuntaba a las nubes. De estas despedidas volvía don Marcelo a su casa vibrante y con los nervios fatigados, como el que acaba de presenciar un espectáculo de ruda emoción. A pesar de su carácter tenaz, que se resistía siempre a reconocer el propio error, el viejo empezó a sentir vergüenza por sus dudas anteriores. La nación vivía. Francia era un gran pueblo; las apariencias le habían engañado, como a otros muchos. Tal vez los más de sus compatriotas fuesen de carácter ligero y olvidadizo, entregados con exceso a los sensualismos de la vida; pero, cuando llegaba la hora del peligro, cumplía su deber simplemente, sin necesitar la dura imposición que sufren los pueblos sometidos a férreas organizaciones. En la mañana del cuarto día de movilización, al salir de su casa, en vez de encaminarse al centro de la ciudad, marchó con rumbo opuesto, hacia la rue de la Pompe. Algunas palabras de Chichí y las miradas inquietas de su esposa y su cuñada le hicieron sospechar que Julio había regresado de su viaje. Sintió necesidad de ver de lejos las ventanas del estudio, como si esto pudiese proporcionarle noticias. Y para justificar ante su propia conciencia una exploración que contrastaba con sus propósitos de olvido, se acordó de que su carpintero habitaba en dicha calle.

«Vamos a ver a Roberto. Hace una semana que me prometió venir».

Este Roberto era un mocetón que se había emancipado de la tiranía patronal, según sus propias palabras, trabajando solo en su casa. Una pieza casi subterránea le servía de habitación y de taller. La compañera, a la que llamaba mi asociada, corría con el cuidado de su persona y del hogar, mientras un niño iba creciendo agarrado a sus faldas. Desnoyers consentía a Roberto sus declaraciones contra los burgueses, porque se prestaba a todos sus caprichos de incesante arreglador de muebles. En la lujosa vivienda de la avenida de Víctor Hugo, el carpintero cantaba La Internacional mientras movía la sierra o el martillo. Esto y sus grandes atrevimientos de lenguaje lo perdonaba el señor, teniendo en cuenta la baratura de su trabajo. Al llegar al pequeño taller lo vio con la gorra sobre una oreja, anchos pantalones de pana a la mameluca, borceguíes claveteados y varias banderitas y escarapelas tricolores en las solapas de la chaqueta.

—Llega tarde, patrón —dijo alegremente—. Va a cerrarse la fábrica. El dueño ha sido movilizado y dentro de unas horas se incorporará a su regimiento.

Y señalaba un papel manuscrito fijo en la puerta de su tugurio, a semejanza de los carteles impresos que figuraban en todos los establecimientos de París para indicar que patronos y dependientes habían obedecido la orden de movilización. Nunca se le había ocurrido a Desnoyers que su carpintero pudiera convertirse en soldado. Era rebelde a toda imposición de autoridad. Odiaba a los flics, los policías de París, con lo que había cambiado puñetazos y palos en todas las revueltas. El militarismo era su preocupación. En los mítines contra la tiranía del cuartel había figurado como uno de los manifestantes más ruidosos. ¿Y este revolucionario iba a la guerra con la mejor voluntad, sin esfuerzo alguno?

Roberto habló con entusiasmo del regimiento, de la vida entre camaradas, teniendo la muerte a cuatro pasos.

—Creo en mis ideas lo mismo que antes, patrón —continuó, como si adivinase lo que pensaba el otro—; pero la guerra es la guerra, y enseña muchas cosas; entre ellas, que la libertad debe ir acompañada de orden y de mando. Es preciso que alguien dirija y que los demás sigan, por voluntad, por consentimiento..., pero que sigan. Cuando llega la guerra se ven las cosas de distinto modo que cuando uno está en casa haciendo lo que quiere.

—Hace una semana —continuó— era antimilitarista. ¡Qué lejos me parece eso! Como si hubiese transcurrido un año... Sigo pensando como antes; amo la paz, odio la guerra; y como yo, todos los camaradas. Pero los franceses no hemos provocado a nadie y nos amenazan, quieren esclavizarnos... Seamos fieras, ya que nos obligan a serlo, y para defendernos bien, que nadie salga de la fila, que todos obedezcan. La disciplina no está reñida con la revolución. Acuérdese de los ejércitos de la primera República; todos ciudadanos, lo mismo los generales que los soldados; pero Hoche, Kleber y los otros eran rudos compadres que sabían mandar e imponer la obediencia. Este carpintero tenía sus letras. Además de los periódicos y folletos de la idea, había leído en cuadernos sueltos a Michelet, y otros artistas de la Historia.

—Vamos a hacer la guerra a la guerra —añadió—. Nos batiremos para que esta guerra sea la última.

Su afirmación no le pareció bastante clara y siguió diciendo:

—Nos batiremos por el porvenir; moriremos para que nuestros nietos no conozcan estas calamidades. Si triunfasen los enemigos, triunfaría la continuación de la guerra y la conquista como único medio de engrandecerse. Primero se apoderarían de Europa; luego del resto del mundo. Los despojados se sublevarían más adelante:

¡nuevas guerras!... Nosotros no queremos conquistas. Debemos recuperar Alsacia y Lorena porque fueron nuestras y sus habitantes quieren volver con nosotros... Y nada más. No imitaremos a los enemigos apropiándonos territorios y poniendo en peligro la tranquilidad del mundo. Tuvimos bastante con Napoleón; no hay que repetir la aventura. Vamos a batirnos por nuestra seguridad y al mismo tiempo por la seguridad del mundo, por la vida de los pueblos débiles. Si fuese una guerra de agresión, de vanidad, de conquista, nos acordaríamos de nuestro antimilitarismo. Pero es de defensa, y los gobernantes no tienen culpa de ello. Nos vemos atacados y todos debemos marchar unidos.

El carpintero que era anticlerical, mostraba una tolerancia generosa, una amplitud de ideas que abarcaba a todos los hombres. El día anterior había encontrado en la Alcaldía de su distrito a un reservista que iba a partir con él, incorporándose al mismo regimiento. Una ojeada le había bastado para reconocer que era un cura.

—Yo soy carpintero —le había dicho, presentándose—. Y usted, compañero...,

¿trabaja en las iglesias?

Empleaba este eufemismo para que el sacerdote no pudiese sospechar en él intenciones ofensivas. Los dos se habían estrechado la mano.

—Yo no estoy por la calotte —continuó, dirigiéndose a Desnoyers—. Hace tiempo que me puse mal con Dios. Pero en todas partes hay buenas personas, y las buenas personas deben entenderse en estos momentos. ¿No lo cree así, patrón?

La guerra halagaba sus aficiones igualitarias. Antes de ella, al hablar de la futura revolución, sentía maligno placer imaginándose que todos los ricos, privados de su fortuna, tendrían que trabajar para subsistir. Ahora le entusiasmaba que todos los franceses participasen de la misma suerte, sin distinción de clases.

—Todos mochila a la espalda y comiendo rancho.

Y hacía extensiva la militar sobriedad a los que quedaban a espaldas del Ejército. La guerra traería grandes escaseces: todos iban a conocer el pan ordinario.

—Y usted, patrón, que es viejo para ir a la guerra, tendrá que comer como yo, con todos sus millones. Reconozco que esto es hermoso.

Desnoyers no se ofendía por la maliciosa satisfacción que inspiraban al carpintero sus futuras privaciones. Estaba pensativo. Un hombre como aquél, adversario de todo lo existente y que no tenía nada material que defender, marchaba a la guerra, a la muerte, por un ideal generoso y lejano, por evitar que la Humanidad del porvenir conociese los horrores actuales. Al hacer esto no vacilaba en sacrificar su antigua fe, todas las creencias acariciadas hasta la víspera... ¡Y él, que era uno de los privilegiados de la suerte, que poseía tantas cosas tentadoras necesitadas de defensa, entregado a la duda y la crítica!...

Horas después volvió a encontrar al carpintero cerca del Arco del Triunfo. Formaba grupo con varios trabajadores de igual aspecto que él, y este grupo iba unido a otros y otros que eran como una representación de todas las clases sociales: burgueses bien vestidos, señoritos finos y anémicos, licenciados de raído chaqué, faz pálida y gruesos lentes; curas jóvenes, que sonreían con cierta malicia, como si se comprometiesen en una calaverada. Al frente del rebaño humano iba un sargento, y a retaguardia, varios soldados con el fusil al hombro. ¡Adelante los reservistas!...

Y un bramido musical, una melopea grave, amenazante y monótona surgía de esta masa de bocas redondas, brazos en péndulo y piernas que se abrían y cerraban lo mismo que compases.

Roberto entonaba con energía el guerrero estribillo. Le temblaban los ojos y los caídos bigotes de galo. A pesar de su traje de pana y su bolsa de lienzo repleta, tenía el mismo aspecto grandioso y heroico de las figuras de Rude en el Arco del Triunfo. La asociada y el niño trotaban por la acera inmediata para acompañarlo hasta la estación. Apartaba los ojos de ellos para hablar con un compañero de fila, afeitado y de grave aspecto; indudablemente, el cura que había conocido el día antes. Tal vez se tuteaba ya con la fraternidad que inspira a los hombres el contacto de la muerte.

Siguió el millonario con una mirada de respeto a su carpintero, desmesuradamente agrandado al formar parte de esta avalancha humana. Y en su respeto había algo de envidia: la envidia que surge de una conciencia insegura.

Cuando don Marcelo pasaba malas noches, sufriendo pesadillas, un motivo de terror, siempre el mismo, atormentaba su imaginación. Rara vez soñaba en peligros mortales para él o los suyos. La visión espantosa consistía siempre en el hecho de que le presentaban al cobro documentos de crédito suscritos con su firma, y él, Marcelo Desnoyers, el hombre fiel a sus compromisos, con todo un pasado de probidad inmaculada, no podía pagarlos. La posibilidad de esto le hacía temblar, y, después de haber despertado, sentía aún su pecho oprimido por el terror. Para su imaginación, ésta era la mayor deshonra que puede sufrir un hombre, al trastornarse su existencia con las agitaciones de la guerra, reaparecían las mismas angustias. Completamente despierto, en pleno uso de razón, sufría un suplicio igual al que experimentaba en sueños viendo su nombre sin honra al pie de un documento incobrable.

Todo el pasado surgía ante sus ojos con extraordinaria claridad, como si hasta entonces se hubiese mantenido borroso, en una confesión de penumbra. La tierra amenazada de Francia era la suya. Quince siglos de Historia habían trabajado para él, para que encontrase al abrir los ojos progresos y comodidades que no conocieron sus ascendientes. Muchas generaciones de Desnoyers habían preparado su advenimiento a la vida, batallando con la tierra, defendiéndola de enemigos, dándole al nacer una familia y un hogar libres... Y cuando le tocaba su turno para continuar este esfuerzo, cuando le llegaba la vez en el rosario de generaciones, ¡huía lo mismo que un deudor elude el pago!... Había contraído al venir al mundo compromisos con la tierra de sus padres, con el grupo humano al que debía la existencia. Esta obligación era preciso pagarla con sus brazos, con el sacrificio que rechaza el peligro... Y él había eludido el reconocimiento de su firma, fugando y traicionando a sus ascendientes. ¡Ah desgraciado! Nada importaba el éxito material de su existencia, la riqueza adquirida en un país remoto. Hay faltas que no se borran con millones. La intranquilidad de su conciencia era la prueba. También lo eran la envidia y el respeto que le inspiraba aquel pobre menestral marchando al encuentro de la muerte con otros seres igualmente humildes, enardecidos todos por la satisfacción del deber cumplido, del sacrificio aceptado. El recuerdo de Madariaga surgía en su memoria. «Donde nos hacemos ricos y formamos una familia, allí está nuestra patria».

No, no era cierta la afirmación del centauro. En tiempos normales, tal vez. Lejos del país de origen y cuando no corre éste ningún peligro, se le puede olvidar por algunos años. Pero él vivía ahora en Francia, y Francia tenía que defenderse de enemigos que querían suprimirla. El espectáculo de todos sus habitantes levantándose en masa representaba para Desnoyers una tortura vergonzosa. Contemplaba a todas horas lo que él debía haber hecho en su juventud y no quiso hacer. Los veteranos del

70 iban por las calles exhibiendo en la solapa su cinta verde y negra, recuerdo de las privaciones del sitio de París y de las campañas heroicas e infaustas. La vista de estos hombres, satisfechos de su pasado, le hacía palidecer. Nadie se acordaba del suyo; pero lo conocía él, y era bastante. En vano su razón intentaba apaciguar esta tempestad interior. Aquellos tiempos habían sido otros; no existía la unanimidad de la hora presente; el Imperio era impopular; todo estaba perdido. Pero el recuerdo de una frase célebre se fijaba en su memoria como una obsesión: «¡Quedaba Francia!» Muchos pensaban lo mismo que él en su juventud, y, sin embargo, no habían huido para eludir el servicio de las armas; se habían quedado, intentando la última y desesperada resistencia.

Inútiles sus razonamientos buscando excusas. Los grandes sentimientos prescinden del raciocinio, por inútil. Para hacer comprender los ideales políticos y religiosos son indispensables explicaciones y demostraciones: el sentimiento y la patria no necesitan nada de esto. La patria... es la patria. Y el obrero de las ciudades, incrédulo y burlón; el labriego egoísta, el pastor solitario, todos se mueven al conjuro de esta palabra, comprendiéndola instantáneamente, sin previas enseñanzas.

«Es preciso pagar —repetía mentalmente don Marcelo—. Debo pagar mi deuda». Y experimentaba, como en los ensueños, la angustia del hombre probo y desinteresado que desea cumplir sus compromisos. ¡Pagar!... ¿Y cómo? Ya era tarde. Por un momento se le ocurrió la heroica resolución de ofrecerse como voluntario, de marchar con la bolsa al costado en uno de aquellos grupos de futuros combatientes, lo mismo que su carpintero. Pero la inutilidad del sacrificio surgía en su pensamiento.

¿De qué podía servir?... Parecía robusto, se mantenía fuerte para su edad, pero estaba más allá de los sesenta años, y sólo los jóvenes pueden ser buenos soldados. Batirse lo hace cualquiera. Él tenía ánimos sobrados para tomar un fusil. Pero el combate no es más que un accidente de la lucha. Lo pasado, lo anonadador, son las operaciones y sacrificios que preceden al combate: las marchas interminables, los rigores de la temperatura, las noches a cielo raso, remover la tierra, abrir trincheras, cargar carros, sufrir hambre... No; era demasiado tarde. Ni siquiera tenía un nombre ilustre para que su sacrificio pudiese servir de ejemplo.

Instintivamente miraba atrás. No estaba solo en el mundo: tenía un hijo que podía responder por la deuda del padre... Pero esta esperanza sólo duraba un momento. Su hijo no era francés: pertenecía a otro pueblo; la mitad de su sangre era de diversa procedencia. Además, ¿cómo podía sentir las mismas preocupaciones que él?

¿Llegaría a entenderlas si su padre se las exponía?... Era inútil esperar nada de este danzarín gracioso buscado por las mujeres; de este bravo de frívolo coraje, que exponía su vida en duelos para satisfacer un honor pueril.

¡La modestia del rudo señor Desnoyers después de estas reflexiones!... Su familia sintió asombro al ver el encogimiento y la dulzura con que se movía dentro de la casa. Los dos criados de gesto imponente habían ido a incorporarse a sus regimientos, y la mayor sorpresa que les reservó la declaración de guerra fue la bondad repentina del amo, la abundancia de regalos a su despedida, el cuidado paternal con que vigilaba sus preparativos de viaje. El temible don Marcelo los abrazó con los ojos húmedos. Los dos tuvieron que esforzarse para que no los acompañase a la estación.

Fuera de su casa se deslizaba con humildad, como si pidiese perdón a las gentes que lo rodeaban. Todos le parecían superiores a él. Los tiempos eran de crisis económica: los ricos conocían momentáneamente la pobreza y la inquietud; los bancos habían suspendido sus operaciones y solo pagaban una exigua parte de sus depósitos. El millonario se vio privado por unas semanas de su riqueza. Además, sentía inquietud al apreciar el porvenir incierto. ¿Cuánto tiempo iba a transcurrir antes que le enviasen dinero de América? ¿No llegaría a suprimir la guerra las fortunas lo mismo que las vidas?... Y, sin embargo, nunca Desnoyers apreció menos el dinero ni dispuso de él con mayor generosidad.

Numerosos movilizados de aspecto popular que marchaban sueltos hacia las estaciones encontraron a un señor que los detenía con timidez, se llevaba una mano a un bolsillo y dejaba en su diestra el billete de veinte francos, huyendo inmediatamente ante sus ojos asombrados. Las obreras llorosas que volvía de decir adiós a sus hombres vieron al mismo señor sonreír a los niños que marchaban junto a ellas, acariciar sus mejillas y alejarse, abandonando en sus manos la pieza de cinco francos.

Don Marcelo, que nunca había fumado, frecuentó los despachos de tabaco. Salía de ellos con las manos y los bolsillos repletos, para abrumar con una prodigalidad de paquetes al primer soldado que encontraba, A veces, el favorecido sonreía cortésmente, dando las gracias con palabras reveladoras de un origen superior, y pasaba el regalo a otros compañeros que vestían un capote tan grosero y mal cortado como el suyo. El servicio obligatorio le hacía incurrir con frecuencia en estos errores.

Las manos rudas, al oprimir la suya con un apretón agradecido, le dejaban satisfecho por unos minutos. ¡Ay, no poder hacer más!... El Gobierno, al movilizar los vehículos, le había tomado tres de sus automóviles monumentales. Desnoyers se entristeció porque no se llevaban su cuarto mastodonte. ¡Para lo que servía! Los pastores del rebaño monstruoso, el chófer y sus ayudantes, habían partido también para incorporarse al Ejército. Todos se marchaban. Finalmente sólo quedarían él y su hijo: dos inutilidades. Rugió al enterarse de la entrada de los enemigos en Bélgica, considerando este suceso la traición más inaudita de la Historia. Se avergonzaba al recordar que en los primeros momentos había hecho responsables de la guerra a los patriotas exaltados de su país... ¡Qué perfidia, metódicamente preparada con largos años de anticipación! Los relatos de saqueos, incendios y matanzas le hacían palidecer, rechinando los dientes. A él, a Marcelo Desnoyers, le podía ocurrir lo mismo que a los infelices belgas si los bárbaros invadían su país. Tenía una casa en la ciudad, un castillo en el campo, una familia. Por una asociación de ideas, las mujeres víctimas de la soldadesca le hacían pensar en Chichí y en la buena doña Luisa. Los edificios en llamas evocaban el recuerdo de todos los muebles raros y costosos amontonados en sus dos viviendas y que eran como los blasones de su elevación social. Los ancianos fusilados, las madres de entrañas abiertas, los niños con las manos cortadas, todos los sadismos de una guerra de terror, despertaban la violencia de su carácter.

—¿Y esto puede ocurrir impunemente en nuestra época?...

Para convencerse de que el castigo estaba próximo, de que la venganza marchaba al encuentro de los culpables, sentía la necesidad de confundirse diariamente con el gentío aglomerado en torno de la estación del Este.

El grueso de las tropas operaba en las fronteras; pero no disminuía la animación de este lugar. Ya no se embarcaban batallones enteros; pero día y noche los hombres de combate iban entrando en la estación sueltos o por grupos. Eran reservistas sin uniforme que marchaban a incorporarse a sus regimientos, oficiales que habían estado ocupados hasta entonces en los trabajos de la movilización, pelotones en armas destinados a llenar los grandes huecos abiertos por la muerte. La muchedumbre, oprimida contra las verjas, saludaba a los que partían, acompañándolos con los ojos mientras atravesaban el gran patio. Eran anunciadas a gritos las últimas ediciones de los periódicos. La mesa oscura se moteaba de blanco, leyendo con avidez las hojas impresas. Una buena noticia: «¡Viva Francia!...» Un despacho confuso que hacía presentir un descalabro: «No importa. Hay que sostenerse de todos modos. Los rusos avanzarán a sus espaldas». Y mientras se desarrollaban los diálogos inspirados por estas nuevas, y muchas jóvenes convertidas en vendedoras, iban entre los grupos ofreciendo banderitas y escarapelas tricolores, continuaban pasando por el patio solitario, para desaparecer detrás de las puertas de cristales, hombres y más hombres que iban a la guerra.

Un subteniente de la reserva, con un saco al hombro, llegó acompañado de su padre hasta la fila de policías que cerraba el paso a la muchedumbre. Desnoyers encontró al oficial cierta semejanza con su hijo. El viejo ostentaba en la solapa la cinta verde y negra de 1870: la condecoración evocadora del remordimiento. Era alto, enjuto, y aún pretendía erguirse más poniendo un gesto fosco. Deseaba mostrarse fiero, inhumano, para ocultar su emoción.

—¡Adiós muchacho! Pórtate bien.

—¡Adiós, padre!

No se dieron la mano: evitaban que sus miradas se encontrasen. El oficial sonreía como un autómata. El padre volvió bruscamente la espalda, y atravesando el gentío se metió en un café. Necesitaba el rincón más oscuro, la banqueta más oculta, para disimular, por unos minutos su emoción.

Y el señor Desnoyers envidió este dolor.

Unos reservistas avanzaron cantando, precedidos de una bandera. Se empujaban y bromeaban, adivinándose en su excitación largas detenciones en todas las tabernas encontradas al paso. Uno de ellos, sin interrumpir su canto, oprimía la diestra de una viejecita que marchaba a su lado, serena y con los ojos secos. La madre reunía sus fuerzas para acompañar a su mocetón, con una falsa alegría, hasta el último momento.

Otros llegaban sueltos, despegados de sus compañeros, pero no por esto iban solos. El fusil colgaba de uno de sus hombros, las espaldas estaban abrumadas por la joroba de la mochila, las piernas rojas salían y se ocultaban entre las alas vueltas del capote azul, la pipa humeaba bajo la visera del quepis. Delante de uno de ellos caminaban cuatro niños, alineados por orden de estatura. Volvían la cabeza para admirar al padre, súbitamente engrandecido por los arreos militares. A su lado, marchaba la compañera, afable y sumisa, lo mismo que en las primeras semanas de relaciones, sintiendo en su alma simple un reflorecimiento de amor, una primavera extemporánea, nacida al contacto del peligro. El hombre, obrero de París, que tal vez cantaba un mes antes La Internacional, pidiendo la desaparición de los ejércitos y la fraternidad de todos los humanos, iba ahora en busca de la muerte. Su mujer contenía los sollozos y lo admiraba. El cariño y la conmiseración le hacían insistir en sus recomendaciones. En la mochila había puesto los mejores pañuelos, los pocos víveres que guardaba en casa, todo el dinero. Su hombre no debía inquietarse por ella y los hijos. Saldrían del mal paso como pudiesen. El Gobierno y las buenas almas se encargarían de su suerte. El soldado bromeaba ante el talle algo deforme de su mujer, saludando al ciudadano próximo a surgir, anunciándole un nacimiento en plena victoria. Un beso a la compañera, un cariñoso repelón a la prole, y luego se unió con los camaradas... Nada de lágrimas. ¡Valor!... ¡Viva Francia!

Las recomendaciones de los que se marchaban eran oídas. Nadie lloraba. Pero al desaparecer el último pantalón rojo, muchas manos se agarraron convulsas a los hierros de la verja, muchos pañuelos fueron mordidos con rechinamiento de dientes, muchas cabezas se ocultaron bajo el brazo con estertor angustioso.

Y el señor Desnoyers envidió estas lágrimas. La vieja, al perder en su arrugada mano el contacto con la diestra de su hijo, se volvió hacia donde creía que estaba el país hostil, agitando los brazos con furor homicida:

—¡Ah bandido!... ¡Bandido!

Volvía a ver con la imaginación el rostro tantas veces contemplado en las páginas ilustradas de los periódicos: unos bigotes de insolente alborotamiento; una boca con dentadura de lobo, que reía..., reía como debieron de reír los hombres de la época de las cavernas. Y el señor Desnoyers envidió esta cólera.

II. VIDA NUEVA

Cuando Margarita pudo volver al estudio de la rue de la Pompe, Julio, que vivía en perpetuo mal humor, viéndolo todo con sombríos colores, se sintió animado por un optimismo repentino. La guerra no iba a ser tan cruel como se la imaginaban todos al principio. Diez días iban transcurridos, y empezaba a hacerse menos visible el movimiento de tropas. Al disminuir el número de hombres en las calles, la población femenina parecía haber aumentado. Las gentes se quejaban de escasez de dinero; los Bancos seguían cerrados para el pago. En cambio, la muchedumbre sentía una necesidad de gastos extraordinarios para acaparar víveres. El recuerdo del 70, con las crueles escaseces del sitio, atormentaba las imaginaciones. Había estallado la guerra con el mismo enemigo, y a todos les parecía lógico la repetición de iguales accidentes. Los almacenes de comestibles se veían asediados por las mujeres, que hacían acopio de alimentos rancios a precios exorbitantes para guardarlos en sus casas. El hambre futura producía mayor espanto que los peligros inmediatos. Estas eran para Desnoyers todas las transformaciones que la guerra había realizado en torno de él. Las gentes acabarían por acostumbrarse a la nueva existencia. La Humanidad posee una fuerza de adaptación que le permite amoldarse a todo para continuar subsistiendo. Él esperaba continuar su vida como si nada hubiese ocurrido. Bastaba para esto que Margarita siguiese fiel a su pasado. Juntos verían deslizarse los acontecimientos con la cruel voluptuosidad del que contempla una inundación, sin riesgo alguno, desde una altura inaccesible. Esta calma de testigo egoísta de los sucesos se la había inspirado Argensola.

—Seamos neutros —afirmaba el bohemio—. Neutralidad no significa indiferencia. Gocemos del gran espectáculo. Ya que en toda nuestra vida volverá a ofrecerse otro semejante.

Lástima que la guerra los pillase con tan poco dinero::: Argensola odiaba a los Bancos más aún que a los Imperios centrales, distinguiendo con una antipatía especial el establecimiento de crédito que demoraba el pago del cheque de Julio. ¡Tan hermoso que habría sido presenciar los acontecimientos con toda clase de comodidades, gracias a esta enormidad cantidad!... Para remediar las penurias domésticas volvía a impetrar el auxilio de doña Luisa. La guerra había debilitado las precauciones de don

Marcelo, y la familia vivía ahora en un descuido generoso. La madre, a imitación de otras dueñas de casas, hacía provisiones para meses y meses, adquiriendo cuantos víveres podía encontrar. Él se aprovechó de esto, menudeando sus visitas a la casa de la avenida de Víctor Hugo para descender por la escalera de servicios grandes paquetes que engrosaban las provisiones del estudio. Todas las alegrías de una buena ama de llaves las conoció al contemplar los tesoros guardados en su cocina: grandes latas de carne en conserva, pirámides de botes, sacos de legumbres secas. Tenía allí para el mantenimiento de una larga familia. Además, la guerra le había servido de pretexto para hacer nuevas visitas a la bodega de don Marcelo.

—Pueden venir —decía con gesto heroico al pasar revista a su almacén—;

pueden venir cuando quieran. Estamos preparados para hacerles frente.

El cuidado y aumento de sus víveres y la averiguación de noticias eran las dos funciones que ocupaban su existencia. Necesitaba adquirir diez, doce, quince periódicos por día; unos, porque eran reaccionarios, y a él le entusiasmaba la novedad de ver unidos a todos los franceses; otros, porque siendo radicales, debían de estar mejor enterados de las noticias recibidas por el Gobierno. Aparecían a mediodía, a las tres, a las cuatro, a las cinco de la tarde. Media hora de retraso en el nacimiento de una hoja infundía grandes esperanzas en el público, que se imaginaba encontrar noticias estupendas. Todos se arrebataban los últimos suplementos; todos llevaban los bolsillos repletos de papel, esperando con ansiedad nuevas publicaciones para adquirirlas. Y todas las hojas decían aproximadamente lo mismo.

Argensola percibió cómo se iba formando en su interior un alma simple, entusiástica y crédula, capaz de admitir las cosas más inverosímiles. Esta alma la adivinaba igualmente en todos los que vivían cerca de él. A veces, su antiguo espíritu de crítica parecía encabritarse; pero la duda era rechazada como algo deshonroso. Vivía en un mundo nuevo, y era natural que ocurriesen cosas extraordinarias que no podían medirse ni explicarse por el antiguo raciocinio. Y comentaba con alegría infantil los relatos maravillosos de los periódicos: combates de un pelotón de franceses o de belgas con regimientos enteros de enemigos, poniéndolos en desordenada fuga; el miedo de los alemanes a la bayoneta, que los hacía correr como liebres apenas sonaba la carga; la ineficacia de la artillería germánica, cuyos proyectiles estallaban mal.

Era para él ordinario y lógico que la pequeña Bélgica venciese a la colosal Alemania: una repetición del encuentro de David y Goliat, con todas las metáforas e imágenes que este choque desigual había inspirado a través de los siglos. Como la mayor parte de la nación, tenía la mentalidad de un lector de libro de caballerías que se siente defraudado cuando el héroe, un hombre solo, no parte mil enemigos de un revés, Buscaba con predilección los periódicos más exagerados, los que publicaban más historias de encuentros sueltos, de acciones individuales, que nadie sabía con certeza dónde había ocurrido. La intervención de Inglaterra en los mares le hizo imaginar un hambre espantosa, fulminante, providencial, que martirizaba a los enemigos. A los diez días de bloqueo marítimo creía de buena fe que en Alemania vivía la gente como un grupo de náufragos sobre una balsa de tablones. Esto le hizo menudear sus visitas a la cocina, admirando emocionado sus paquetes de comestibles.

—¡Lo que darían en Berlín por mi tesoro!...

Nunca comió mejor Argensola. La consideración de las grandes carestías sufridas por el adversario espoleaba su apetito, dándole una capacidad monstruosa. El pan blanco, de corteza dorada y crujiente, le sumía en un éxtasis religioso.

—¡Si el amigo Guillermo pillase esto! —decía a su compañero.

Mascaba y tragaba con avidez; alimentos y líquidos, al pasar por su boca, adquirían un nuevo sabor raro y divino. El hambre ajena era para él un excitante, una salsa de interminable deleite. Francia le inspiraba entusiasmo, pero a Rusia le concedía mayor crédito. ¡Ah los cosacos!... Hablaba de ellos como de íntimos amigos. Describía los terribles jinetes de galope vertiginoso, impalpables como fantasmas, y tan terribles en su cólera, que el adversario no podía mirarlos de frente. En la portería de su casa y en varios establecimientos de la calle le escuchaban con todo el respeto que merece un señor que, por ser extranjero, puede hablar mejor que otros de las cosas extranjeras.

—Los cosacos ajustarán las cuentas a esos bandidos —terminaba diciendo con absoluta seguridad—. Antes de un mes habrán entrado en Berlín.

Y el público, compuesto en gran parte de mujeres, esposas o madres de los que habían partido a la guerra, aprobaban modestamente, con el deseo irresistible que todos sentimos de colocar nuestras esperanzas en algo lejano y misterioso. Los franceses defenderían el país, reconquistando además los territorios perdidos; pero eran los cosacos los que iban a dar el golpe de gracia, aquellos cosacos de que hablaban todos y muy pocos habían visto.

El único que los conocía de cerca era Tchernoff, y con gran escándalo de Argensola, escuchaba sus palabras sin mostrar entusiasmo. Los cosacos eran para él un simple cuerpo del Ejército ruso. Buenos soldados, pero incapaces de realizar los milagros que todos les atribuían.

—¡Ese Tchernoff! —exclamaba Argensola—. Como odia al zar, encuentra malo todo lo de su país. Es un revolucionario fanático..., y yo soy enemigo de todos los fanáticos.

Escuchaba Julio con distracción las noticias de su compañero, los artículos vibrantes recitados con tono declamatorio, los planes de campaña que discurría ante un mapa enorme, fijo en una pared del estudio y erizado de banderitas que marcaban las situaciones de los ejércitos beligerantes. Cada periódico obligaba al español a realizar una nueva danza de alfileres en el mapa, seguida de comentarios de un optimismo a prueba de bomba.

—Hemos entrado en Alsacia; ¡muy bien!... Parece que ahora abandonaremos a Alsacia: ¡perfectamente! Adivino la causa. Es para volver a entrar por un sitio mejor, pillando al enemigo por la espalda... Dicen que Lieja ha caído. ¡Mentira!... Y si cae, no importa. Un accidente nada más. Quedan los otros..., ¡los otros!, que avanzan por el lado oriental y van a entrar en Berlín.

Las noticias del frente ruso eran las preferidas por él; pero quedaba en suspenso cada vez en la carta los nombres enrevesados de aquellos lugares donde efectuaban sus hazañas los admirados cosacos. Mientras tanto, Julio continuaba el curso de sus pensamientos. ¡Margarita!... Había vuelto al fin, y, sin embargo, parecía vivir cada vez más alejada de él...

En los primeros días de la movilización rondó por las inmediaciones de su casa, creyendo engañar su deseo con esta aproximación ilusoria. Margarita le había escrito para recomendarle calma. ¡Feliz él, que, por ser extranjero, no sufriría las consecuencias de la guerra! Su hermano, oficial de artillería de reserva, iba a partir de un momento a otro. La madre, que vivía con este hijo soltero, había mostrado a última hora una serenidad asombrosa, después de llorar mucho en los días anteriores, cuando la guerra era todavía problemática. Ella misma preparó el equipaje del soldado, para que la pequeña maleta contuviese todo lo que es indispensable en la vida de campaña. Pero Margarita adivinaba el suplicio interior de la pobre señora y su lucha para que no se revelase exteriormente, en la humedad de sus ojos, en la nerviosidad de sus manos. Le era imposible abandonar a su madre un solo momento... Luego había sido la despedida. «¡Adiós, hijo mío! Cumple tu deber, pero sé prudente». Ni una lágrima, ni un desfallecimiento. Toda la familia se había opuesto a que le acompañase hasta el ferrocarril. Su hermana iría con él. Y al regresar Margarita a la casa la había encontrado en un sillón, rígida, con el gesto hosco, eludiendo nombrar a su hijo, hablando de las amigas que también enviaban los suyos a la guerra, como si únicamente ellas conociesen este tormento. «¡Pobre mamá! Debo acompañarla, ahora más que nunca... Mañana, si puedo, iré a verte».

Al fin volvió a la rue de la Pompe. Su primer cuidado fue explicar a Julio la modestia de su traje tailleur, la ausencia de joyas en el adorno de su persona. «La guerra, amigo mío. Ahora lo chic es amoldarse a las circunstancias, ser sobrios y modestos como soldados. ¡Quién sabe lo que nos espera!» La preocupación del vestido la acompañaba en todos los momentos de su existencia.

Julio notó en ella una persistente distracción. Parecía que su espíritu abandonaba el encierro de su cuerpo, vagando a enormes distancias. Sus ojos le miraban, pero tal vez no lo veían, Hablaba con voz lenta, como si cada palabra la sometiese a previo examen, temiendo traicionar algún secreto. Este alejamiento espiritual no impidió, sin embargo, la aproximación física. Fueron uno del otro, con el irresistible choque de las atracciones materiales. Ella se entregó voluntariamente resbalando por la suave cuesta de la costumbre; pero al recobrar la serenidad mostró un vago remordimiento.

«¿Estará bien lo que hacemos?... ¿No es inoportuno continuar la misma existencia cuando tantas desgracias van a caer sobre el mundo?» Julio repelió estos escrúpulos.

—¡Pero si vamos casarnos tan pronto como podamos!... ¡Si somos lo mismo que marido y mujer!

Ella contestó con un gesto de extrañeza y desaliento. ¡Casarse!... Diez días antes no deseaba otra cosa. Ahora sólo de tarde en tarde surgía en su memoria la posibilidad del matrimonio. ¡Para qué pensar en sucesos remotos e inseguros! Otros más inmediatos ocupaban su ánimo.

La despedida de su hermano en la estación era una escena que se había fijado en su memoria. Al ir al estudio se proponía no acordarse de ella, presintiendo que podía molestar a su amante con este relato. Y bastó que se jurase el silencio, para sentir una necesidad irresistible de contarlo todo.

No había sospechado jamás que amase tanto a su hermano. Su cariño fraternal iba unido a un ligero sentimiento de celos porque mamá prefería al hijo mayor. Además, él era quien había presentado a Laurier en la casa: los dos tenían el diploma de ingenieros industriales y marchaban unidos desde la escuela... Pero al verlo Margarita próximo a partir, había reconocido de pronto que este hermano, considerado siempre en segundo término, ocupaba un lugar preferente en su cariño.

—¡Estaba tan guapo, tan interesante con su uniforme de teniente!...

Parecía otro. Te confieso que yo iba con orgullo al lado de él, apoyada en su brazo. Nos tomaban por casados. Al verme llorar, unas pobres mujeres intentaron consolarme. «¡Valor, madame!... Su marido volverá». Y él reía con estas equivocaciones. Únicamente mostraba tristeza al acordarse de nuestra madre.

—Se habían separado en la puerta de la estación. Los centinelas no dejaban ir más adelante. Ella le entregó su sable, que había querido llevar hasta el último momento.

—Es hermoso ser hombre —dijo con entusiasmo—. Me gustaría vestir un uniforme, ir a la guerra, servir para algo.

No quiso hablar más, como si de pronto se diese cuenta de la importunidad de sus últimas palabras. Tal vez notó la crispación en el rostro de Julio.

Pero estaba excitada por el recuerdo de aquella despedida, y después de una larga pausa no pudo resistir al deseo de seguir exteriorizando su pensamiento.

En la entrada de la estación, mientras besaba por última vez a su hermano, había tenido un encuentro, una gran sorpresa. Él había llegado, vestido igualmente de oficial de artillería, pero solo, teniendo que confiar su maleta a un hombre de buena voluntad salido de la muchedumbre.

Julio hizo un gesto de interrogación. ¿Quién era él? Lo sospechaba, pero fingió ignorancia, como si temiese conocer la verdad.

—Laurier —contestó ella lacónicamente—. Mi antiguo marido.

El amante mostró una ironía cruel. Era un acto cobarde denigrar a un hombre que había marchado a cumplir su deber. Reconoció su vileza, pero un instinto maligno e irresistible le hizo insistir en sus burlas, para rebajarlo ante Margarita. ¡Laurier militar!... Debía de ofrecer un aspecto ridículo vestido de uniforme.

—¡Laurier guerrero! —continuó, con voz sarcástica, que le extrañaba como si procediese de otro—. ¡Pobre hombre!

Ella dudó en su respuesta por no contrariar a Desnoyers. Pero la verdad pudo más en su ánimo, y dijo simplemente:

—No..., no tenía mal aspecto. Era otro. Tal vez el uniforme; tal vez su tristeza al marchar solo, completamente solo, sin una mano que estrechase la suya. Yo tardé en conocerlo. Al ver a mi hermano se aproximó; pero luego, viéndome a mí, siguió adelante... ¡Pobre! ¡Me da lástima!

Su instinto femenil debió indicarle que hablaba demasiado, y cortó bruscamente su charla. El mismo instinto le avisó también por qué razón el rostro de Julio se ensombrecía y su boca tomaba el pliegue de una sonrisa amarga. Quiso consolarlo y añadió:

—Por suerte, tú eres extranjero y no irás a la guerra. ¡Qué horror si te perdiese!... Lo dijo con sinceridad... Momentos antes envidiaba a los hombres, admirando la

gallardía con que exponían su existencia, y ahora temblaba ante la idea de que su amante pudiera ser uno de ellos. Este no agradeció su egoísmo amoroso, que lo colocaba aparte de los demás, como un ser delicado y frágil, apto únicamente para la adoración femenil. Prefería inspirar la envidia que había sentido ella al ver a su hermano cubierto de arreos belicosos. Le pareció que entre él y Margarita acababa de interponerse algo que no se derrumbaría nunca, que iría ensanchándose, repeliéndolos en dirección contraria..., lejos..., muy lejos, hasta donde no pudieran reconocerse al cruzar sus miradas.

Siguió tocando este obstáculo en las entrevistas sucesivas. Margarita extremaba sus palabras de cariño, mirándolo con ojos húmedos. Sus manos acariciadoras parecían de madre más que de amante; su ternura iba acompañada de un desinterés y un pudor extraordinario. Se quedaba obstinadamente en el estudio, evitando el pasar a las otras habitaciones.

—Aquí estamos bien... No quiero: es inútil. Tendría remordimientos...

¡Pensar en tales cosas en estos instantes...! El ambiente estaba para ella saturado de amor; pero era un amor nuevo, un amor al hombre que sufre, un deseo de abnegación, de sacrificio. Este amor evocaba una imagen de blancas tocas, de manos trémulas curando la carne desgarrada y sangrienta. Cada intento de posesión provocaba en Margarita una protesta vehemente y pudorosa, como si los dos se encontrasen por vez primera.

—Es imposible —decía—: pienso en mi hermano; pienso en tantos que conozco y tal vez a estas horas habrán muerto.

Llegaban noticias de combates; empezaba a correr en abundancia la sangre.

—No, no puedo —repetía ella.

Y cuando llegaba Julio a conseguir sus deseos, empleando la súplica o la apasionada violencia, oprimía entre sus brazos un ser falto de voluntad, que abandonaba una parte de su cuerpo insensible, mientras la cabeza seguía independiente su trabajo mental. Una tarde, Margarita le anunció que en adelante se verían con menos frecuencia. Tenía que asistir a sus clases; sólo le quedaban dos días libres.

Desnoyers la escuchó estupefacto. ¿Sus clases?... ¿Qué estudios eran los suyos?... Ella pareció irritarse ante su gesto de burla... Sí, estaba estudiando; hacía una semana que asistía a clase. Ahora las lecciones iban a ser más continuas; se había

organizado la enseñanza; los profesores eran más numerosos.

—Quiero ser enfermera. Sufro mucho al considerar mi inutilidad... ¿De qué he servido hasta ahora?...

Calló un momento, como si abarcase con la imaginación todo su pasado.

—A veces pienso —continuó— que la guerra, con todos sus horrores, tiene algo de bueno. Sirve para que seamos útiles a nuestros semejantes. Apreciamos la vida de un modo serio; la desgracia nos hace comprender que hemos venido al mundo para algo... Yo creo que hay que amar la existencia no sólo por los goces que nos proporciona. Debe encontrarse una gran satisfacción en el sacrificio, en dedicarnos a los demás; y esta satisfacción, no sé por qué, tal vez por ser nueva, me parece superior a las otras.

Julio la miró con sorpresa, imaginándose lo que podría existir dentro de su cabecita adorada y frívola. ¿Qué se estaba formando más allá de su frente contraída por el movimiento rugoso de las ideas y que hasta entonces sólo había reflejado la ligera sombra de unos pensamientos veloces y aleteantes como pájaros?...

Pero la Margarita de antes vivía aún. La vio reaparecer con un mohín gracioso entre las preocupaciones que la guerra hacía crecer sobre las almas como follajes sombríos.

—Hay que estudiar mucho para conseguir el diploma de enfermera. ¿Te has fijado en el traje?... Es de lo más distinguido: el blanco va bien lo mismo a las rubias que a las morenas. Luego la toca, que permite los rizos sobre las orejas, el peinado de moda; y la capa azul sobre el uniforme, que ofrece un bonito contraste... Una mujer elegante puede realzar todo esto con joyas discretas y un calzado chic. Es una mezcla de monja y de gran dama, que no sienta mal.

Iba a estudiar con verdadera furia, para ser útil a sus semejantes... y vestir pronto el admirado uniforme.

¡Pobre Desnoyers!... La necesidad de verla y la falta de ocupación en unas tardes interminables que hasta entonces habían tenido más grato empleo, lo arrastraron a rondar por las cercanías de un palacio eternamente desocupado, donde acababa de instalar el Gobierno la escuela de enfermeras.

Al estar de plantón en una esquina, aguardando el revoloteo de una falda y el trotecito en la acera de unos pies femeniles, se imaginaba haber remontado el curso del tiempo y que aún tenía dieciocho años, lo mismo que cuando esperaba en los alrededores de un taller de modisto célebre. Los grupos de mujeres que en horas determinadas salían de aquel palacio hacían aún más verosímil esta semejanza, Iban vestidas con rebuscada modestia: el aspecto de muchas de ellas resultaba más humilde que el de las obreras de la moda. Pero eran grandes damas. Algunas subían en automóviles cuyos chóferes llevaban uniforme de soldado por ser vehículos ministeriales.

Estas largas esperas le proporcionaron inesperados encuentros con las alumnas elegantes que entraban y salían.

—¡Desnoyers! —exclamaban unas voces femeniles detrás de él— ¿No ves Desnoyers?...

Y se veía obligado a cortar la duda saludando a unas señoras que lo contemplaban como si fuese un aparecido. Eran amistades de una época remota, de seis meses antes; damas que le habían admirado y perseguido, confiándose a su sabiduría de maestro para atravesar los siete círculos de la ciencia del tango. Lo examinaban como si entre el último encuentro y el minuto actual hubiese ocurrido un gran cataclismo transformador de todas las leyes de la existencia, como si fuese el único milagro superviviente de una Humanidad totalmente desaparecida.

Todas acababan por hacer las mismas preguntas:

—¿No va usted a la guerra?... ¿Cómo es que no lleva uniforme? Intentaba explicarse, pero a las primeras palabras le interrumpían:

—Es verdad... Usted es extranjero.

Lo decían con cierta envidia. Pensaban, sin duda, en los individuos amados que arrostraban a aquellas horas las privaciones y riesgos de la guerra. Pero su condición de extranjero creaba instantáneamente cierto alejamiento espiritual, una extrañeza que Julio no había conocido en los buenos tiempos, cuando las gentes se buscaban sin reparos de origen, sin experimentar la retracción del peligro, que aísla y concentra a los grupos humanos.

Se despedían las damas con una sospecha maliciosa. ¿Qué hacía allí esperando?

¿Alguna nueva aventura que le deparaba su buena suerte?... Y la sonrisa de todas ellas tenía algo de grave; una sonrisa de personas mayores que conocen el verdadero significado de la vida y sienten conmiseración ante los ilusos que aún se entretienen en frivolidades.

A Julio le hacía daño esto, como si fuese una manifestación de lástima. Se lo imaginaban ejerciendo la única función de que era capaz; él no podía servir para otra cosa. En cambio, aquellas casquivanas, que aún guardaban algo de su antiguo exterior, parecían animadas por el gran sentimiento de la maternidad abstracta que abarcaba a todos los hombres de su nación; un deseo de sacrificarse, de conocer de cerca las privaciones de los humildes, de sufrir con el contacto de todas las miserias de la carne enferma. Este mismo ardor lo sentía Margarita al salir de sus lecciones. Avanzaba de asombro en asombro, saludando como grandes maravillas científicas los primeros rudimentos de la cirugía. Se admiraba a sí misma por la avidez con que iba apoderándose de estos misterios, nunca sospechados hasta entonces. En ciertos momentos creía con graciosa inmodestia haber torcido la verdadera finalidad de su existencia.

—¡Quién sabe si nací para ser una gran doctora! —decía.

Su temor era que le faltase serenidad en el instante de llevar a la práctica sus nuevos acontecimientos. Verse ante las hediondeces de la carne abierta, contemplar el chorreo de la sangre, resultaba horroroso para ella, que había experimentado siempre una repugnancia invencible ante las bajas necesidades de la vida ordinaria. Pero sus vacilaciones eran cortas: una energía varonil la animaba de pronto. Los tiempos eran de sacrificio. ¿No se arrancaban los hombres de todas las comodidades de una existencia sensual para seguir la ruda carrera del soldado?... Ella sería un soldado con faldas, mirando de frente al dolor, batallando con él, hundiendo sus manos en la putrefacción de la materia descompuesta, penetrando como una sonrisa de luz en los lugares donde gemían los soldados esperando la llegada de la muerte. Repetía con orgullo a Desnoyers todos los progresos que realizaba en la escuela, los vendajes complicados que conseguía ajustar, unas veces sobre los miembros de un maniquí; otras, sobre la carne de un empleado que se prestaba a fingir las actitudes de un falso herido. Ella, tan delicada, incapaz en su casa del menor esfuerzo físico, aprendía los procedimientos más hábiles para levantar del suelo un cuerpo humano cargándolo en sus espaldas. ¡Quién sabe si alguna vez prestaría sus servicios en los campos de batalla! Se mostraba dispuesta a los mayores atrevimientos, con la audacia ignorante de las mujeres cuando las empuja una ráfaga de heroísmo. Toda su admiración era para las nurses del Ejército inglés, damas enjutas, de nervioso vigor, que aparecían retratadas en los periódicos, con pantalones, botas de montar y casco blanco.

Julio la oía con asombro. Pero ¿aquella mujer era realmente Margarita?... La guerra había borrado su graciosa frivolidad. Ya no marchaba como un pájaro. Sus pies se asentaban en el suelo con firmeza varonil, tranquila y segura de la nueva fuerza que desarrollaba en su interior. Cuando una caricia de él recordaba su condición de mujer, decía siempre lo mismo:

—¡Qué suerte que seas extranjero!... ¡Qué dicha verte libre de la guerra!

En su ansia de sacrificio, quería ir a los campos de batalla, y celebraba al mismo tiempo como una felicidad ver a su amante libre de los deberes militares. Este ilogismo no era acogido por Julio con gratitud; antes bien, le irritaba como una ofensa inconsciente.

«Cualquiera diría que me protege —pensaba—. Ella es el hombre, y se alegra de que la débil compañera, que soy yo, se halle a cubierto del peligro... ¡Qué situación tan grotesca!...»

Por fortuna, algunas tardes, al presentarse Margarita en el estudio, volvía a ser la misma de los tiempos pasados, haciéndole olvidar instantáneamente sus preocupaciones. Llegaba con la alegría del asueto que siente el colegial o el empleado en los días libres. Al pesar obligaciones sobre ella, había conocido el valor del tiempo.

—Hoy no hay clase —gritaba al entrar.

Y arrojando su sombrero en un diván, iniciaba un paso de danza, huyendo con infantiles encogimientos de los brazos de su amante. A los pocos minutos recobraba su serenidad, el gesto grave que era frecuente en ella desde el principio de las hostilidades. Hablaba de su madre, siempre triste, esforzándose por ocultar su pena y animada por la esperanza de una carta del hijo; hablaba de la guerra, comentando las últimas acciones con arreglo al retórico optimismo de los partes oficiales: Describía minuciosamente la primera bandera tomada al enemigo, como si fuese un traje de elegancia inédita. Ella la había visto en una ventana del Ministerio de la Guerra. Se enternecía al repetir los relatos de unos fugitivos belgas llegados a su hospital. Eran los únicos enfermos que había podido asistir hasta entonces. París no recibía aún heridos de guerra; por orden del Gobierno los enviaban desde el frente a los hospitales del sur. Ya no oponía resistencia de los primeros días a los deseos de Julio. Su aprendizaje de enfermera le daba cierta pasividad. Parecía despreciar las atracciones de la materia, despojándolas de la importancia espiritual que les había atribuido hasta poco antes. Se entregaba sin resistencia, sin deseo, con una sonrisa de tolerancia, satisfecha de poder dar un poco de felicidad, de la que ella no participaba. Su atención se había concentrado en otras preocupaciones. Una tarde, estando en el dormitorio del estudio, sintió la necesidad de comunicar ciertas noticias que desde el día anterior llenaban su pensamiento. Saltó de la cama, buscando entre sus ropas en desorden el bolso de mano, que contenía una carta. Quería leerla una vez más, comunicar a alguien su contenido, con el impulso irresistible que arrastra a la confesión.

Era una carta que su hermano le había enviado desde los Vosgos. Hablaba en ella de Laurier más que de su propia persona. Pertenecían a distinta batería, pero figuraban en la misma división y habían tomado parte en iguales combates. El oficial admiraba a su antiguo cuñado. ¡Quién habría podido adivinar un héroe futuro en aquel ingeniero tranquilo y silencioso!... Y, sin embargo, era un verdadero héroe. Lo proclamaba el hermano de Margarita, y con él, todos los oficiales que le habían visto cumplir su deber tranquilamente, arrostrando la muerte con la misma frialdad que si estuviese en París. Solicitaba el puesto arriesgado de observador, deslizándose lo más cerca posible de los enemigos para vigilar la exactitud del tiro de la artillería, rectificándolo con sus indicaciones telefónicas. Un obús alemán había demolido la casa en cuyo techo estaba oculto. Laurier, al salir indemne de entre los escombros, reajustó su teléfono y fue tranquilamente a continuar el mismo trabajo en el ramaje de una arboleda cercana. Su batería, descubierta en un combate desfavorable por los aeroplanos enemigos, había recibido el fuego concentrado de la artillería de enfrente. En pocos minutos rodó por el suelo todo el personal; muerto el capitán y varios soldados, heridos los oficiales y casi todos los sirvientes de las piezas. Sólo quedó como jefe Laurier, el Impasible —así lo apodaban sus camaradas—, y auxiliado por los pocos artilleros que se mantenían en pie, siguió disparando, bajo una lluvia de hierro y fuego, para cubrir la retirada de un batallón.

—«Lo han citado dos veces en la orden del día —continuaba leyendo Margarita

—. Creo que no tardará en conseguir la cruz. Es todo un valiente. ¡Quién lo hubiese creído hace unas semanas!...»

Ella no participaba de este asombro. Al vivir con Laurier había entrevisto muchas veces la firmeza de su carácter, el arrojo disimulado por su exterior apacible. Por algo le avisaba el instinto, haciéndole temer la cólera del marido en los primeros tiempos de su infidelidad. Recordaba el gesto de aquel hombre al sorprenderla una noche a la salida de la casa de julio. Era de los apasionados que matan. Y, sin embargo, no había intentado la menor violencia contra ella...

El recuerdo de este respeto despertaba en Margarita un sentimiento de gratitud. Tal vez la había amado como ningún otro hombre. Sus ojos, con un deseo irresistible de comparación, se fijaban en Desnoyers, admirando su gentileza juvenil. La imagen de Laurier, pesada y vulgar, acudía a su memoria como un consuelo. Era cierto que el oficial entrevisto por ella en la estación al despedir a su hermano no se parecía a su antiguo marido. Pero Margarita quiso olvidar al teniente pálido y de aire triste que había pasado ante sus ojos para acordarse únicamente del industrial preocupado de las ganancias e incapaz de comprender lo que ella llamaba las delicadezas de una mujer «chic». Decididamente, Julio era más seductor. No se arrepentía de su pasado, no quería arrepentirse.

Y su egoísmo amoroso le hizo repetir, las mismas exclamaciones:

—¡Qué suerte que seas extranjero!... ¡Qué alegría verte libre de los peligros de la guerra!

Julio sintió la irritación de siempre al oír esto. Le faltó poco para cerrar con una mano la boca de su amante. ¿Quería burlarse de él?... Era un insulto colocarlo aparte de los otros hombres. Mientras tanto, ella con el ilogismo de su aturdimiento, insistía en hablar de Laurier, comentando sus hazañas.

—No le quiero, no le he querido nunca. No pongas la cara triste. ¿Cómo puede compararse el pobre contigo?... Pero hay que reconocer que ofrece cierto interés en su nueva existencia. Yo me alegro de sus hazañas como si fuesen un amigo viejo, de una visita de mi familia a la que no hubiese visto en mucho tiempo... El pobre merecía mejor suerte: haber encontrado una mujer que no fuese yo, una compañera al nivel de sus aspiraciones... Te digo que Laurier me da lástima.

Y esta lástima era tan intensa, que humedecía los ojos, despertando en el amante la tortura de los celos.

De estas entrevistas salía Desnoyers malhumorado y sombrío.

—Sospecho que estamos en una situación falsa —dijo una mañana a Argensola

—. La vida va a sernos cada vez más penosa. Es difícil permanecer tranquilo, siguiendo la misma existencia de antes, en medio de un pueblo que se bate.

El compañero creía lo mismo. También consideraba insufrible su existencia de extranjero joven en este París agitado por la guerra.

—Debe uno ir enseñando los papeles a cada instante para que la policía se convenza de que no ha encontrado a un desertor. En un vagón del «Metro» tuve que explicar la otra tarde que era español a unas muchachas que se extrañaban de que no estuviese en el frente... Una de ellas, luego de conocer mi nacionalidad, me preguntó con sencillez por qué no me ofrecía como voluntario... Ahora han inventado una palabra: emboscado. Estoy harto de las miradas irónicas con que acogen mi juventud en todas partes; me da rabia que me tomen por un francés emboscado.

Una ráfaga de heroísmo sacudía al impresionante bohemio. Ya que todos iban a la guerra, él quería hacer lo mismo. No sentía miedo a la muerte; lo único que le aterraba era la servidumbre militar, el uniforme, la obediencia mecánica a toque de trompeta, la supeditación ciega a los jefes. Batirse no ofrecía para él dificultades, pero libremente o mandando a otros, pues su carácter se encabritaba ante todo lo que significase disciplina. Los grupos extranjeros en París intentaban organizar cada uno su legión de voluntarios y él proyectaba igualmente la suya: un batallón de españoles e hispanoamericanos, reservándose, naturalmente, la presidencia del comité organizador, y luego la comandancia del Cuerpo.

Había lanzado anuncios en los periódicos: lugar de inscripción, el estudio de la rue de la Pompe. En diez días se habían presentado dos voluntarios: un oficinista, resfriado en pleno verano, que exigía ser oficial porque llevaba chaqué, y un tabernero español, que a las primeras palabras quiso despojar de su comandancia a Argensola con el fútil pretexto de haber sido soldado en su juventud, mientras el otro sólo era un pintor. Veinte batallones de españoles se iniciaban al mismo tiempo con igual éxito en distintos lugares de París. Cada entusiasta quería ser jefe de los demás, con la soberanía individualista y la repugnancia a la disciplina propias de la raza. Al fin, los futuros caudillos, faltos de soldados, buscaban inscribirse como simples voluntarios..., pero en un regimiento francés.

—Yo espero a ver qué hacen los Garibaldis —dijo Argensola modestamente—. Tal vez me vaya con ellos.

Este nombre glorioso le hacía tolerable la servidumbre guerrera. Pero luego vacilaba: tendría de todos modos que obedecer a alguien en este Cuerpo de voluntarios, y él era rebelde a una obediencia que no fuese precedida de largas discusiones. ¿Qué hacer?

—Ha cambiado la vida en medio mes —continuó—. Parece que hayamos caído en otro planeta; nuestras habilidades antiguas carecen de sentido. Otros pasan a las primeras filas, los más humildes y oscuros, los que ocupaban antes el último puesto. El hombre refinado y de complicaciones espirituales se ha hundido, quién sabe por cuántos años... Ahora sube a la superficie como triunfador el hombre simple, de ideas limitadas, pero firmes, que sabe obedecer. Ya no estamos de moda.

Desnoyers asintió. Así era: ya no estaban de moda. Él podía afirmarlo, que había conocido la notoriedad y pasaba ahora como desconocido entre las mismas gentes que lo admiraban meses antes.

—Tu reino ha terminado —dijo Argensola, riendo—. De nada te sirve ser buen mozo. Yo, con un uniforme y una cruz en el pecho, te vencería ahora en una rivalidad amorosa. El oficial únicamente hace soñar en tiempos de paz a las señoritas de provincias. Pero estamos en guerra, y toda mujer tiene despierto el entusiasmo ancestral que sintieron sus remotas abuelas por la bestia agresiva y fuerte... Las grandes damas que hace meses complicaban sus deseos con sutilezas psicológicas admiran ahora al militar con la misma sencillez de la criada que busca al soldado de línea. Sienten ante el uniforme el entusiasmo humilde y servil de las hembras de animalidad inferior ante las crestas, melenas y plumajes de sus machos peleadores.

¡Ojo, maestro!... Hay que seguir el nuevo curso del tiempo o resignarse a perecer oscuramente: el tango ha muerto.

Y Desnoyers pensó que, efectivamente, eran dos seres que estaban al margen de la vida. Esta había dado un salto, cambiando de cauce. No quedaba lugar en la nueva existencia para aquel pobre pintor de almas y para él, héroe de una vida frívola, que había alcanzado de cinco a siete de la tarde los triunfos más envidiados por los hombres.

III. LA RETIRADA

La guerra había extendido uno de sus tentáculos hasta la avenida de Víctor Hugo. Era una guerra sorda, en la que el enemigo, blando, informe, gelatinoso, parecía escaparse de entre las manos para reanudar un poco más allá sus hostilidades.

—Tengo a Alemania metida en casa —decía Marcelo Desnoyers.

Alemania era doña Elena, la esposa de von Hartrott. ¿Por qué no se la había llevado su hijo, aquel profesor de inaguantable suficiencia, que él consideraba ahora como un espía?... ¿Por qué capricho sentimental había querido permanecer al lado de su hermana, perdiendo la oportunidad de regresar a Berlín antes que se cerrasen las fronteras?...

La presencia de esta mujer era para él un motivo de remordimientos y alarmas. Afortunadamente, los criados, el chófer, todos los de la servidumbre masculina, estaban en el Ejército. Las dos chinas recibieron una orden con tono amenazante. Mucho cuidado al hablar con las otras criadas francesas; ni la menor alusión a la nacionalidad del marido de doña Elena y al domicilio de la familia. Doña Elena era argentina... Pero a pesar del silencio de las doncellas, don Marcelo temía alguna denuncia del patriotismo exaltado, que se dedicaba con incansable fervor a la caza de espías, y que la hermana de su mujer se viese confinada en un campo de concentración como sospechosa de tratos con el enemigo.

La señora de von Hartrott correspondía mal a estas inquietudes. En vez de guardar un discreto silencio, introducía la discordia en la casa con sus opiniones.

Durante los primeros días de la guerra se mantuvo encerrada en su cuarto, reuniéndose con la familia solamente, cuando la llamaban al comedor. Con los labios fruncidos y la mirada perdida se sentaba a la mesa, fingiendo no escuchar los desbordamientos verbales del entusiasmo de don Marcelo. Este describía las salidas de las tropas, las escenas conmovedoras en las calles y estaciones, comentando con un optimismo incapaz de duda las primeras noticias de la guerra. Dos cosas consideraba por encima de toda discusión: la bayoneta era el secreto del francés y los alemanes sentían un estremecimiento de pavor ante su brillo, escapando irremediablemente. El cañón de 75 se había acreditado como una joya única. Sólo sus disparos eran certeros. La artillería enemiga le inspiraba lástima, pues si alguna vez daba en el blanco casualmente, sus proyectiles no llegaban a estallar. Además, las tropas francesas habían entrado victoriosas en Alsacia: ya eran suyas varias poblaciones.

—Ahora no es como en el setenta —decía blandiendo el tenedor o agitando la servilleta—. Los vamos a llevar a patadas al otro lado del Rin. ¡A patadas... eso es!

Chichí asentía con entusiasmo, mientras doña Elena elevaba sus ojos como si protestase silenciosamente ante alguien que estaba oculto en el techo poniéndolos por testigo de tantos errores y blasfemias. Doña Luisa iba a buscarla después en el retiro de su habitación, creyéndola necesitada de consuelo por vivir lejos de los suyos. La Romántica no mantenía su digno silencio ante esta hermana que siempre había acatado su instrucción superior. Y la pobre señora quedaba aturdida por el relato que le iba haciendo de las fuerzas enormes de Alemania, con toda su autoridad de esposa de un gran patriota germánico y madre de un profesor casi célebre. Los millones de hombres surgían a raudales de su boca; luego desfilaban los cañones a millares, los morteros monstruosos, enormes como torres. Y sobre estas inmensas fuerzas de destrucción aparecía un hombre que valía por sí solo un ejército, que lo sabía todo y lo podía todo, hermoso, inteligente e infalible como un dios: el emperador.

—Los franceses ignoran lo que tienen enfrente —continuaba doña Elena—; los van a aniquilar. Es asunto de un par de semanas. Antes que termine agosto, el emperador habrá entrado en París.

Impresionada la señora Desnoyers por estas profecías, no podía ocultarlas a su familia. Chichí se indignaba contra la credulidad de la madre y el germanismo de su tía. Un enardecimiento belicoso se había apoderado del antiguo peoncito. ¡Ay, si las mujeres pudiesen ir a la guerra!... Se veía de jinete en un regimiento de dragones, cargando al enemigo con otras amazonas tan arrogantes y hermosas como ella. Luego, la afición al patinaje predominaba sobre sus gustos de cabalgadura, y quería ser cazador alpino, diablo azul de los que se deslizan sobre largos patines, con la carabina en la espalda y el alpenstock en la diestra, por las nevadas pendientes de los Vosgos. Pero el Gobierno despreciaba a las mujeres, y ella no podía obtener otra participación en la guerra que la de admirar el uniforme de su novio René Lacour, convertido en soldado. El hijo del senador ofrecía un lindo aspecto.

Alto, rubio, de una delicadeza algo femenil que recordaba a la difunta madre, René era un soldadito de azúcar, en opinión de su novia. Chichí experimentaba cierto orgullo al salir a la calle al lado de este guerrero, encontrando que el uniforme había aumentado las gracias de su persona. Pero una contrariedad fue nublando poco a poco su alegría. El príncipe senatorial no era más que soldado raso. Su ilustre padre, por miedo a que la guerra cortase para siempre la dinastía de los Lacours, preciosa para el estado, lo había hecho agregar a los servicios auxiliares del ejército. De este modo. Lacour, hijo, no saldría de París. Pero en tal situación, era un soldado igual a los que amasan panes o remiendan capotes. Únicamente yendo al frente de la guerra su calidad de alumno de la Escuela Central podía hacer de él un subteniente agregado a la artillería de reserva.

—¡Qué felicidad que te quedes en París! ¡Cuánto me gusta que seas simple soldado!...

Y al mismo tiempo que Chichí decía esto, pensaba con envidia en sus amigas cuyos novios y hermanos eran oficiales. Ellas podían salir a la calle escoltadas por un quepis galoneado que atraía las miradas de los transeúntes y los saludos de los inferiores. Cada vez que doña Luisa, aterrada por los vaticinios de su hermana, pretendía comunicar su pavor a la hija, ésta se revolvía furiosa:

—¡Mentiras de la tía!... Como su marido es alemán, todo lo ve a gusto de sus deseos. Papá sabe más; el padre de René está mejor enterado de las cosas. Les vamos a largar la gran paliza. ¡Qué gusto que golpeen a mi tío en Berlín y a todos mis primos, tan pretenciosos!...

—¡Cállate —gemía la madre—. No digas disparates. La guerra te ha vuelto loca como a tu padre.

La buena señora se escandalizaba al escuchar la explosión de sus salvajes deseos siempre que hacía memoria del emperador. En tiempo de paz Chichí había admirado algo a este personaje. Es guapo —decía—, pero con una sonrisa muy ordinaria. Ahora todos sus odios los concentraba en él. ¡Las mujeres que lloraban por su culpa a aquellas horas! ¡Las madres sin hijos, las mujeres sin esposo, los pobres niños abandonados ante las poblaciones en llamas!... ¡Ah mal hombre!... Surgía en su diestra el antiguo cuchillo de peoncito, una daga con puño de plata y funda cincelada, regalo del abuelo, que había exhumado entre los recuerdos de su infancia olvidados en una maleta. El primer alemán que se acercase a ella estaba condenado a muerte. Doña Luisa se aterraba viéndole blandir el arma ante el espejo de su tocador. Ya no quería ser soldado de Caballería ni diablo azul. Se contentaba con que le dejasen un espacio cerrado frente al monstruo odioso. En cinco minutos resolvería ella el conflicto mundial.

—¡Defiéndete, boche! —gritaba, poniéndose en guardia, como lo había visto hacer en su niñez a los peones de la estancia.

Y con una cuchillada de abajo arriba echaba al aire las majestuosas entrañas. Acto seguido resonaba en su cerebro una aclamación, el suspiro gigantesco de millones de mujeres que se veían libres de la más sangrienta de las pesadillas gracias a ella, que era Judit, Carlota Corday, un resumen de todas las hembras heroicas que mataron por hacer el bien. Su furia salvadora le hacía continuar puñal en mano la imaginaria matanza. ¡Segundo golpe: el príncipe heredero rodando por un lado y su cabeza por otro! ¡Una lluvia de cuchilladas: todos los generales invencibles de que hablaba su tío huyendo con las tripas en las manos, y a la cola de ellos, como lacayo adulador que recibía igualmente su parte, su tío de Berlín!... ¡Ay, si se le presentase ocasión para realizar sus deseos!

—Estás loca —protestaba su madre—, loca de remate. ¿Cómo puede decir eso una señorita?...

Doña Elena, al sorprender fragmentariamente estos delirios de su sobrina, elevaba los ojos al cielo, absteniéndose en adelante de comunicarle sus opiniones, que reservaba enteras para la madre. La indignación de don Marcelo tomaba otra forma cuando su esposa le repetía las noticias de su hermana. ¡Todo mentira!... En la frontera del este, los ejércitos franceses habían avanzado por el interior de Alsacia y Lorena anexionada.

—Pero, ¿y Bélgica invadida? —preguntaba doña Luisa—. ¿Y los pobres belgas? Desnoyers contestaba indignado:

—Eso de Bélgica es una traición... Y una traición nada vale entre personas decentes.

Lo decía de buena fe, como si la guerra fuese un duelo donde el traidor quedaba descalificado y en la imposibilidad de continuar sus felonías. Además, la heroica resistencia de Bélgica le infundía absurdas ilusiones. Los belgas le parecían hombres sobrenaturales destinados a las más estupendas hazañas... ¡Y él, que no había concedido hasta entonces atención alguna a este pueblo!... Por unos días vio en Lieja una ciudad santa, ante cuyos muros iba a estrellarse todo el poderío germánico. Al caer Lieja, su fe inquebrantables encontró un nuevo asidero. Quedaban muchas Liejas en el interior. Podían entrar más adentro los alemanes; luego se vería cuántos lograban salir. La entrega de Bruselas no le produjo inquietud. ¡Una ciudad abierta!... Su rendición estaba prevista; así los belgas se defenderían mejor en Amberes. El avance de los alemanes hacia la frontera francesa tampoco le produjo alarma. En vano su cuñada, con una brevedad maligna, iba mencionando en el comedor los progresos de la invasión, indicados confusamente por los periódicos. Los alemanes estaban ya en la frontera.

—¿Y qué? —gritaba don Marcelo—. Pronto encontrarán a quien hablar.

Joffre les sale al paso. Nuestros ejércitos estaban en el este, en el sitio que les correspondía, en la verdadera frontera, en la puerta de su casa. Pero éste es un enemigo traidor y cobarde, que, en vez de dar la cara, entra por la espalda, saltando las tapias del corral, lo mismo que los ladrones... De nada les servirá su traición. Los franceses ya están en Bélgica y ajustarán cuentas a los alemanes. Los aplastaremos para que no perturben otra vez la paz del mundo. Y a este maldito sujeto de los bigotes tiesos lo expondremos en una jaula en la plaza de la Concordia.

Chichí, animada por las afirmaciones paternales, se lanzaba a imaginar una serie de tormentos y escarnios vengativos como complemento de tal exposición.

Lo que más irritaba a la señora von Hartrott eran las alusiones al emperador. En los primeros días de la guerra, su hermana la había sorprendido llorante ante las caricaturas de los periódicos y ciertas hojas vendidas en las calles.

—¡Un hombre tan excelente..., tan caballero..., tan buen padre de familia! Él no tiene la culpa de nada. Son los enemigos los que le han provocado.

Y su veneración a los poderosos le hacía considerar las injurias contra el admirado personaje con más vehemencia que si fuesen dirigidas a su propia familia.

Una noche, estando en el comedor, abandonó su mutismo trágico. Varios sarcasmos dirigidos por Desnoyers contra el héroe agolparon las lágrimas en sus ojos. Este enternecimiento le sirvió para recordar a sus hijos, que figuraban indudablemente en el ejército de invasión. Su cuñado deseaba el exterminio de todos los enemigos. ¡Que no quedase uno solo de aquellos bárbaros con casco puntiagudo que acababan de incendiar Lovaina y otras poblaciones, fusilando a los paisanos indefensos, mujeres, ancianos y niños!...

—Tú olvidas que soy madre —gimió la señora de Hartrott—. Olvidas que entre esos cuyo exterminio pides están mis hijos. Y rompió a llorar. Desnoyers vio de pronto el abismo que existía entre él y aquella mujer alojada en su propia casa. Su indignación se sobrepuso a las consideraciones de familia... Podía llorar por sus hijos cuanto quisiera, estaba en su derecho. Pero estos hijos eran agresores y hacían el mal voluntariamente. A él sólo le inspiraban interés las otras madres que vivían tranquilamente en las risueñas poblaciones belgas y de pronto habían visto fusilados sus hijos, atropelladas sus hijas, ardiendo sus viviendas. Doña Elena lloró más fuerte, como si esa descripción de horrores significase un nuevo insulto para ella. ¡Todo mentira! El kaiser era un hombre excelente; sus soldados, un ejemplo de civilización y de bondad. Su marido había pertenecido a este ejército; sus hijos marchaban en sus filas. Y ella conocía a sus hijos: unos jóvenes bien educados, incapaces de ninguna mala acción. Calumnias de los belgas, que no podía escuchar tranquilamente. Y se arrojó con dramático abandono en los brazos de su hermana.

El señor Desnoyers se sintió furioso contra el destino, que le obligaba a convivir con esta mujer. ¡Qué cadena para la familia!... Y las fronteras seguían cerradas, siendo imposible desprenderse de ella.

—Está bien —dijo—; no hablemos más de eso: no llegaríamos a entendernos. Pertenecemos a dos mundos distintos. ¡Lástima que no puedas irte con los tuyos!...

Se abstuvo en adelante de hablar de la guerra cuando su cuñada estaba presente. Chichí era la única que conservaba su entusiasmo agresivo y ruidoso. Al leer en los diarios noticias de fusilamientos, saqueos, quemas de ciudades, éxodos dolorosos de gentes que veían convertido en pavesas todo lo que alegraba su existencia, sentía otra vez la necesidad de repetir sus puñaladas imaginarias. ¡Ay, si ella tuviese a mano uno de aquellos bandidos! ¿Qué hacían los hombres de bien que no los exterminaban a todos?...

A continuación veía a René con su uniforme flamante, dulce de maneras, sonriente, como si todo lo que ocurría sólo significase para él un cambio de vestimenta, y exclamaba con un acento enigmático:

—¡Qué suerte que no vayas al frente!... ¡Qué alegría que no corras peligro! El novio aceptaba estas palabras como una prueba de amoroso interés.

Un día, don Marcelo pudo apreciar, sin salir de París, los horrores de la guerra. Tres mil fugitivos belgas estaban alojados provisionalmente en un circo, antes de ser distribuidos en provincias. Desnoyers percibió un hedor de muchedumbre enferma, miserable y amontonada, semejante al que se huele en un presidio o un hospital pobre. Vio gentes que parecían locas o estúpidas por el dolor. No conocían exactamente el lugar donde estaban; habían llegado hasta allí sin saber cómo. El horroroso espectáculo de la invasión persistía en su memoria, ocupándola por entero, no dejando lugar a las impresiones siguientes. Veían aún cómo entraba la avalancha de los hombres con casco en sus tranquilos pueblos: las casas, cubiertas mujeres, agonizando destrozadas bajo la aguda persistencia del ultraje carnal; los de llamas, repentinamente; la soldadesca, haciendo fuego sobre los que huían: las niños, deshechos a sablazos en sus cunas; todos los sadismos de la bestia humana enardecida por el alcohol y la impunidad... Algunos octogenarios contaban, llorando, cómo los soldados de un pueblo civilizado cortaban los pechos a las mujeres para clavarlos en las puertas, cómo paseaban a guisa de trofeo un recién nacido ensartado en una bayoneta, cómo fusilaban a los ancianos en el mismo sillón donde los tenía inmóviles su dolorosa vejez, torturándolos antes con burlescos suplicios. Habían huido sin saber adónde iban, perseguidos por el incendio y la metralla, locos de terror, como escapaban las muchedumbres medievales ante el galopar de las horas de hunos y mogoles. Y esta fuga había sido a través de la Naturaleza en fiesta, en el más opulento de los meses, cuando la tierra estaba erizada de espigas, cuando el cielo de agosto era más luminoso y los pájaros saludaban con su regocijo vocinglero la opulencia de la cosecha.

Revivía la visión del inmenso crimen en aquel circo repleto de muchedumbres errantes. Los niños gemían con un llanto igual al balido de los corderos; los hombres miraban en torno con ojos de espanto; algunas mujeres aullaban como locas. Las familias se habían disgregado en el terror de la huida. Una madre de cinco pequeños sólo conservaba uno. Los padres, al verse solos, pensaban con angustia en los desaparecidos. ¿Volverían a encontrarlos?... ¿Habrían muerto a aquellas horas?...

Don Marcelo regresó a su casa apretando los dientes, moviendo su bastón de un modo alarmante. ¡Ah bandidos!... Deseaba de pronto que su cuñada cambiase de sexo. ¿Por qué no era un hombre?... Aún le parecía mejor que de repente pudiese tomar la forma de su marido von Hartrott. ¡Qué entrevista tan interesante la de los dos cuñados!... La guerra había despertado el sentimiento religioso de los hombres y aumentando la devoción de las mujeres. Los templos estaban llenos. Doña Luisa ya no limitaba sus excursiones a las iglesias del distrito. Con la audacia que infunden las circunstancias extraordinarias, se lanzaba a pie a través de París, yendo a la Magdalena, a Nuestra Señora o al lejano Sagrado Corazón, sobre la cumbre de Montmartre. Las fiestas religiosas se animaban con el apasionamiento de las asambleas populares. Los predicadores eran tribunos. El entusiasmo patriótico cortaba a veces con aplausos los sermones. Todas las mañanas, la señora Desnoyers, al abrir los periódicos, antes de buscar los telegramas de la guerra perseguía otra noticia. «¿Adónde irá hoy monseñor Amette?» Luego, bajo las bóvedas del templo, unía su voz al coro devoto que imploraba una intervención sobrenatural. «¡Señor, salva a Francia!» La religiosidad patriótica colocaba a Santa Genoveva a la cabeza de los bienaventurados. Y de todas estas fiestas volvía trémula de fe, esperando un milagro semejante al que había realizado la santa de París ante las hordas invasoras de Atila. Doña Elena también visitaba las iglesias, pero las más cercanas a la casa. Su cuñado la vio entrar una tarde en Saint—Honoré d'Eylau. El templo estaba repleto de fieles; sobre el altar figuraban en haz las banderas de Francia y las naciones aliadas. La muchedumbre implorante no se componía únicamente de mujeres. Desnoyers vio hombres de su edad, erguidos, graves, moviendo los labios, fijando en el altar una mirada vidriosa que reflejaba como estrellas perdidas las llamas de los cirios... Y volvió a sentir envidia... Eran padres que recordaban las oraciones de su niñez, pensando en los combates y en sus hijos. Don Marcelo que había considerado siempre con indiferencia la religión, reconoció de pronto la necesidad de la fe. Quiso orar como los otros, con un rezo de intención vaga, indeterminada, comprendiendo en él a todos los seres que luchaban y morían por una tierra que él no había sabido defender.

Vio con escándalo cómo la esposa de Hartrott se arrodillaba entre estas gentes, elevando luego los ojos para fijarse en la cruz con una mirada de angustiosa súplica. Pedía al Cielo por su marido el alemán, que tal vez a aquellas horas empleaba todas sus facultades de energúmeno en la mejor organización del aplastamiento de los débiles; rezaba por sus hijos, oficiales del rey de Prusia, que, revólver en mano, entraban en pueblos y granjas, llevando ante ellos a la muchedumbre despavorida, dejando a sus espaldas el incendio y la muerte. ¡Y estas oraciones iban a confundirse con las de las madres que rogaban por la juventud encargada de contener a los bárbaros, con los ruegos de aquellos hombres graves y rígidos en su trágico dolor!... Tuvo que contenerse para no gritar, y salió del templo. Su cuñada no tenía derecho a arrodillarse entre aquellas gentes. «Debían expulsarla —murmuró indignado—. Coloca a Dios en un compromiso, con sus oraciones absurdas».

Pero, a pesar de su cólera, tenía que sufrirla cerca de él, esforzándose al mismo tiempo por evitar que trascendiese al exterior la segunda nacionalidad que había adquirido con su matrimonio. Representaba un gran tormento para don Marcelo contener sus palabras cuando estaba en el comedor con la familia. Quería evitar la nerviosidad de su cuñada, que prorrumpía en lágrimas y suspiros a la menor alusión contra su héroe; temía igualmente las quejas de la esposa, pronta siempre a defender a la hermana como si fuese una víctima... ¡Qué un hombre de su carácter se viese obligado en la propia casa a vigilar su lengua y hablar con eufemismos!... La única satisfacción que podía permitirse consistía en dar noticias de las operaciones militares. Los franceses habían entrado en Bélgica. «Parece que los boches han recibido un buen golpe». El menor choque de caballería, un simple encuentro de avanzadas, lo glorificaba como un hecho decisivo. «También en Lorena nos los llevamos por delante...» Pero de repente pareció cegarse la fuente de optimismos. En el mundo no ocurría nada extraordinario, a juzgar por los periódicos. Seguían publicando historietas de la guerra para mantener el entusiasmo, pero ninguna noticia cierta. El Gobierno lanzaba comunicados de vaga y retórica sonoridad. Desnoyers se alarmó: su instinto le avisaba el peligro. «Algo hay que no marcha —pensaba—; debe de haberse roto algún resorte».

Esta falta de noticias coincidió con una repentina animación de doña Elena. ¿Con quién hablaba aquella mujer? ¿Qué encuentros eran los suyos cuando salía a la calle?... Sin perder su humildad de víctima, con la mirada dolorosa y la boca algo torcida, hablaba y hablaba traidoramente. ¡El tormento de don Marcelo al escuchar el enemigo albergado en su casa!... Los franceses habían sido derrotados a un mismo tiempo en Lorena y en Bélgica. Un cuerpo de ejército se había desbandado: muchos prisioneros, muchos cañones perdidos. «¡Mentiras, exageraciones de los alemanes!», gritaba Desnoyers. Y Chichí ahogaba con sus carcajadas de muchacha insolente las noticias de la tía de Berlín.

—Yo no sé —continuaba ésta con maligna modestia—; tal vez no sea cierto. Lo he oído decir.

Su cuñado se indignaba. ¿Dónde lo había oído decir? ¿Quién le daba tales noticias?...

Y, para desahogar su mal humor, prorrumpía en imprecaciones contra el espionaje enemigo, contra la incuria de la Policía, que toleraba la permanencia de tantos alemanes ocultos en París. Pero de pronto tenía que callarse, al pensar en su propia conducta. Él también contribuía involuntariamente a mantener y albergar al enemigo. La caída del Ministerio y la constitución de un Gobierno de defensa nacional le hicieron ver que algo grave estaba ocurriendo. Las alarmas y lloros de doña Luisa aumentaron su nerviosidad. Ya no volvía la buena señora entusiasmada y heroica de sus visitas a las iglesias. Las conversaciones a solas con su hermana le infundían un terror que pretendía comunicar luego al esposo. «Todo está perdido... Elena es la única que sabe la verdad».

Desnoyers fue en busca del senador Lacour. Conocía a todos los ministros: nadie mejor enterado que él.

—Sí, amigo mío —dijo el personaje con tristeza—. Dos grandes descalabros en Morhange y en Charleroi, al Este y al Norte. Los enemigos van a invadir el suelo de Francia... Pero nuestro Ejército se mantiene intacto y se retira con orden. Aún puede cambiar la fortuna. Una gran desgracia, más no está todo perdido. Los preparativos de defensa de París eran activados... algo tarde. Los fuertes se armaban con nuevos cañones; desaparición bajo los picos de la demolición oficial de las casuchas elevadas en la zona de tiro durante los años de paz; los árboles de las avenidas exteriores caían cortados para ensanchar el horizonte; barricadas de sacos de tierra y de troncos obstruían las puertas de las antiguas murallas. Los curiosos recorrían los alrededores para admirar las trincheras recién abiertas y los alambrados con púas. El Bosque de Bolonia se llenaba de rebaños. Junto a montañas de alfalfa seca, toros y ovejas se agrupaban en las praderas de fino césped. La seguridad del sustento preocupaba a una población que mantenía vivo aún el recuerdo de las miserias sufridas en 1870. Cada noche era más débil el alumbrado en las calles. El cielo, en cambio, estaba rayado incesantemente por las mangas de luz de los reflectores. El miedo a una agresión aérea venía a aumentar las inquietudes públicas. Las gentes medrosas hablaban de los zepelines, atribuyéndoles un poder irresistible, con la exageración que acompaña a los peligros misteriosos.

Doña Luisa aturdía con su pánico al marido. Este pasaba los días en una alarma continua, teniendo que infundir ánimos a su mujer, temblorosa y lloriqueante.

—Van a llegar, Marcelo; me lo dice el corazón. Yo no puedo vivir así. La niña..., ¡la niña!

Aceptaba ciegamente todas las afirmaciones de su hermana. Lo único que ponía en duda era la caballerosidad y la disciplina de aquellas tropas, en las que figuraban sus sobrinos. Las noticias de las atrocidades cometidas en Bélgica con las mujeres le merecían igual fe que los avances del enemigo anunciados por Elena. «La niña, Marcelo..., ¡la niña!» Y el caso era que la niña objeto de tales inquietudes reía, con la insolencia de su juventud vigorosa, al escuchar a la madre.

—Que vengan esos sinvergüenzas. Tendría gusto en verles la cara.

Y contraía la diestra, como si empuñase el cuchillo vengador. El padre se cansó de esta situación. Le quedaba uno de sus automóviles monumentos, que podía guiar un chófer extranjero. El senador Lacour obtuvo los papeles necesarios para el viaje de la familia, y Desnoyers dio órdenes a su esposa con un tono que no admitía réplica. Debía irse a Biarritz o a las estaciones veraniegas del norte de España. Casi todas las familias sudamericanas habían salido en la misma dirección. Doña Luisa intentó oponerse: le era imposible partir sin su esposo. En tantos años de matrimonio no se habían separado una sola vez. Pero la hosca negativa de don Marcelo cortó sus protestas. Él se quedaba. Entonces la pobre señora corrió a la rue de la Pompe. ¡Su hijo! Julio apenas escuchó a la madre. ¡Ay, éste se quedaba también! Y, al fin, el imponente automóvil emprendió la marcha hacia el Sur, llevando a doña Luisa, a su hermana, que aceptaba con gusto este alejamiento de las admiradas tropas del emperador, y a Chichí, contenta de que la guerra le proporcionase una excursión a las playas de moda frecuentadas por sus amigas.

Don Marcelo se vio solo. Las doncellas cobrizas habían seguido en ferrocarril la fuga de las señoras. Al principio se sintió algo desorientado en esta soledad, le causaron extrañeza las comidas en el restaurante, las noches pasadas en unas habitaciones desiertas y enormes que guardaban aún las huellas de su familia. Los otros pisos de la casa estaban igualmente vacíos. Todos los habitantes eran extranjeros que habían escapado discretamente, o franceses sorprendidos por la guerra cuando veraneaban en sus posesiones del campo.

El instinto le hizo en sus paseos hasta la rue de la Pompe, mirando de lejos el ventanal del estudio. ¿Qué haría su hijo?... De seguro que continuaba su vida alegre e inútil. Para hombres como él, nada existía más allá de las frivolidades de su egoísmo. Desnoyers estaba satisfecho de su resolución. Seguir a la familia le parecía un delito. Bastante le martirizaba el recuerdo de su fuga a América. «No, no vendrán —se dijo repetidas veces, con el optimismo del entusiasmo—. Tengo el presentimiento de que no llegarán a París. ¡Y si llegan...!» La ausencia de los suyos le proporcionaba el valor alegre y desenfadado de la juventud. Por su edad y sus dolencias no era capaz de hacer la guerra a campo raso, pero podía disparar un fusil, inmóvil en una trinchera, sin miedo a la muerte. ¡Qué vinieran!... Lo deseaba con vehemencia de un buen jugador ganoso de satisfacer cuanto antes una deuda antigua. Encontró en las calles de París muchos grupos de fugitivos. Eran del norte y el este de Francia y habían escapado ante el avance de los alemanes. De todos los relatos de esta muchedumbre dolorosa, que no sabía adónde ir y no contaba con otro recurso que la piedad de las gentes, lo más impresionante para él eran los atentados a la propiedad. Fusilamientos y asesinatos le hacían cerrar los puños, prorrumpiendo en deseos de venganza. Pero los robos autorizados por los jefes, los saqueos en masa por orden superior, seguidos del incendio, le parecía inauditos, y permanecía silencioso, como si la estupefacción paralizase su pensamiento. ¡Y un pueblo con leyes podía hacer la guerra de este modo, lo mismo que una tribu de indios que parte al combate para robar!... Su adoración al derecho de propiedad se revolvía furiosa contra estos sacrilegios. Empezó a preocuparse de su castillo de Villeblanche. Todo lo que poseía en París le pareció repentinamente de escasa importancia comparado con lo que guardaba en la mansión histórica. Sus mejores cuadros estaban allá, adornando los salones sombríos; allá también, los muebles arrancados a los anticuarios tras una batalla de pujas, y las vitrinas repletas, los tapices, las vajillas de plata. Repasaba en su memoria todos los objetos, sin que uno solo escapase a este inventario mental. Cosas que había olvidado resurgían ahora en su recuerdo, y el miedo a perderlas parecía darle mayor brillo, agrandando su tamaño, infundiéndoles nuevo valor. Todas las riquezas de Villeblanche se concentraban en una adquisición que era la más admirada por Desnoyers, viendo en ella la gloria de su enorme fortuna, el mayor alarde de lujo que podía permitirse un millonario. «La bañera de oro —pensó—. Tengo allá mi tina de oro». Este baño de precioso metal lo había adquirido en una subasta, juzgando tal compra como el acto más culminante de su opulencia. No sabía con certeza su origen: tal vez era un mueble de príncipes; tal vez debía la existencia al capricho de una cocotte ansiosa de ostentación. Él y los suyos habían formado una leyenda en torno de esta cavidad de oro adornada con garras de león, delfines y bustos de náyades. Indudablemente procedía de reyes. Chichí afirmaba con gravedad que era el baño de María Antonieta. Y toda la familia, considerando modesto y burgués el piso de la avenida de Víctor Hugo para guardar esta joya, había acordado depositarla en el castillo, respetada, inútil y solemne como una pieza de museo... ¿Y esto se lo podían llevar los enemigos si llegaban en su avance hasta el Marne, así como las demás riquezas reunidas con tanta paciencia?... ¡Ah, no! Su alma de coleccionista era capaz de los mayores heroísmos para evitarlo.

Cada día aportaba una ola nueva de malas noticias. Los periódicos decían poco; el Gobierno hablaba con un lenguaje oscuro, que sumía el ánimo en perplejidades. Sin embargo, la verdad se abría paso misteriosamente, empujada por el pesimismo de los alarmistas y por los manejos de los espías enemigos que permanecían ocultos en París. Las gentes se comunicaban las fatales nuevas al oído: «Ya han pasado la frontera...» «Ya están en Lila...» Avanzaban a razón de cinco kilómetros por día. El nombre de von Kluck empezaba a hacerse familiar. Ingleses y franceses retrocedían ante el movimiento envolvente de los invasores. Algunos esperaban un nuevo Sedán. Desnoyers seguía el avance del enemigo yendo diariamente a la estación del Norte. Cada veinticuatro horas se achicaba el radio de circulación de los viajeros. Los avisos anunciando que no se expedían billetes para determinadas poblaciones del Norte indicaban cómo iban cayendo éstas, una tras otra, en poder del invasor. El empequeñecimiento del territorio nacional se efectuaba con una regularidad metódica, a razón de cincuenta kilómetros diarios. Con el reloj a la vista podía anunciarse a qué hora iban a saludar con sus lanzas los primeros ulanos la aparición de la torre de Eiffel en el horizonte. Los trenes llegaban repletos, desbordando fuera de sus vagones los racimos de gentes.

Y fue en estos momentos de general angustia cuando don Marcelo visitó a su amigo el senador Lacour para asombrarle con la más inaudita de las peticiones. Quería ir inmediatamente a su castillo. Cuando todos huían hacia París, él necesitaba marchar en dirección contraria. El senador no pudo creer lo que escuchaba.

—¡Está usted loco! —exclamó—. Hay que salir de París, pero con dirección al Sur. A usted se lo digo solamente y cállelo, porque es un secreto. Nos vamos de un momento a otro; todos nos vamos: el presidente, el Gobierno, las Cámaras. Nos instalaremos en Burdeos, como en mil ochocientos setenta. El enemigo va a llegar: es asunto de días..., de horas. Sabemos poco de lo que ocurre, pero todas las noticias son malas. El Ejército se mantiene firme, aún está intacto, pero se retira..., se retira, cediendo terreno. Créame, lo mejor es marcharse de París. Gallieni lo defenderá, pero la defensa va a ser dura y penosa... Aunque caiga París, no por eso caerá Francia. Continuaremos la guerra si es necesario hasta la frontera de España... Pero es triste,

¡muy triste!

Y ofreció a su amigo llevarlo con él en la retirada a Burdeos, que muy pocos conocían en aquellos momentos. Desnoyers movió la cabeza. No; deseaba ir al castillo de Villeblanche. Sus muebles,,,, sus riquezas..., su parque.

—Pero ¡va usted a caer prisionero! —protestó el senador—. ¡Tal vez lo maten!

Un gesto de indiferencia fue la respuesta. Se consideraba con energías para luchar contra todos los ejércitos de Alemania defendiendo su propiedad. Lo importante era instalarse en ella, ¡y que se atreviese alguien a tocar lo suyo!... El senador miró con asombro a este burgués enfurecido por el sentimiento de la posesión. Se acordó de los mercaderes árabes, humildes y pacíficos ordinariamente, que pelean y mueren como fieras cuando los beduinos ladrones quieren apoderarse de sus géneros. El momento no era para discusiones: cada cual debía pensar en su propia suerte. El senador acabó por prestarse al deseo de su amigo. Si tal era su gusto, podía cumplirlo. Y consiguió con su influencia que saliese aquella misma noche en un tren militar que iba al encuentro del ejército.

Este viaje puso en contacto a don Marcelo con el extraordinario movimiento que la guerra había desarrollado en las vías férreas. Su tren tardó catorce horas en salvar una distancia recorrida en dos normalmente. Se componía de vagones de carga llenos de víveres y cartuchos, con las puertas cerradas y selladas. Un coche de tercera clase estaba ocupado por la escolta del tren: un pelotón de territoriales. En uno de segunda se instaló Desnoyers, con el teniente que mandaba este grupo y varios oficiales que iban a incorporarse a sus regimientos después de terminar las operaciones de movilización en las poblaciones que guarnecían antes de la guerra. Los vagones de cola contenían sus caballos. Se detuvo el tren muchas veces para dejar paso a otros que se le adelantaban repletos de soldados o volvían hacia París con muchedumbres fugitivas. Estos últimos estaban compuestos de plataformas de carga, y en ellas se apelotonaban mujeres, niños, ancianos, revueltos con fardos de ropas, maletas y carretillas que les habían servido para llevar hasta la estación todo lo que restaba de sus ajuares. Eran a modo de campamentos rodantes que se inmovilizaban muchas horas y hasta días en los apartaderos, dejando paso libre a los convoyes impulsados por las necesidades apremiantes de la guerra. La muchedumbre, habituada a las detenciones interminables, desbordaba fuera del tren, instalándose ante la locomotora muerta o esparciéndose por los campos inmediatos.

En las estaciones de alguna importancia, todas las vías estaban ocupadas por rosarios de vagones. Las máquinas, a gran presión, silbaban, impacientes de partir. Los grupos de soldados dudaban ante los diversos trenes, equivocándose, descendiendo de unos coches para instalarse en otros. Los empleados, calmosos y con aire de fatiga, iban de un lado a otro guiando a los hombres, dando explicaciones, disponiendo la carga de montañas de objetos. En el convoy que llevaba a Desnoyers los territoriales dormitaban acostumbrados a la monótona operación de dar escolta. Los encargados de los caballos habían abierto las puertas corredizas de los vagones, sentándose en el borde con las piernas colgantes. El tren marchaba lentamente en la noche, a través de los campos de sombra, deteniéndose ante los faros rojos para avisar su presencia con largos silbidos. En algunas estaciones se presentaban muchachas vestidas de blanco, con escarapelas y banderitas sobre el pecho. Día y noche estaban allí, reemplazándose, para que no pasase un tren sin recibir su visita. Ofrecían en cestas y bandejas sus obsequios a los soldados: pan, chocolate, frutas. Muchos, por hartura, intentaban resistirse, pero habían de ceder, finalmente, ante el gesto triste de las jóvenes. Hasta Desnoyers se vio asaltado por estos obsequios del entusiasmo patriótico. Pasó gran parte de la noche hablando con sus compañeros de viaje. Los oficiales sólo tenían vagos indicios de dónde podrían encontrar a sus regimientos. Las operaciones de la guerra cambiaban diariamente su situación. Pero fieles al deber, seguían adelante, con la esperanza de llegar a tiempo para el combate decisivo. El jefe de la escolta llevaba realizados algunos viajes y era el único que se daba cuenta exacta de la retirada. Cada vez hacía el tren un trayecto menor. Todos parecían desorientados. ¿Por qué la retirada?... El Ejército había sufrido reveses, indudablemente, pero estaba entero, y según su opinión debía buscar el desquite en los mismos lugares. La retirada dejaba libre el avance del enemigo. ¿Hasta dónde iban a retroceder?... ¡Ellos, que dos semanas antes discutían en sus guarniciones el punto de Bélgica donde recibirían los adversarios el golpe mortal y por qué lugares invadirían a Alemania las tropas victoriosas!... Su decepción no revelaba desaliento. Una esperanza indeterminada pero firme, emergía sobre sus vacilaciones: el generalísimo era el único que poseía el secreto de los sucesos. Y Desnoyers aprobó con el entusiasmo ciego que le inspiraban las personas cuando depositaba en ellas su confianza. ¡Joffre!... El caudillo serio tranquilo lo arreglaría todo finalmente. Nadie debía dudar de su fortuna: era de los hombres que dicen siempre la última palabra.

Al amanecer abandonó el vagón. «¡Buena suerte!» Y estrechó las manos de aquellos jóvenes animosos, que iban a morir en breve plazo. El tren pudo seguir su camino inmediatamente al encontrar por casualidad la vía libre, y don Marcelo se vio solo en una estación. En tiempo normal salía de ella un ferrocarril secundario que pasaba por Villeblanche, pero el servicio estaba suspendido por falta de personal. Los empleados habían pasado a las grandes líneas abarrotadas por los transportes de guerra.

Inútilmente buscó con los más generosos ofrecimientos, un caballo, un simple carretón tirado por una bestia cualquiera, para continuar su viaje. La movilización acaparaba lo mejor, y los demás medios de transporte habían desaparecido con la fuga de los medrosos. Había que hacer a pie una marcha de quince kilómetros. El viejo no vaciló: ¡adelante! Y empezó a caminar por una carretera blanca, recta, polvorienta, entre tierras llanas e iguales que se sucedían hasta el infinito. Algunos grupos de árboles, algunos setos verdes y las techumbres de varias granjas alteraban la monotonía del paisaje. Los campos estaban cubiertos de rastrojos de la cosecha reciente. Los pajares abullonaban el suelo con sus conos amarillentos, que empezaban a oscurecerse, tomando un tono de oro oxidado. En las vallas aleteaban los pájaros sacudiendo el rocío del amanecer. Los primeros rayos del sol anunciaron un día caluroso. En torno a los pajares vio Desnoyers una agitación de personas que se levantaban, sacudiendo sus ropas y despertando a otras todavía dormidas. Eran fugitivos que habían acampado en las inmediaciones de la estación, esperando un tren que los llevase lejos, sin saber con certeza adónde deseaban ir. Unos procedían de lejanos departamentos: habían oído el cañón, habían visto aproximarse la guerra, y llevaban varios días de marcha a la ventura. Otros, al sentir el contagio de este pánico, habían huido igualmente, temiendo conocer los mismos horrores... Vio madres con pequeños en los brazos; ancianos doloridos que sólo podían avanzar con una mano en el bastón y otra en el brazo de alguno de su familia; viejas arrugadas e inmóviles como momias, que dormían y viajaban tendidas en una carretilla. Al despertar el sol a este tropel miserable se buscaban unos a otros con paso torpe, entumecidos aún por la noche, reconstituyendo los mismos grupos del día anterior. Muchos avanzaban hacia la estación con la esperanza que nunca llegaba a formarse, creyendo ser más dichosos en el día que acababa de nacer. Algunos seguían su camino a lo largo de los carriles, pensando que la suerte les sería más propicia en otro lugar. Don Marcelo anduvo toda la mañana. La cinta blanca y rectilínea del camino estaba moteada de grupos que venían hacia él, semejantes en lontananza a un rosario de hormigas. No vio un solo caminante que siguiese su misma dirección. Todos huían hacia el Sur, y al encontrar a este señor de la ciudad que marchaba bien calzado, con bastón de paseo y sombrero de paja, hacían un gesto de extrañeza. Le creían tal vez un funcionario, un personaje, alguien del Gobierno, al verlo avanzar solo hacia el país que abandonaban a impulsos del terror. A mediodía pudo encontrar un pedazo de pan, un poco de queso y una botella de vino blanco en una taberna inmediata al camino. El dueño estaba en la guerra, la mujer gemía en la cama. La madre, una vieja algo sorda, rodeada de sus nietos, seguía desde la puerta este desfile de fugitivos que duraba tres días. «¿Por qué huyen, señor? —dijo al caminante—. La guerra sólo interesa a los soldados. Nosotros, gente del campo, no hacemos mal a nadie y nada debemos temer». Cuatro horas después al bajar una de las pendientes que forman el valle del Marne, vio a lo lejos los tejados de Villeblanche en torno de su iglesia, y emergiendo de una arboleda las caperuzas de pizarra que remataban los torreones de su castillo. Las calles del pueblo estaban desiertas. Sólo en los alrededores de la plaza vio sentadas algunas mujeres, como en las tardes plácidas de otros veranos. La mitad del vecindario había huido; la otra mitad permanecía en sus hogares, por rutina sedentaria, engañándose con un ciego optimismo. Si llegaban los prusianos, ¿qué podrían hacerles?...

Obedecerían sus órdenes sin intentar resistencia y a un pueblo que obedece no es posible castigarlo... Todo era preferible antes que perder unas viviendas levantadas por sus antepasados y de las que nunca habían salido.

En la plaza vio, formando un grupo, al alcaldc y los principales habitantes. Todos ellos, así como las mujeres, miraron con asombro al dueño del castillo. Era la más inesperada de las apariciones. Cuando tantos huían hacia París, este parisiense venía a juntarse con ellos, participando de su suerte. Una sonrisa de afecto, una mirada de simpatía, parecieron atravesar su áspera corteza de rústicos desconfiados. Hacía mucho tiempo que Desnoyers vivía en malas relaciones con el pueblo entero. Sostenía ásperamente sus derechos, sin admitir tolerancias en asuntos de su propiedad. Habló muchas veces de procesar al alcalde y enviar a la cárcel a la mitad del vecindario, y sus enemigos le contestaban invadiendo traidoramente sus tierras, matando su caza, abrumándolo con reclamaciones judiciales y pleitos incoherentes... Su odio al Municipio le había aproximado al cura, por vivir éste en franca hostilidad con el alcalde. Pero sus relaciones con la Iglesia fueron tan infructuosas como sus luchas con el estado. El cura era un bonachón, al que encontraba cierto parecido físico con Renán, y que únicamente se preocupaba de sacarle limosnas para los pobres, llevando su atrevimiento bondadoso hasta excusar a los merodeadores de su propiedad.

¡Cuán lejanas le parecían ahora las luchas sostenidas hasta un mes antes!... El millonario experimentó una gran sorpresa al ver cómo el sacerdote, saliendo de su casa para entrar en la iglesia, saludaba al pasar al alcalde con una sonrisa amistosa. Después de largos años de mutismo hostil se habían encontrado en la tarde del día 1 de agosto al pie de la torre de la iglesia. La campana sonaba a rebato para anunciar la movilización a los hombres que estaban en los campos. Y los dos enemigos, instintivamente, se habían estrechado la mano. ¡Todos franceses! Esta unanimidad afectuosa salía también al encuentro del odiado señor del castillo. Tuvo que saludar a un lado y a otro, apretando manos duras. Las gentes prorrumpían a sus espaldas en cariñosas rectificaciones. «Un hombre bueno, sin más defecto que la violencia de su carácter...» Y el señor Desnoyers conoció por unos minutos el grato ambiente de la popularidad. Al verse en el castillo dio por bien empleada la fatiga de la marcha, que hacía temblar sus piernas. Nunca le había parecido tan grande y majestuoso su parque como en este atardecer de verano; nunca tan blancos los cisnes que se deslizaban dobles por el reflejo sobre las aguas muertas; nunca tan señorial el edificio, cuya imagen repetía invertida el verde espejo de los fosos. Sintió necesidad de ver inmediatamente los establos con sus animales vacunos; luego echó una ojeada a las cuadras vacías. La movilización se había llevado sus mejores caballos de labor. Igualmente había desaparecido su personal. El encargado de los trabajos y varios mozos estaban en el Ejército. En todo el castillo sólo quedaba el conserje, un hombre de más de cincuenta años, enfermo del pecho, con su familia, compuesta de su mujer y una hija. Los tres cuidaban de llenar los pesebres de las vacas, ordeñando de tarde en tarde sus ubres olvidadas. En el interior del edificio volvió a congratularse de la resolución que le había arrastrado hasta allí. ¡Cómo abandonar tales riquezas!... Contempló los cuadros, las vitrinas, los muebles, los cortinajes, todo bañado en oro por el resplandor moribundo del día, y sintió el orgullo de la posesión. Este orgullo le infundió un valor absurdo, inverosímil, como si fuese un ser gigantesco procedente de otro planeta y toda la Humanidad que le rodeaba un simple hormiguero que podía borrar con los pies. ¡Que viniesen los enemigos! Se consideraba con fuerzas para defenderse de todos ellos... Luego, al arrancarle la razón de su delirio heroico, intentó tranquilizarse con un optimismo falto igualmente de solidez. No vendrían. Él no sabía por qué, pero le anunciaba el corazón que los enemigos no llegarían hasta allí.

La mañana siguiente la pasó recorriendo los prados artificiales que había formado detrás del parque, lamentando el abandono en que estaban por la marcha de sus hombres, intentando abrir las compuertas para dar un riego al pasto, que empezaba a secarse. Las viñas alineaban sus masas de pámpanos a lo largo de los alambrados que les servían de sostén. Los racimos repletos, próximos a la madurez, asomaban entre las hojas sus triángulos granulados. ¡Ay, quién recogería esta riqueza!...

Por la tarde notó un movimiento extraordinario en el pueblo. Georgete, la hija del conserje, trajo la noticia de que empezaban a pasar por la calle principal automóviles enormes, muchos automóviles, y soldados franceses, muchos soldados. Al poco rato se inició el desfile por una carretera inmediata al castillo, que conducía al puente sobre el Marne. Eran camiones cerrados o abiertos que aún conservaban sus antiguos rótulos comerciales bajo la capa del polvo endurecido y las salpicaduras de barro. Mucho de ellos ostentaban títulos de Empresas de París; otros, el nombre social de establecimientos de provincias. Y junto con estos vehículos industriales requisados por la movilización, pasaron otros procedentes del servicio público que causaban en Desnoyers el mismo efecto que unos rostros amigos entrevistos en una muchedumbre desconocida. Eran ómnibus de París que aún mantenían en su parte alta los nombres indicadores de sus antiguos trayectos:

«Madelaine—Bastille, Passy—Bourse», etc. Tal vez había viajado él muchas veces en estos mismos vehículos, despintados, aviejados por veinte días de actividad intensa, con las planchas abolladas, los hierros torcidos, sonando a desvencijamiento y perforados como cribas. Unos carruajes ostentaban redondeles blancos con el centro cortado por la cruz roja; otros tenían como marca letras y cifras que sólo podían entender los iniciados en los secretos de la administración militar. Y en todos los vehículos, que únicamente conservaban nuevos y vigorosos sus motores, vio soldados, muchos soldados, pero todos heridos, con la cabeza y las piernas entrapajadas, rostros pálidos que una barba crecida hacía aún más trágicos, ojos de fiebre que miraban fijamente, bocas dilatadas como si se hubiese solidificado en ellas el gemido del dolor. Médicos y enfermeros ocupaban varios carruajes de este convoy. Algunos pelotones de jinetes lo escoltaban. Y entre la lenta marcha de monturas y automóviles pasaban grupos de soldados a pie, con el capote desabrochado o pendiente de las espaldas lo mismo que una capa; heridos que podían caminar y bromeaban y cantaban, unos con un brazo fajado sobre el pecho, otros con la cabeza vendada, transparentándose a través de la tela el rezumamiento interior de la sangre. El millonario quiso hacer algo por ellos; pero apenas intentó distribuir unas botellas de vino, unos panes, lo primero que encontró a mano, se interpuso un médico, apostrofándole como si cometiese un delito. Sus regalos podían resultar fatales. Y tuvo que permanecer al borde del camino, impotente y triste, siguiendo con ojos sombríos el convoy doloroso... Al cerrar la noche ya no fueron vehículos cargados de hombres enfermos los que desfilaban. Vio centenares de camiones, unos cerrados herméticamente, con la prudencia que imponen las materias explosivas; otros con fardos y cajas que esparcían un olor mohoso de víveres. Luego avanzaron grandes manadas de bueyes, que se arremolinaban en las angosturas del camino, siguiendo adelante bajo el palo y los gritos de los pastores con quepis. Pasó la noche desvelado por sus pensamientos. Era la retirada de que hablaban las gentes de París, pero que muchos no querían creer; la retirada llegando hasta allí y continuando su retroceso indefinido, pues nadie sabía cuál iba a ser su límite. El optimismo le sugirió una esperanza inverosímil. Tal vez esta retirada comprendía únicamente los hospitales, los almacenes, todo lo que se estaciona a espaldas de un ejército. Las tropas querían estar libres de impedimenta, para moverse con más agilidad, y la enviaban lejos por ferrocarriles y carreteras.

Así debía de ser. Y en los ruidos que persistieron durante toda la noche sólo quiso adivinar el paso de vehículos llenos de heridos, de municiones, de víveres, iguales a los que habían desfilado por la tarde.

Cerca del amanecer, el cansancio le hizo dormirse, y despertó bien entrado el día. Su primera mirada fue para el camino. Lo vio lleno de hombres y de caballos que tiraban de objetos rodantes. Pero los hombres llevaban fusiles y formaban batallones, regimientos. Las bestias arrastraban piezas de artillería. Era un ejército..., era la retirada.

Desnoyers corrió al borde del camino para convencerse mejor de la verdad.

¡Ay! Eran regimientos como los que él había visto partir de las estaciones de París..., pero con aspecto muy distinto. Los capotes azules se habían convertido en vestiduras andrajosas y amarillentas; los pantalones rojos blanqueaban con un color de ladrillo mal cocido; los zapatos eran bolas de barro. Los rostros tenían la expresión feroz, con regueros de polvo y sudor en todas sus grietas y oquedades, con barbas recién crecidas, agudas como púas, con un gesto de cansancio que revelaba el deseo de hacer alto, de quedarse allí mismo para siempre, matando o muriendo, pero sin dar un paso más. Caminaban..., caminaban..., caminaban. Algunas marchas habían durado treinta horas. El enemigo iba sobre sus huellas, y la orden era de andar y no combatir, librándose por ligereza de pies de los movimientos envolventes intentados por el invasor. Los jefes adivinaban el estado de ánimo de sus hombres. Podían exigir el sacrificio de su vida, pero ¡ordenarles que marchasen día y noche, siempre huyendo del enemigo cuando no se consideraban derrotados, cuando sentían gruñir en su interior la cólera feroz, madre del heroísmo!... Las miradas de desesperación buscaban al oficial inmediato, a los jefes, al mismo coronel. ¡No podían más! Una marcha enorme, anonadadora, en tan pocos días, ¿y para qué?... Los superiores, que sabían lo mismo que ellos, parecían contestar con los ojos, como si poseyesen un secreto: «¡Ánimo! Otro esfuerzo... Esto va a terminar pronto».

Las bestias vigorosas, pero desprovistas de imaginación, resistían menos que los hombres. Su aspecto era deplorable. ¿Cómo podían ser los mismos caballos fuertes y de pelo lustroso que él había visto en los desfiles de

París a principios del mes anterior? Una campaña de veinte días los había envejecido y agotado. Su mirada opaca parecía implorar piedad. Estaban flacos, con una delgadez que hacía sobresalir las aristas de su osamenta y aumentaba el abultamiento de sus ojos. Los arneses, al moverse, descubrían su piel con los pelos arrancados y sangrientas desolladuras. Avanzaban con un tirón supremo, concentrando sus últimas fuerzas, como si la razón de los hombres obrase sobre sus oscuros instintos. Algunos no podían más y se desplomaban de pronto, abandonando a sus compañeros de fatiga. Desnoyers presenció cómo los artilleros los despojaban rápidamente de sus arneses, volteándolos hasta sacarlos del camino para que no estorbasen la circulación. Allí quedaban, mostrando su esquelética desnudez, disimulada hasta entonces por los correajes, con las patas rígidas y los ojos vidriosos y fijos, como si espiasen el revoloteo de las primeras moscas atraídas por su triste carroña.

Los cañones pintados de gris, las cureñas, los armones, todo lo había visto don Marcelo limpio y brillante, con ese frote amoroso que el hombre ha dedicado a las armas desde épocas remotas, más tenaz que el de la mujer con los objetos del hogar. Ahora todo parecía sucio, con la pátina del uso sin medida, con el desgaste de un inevitable abandono: las ruedas estaban deformadas exteriormente por el barro, el metal oscurecido por los vapores de la explosión, la pintura gris manchada por el musgo de la humedad.

En los espacios libres de este desfile, en los paréntesis abiertos entre una batería y un regimiento, corrían pelotones de paisanos: grupos miserables que la invasión echaba por delante; poblaciones enteras que se habían disgregado siguiendo al ejército en su retirada. El avance de una nueva unidad los hacía salir del camino, continuando su marcha a través de los campos. Luego, al menor claro en la masa de tropas, volvían a deslizarse por la superficie blanca e igual de la carretera. Eran madres que empujaban carretones con pirámides de muebles y chiquillos; enfermos que se arrastraban; octogenarios llevados en hombros por sus nietos; abuelos que sostenían niños en sus brazos; ancianas con pequeños agarrados a sus faldas como una nidada silenciosa.

Nadie se opuso ahora a la liberalidad del dueño del castillo. Toda su bodega pareció desbordarse hacia la carretera. Rodaban los toneles de la última cosecha, y los soldados llenaban en el chorro rojo el cazo de metal pendiente de la cintura. Luego, el vino embotellado iba saliendo a luz por orden de fechas, perdiéndose instantáneamente en este río de hombres que pasaba y pasaba. Desnoyers contempló con orgullo los efectos de su munificencia. La sonrisa reaparecía en los rostros fieros; la broma francesa saltaba de fila en fila; al alejarse los grupos iniciaron una canción.

Luego se vio en la plaza del pueblo, entre varios oficiales que daban un corto descanso a sus caballos antes de reincorporarse a la columna. Con la frente contraída y los ojos sombríos hablaban de esta retirada inexplicable para ellos. Días antes, en Guisa, habían infligido una derrota a sus perseguidores. Y, sin embargo, continuaban retrocediendo obedientes a una orden terminante y severa. «No comprendemos... — decían—. No comprendemos». La marea ordenada y metódica arrastraba a estos hombres que deseaban batirse y tenían que retirarse. Todos sufrían la misma duda cruel: «No comprendemos». Y su duda hacía aún más dolorosa la marcha incesante, una marcha que duraba día y noche con sólo breves descansos, alarmados los jefes de cuerpo a todas horas por el temor de verse cortados y separados del resto del ejército.

«Un esfuerzo más, hijos míos. ¡Ánimo!, pronto descansaremos». Las columnas, en su retirada, cubrían centenares de kilómetros. Desnoyers sólo veía una de ellas. Otras y otras efectuaban idéntico retroceso a la misma hora, abarcando una mitad de la anchura de Francia. Todas iban hacia atrás con igual obediencia desalentada, y sus hombres repetían indudablemente lo mismo que los oficiales: «No comprendemos... No comprendemos».

Don Marcelo experimentó de pronto la tristeza y la desorientación de estos militares. Tampoco él comprendía. Vio lo inmediato, lo que todos podían ver; el territorio invadido sin que los alemanes encontrasen una resistencia tenaz: departamentos enteros, ciudades, pueblos, muchedumbres, quedando en poder del enemigo a espaldas de un ejército que retrocedía incesantemente. Su entusiasmo cayó de golpe, como un globo que se deshincha. Reapareció el antiguo pesimismo. Las tropas mostraban energía y disciplina; pero ¿de qué podía servir esto si se retiraban casi sin combatir, imposibilitadas, por una orden severa, de defender el terreno? «Lo mismo que el setenta», pensó. Exteriormente había más orden, pero el resultado iba a ser el mismo. Como un eco que respondiese negativamente a su tristeza, oyó la voz de un soldado hablando con un campesino:

—Nos retiramos, pero es para saltar con más fuerza sobre los boches.

El abuelo Joffre se los meterá en el bolsillo a la hora y en el sitio que escoja.

Se reanimó Desnoyers al oír el nombre del general. Tal vez este soldado, que mantenía intacta su fe a través de las marchas interminables y desmoralizantes, presentía la verdad mejor que los oficiales razonadores y estudiosos.

El resto del día lo pasó haciendo regalos a los últimos grupos de la columna. Su bodega se iba vaciando. Por orden de fechas continuaban esparciéndose los miles de botellas almacenadas en los subterráneos del castillo. Al cerrar la noche fueron botellas cubiertas de polvo de muchos años lo que entregó a los hombres que le parecían débiles. Así como la columna desfilaba iba ofreciendo un aspecto más triste de cansancio y desgaste. Pasaban los rezagados, arrastrando con desaliento los pies en carne viva dentro de sus zapatos. Algunos se habían librado de este encierro torturante y marchaban descalzos, con los pesados borceguíes pendientes de un hombro, dejando en el suelo manchas de sangre. Pero todos, abrumados por una fatiga mortal, conservaban sus armas y equipos, pensando en el enemigo que estaba cerca.

La liberalidad de Desnoyers produjo estupefacción en muchos de ellos. Estaban acostumbrados a atravesar el suelo patrio teniendo que luchar con el egoísmo del cultivador. Nadie ofrecía nada. El miedo al peligro hacía que los habitantes de los campos escondiesen sus víveres, negándose a facilitar el menor socorro a los compatriotas que se batían por ellos.

El millonario durmió mal esta segunda noche en su cama aparatosa de columnas y penachos que había pertenecido a Enrique IV, según declaración de los vendedores. Ya no era continuo el tránsito de tropas. De tarde en tarde pasaba un batallón suelto, una batería, un grupo de jinetes, las últimas fuerzas de la retaguardia que había tomado posición en las cercanías del pueblo para cubrir el movimiento de retroceso. El profundo silencio que seguía a estos desfiles ruidosos despertó en su ánimo una sensación de duda e inquietud. ¿Qué hacía allí, cuando la muchedumbre en armas se retiraba? ¿No era una locura quedarse?... Pero inmediatamente galopaban por su memoria todas las riquezas conservadas en el castillo. ¡Si él pudiese llevárselas!... Era imposible, por falta de medios y de tiempo. Además, su tenacidad consideraba esta huida como algo vergonzoso. «Hay que terminar lo que se empieza», repitió mentalmente. Él había hecho el viaje para guardar lo suyo, y no debía huir al iniciarse el peligro.

Cuando en la mañana siguiente bajó al pueblo, apenas vio soldados. Sólo un escuadrón de dragones estaba en las afueras para cubrir los últimos restos de la retirada. Los jinetes corrían en pelotones por los bosques, empujando a los rezagados y haciendo frente a las avanzadas enemigas. Desnoyers fue hasta la salida de la población. Los dragones habían obstruido la calle con una barricada de carros y muebles. Pie a tierra y carabina en mano, vigilaban detrás de este obstáculo la faja blanca del camino que se elevaba solitario entre dos colinas cubiertas de árboles. De tarde en tarde sonaban disparos sueltos, como chasquidos de tralla. «Los nuestros», decían los dragones. Eran los últimos destacamentos que tiroteaban a las avanzadas de ulanos. La Caballería tenía la misión de mantener a retaguardia el contacto con el enemigo, de oponerle una continuada resistencia repeliendo a los destacamentos alemanes que intentaban filtrarse a lo largo de las columnas.

Vio cómo iban llegando por la carretera los últimos rezagados de Infantería. No marchaban; más bien parecían arrastrarse, con una firme voluntad de avanzar, pero traicionados en sus deseos por las piernas anquilosadas, por los pies bañados en sangre. Se habían sentado un momento al borde del camino, agonizantes de cansancio, para respirar sin el peso de la mochila, para sacar sus pies del encierro de los zapatos, para limpiarse el sudor, y al querer reanudar la marcha les era imposible levantarse. Su cuerpo parecía de piedra. La fatiga los sumía en un estado semejante a la catalepsia. Veían pasar como un desfile fantástico todo el resto del ejército: batallones y más batallones, baterías, tropeles de caballos. Luego, el silencio, la noche, un sueño sobre el polvo y las piedras sacudido por terribles pesadillas. Al amanecer eran despertados por los pelotones de jinetes que exploraban el terreno recogiendo los residuos de la retirada. ¡Ay! ¡Imposible moverse! Los dragones, revólver en mano, tenían que apelar a la amenaza para reanimarlos. Sólo la certeza de que el enemigo estaba cerca y podía hacerlos prisioneros les infundía un vigor momentáneo. Y se levantaban tambaleantes, arrastrando las piernas, apoyándose en el fusil como si fuese un bastón. Muchos de estos hombres eran jóvenes que habían envejecido en una hora y caminaban como valetudinarios, ¡Infelices! No irían muy lejos. Su voluntad era seguir, incorporarse a la columna; pero al entrar en el pueblo examinaban las casas con ojos suplicantes, deseando entrar en ellas, sintiendo un ansia de descanso inmediato que les hacía olvidar la proximidad del enemigo.

Villeblanche estaba más solitario que antes de la llegada de las tropas. En la noche anterior, una gran parte de sus habitantes había huido, contagiada por el pavor de la muchedumbre que seguía la retirada del ejército. El alcalde y el cura se quedaban. Reconciliado con el dueño del castillo por su inesperada presencia y admirado de sus liberalidades, el funcionario municipal se acercó a él para darle una noticia. Los ingenieros estaban minando el puente sobre el Marne. Sólo esperaban para hacerlo saltar a que se retirasen los dragones. Si quería marcharse, aún era tiempo.

Otra vez dudó Desnoyers. Era una locura permanecer allí. Pero una ojeada a la arboleda, sobre cuyo ramaje asomaban los torreones del castillo, finalizó sus dudas. No, no... «Hay que terminar lo que se empieza».

Se presentaban los últimos grupos de dragones saliendo a la carretera por diversos puntos del bosque. Llevaban sus caballos al paso, como si les doliese este retroceso. Volvían la vista atrás, con la carabina en una mano, prontos a hacer alto y disparar. Los otros que ocupaban las barricadas estaban ya sobre sus monturas. Se rehizo el escuadrón, sonaron las voces de los oficiales, y un trote vivo con acompañamiento de choques metálicos se fue alejando a espaldas de don Marcelo. Quedó éste junto a la barricada, en una soledad de intenso silencio, como si el mundo se hubiese desplomado repentinamente. Dos perros abandonados por la fuga de sus amos, rondaban y oliscaban en torno de él, implorando su protección. No podían encontrar el rastro deseado en aquella tierra pisoteada y desfigurada por el tránsito de miles de hombres. Un gato famélico espiaba a los pájaros que empezaban a invadir este lugar. Con tímidos revuelos picoteaban los residuos alimenticios expelidos por los caballos de los dragones. Una gallina sin dueño apareció igualmente para disputar su festín a la granujería alada, oculta hasta entonces en árboles y aleros. El silencio hacía renacer el murmullo de la hojarasca, el zumbido de los insectos, la respiración veraniega del suelo ardiente de sol, todos los ruidos de la Naturaleza, que parecía haberse contraído temerosamente bajo el paso de los hombres en armas.

No se daba cuenta exacta Desnoyers del paso del tiempo. Creyó todo lo anterior un mal sueño. La calma que le rodeaba hizo inverosímil cuanto había presenciado.

De pronto vio moverse algo en el último término del camino, allí donde la cinta blanca tocaba el azul del horizonte. Eran dos hombres a caballo, dos soldaditos de plomo que parecían escapados de una caja de juguetes. Había traído con él unos gemelos, que le servían para sorprender las incursiones en sus propiedades, y miró. Los dos jinetes, vestidos de gris verdoso, llevaban lanzas, y su casco estaba rematado en un plato horizontal... ¡Ellos! No podía dudar: tenía ante su vista los primeros ulanos.

Permanecieron inmóviles algún tiempo, como si explorasen el horizonte.

Luego, de las masas oscuras de vegetación que abullonaban los lados del camino fueron saliendo otros y otros, hasta formar un grupo. Los soldaditos de plomo ya no marcaban su silueta sobre el azul del horizonte. La blancura de la carretera les servía ahora de fondo, subiendo por encima de sus cabezas. Avanzaban con lentitud, como una tropa que teme emboscadas y examina lo que le rodea. La conveniencia de retirarse cuanto antes hizo que don Marcelo dejase de mirar. Era peligroso que le sorprendiesen en aquel sitio. Pero al bajar sus gemelos, algo extraordinario pasó por el campo de visión de las lentes. A corta distancia, como si fuese a tocarlos con la mano, vio muchos hombres que marchaban al amparo de los árboles por los lados de la carretera. Su sorpresa aún fue mayor al convencerse de que eran franceses, pues todos llevaban quepis. ¿De dónde salían?... Los volvió a examinar sin el auxilio de los gemelos, cerca ya de la barricada. Eran rezagados, en estado lamentable, que ofrecían una pintoresca variedad de uniformes: soldados de línea, zuavos, dragones sin caballo. Y revueltos con ellos, guardias forestales y gendarmes pertenecientes a pueblos que habían recibido con retraso la noticia de la retirada. En conjunto unos cincuenta. Los había enteros y vigorosos; otros se sostenían con un esfuerzo sobrehumano. Todos conservaban sus armas.

Llegaron hasta la barricada, mirando continuamente atrás para vigilar al amparo de los árboles, el lento avanzar de los ulanos. Al frente de esta tropa heterogénea iba un oficial de gendarmería, viejo y obeso, con el revólver en la diestra, el bigote erizado por la emoción y un brillo homicida en los ojos azules velados por la pesadez de los párpados. Se deslizaron al otro lado de la barrera de carros, sin fijarse en este paisano curioso. Iban a continuar su avance a través del pueblo, cuando sonó una detonación enorme, conmoviendo el horizonte delante de ellos, haciendo temblar las casas.

—¿Qué es eso? —preguntó el oficial mirando por primera vez a Desnoyers. Este dio una explicación: era el puente, que acababa de ser destruido. Un juramento del jefe acogió la noticia. Pero su tropa, confusa, agrupada al azar del encuentro, permaneció indiferente, como si hubiese perdido todo contacto con la realidad.

—Lo mismo es morir aquí que en otra parte— continuó el oficial.

Muchos de los fugitivos agradecieron con una pronta obediencia esta decisión, que los libertaba del suplicio de caminar. Casi se alegraron de la voladura que les cortaba el paso. Fueron colocándose instintivamente en los lugares más cubiertos de la barricada. Otros se introdujeron en unas casas abandonadas, cuyas puertas habían violentado los dragones para utilizar el piso superior. Todos parecían satisfechos de poder descansar, aunque fuese combatiendo. El oficial iba de un grupo a otro comunicando sus órdenes. No debían hacer fuego hasta que él diese la voz.

Don Marcelo presenció tales preparativos con la inmovilidad de la sorpresa. Había sido tan rápida e inaudita la aparición de los rezagados, que aún se imaginaba estar soñando. No podía haber peligro en esta situación irreal; todo era mentira. Y continuó en su sitio sin entender al teniente, que le ordenaba la fuga con rudas palabras. ¡Paisano testarudo!...

El eco de la explosión había poblado la carretera de jinetes. Salían de todas partes, uniéndose al primitivo grupo. Los ulanos galopaban con la certeza de que el pueblo estaba abandonado.

—¡Fuego!...

Desnoyers quedó envuelto en una nube de crujidos, como si se tronchase la madera de todos los árboles que tenía ante sus ojos.

El escuadrón impetuoso se detuvo de golpe. Varios hombres rodaron por el suelo. Unos se levantaban para saltar fuera del camino, encorvándose con el propósito de hacerse menos visibles. Otros permanecían tendidos de espaldas o de bruces, con los brazos por delante. Los caballos sin jinete emprendieron un galope loco a través de los campos, con las riendas a rastras, espoleados por los estribos sueltos.

Y después del rudo vaivén que le hicieron sufrir la sorpresa y la muerte, se dispersó, desapareciendo casi instantáneamente, absorbido por la arboleda.

IV. JUNTO A LA GRUTA SAGRADA

Argensola tuvo una nueva ocupación más emocionante que la de señalar en el mapa el emplazamiento de los ejércitos.

—Me dedico ahora a seguir al taube —decía a los amigos—. Se presenta de cuatro a cinco, con la puntualidad de una persona correcta que acude a tomar el té.

Todas las tardes, a la hora mencionada, un aeroplano alemán volaba sobre París, arrojando bombas. Esta intimidación no producía terror: la gente aceptaba la visita como un espectáculo extraordinario e interesante. En vano los aviadores dejaban caer sobre la ciudad banderas alemanas con irónicos mensajes dando cuenta de los descalabros del ejército en retirada y de los fracasos de la ofensiva rusa. ¡Mentiras, todo mentiras! En vano lanzaban bombas, destrozando buhardillas y matando o hiriendo viejos, mujeres y niños. «Ah bandidos!» La muchedumbre amenazaba con el puño al mosquito maligno, apenas visible a dos mil metros de altura, y después de este desahogo lo seguía con los ojos de calle en calle o se inmovilizaba en las plazas para contemplar sus evoluciones.

Un espectador de los más puntuales era Argensola. A las cuatro estaba en la plaza de la Concordia, con la cara en alto y los ojos bien abiertos, al lado de otras gentes unidas a él por cordiales relaciones de compañerismo. Eran como los abonados a un mismo teatro, que en fuerza de verse acaban por ser amigos. «¿Vendrá?... ¿No vendrá hoy?» Las mujeres parecían las más vehementes. Algunas se presentaban arreboladas y jadeantes por el apresuramiento, temiendo haber llegado tarde al espectáculo... Un inmenso grito: «¡Ya viene!... ¡Allí está!» Miles de manos señalaban un punto vago en el horizonte. Se prolongaban los rostros con gemelos y catalejos; los vendedores populares ofrecían toda clase de artículos ópticos... Y durante una hora se desarrollaba el espectáculo apasionante de la cacería aérea, ruidosa e inútil. El insecto intentaba aproximarse a la torre de Eiffel, y de la base de ésta surgían estampidos, al mismo tiempo que sus diversas plataformas escupían el rasgueo feroz de las ametralladoras. Al virar sobre la ciudad, sonaban descargas de fusilería en los tejados y en el fondo de las calles. Todos tiraban: los vecinos que tenían un arma en su casa, soldados de guardia, los militares ingleses y belgas de paso en París. Sabían que sus disparos eran inútiles, pero tiraban por el gusto de hostilizar al enemigo aunque sólo fuese con la intención, esperando que la casualidad, en uno de sus caprichos, realizase un milagro. Pero el único milagro era que no se matasen los tiradores unos a otros con este fuego precipitado e infructuoso. Aun así, algunos transeúntes caían heridos por balas de ignorada procedencia.

Argensola iba de calle en calle siguiendo el revuelo del pájaro enemigo, queriendo adivinar dónde caían sus proyectiles, deseando ser de los primeros que llegasen frente a la casa bombardeada, enardecido por las descargas que contestaban desde abajo. ¡No disponer él de una carabina, como los ingleses vestidos de caqui o aquellos belgas con gorra de cuartel y una borla sobre la frente!... Al fin, el taube, cansado de hacer evoluciones, desaparecía. «Hasta mañana —pensaba el español—. El de mañana tal vez sea más interesante». Las horas libres entre las observaciones geográficas y las contemplaciones aéreas las empleaba en rondar cerca de las estaciones de ferrocarril —especialmente en las del Quai d'Orsay—, viendo la muchedumbre de viajeros que escapaba de París. La visión repentina de la verdad — después de las ilusiones que había creado el Gobierno con sus partes optimistas—; la certeza de que los alemanes estaban próximos, cuando una semana antes se los imaginaban muchos en plena derrota; los taubes volando sobre París; la misteriosa amenaza de los zepelines, enloquecían a una parte del vecindario. Las estaciones, custodiadas militarmente, sólo admitían a los que habían adquirido un billete con anticipación. Algunos esperaban días enteros a que les llegase el turno de salida. Los más impacientes emprendían la marcha a pie, deseando verse cuanto antes fuera de la ciudad. Negreaban los caminos con las muchedumbres que avanzaban por ellos, todas en una misma dirección. Iban hacia el Sur, en automóvil, en coche de caballos, en carretas de hortelano, a pie. Esta fuga la contempló Argensola con serenidad. Él era de los que se quedaban. Había admirado a muchos hombres que presenciaron el sitio de París en 1870. Ahora su buena suerte le proporcionaba el ser testigo de un drama histórico, tal vez más interesante. ¡Lo que podría contar en lo futuro!... Pero le molestaba la distracción e indiferencia de su auditorio presente. Volvía al estudio satisfecho de las noticias de que era portador, febril por comunicarlas a Desnoyers, y éste le escuchaba como si no le oyese. La noche en que le hizo saber que el Gobierno, las Cámaras, el Cuerpo diplomático y hasta los artistas de la Comedia Francesa estaban saliendo a aquellas horas en trenes especiales para Burdeos, su compañero le contestó con un gesto de indiferencia.

Otras eran sus preocupaciones. Por la mañana había recibido una carta de Margarita; dos simples líneas trazadas con precipitación. Se marchaba: salía inmediatamente acompañando a su madre. ¡Adiós!... Y nada más. El pánico hacía olvidar muchos afectos, cortaba largas relaciones; pero ella era superior por su carácter a estas incoherencias de la ansiedad por huir. Julio vio algo inquietante en su laconismo. ¿Por qué no indicaba el lugar adónde se dirigía?... Por la tarde tuvo un atrevimiento que siempre le había prohibido ella. Entró en la casa que habitaba Margarita, hablando largamente con la portera para adquirir noticias. La buena mujer pudo dar expansión de este modo a su locuacidad, bruscamente cortada por la fuga de los inquilinos y su servidumbre. La señora del piso principal —la madre de Margarita

— había sido la última en abandonar la casa a pesar de que estaba enferma desde la partida de su hijo. Habían salido el día anterior, sin decir adónde iban. Lo único que sabía era que habían tomado el tren en la estación de Orsay. Huían hacia el sur, como todos los ricos.

Y amplió sus revelaciones con la vaga noticia de que la hija se mostraba muy impresionada por los informes que había recibido del frente de la guerra. Alguien de la familia estaba herido. Tal vez era el hermano, pero la portera lo ignoraba. Con tantas novedades, sorpresas e impresiones, resultaba difícil enterarse de las cosas. Ella también tenía su hombre en el ejército y le preocupaban los asuntos propios.

—¿Dónde estará —se preguntó Julio durante el día—. ¿Por qué desea que ignore su paradero?...

Cuando en la noche le hizo saber su camarada el viaje de los gobernantes con todo el misterio de una noticia que aún no era pública, se limitó a contestar después de un reflexivo mutismo:

—Hacen bien... Yo saldré igualmente mañana, si puedo.

¿Para qué permanecer en París? Su familia estaba ausente. Su padre —según las averiguaciones de Argensola— también se había ido, sin decir adónde. Con la misteriosa fuga de Margarita él quedaba solo, en una soledad que le inspiraba remordimientos.

Aquella tarde, al pasear por los bulevares, había tropezado con un amigo algo entrado en años, un consocio del Círculo de esgrima, frecuentado por él. Era el primero que encontraba desde el principio de la guerra, y juntos pasaron revista a todos sus compañeros incorporados al Ejército. Las preguntas de Desnoyers eran contestadas por el viejo. ¿Fulano?..., había sido herido en Lorena y estaba en un hospital del sur. ¿Otro amigo?..., muerto en los Vosgos. ¿Otro?, desaparecido en Charleroi. Y así continuaba el desfile heroico y fúnebre. Los más vivían aún, realizando proezas. Otros socios de origen extranjero, jóvenes polacos, ingleses, residentes en París, americanos de las Repúblicas del sur, acababan de inscribirse como voluntarios. El Círculo debía enorgullecerse de esta juventud que se ejercitaba en las armas durante la paz: todos estaban en el frente exponiendo su existencia... Y Desnoyers apartó su vista, como si temiese adivinar en los ojos de su amigo una expresión irónica e interrogante. ¿Por qué no marchaba él, como los otros, a defender la tierra en que vivía?...

—Mañana me iré— replicó Julio, ensombrecido por este recuerdo.

Pero se marchaba hacia el Sur, como todos los que huían de la guerra. En la mañana siguiente, Argensola se encargó de conseguir un billete de ferrocarril para Burdeos. El valor del dinero había aumentado considerablemente. Cincuenta francos entregados a tiempo realizaban el milagro de procurarle un pedazo de cartón numerado, cuya conquista representaba, para muchos, días enteros de espera.

—Es para hoy mismo —dijo a su camarada—. Debes salir en el tren de esta noche.

El equipaje no exigió grandes preparativos. Los trenes se negaban a admitir otros bultos que los que llevaban a mano los viajeros. Argensola no quiso aceptar la liberalidad de Julio, que pretendía partir con él todo su dinero. Los héroes necesitan muy poco, y el pintor de almas se sentía animado por una resolución heroica. La breve alocución de Gallieni al encargarse de la defensa de París la hacía suya. Pensaba mantenerse hasta el último esfuerzo, lo mismo que el duro general.

—¡Que vengan! —dijo con una expresión trágica—. ¡Me encontrarán en mi sitio!...

Su sitio era el estudio. Quería ver las cosas de cerca, para relatarlas a las generaciones venideras. Se mantendría firme, con sus provisiones de comestibles y vinos. Además, tenía el proyecto —así que su compañero desapareciese— de llevar a vivir con él a ciertas amigas que vagaban en busca de una comida problemática y sentían miedo en la soledad de sus domicilios. El peligro aproxima a las buenas gentes y añade un nuevo atractivo a los placeres de la comunidad, Las amorosas expansiones de los prisioneros del terror, cuando esperaban de un momento a otro ser conducidos a la guillotina, revivieron en su memoria «¡Apuremos de un trago la vida, ya que hemos de morir!...» El estudio de la rue de la Pompe iba a presenciar las mismas fiestas locas y desesperadas que un barco encallado con provisiones abundantes.

Desnoyers salió de la estación de Orsay en un compartimiento de primera clase. Alababa mentalmente el buen orden con que la autoridad lo había arreglado todo. Cada viajero tenía su asiento. Pero en la estación de Austerlitz una avalancha humana asaltó el tren. Las portezuelas se abrieron como si fuesen a romperse; paquetes y niños entraron por las ventanas lo mismo que proyectiles. La gente se empujó con la rudeza de una muchedumbre que huye de un incendio. En el espacio reservado para ocho personas se instalaron catorce; los pasillos se obstruyeron para siempre con montones de maletas, que servían de asiento a nuevos viajeros. Habían desaparecido las distancias sociales. La gente del pueblo invadía con preferencia los vagones de lujo, creyendo encontrar en ellos mayor espacio. Los que tenía billete de primera clase iban en busca de los coches peores, con la vana esperanza de viajar desahogadamente. En las vías laterales esperaban desde un día antes su hora de salida largos trenes compuestos de vagones de ganado. Los establos rodantes estaban repletos de personas sentadas en la madera del suelo o en sillas traídas de sus casas. Cada tren era un campamento que deseaba ponerse en marcha y mientras permanecía inmóvil, una capa de papeles grasientos y cáscaras de frutas se iba formando a lo largo de él. Los asaltantes al empujarse, se toleraban y perdonaban fraternalmente.

«En la guerra como en la guerra», decían como última excusa. Y cada uno apretaba al vecino para arrebatarle una pulgada de asiento, para introducir su escaso equipaje entre los bultos suspendidos sobre las personas con los más inverosímiles equilibrios. Desnoyers fue perdiendo, poco a poco, sus ventajas de primer ocupante. Le inspiraban lástima estas pobres gentes que habían esperado el tren desde las cuatro de la madrugada a las ocho de la noche. Las mujeres gemían de cansancio, derechas en el corredor, mirando con envidia feroz a los que ocupaban un asiento. Los niños lloraban con balidos de cabra hambrienta. Julio acabó por ceder su lugar, repartiendo entre los menesterosos y los imprevisores todos los comestibles de que le había proveído Argensola. Los restaurantes de las estaciones parecían saqueados. Durante las largas esperas del tren, sólo se veían militares en los andenes: soldados que corrían al escuchar la llamada de la trompeta para volver a ocupar su sitio en los rosarios de vagones que subían y subían hacia París. En los apartaderos, largos trenes de guerra esperaban que la vía quedase libre para continuar su viaje. Los coraceros, llevando un chaleco amarillo sobre el pecho de acero, estaban sentados, con las piernas colgantes, en las puertas de los vagones—establos, de cuyo interior salían relinchos. Sobre las plataformas se alineaban armones grises. Las esbeltas gargantas de los 75 apuntaban a lo alto como telescopios.

Pasó la noche en el corredor, sentado en el borde de una maleta, viendo cómo dormitaban otros con el embrutecimiento del cansancio y la emoción. Fue una noche cruel e interminable de sacudidas, estrépitos y pausas cortadas por ronquidos.. En cada estación las trompetas sonaban precipitadamente, como si el enemigo estuviese cerca. Los soldados procedentes del Sur corrían a sus puestos, y una nueva corriente de hombres se arrastraba por los carriles yendo hacia París. Se mostraban alegres y deseosos de llegar pronto a los lugares de la matanza. Muchos se lamentaban creyendo presentarse con retraso, Julio, asomado a una ventanilla, escuchó los diálogos y los gritos en estos andenes impregnados de un olor picante de hombres y mulas. Todos mostraban una confianza inquebrantable. «¡Los boches!... Muy numerosos, con grandes cañones, con muchas ametralladoras..., pero no había más que cargar la bayoneta y huían como liebres».

La fe de los que iban al encuentro de la muerte contrastaba con el pánico y la duda de los que escapaban de París. Un señor viejo y condecorado, tipo de funcionario en jubilación, hacía preguntas a Desnoyers cuando el tren reanudaba su marcha. «¿Usted opina que llegarán a Tours?» Antes de recibir contestación se adormecía. El sueño embrutecedor avanzaba por el pasillo sus pies de plomo. Luego, el viejo despertaba de pronto. «¿Usted cree que llegarán hasta Burdeos?» Y su deseo de no detenerse hasta alcanzar con su familia un refugio absolutamente seguro le hacía acoger como oráculos las vagas respuestas.

Al amanecer vieron a los territoriales del país guardando las vías.

Iban armados con fusiles viejos; llevaban un quepis rojo como único distintivo militar. Seguían pasando en dirección opuesta los trenes militares. En la estación de Burdeos, la muchedumbre civil, pugnando por salir o por asaltar nuevos vagones, se confundía con las tropas. Sonaban incesantemente las trompetas para reunir a los soldados. Muchos eran hombres de color, tiradores indígenas con amplios calzones grises y un gorro rojo sobre el rostro negro y bronceado. Continuaba hacia el Norte el férreo rodar de las masas armadas. Desnoyers vió un tren de heridos procedentes de los combates de Flandes y Lorena. Los uniformes de fatigada suciedad se refrescaban en la blancura de los vendajes que sostenían los miembros doloridos o defendían las cabezas rotas. Todos parecían sonreír con sus bocas lívidas y sus ojos febriles a las primeras tierras del Mediodía que asomaban entre la bruma matinal, coronadas de sol, cubiertas de la regia vestidura de sus pámpanos. Los hombres del Norte tendían sus manos a las frutas que les ofrecían las mujeres, picoteando con deleite las dulces uvas del país.

Vivió cuatro días en Burdeos, aturdido y desorientado por la agitación de una ciudad de provincia convertida repentinamente en capital. Los hoteles estaban llenos; muchas personas se contentaban con una habitación de doméstico. Los cafés no guardaban una silla libre; las aceras parecían repeler esta concurrencia extraordinaria. El jefe del estado se instalaba en la Prefectura; los ministerios quedaban establecidos en escuelas y museos; dos teatros eran habilitados para las futuras reuniones del Senado y la Cámara popular. Julio encontró un hotel sórdido y equívoco en el fondo de un callejón humedecido constantemente por los transeúntes. Un amorcillo adornaba los cristales de la puerta. En su cuarto, el espejo tenía grabado nombres de mujer y frases intranscribibles, como recuerdo de los hospedajes de una hora... Y todavía algunas damas de París, ocupadas en buscar alojamiento, envidiaban tanta fortuna.

Resultaron infructuosas sus averiguaciones. Los amigos que encontró en la muchedumbre fugitiva pensaban en su propia suerte. Sólo sabían hablar de los incidentes de su instalación; repetían las noticias oídas a los ministros, con los que vivían familiarmente; mencionaban con aire misterioso la gran batalla que había empezado a desarrollarse desde las cercanías de París hasta Verdún. Una discípula de sus tiempos de gloria, que guardaba la antigua elegancia en su uniforme de enfermera, le dio vagas noticias. «¿La pequeña madame Laurier?... Se acordaba de haber oído a alguien que vivía cerca... Tal vez en Biarritz». Julio no necesitó más para reanudar su viaje. ¡A Biarritz! La primera persona que encontró al llegar fue a Chichí. Declaraba inhabitables la población, por las familias de españoles ricos que veraneaban en ella. «Son boches en su mayoría. Yo me paso la existencia peleando. Acabaré por vivir sola». Luego encontró a su madre: abrazos y lágrimas. Después vio a su tía Elena en un salón del hotel, entusiasmada con el país y sus veraneantes. Podía hablar largamente con muchos de ellos sobre la decadencia de Francia. Todos esperaban de un momento a otro la noticia de la entrada del káiser en la capital. Hombres graves que no habían hecho nada en toda su vida criticaban los defectos y descuidos de la República. Jóvenes cuya distinción entusiasmaba a doña Elena prorrumpían en apóstrofes contra las corrupciones de París, corrupciones que habían estudiado a fondo velando hasta la salida del sol en las virtuosas escuelas de Montmartre. Todos adoraban a Alemania, donde no habían estado nunca o que conocían como una sucesión de imágenes cinematográficas. Aplicaban los sucesos a un criterio de plaza de toros. Los alemanes eran los que pegaban más fuerte. «Con ellos no se juega: son muy brutos». Y parecían admirar la brutalidad como el más respetable de los méritos.

«¿Por qué no dirán eso en su casa, al otro lado de la frontera? —protestaba Chichí—. ¿Por qué vienen a la del vecino a burlarse de sus preocupaciones?,,, ¡Y tal vez se creen gentes de buena educación!» Julio no había ido a Biarritz para vivir con los suyos... El mismo día de su llegada vio de lejos a la madre de Margarita. Estaba sola. Sus averiguaciones le hicieron saber que la hija vivía en Pau. Era enfermera y cuidaba a un herido de su familia. «El hermano..., indudablemente es el hermano», pensó Julio. Y reanudó su viaje, dirigiéndose a Pau.

Sus visitas a los hospitales resultaron inútiles. Nadie conocía a Margarita. Todos los días llegaba el tren con un nuevo cargamento de carne destrozada, pero el hermano no estaba entre los heridos. Una religiosa, creyendo que iba en busca de alguien de su familia, se apiadó de él ayudándole con sus indicaciones. Debía ir a Lourdes: eran muy numerosos los heridos y las enfermeras laicas. Y Desnoyers hizo inmediatamente el corto trayecto entre Pau y Lourdes. Nunca había visitado la santa población cuyo nombre repetía su madre frecuentemente. Para doña Luisa, la nación francesa era Lourdes. En las discusiones con su hermana y otras damas extranjeras que pedían el exterminio de Francia por su impiedad, la buena señora resumía su opinión siempre con las mismas palabras:

«Cuando la virgen quiso aparecerse en nuestros tiempos, escogió a Francia. No será tan malo este país como dicen... Cuando yo vea que se aparece en Berlín, hablaremos otra vez».

Pero Desnoyers no estaba para recordar las ingenuas opiniones de su madre. Apenas se hubo instalado en su hotel, junto al río, corrió a la gran hospedería convertida en hospital. Los guardianes le dijeron que hasta la tarde no podría hablar con el director. Para entretener su impaciencia paseó por la calle que conduce a la basílica, toda de barracones y tiendas con estampas y recuerdos piadosos, que hacen de ella un largo bazar. Aquí y en los jardines inmediatos a la iglesia sólo vio heridos convalecientes que guardaban en sus uniformes las huellas del combate. Los capotes estaban sucios a pesar de los repetidos cepillamientos. El barro, la sangre, la lluvia, habían dejado en ellos manchas imborrables, dándoles una rigidez de cartón. Algunos heridos les arrancaban las mangas para evitar un roce cruel a sus brazos destrozados. Otros ostentaban todavía en los pantalones las rasgaduras de los cascos de obús.

Eran combatientes de todas las armas y de diversas razas: infantes, jinetes, artilleros; soldados de la metrópoli y de las colonias; campesinos franceses y tiradores africanos; cabezas rubias, rostros de palidez mahometana y caras negras de senegaleses, con ojos de fuego y belfos azulados, unos, mostrando el aire bonachón y la sedentaria obesidad del burgués convertido repentinamente en guerrero; otros, enjutos, nerviosos, de perfil agresivo, como hombres nacidos para la pelea y ejercitados en campañas exóticas. La ciudad, visitada a impulsos de la esperanza por los enfermos del catolicismo, se veía invadida ahora por una muchedumbre no menos dolorosa, pero vestidas de carnavalescos colores. Todos, a pesar de su desaliento físico, tenían cierto aire de desenfado y satisfacción. Habían visto la muerte de muy cerca, escurriéndose entre sus garras huesosas, y encontraban un nuevo sabor a la alegría de vivir. Con sus capotes adornados de condecoraciones, sus teatrales alquiceles, sus quepis y sus gorros africanos, esta muchedumbre heroica ofrecía, sin embargo, un aspecto lamentable. Muy pocos conservaban en ella la noble vertical, orgullo de la superioridad humana. Avanzaban encorvados, cojeando, arrastrándose, apoyados en un garrote o en un brazo amigo.

Otros se dejaban empujar tendidos en los carritos que habían servido muchas veces para conducir los enfermos piadosos desde la estación a la gruta de la Virgen. Algunos caminaban a ciegas, con los ojos vendados, junto a un niño o una enfermera. Los primeros choques en Bélgica y en el Este, media docena de batallas, habían bastado para producir estas ruinas físicas, en las que aparecía la belleza varonil con los más horribles ultrajes... Estos organismos que se empeñaban tenazmente en subsistir, paseando bajo el sol sus renacientes energías, sólo representaban una exigua parte de la gran siega de la muerte. Detrás de ellos quedaban miles y miles de camaradas gimiendo en los lechos de los hospitales y que tal vez no se levantarían nunca. Millares y millares estaban ocultos para siempre en las entrañas de una tierra mojada por su baba agónica, tierra fatal que al recibir una lluvia de proyectiles devolvía como cosecha matorrales de cruces. La guerra se mostró a los ojos de Desnoyers con toda su cruel fealdad. Habían hablado de ella, hasta entonces, como hablamos de la muerte en plena salud, sabiendo que existe y que es horrible, pero viéndola tan lejos..., ¡tan lejos!, que no infunde una verdadera emoción. Las explosiones de los obuses acompañaban su brutalidad destructora con una burla feroz desfigurando grotescamente el cuerpo humano. Vio heridos que empezaban a recobrar su fuerza vital y sólo eran esbozos de hombres, espantosas caricaturas, andrajos humanos salvados de la tumba por las audacias de la ciencia; troncos con cabeza que se arrastraban por el suelo sobre un zócalo de ruedas; cráneos incompletos cuyo cerebro latía bajo una cubierta artificial; seres sin brazos y sin piernas que descansaban en el fondo de un carretoncillo como bocetos escultóricos o piezas de disección; caras sin nariz que mostraban, lo mismo que las calaveras, la negra cavidad de sus fosas nasales. Y estos medios hombres hablaban, fumaban, reían, satisfechos de ver el cielo, de sentir la caricia del sol, de haber vuelto a la existencia, animados por la soberana voluntad de vivir, que olvida confiada la miseria presente en espera de algo mejor. Fue tal su impresión, que olvidó por algún tiempo el motivo que le había arrastrado hasta allí... ¡Si los que provocan la guerra desde los gabinetes diplomáticos o las mesas de un Estado Mayor pudiesen contemplarla, no en los campos de batalla, con el entusiasmo que perturba los sentidos, sino en frío, tal como se aprecia en hospitales y cementerios por los restos que deja tras de su paso!... El joven vio en su imaginación el globo terráqueo, como un buque enorme que navegaba por la inmensidad. Sus tripulantes, los pobres humanos, llevaban siglos y siglos exterminándose sobre la cubierta. Ni siquiera sabían lo que existía debajo de sus pies, en las profundidades de la nave. Ocupar la mayor superficie a la luz del sol era el deseo de cada grupo. Hombres tenidos por superiores empujaban estas masas al exterminio para escalar el último puente y empuñar el timón, dando al buque un rumbo determinado. Y todos los que sentían estas ambiciones por el mando absoluto sabían lo mismo...: ¡nada! Ninguno de ellos podía decir con certeza qué había más allá del horizonte visible, ni adónde se dirigía la nave. La sorda hostilidad del misterio los rodeaba a todos; su vida era frágil, necesitaba de incesantes cuidados para mantenerse; y, a pesar de esto, la tripulación, durante siglos y siglos, no había tenido un instante de acuerdo, de obra común, de razón clara. Periódicamente, una mitad de ella chocaba con la otra; se mataban por esclavizarse en la cubierta movediza, flotante sobre el abismo; pugnaban por echarse unos a otros fuera del buque; la estela de la nave se cubría de cadáveres. Y de la muchedumbre, en completa demencia todavía, surgían lóbregos sofistas para declarar que éste era el estado perfecto, que así debían seguir todos eternamente, y que era un mal ensueño desear que los tripulantes mirasen como hermanos que siguen un destino común y ven en torno de ellos las asechanzas de un misterio agresivo... ¡Ah miseria humana!

Julio se sintió alejado de sus reflexiones por la alegría pueril que mostraban algunos convalecientes. Eran musulmanes, tiradores de Argelia y de Marruecos. Estaban en Lourdes como podían estar en otra parte, atentos únicamente a los obsequios de la gente civil, que los seguía con patriótica ternura. Todos ellos miraban con indiferencia la basílica habitada por la Señora blanca. Su única preocupación era pedir cigarros y dulces.

Al verse agasajados por la raza dominadora de sus países, se enorgullecían, atreviéndose a todo, como niños revoltosos. Su mayor placer era que las damas les diesen la mano. ¡Bendita guerra, que les permitía acercarse y tocar a estas mujeres blancas, perfumadas y sonrientes, tal como aparecen en los ensueños las hembras paradisíacas, reservadas a los bienaventurados! «Madame... Madame», suspiraban, poblándose al mismo tiempo de llamaradas sus pupilas de tinta. Y no contentos con la mano, sus garras oscuras se aventuraban a lo largo del brazo mientras las señoras reían de esta adoración trémula. Otros avanzaban entre el gentío ofreciendo su diestra a todas las mujeres. «Toquemos mano». Y se alejaban satisfechos luego de recibir el apretón.

Vagó mucho tiempo Desnoyers por los alrededores de la basílica. Al amparo de los árboles se formaban en hilera las carretillas ocupadas por los heridos. Oficiales y soldados permanecían largas horas en la sombra azul viendo cómo pasaban otros camaradas heridos que podían valerse de sus piernas.

La santa gruta resplandecía con el llamear de centenares de cirios. La muchedumbre devota, arrodillada al aire libre, fijaba sus ojos suplicantes en las sagradas piedras, mientras su pensamiento volaba lejos, a los campos de batalla, con la confianza en la divinidad que acompañaba a toda inquietud. De la masa arrodillada surgían soldados con vendajes en la cabeza, el quepis en una mano y los ojos lacrimosos.

Subían y descendían por la doble escalinata de la basílica mujeres vestidas de blanco, con un temblor de tocas que les daba de lejos el aspecto de palomas aleteando. Eran enfermeras, damas de la caridad, guiando los pasos de los heridos. Desnoyers creyó reconocer a Margarita en cada una de ellas. Pero la desilusión que seguía a tales descubrimientos le hizo dudar del éxito de su viaje. Tampoco estaba en Lourdes. Nunca la encontraría en esta Francia agrandada desmesuradamente por la guerra, que había convertido cada población en un hospital.

Por la tarde sus averiguaciones no obtuvieron mejor éxito. Los empleados escucharon sus preguntas con aire distraído: podía volver luego. Estaban preocupados por el anuncio de un nuevo tren sanitario. Continuaba la gran batalla cerca de París. Tenían que improvisar alojamiento para la nueva remesa de carne destrozada. Desnoyers volvió a los jardines cercanos a la gruta. Su paseo era para entretener el tiempo. Pensaba regresar a Pau aquella noche: nada le quedaba que hacer en Lourdes.

¿Adónde dirigiría luego sus investigaciones?...

Sintió de pronto un estremecimiento a lo largo de su espalda: la misma sensación indefinible que le avisaba la presencia de ella cuando se reunían en un jardín de París. Margarita iba a presentarse de pronto, como las otras veces, sin que él supiera ciertamente de dónde salía, como si emergiese de la tierra o descendiese de las nubes. Después de pensar esto sonrió con amargura. ¡Mentiras del deseo!

¡Ilusiones!... Al volver la cabeza reconoció la falsedad de sus esperanzas. Nadie seguía sus pasos: él era el único que marchaba por el centro de la avenida. En un banco inmediato descansaba un oficial con los ojos vendados. Junto a él, con la diáfana blancura de los ángeles custodios, estaba una enfermera. ¡Pobre ciego!... Desnoyers iba a seguir adelante; pero un movimiento rápido de la mujer vestida de blanco, un deseo visible de pasar inadvertida, de ocultar la cara volviendo los ojos hacia las plantas, atrajeron su atención. Tardó en reconocerla. Dos rizos asomados al borde de la toca le hicieron adivinar la cabellera oculta; los pies calzados de blanco fueron indicio para reconstituir el cuerpo, algo desfigurado por un uniforme sin coquetería. El rostro era pálido, grave. Nada quedaba en él de los antiguos afeites, que le daban una belleza pueril de muñeca. Sus ojos parecían reflejar lo existente con nuevas formas en el fondo de unas aureolas oscuras de cansancio... ¡Margarita! Se miraron largamente, como hipnotizados por la sorpresa. Ella mostró inquietud al ver que Desnoyers adelantaba un paso. No..., no. Sus ojos, sus manos, todo su cuerpo parecieron protestar, repelerle en su avance, fijarlo en su inmovilidad. El miedo a que se aproximase la hizo marchar hacia él. Dijo unas palabras al militar, que continuó en el banco, recibiendo sobre el vendaje de su rostro un rayo de sol que parecía no sentir. Luego se levantó, yendo al encuentro de Julio, y siguió adelante, indicándole con un gesto que se situase más lejos, donde el herido no pudiera escucharlos.

Detuvo su paso en un sendero lateral. Desde allí podían ver al ciego confiado a su custodia. Quedaron inmóviles frente a frente. Desnoyers quiso decir muchas cosas, ¡muchas!, pero vaciló, no sabiendo cómo revestir de palabras sus quejas, sus súplicas, sus halagos. Por encima de esta avalancha de pensamientos emergió uno, fatal, dominante, colérico:

—¿Quién es ese hombre?...

El acento rencoroso, la voz dura con que dijo estas palabras le sorprendieron, como si procediesen de otra boca. La enfermera le miró con sus ojos límpidos, agrandados, serenos, unos ojos que parecían libres para siempre de las contradicciones de la sorpresa y del miedo. La respuesta se deslizó con la misma limpieza que la mirada.

—Es Laurier... Es mi marido.

¡Laurier!... Los ojos de Julio examinaron con larga duda al militar antes de convencerse. ¡Laurier este oficial ciego que permanecía inmóvil en el banco, como un símbolo de dolor heroico! Estaba aviejado, con la tez curtida y de un color de bronce surcado de grietas que convergían como rayos en torno de todas las aberturas de su rostro. Los cabellos empezaban a blanquear en las sienes y en la barba que cubría ahora sus mejillas. Había vivido veinte años en un mes... Al mismo tiempo parecía más joven, con una juventud que irradiaba vigorosa de su interior, con la fuerza de un alma que ha sufrido las emociones más violentas y no puede ya conocer el miedo, con la satisfacción firme y serena del deber cumplido. Contemplándolo sintió al mismo tiempo admiración y celos. Se avergonzó al darse cuenta de la aversión que le inspiraba este hombre en plena desgracia y que no podía ver lo que le rodeaba. Su odio era una cobardía; pero insistió en él, como si en su interior se hubiese despertado otra alma, una segunda personalidad que le causaba espanto.

¡Cómo recordaba los ojos de Margarita al alejarse del herido por unos instantes!... A él no le había mirado así nunca. Conocía todas las gradaciones amorosas de sus párpados; pero su mirada al herido era algo diferente, algo que él no había visto hasta entonces. Habló con la furia del enamorado que descubre una infidelidad.

—¡Y por eso te fuiste sin un aviso, sin una palabra!... Me abandonaste para venir en busca de él... Di ¿por qué has venido? ¿Por qué has venido?

No se inmutó ella ante su acento colérico y sus miradas hostiles.

—He venido porque aquí estaba mi deber.

Luego habló cómo una madre que aprovecha un paréntesis de sorpresa en el niño irascible para aconsejarle cordura. Explicaba sus actos. Había recibido la noticia de la herida de Laurier cuando ella y su madre se preparaban a salir de París. No vaciló un instante: su obligación era correr al lado de este hombre. Había reflexionado mucho en las últimas semanas. La guerra la había hecho meditar sobre el valor de la vida.

Sus ojos contemplaban nuevos horizontes. Nuestro destino no está en el placer y las satisfacciones egoístas: nos debemos al dolor y al sacrificio.

Deseaba trabajar por su patria, cargar con una parte del dolor común, servir como las otras mujeres; y estando dispuesta a dar todos sus cuidados a los desconocidos, ¿no era natural que prefiriese a este hombre, al que había causado tanto daño?... Vivía aún en su memoria el momento en que lo vio llegar la estación completamente solo entre tantos que tenían el consuelo de unos brazos amantes al partir en busca de la muerte. Su lástima había sido aún más intensa al enterarse de su infortunio. Un obús había estallado junto a él, matando a los que le rodeaban. De sus varias heridas, la única grave era la del rostro. Había perdido un ojo por completo; el otro lo mantenían los médicos sin visión, esperando salvarlo. Pero ella dudaba; era casi seguro que Laurier quedaría ciego.

La voz de Margarita temblaba al decir esto, como si fuese a llorar; pero sus ojos permanecieron secos. No sentían la irresistible necesidad de las lágrimas. El llanto era ahora algo superfluo, como otras muchas cosas de los tiempos de paz. ¡Habían visto sus ojos tanto en pocos días!

—¡Cómo le amas! —exclamó Julio.

Ella le había tratado de usted hasta este momento, por miedo a ser oída y por mantenerlo a distancia, como si hablase con un amigo. Pero la tristeza de su amante acabó con su frialdad.

—No; yo te quiero a ti..., yo te querré siempre.

La sencillez con que dijo esto y su repentino tuteo infundieron confianza a Desnoyers.

—¿Y el otro?— preguntó con ansiedad.

Al escuchar su respuesta creyó que algo acababa de pasar ante el sol, velando momentáneamente su luz. Fue como una nube que se desliza sobre la tierra y sobre su pensamiento, esparciendo una sensación de frío.

—A él también lo quiero.

Lo dijo mirándole como si implorase su perdón, con la sinceridad dolorosa de un alma que ha reñido con la mentira y llora al adivinar los daños que causa.

Él sintió que su cólera dura se desmoronaba de golpe, lo mismo que una montaña que se agrieta. «¡Ah Margarita!» Su voz sonó trémula y humilde. ¿Podía terminar todo entre los dos con esta sencillez? ¿Eran acaso mentiras sus antiguos juramentos?... Se habían buscado con afinidad irresistible para compenetrarse, para ser uno solo..., y ahora, súbitamente endurecidos por la indiferencia, ¿iban a chocar como dos cuerpos hostiles que se repelen?... ¿Qué significaba este absurdo de amarle a él como siempre y amar al mismo tiempo a su antiguo esposo?

Margarita bajo la cabeza, murmurando con desesperación:

—Tú eres un hombre; yo soy una mujer. No me entenderás por más que hable. Los hombres no pueden alcanzar ciertos misterios nuestros... Una mujer me comprendería mejor.

Desnoyers quiso conocer su infortunio con toda su crueldad. Podía hablar ella sin miedo. Se sentía con fuerzas para sobrellevar los golpes... ¿Qué decía Laurier al verse cuidado y acariciado por Margarita?...

—Ignora quién soy... Me cree una enfermera igual a las otras, que se apiada de él viéndole solo y ciego, sin parientes que le escriban y lo visiten... En ciertos momentos he llegado a sospechar si adivina la verdad. Mi voz, el contacto de mis manos, le crispaban al principio con un gesto de extrañeza. Le he dicho que soy una dama belga que ha perdido a los suyos y está sola en el mundo. Él me ha contado su vida anterior ligeramente, como el que desea olvidar su pasado odioso... Ni una palabra molesta para su antigua mujer. Hay noches en que sospecho que me conoce, que se vale de su ceguera para prolongar la fingida ignorancia, y esto me atormenta... Deseo que recobre la vista, que los médicos salven uno de sus ojos, y al mismo tiempo siento miedo. ¿Qué dirá al reconocerme?... Pero no; mejor es que vea, y ocurra lo que ocurra. Tú no puedes comprender estas preocupaciones, tú no sabes lo que yo sufro.

Calló un instante para reconcentrarse, apreciando, una vez más las inquietudes de su alma.

—¡Oh, la guerra —siguió diciendo—. ¡Qué de cambios en nuestra vida!

Hace dos meses, mi situación me hubiese parecido extraordinaria, inverosímil... Yo cuidando a mi marido, temiendo que me descubra y se aleje de mí, deseando al mismo tiempo que me reconozca y me perdone... Sólo hace una semana que vivo a su lado. Desfiguro mi voz cuanto puedo, evito frases que le revelen quién soy... Pero esto no se puede prolongar. Únicamente en las novelas resultan aceptables estas situaciones.

La duda ensombreció de pronto su resolución.

—Yo creo —continuó— que me ha reconocido desde el primer momento... Calla y finge ignorancia porque me desprecia..., porque jamás llegará a perdonarme. ¡He sido tan mala!... ¡Le he hecho tanto daño!...

Se acordaba de los largos y reflexivos mutismos del herido después de algunas palabras imprudentes. A los dos días de recibir sus cuidados había tenido un movimiento de rebeldía, evitando el salir con ella a paseo. Pero, falto de vista, comprendiendo la inutilidad de sus resistencia, había acabado por entregarse con una pasividad silenciosa.

—Que piense lo que quiera— concluyó Margarita animosamente—, que me desprecie. Yo estoy aquí, donde debo estar. Necesito su perdón; y si no me perdona, lo mismo seguiré a su lado... Hay momentos en que deseo que no recobre la vista. Así me necesitaría siempre, podría pasar toda mi existencia a su lado, sacrificándome por él

—¿Y yo? —dijo Desnoyers.

Margarita lo miró con ojos asombrados, como si despertase. Era verdad: ¿y el otro?... Enardecida por su sacrificio, que representaba una expiación, había olvidado al hombre que tenía delante.

—¡Tú! —dijo tras de una larga pausa—. Tú debes dejarme... La vida no es como la habíamos concebido. Sin la guerra, tal vez hubiésemos realizado nuestros ensueños; pero ¡ahora!... Fíjate bien. Yo llevo por el resto de mi existencia una carga pesadísima y al mismo tiempo dulce, pues cuanto más me abruma, más grata me parece. Nunca me separaré de ese hombre, al que he ofendido tanto, que se ve solo en el mundo y necesita de protección como un niño. ¿Por qué vas tú a participar de mi suerte? ¿Cómo vivir en amores con una eterna enfermera, al lado de un hombre bueno y ciego, al que ultrajaríamos continuamente con nuestra pasión?... No; mejor es que te alejes. Sigue tu camino solo y desembarazado. Déjame; tú encontrarás otras mujeres que te harán más dichoso que yo. Tú eres de los destinados a encontrar una nueva felicidad a cada paso.

Insistió en sus elogios. Su voz era calmosa; pero en el fondo de ella temblaba la emoción del último adiós a la alegría que se aleja para siempre. El hombre amado sería de otras. ¡Y ella misma lo entregaba!... Pero la noble tristeza del sacrificio le infundió serenidad. Era una renuncia más para expiar sus culpas. Julio bajo los párpados, perplejo y vencido. Le aterraba la imagen del futuro esbozada por Margarita. Él viviendo al lado de la enfermera, aprovechándose de la ignorancia del ciego para inferirle todos los días con sus amores un nuevo insulto. ¡Ah, no! Era una villanía. Se acordaba ahora con vergüenza de la malignidad con que había mirado poco antes a este hombre desgraciado y bueno. Se reconocía sin fuerzas para luchar con él. Débil e impotente en aquel banco de jardín, era más grande y respetable que Julio Desnoyers con toda su juventud y sus gallardías. Había servido en su vida para algo; había hecho lo que él no osaba hacer.

Esta convicción de su inferioridad le hizo gemir como un niño abandonado.

—¿Qué será de mí?...

Margarita, considerando el amor que se iba para siempre, las esperanzas desvanecidas, el futuro iluminado por la satisfacción de su deber cumplido, pero monótono y doloroso, murmuró igualmente:

—¿Y yo?... ¿Qué será de mí?...

Desnoyers pareció reanimarse, como si hubiese encontrado de pronto una solución.

—Escucha, Margarita: yo leo en tu alma. Amas a ese hombre, y haces bien. Es superior a mí, y las mujeres se sienten atraídas por toda superioridad... Yo soy un cobarde. Sí, no protestes; soy un cobarde, con toda mi juventud, con todas mis fuerzas. ¿Cómo no habías de sentirte impresionada por la conducta de ese hombre?... Pero yo recuperaré lo perdido... Este país es el tuyo, Margarita: yo me batiré por él. No digas que no...

Y, enardecido por su repentino entusiasmo, trazaba un plan de heroísmos. Iba a hacerse soldado. Pronto oiría hablar de él. Su propósito era quedar tendido en el campo al primer encuentro o asombrar al mundo con sus hazañas. De un modo u otro resolvería su vergonzosa situación: el olvido de la muerte o la gloria.

—¡No! —exclamó ella, interrumpiéndole con angustia—. Tú, no. Bastante hay con el otro... ¡Qué horror! Tú también herido, mutilado para siempre, tal vez muerto... No; vive. Prefiero que vivas, aunque seas de otra. Que yo sepa que existes, que te vea alguna vez, aunque me hayas olvidado, aunque pases indiferente, como si no me conocieses.

En su protesta gritaba el amor ardoroso, el amor irreflexivo y heroico, que acepta con estoicismo todas las penas a cambio de que el ser preferido siga existiendo.

Pero a continuación, para que Julio no sintiese el engaño de una falsa esperanza, añadió:

—Vive, tú no debes morir. Sería para mí un nuevo tormento... Pero vive sin mí. Olvídame. Es inútil cuanto hablemos: mi destino está marcado para siempre al lado del otro.

Desnoyers volvió a entregarse al desaliento, adivinando la ineficacia de ruegos y protestas.

—¡Ah, cómo le amas!... ¡Cómo me engañaste!

Ella, como suprema explicación, volvió a repetir lo dicho al principio de la entrevista. Amaba a Julio... y amaba a su marido. Eran amores distintos. No quería decir cuál resultaba más ardiente; pero la desgracia la impelía a escoger entre los dos, y aceptaba el más doloroso, el de mayores sacrificios.

—Tú eres hombre, y no podrás entenderme nunca... Una mujer me comprendería. Julio, al lanzar una mirada en torno de él, creyó que la tarde había sufrido los efectos de un fenómeno celeste. El jardín seguía iluminado por el sol, pero el verde de los árboles, el amarillo del suelo, el azul del espacio, las espumas blancas del río, todo le pareció oscuro y difuso, como si cayese una lluvia de ceniza.

—Entonces..., ¿todo ha terminado entre nosotros?

Su voz temblorosa, suplicante, cargada de lágrimas, hizo que ella volviese la cabeza para ocultar su emoción. Luego, en el penoso silencio, las dos desesperaciones formularon la misma pregunta, como si interrogasen a las sombras del futuro. «¿Qué será de mí?», murmuró el hombre. Y como un eco, los labios de ella repitieron:

«¿Qué será de mí?» Todo estaba dicho. Palabras irreparables se alzaban entre los dos como un obstáculo que había de ensancharse por momentos, impeliéndolos en opuestas direcciones. ¿Para qué prolongar la entrevista dolorosa?... Margarita mostró la resolución pronta y enérgica de toda mujer cuando desea cortar una escena:

«¡Adiós!» Su rostro había tomado una palidez amarillenta, sus pupilas estaban mortecinas, humosas, como los vidrios de una linterna cuya luz se apaga. «¡Adiós!» Debía volver al lado de su herido. Se marchó sin mirarlo, y Desnoyers, por instinto, caminó en dirección opuesta. Cuando, al serenarse, quiso volver sobre sus pasos, vió cómo se alejaba dando el brazo al ciego, sin volver la cabeza una sola vez. Tuvo la convicción de que ya no la vería más, y una angustia de asfixia oprimió su garganta.

¿Y con esta facilidad podían separarse eternamente dos seres que días antes contemplaban el Universo concretado en sus personas?...

Su desesperación al quedar solo le hizo acusarse de torpeza. Ahora acudían sus pensamientos en tropel, y cada uno de ellos le pareció suficiente para convencer a Margarita. Indudablemente no había sabido expresarse: necesita hablar con ella otra vez... Y decidió permanecer en Lourdes.

Pasó una noche de tortura en el hotel, escuchando el rebullir del río entre las piedras. El insomnio le tuvo entre sus mandíbulas feroces, royéndole con un suplicio interminable. Encendió la luz varias veces, pero no pudo leer. Sus ojos miraron con estúpida fijeza los dibujos del empapelado, las láminas piadosas de este cuarto que había servido de albergue a los peregrinos ricos. Permaneció inmóvil y abstraído como los orientales que piensan en su carencia absoluta de pensamientos. Una idea única danzaba en el vacío de su cráneo: «Y no la veré más... ¿Es esto posible?» Se adormeció algunos instantes, para despertar con la sensación de un estallido horroroso que lo enviaba por los aires. Y siguió desvelado, con sudores de angustia, hasta que en la sombra de la habitación se fue destacando un cuadrado de luz láctea. El amanecer empezaba a reflejarse en las cortinas de la ventana. La caricia aterciopelada del día pudo, al fin, cerrar sus ojos. Al despertar, bien entrada la mañana, corrió a los jardines de la gruta... ¡Las horas de espera temblorosa e inútil, creyendo reconocer a Margarita en toda dama blanca que avanzaba guiando a un herido! Por la tarde, después de un almuerzo cuyos platos desfilaron intactos, volvió al jardín en busca de ella. Al reconocerla dando el brazo al oficial ciego experimentó una sensación de desaliento. Parecía más alta, más delgada, con el rostro afilado, dos oquedades de sombra en las mejillas, los ojos brillantes de fiebre, los párpados contraídos por el cansancio. Adivinó una noche de suplicio, de pensamientos escasos y tenaces, de estupefacción dolorosa, igual a la suya en el cuarto del hotel. Sintió de pronto todo el peso del insomnio y la inapetencia, toda la emoción deprimente de las sensaciones crueles experimentadas en las últimas horas. ¡Cuán desgraciados eran los dos!...

Ella avanzaba con precaución, mirando a un lado y a otro, como el que presiente un peligro. Al descubrirle se apretó contra el ciego, lanzando a su antiguo amante una mirada de súplica, de desesperación, implorando misericordia... ¡Ay esta mirada! Sintió vergüenza; su personalidad parecía haberse desdoblado: se contempló a sí mismo con ojos de juez. ¿Qué hacía allí el llamado Julio Desnoyers, hombre seductor e inútil, atormentando con su presencia a una pobre mujer, queriendo desviarla de su noble arrepentimiento, insistiendo en sus egoístas y pequeños deseos, cuando la Humanidad entera pensaba en otras cosas?... Su cobardía le irritó. Como el ladrón que se aprovecha del sueño de la víctima, él rondaba en torno de un hombre bueno y valeroso que no podía verle, que no podía defenderse, para robarle el único afecto que tenía en el mundo y que milagrosamente volvía hacia él. ¡Muy bien, señor Desnoyers!... ¡Ah canalla!

Estos insultos exteriores le hicieron erguirse, altivo, cruel, inexorable, contra aquel otro yo digno de su desprecio.

Ladeó la cabeza: no quiso encontrar los ojos suplicantes de Margarita; tuvo miedo a su mudo reproche. Tampoco se atrevió a mirar al ciego, con su uniforme rapado y heroico, con su rostro envejecido por el deber y la gloria. Le temía como a un remordimiento. Volvió la espalda al grupo; se alejó. ¡Adiós, amor! ¡Adiós, felicidad!...

Marchaba ahora con paso firme; un milagro acababa de realizarse en su interior: había encontrado un camino.

¡A París!... Una ilusión nueva iba a poblar el inmenso vacío de su existencia sin objetivo.

V. LA INVASIÓN

Huía don Marcelo para refugiarse en su castillo, cuando encontró al alcalde de Villeblanche. El estrépito de la descarga le había hecho correr hacia la barricada. Al enterarse de la aparición del grupo de rezagados elevó los brazos desesperadamente. Estaban locos. Su resistencia iba a ser fatal para el pueblo. Y siguió corriendo para rogarles que desistiesen de ella.

Transcurrió mucho tiempo sin que se turbase la calma de la mañana. Desnoyers había subido a lo más alto de uno de los torreones, y con los anteojos exploraba el campo. No alcanzaba a distinguir la carretera; sólo veía grupos de árboles inmediatos. Adivinó con la imaginación debajo de este ramaje una oculta actividad: masas de hombres que hacían alto, tropas que se preparaban para el ataque. La inesperada defensa de los fugitivos había perturbado la marcha de la invasión. Desnoyers pensó en este puñado de locos y su testarudo jefe: ¿qué suerte iba a ser la suya?

Al fijar sus gemelos en las cercanías del pueblo vio las manchas rojas de los quepis deslizándose como amapolas entre el verde de una pradera. Eran ellos que se retiraban, convencidos de la inutilidad de su resistencia. Tal vez les habían indicado un vado o una barca olvidada para salvar el Marne, y continuaban su retroceso hacia el río. De un momento a otro, los alemanes iban a entrar en Villeblanche. Transcurrió media ahora de profundo silencio. El pueblo perfilaba sobre un fondo de colinas su masa de tejados y la torre de la iglesia rematada por la cruz y un gallo de hierro. Todo parecía tranquilo, como en los mejores días de la paz. De pronto vio que el bosque vomitaba a lo lejos algo ruidoso y sutil, una burbuja de vapor acompañada de sordo estallido. Algo también pasó por el aire con estridente curva. A continuación un tejado del pueblo se abrió como un cráneo, volando de él maderos, fragmentos de pared, muebles rotos. Todo el interior de la casa se escapaba en un chorro de humo polvo y astillas.

Los invasores bombardeaban a Villeblanche antes de intentar el ataque, como si temiesen encontrar en sus calles una empeñada resistencia. Cayeron nuevos proyectiles. Algunos, pasando por encima de las casas, venían a estallar entre el pueblo y el castillo.. Los torreones de la propiedad de Desnoyers empezaban a atraer la puntería de los artilleros. Pensaba éste en la oportunidad de abandonar su peligroso observatorio, cuando vio que algo blanco, semejante a un mantel o a una sábana, flotaba en la torre de la iglesia. Los vecinos habían izado esta señal de paz para evitarse el bombardeo. Todavía cayeron unos cuantos proyectiles; luego se hizo el silencio.

Don Marcelo estaba ahora en su parque, viendo cómo el conserje enterraba al pie de un árbol las armas de caza que existían en el castillo. Luego se dirigió hacia la verja. Los enemigos iban a llegar y había que recibirlos. En esta espera inquietante, el arrepentimiento volvió a atormentarle. ¿Que hacía allí? ¿Por qué se había quedado?... Pero su carácter tenaz desechó inmediatamente las dudas del miedo. Estaba allí porque tenía el deber de guardar lo suyo. Además, ya era tarde para pensar en tales cosas.

Le pareció de pronto que el silencio matinal se cortaba con un sordo rasgón de tela dura.

—Tiros, señor —dijo el conserje—. Una descarga. Debe de ser en la plaza. Minutos después vieron llegar a una mujer del pueblo, una vieja de miembros

enjutos y negruzcos, que jadeaba con la violencia de la carrera, lanzando en torno miradas de locura. Huía, sin saber adónde ir, por la necesidad de escapar al peligro, de librarse de horribles visiones. Desnoyers y los porteros escucharon su explicación, entrecortada por hipos de terror.

Los alemanes estaban en Villeblanche. Primeramente había entrado un automóvil a toda velocidad, pasando de un extremo a otro del pueblo. Su ametralladora disparaba a capricho contra las casas cerradas y las puertas abiertas, tumbando a las gentes que se habían asomado. La vieja abrió los brazos con un gesto de terror...; heridos..., sangre. A continuación, otros vehículos blindados que se habían detenido en la plaza, y tras de ellos, grupos de jinetes, batallones a pie, numerosos batallones que llegaban por todas partes. Los hombres con casco parecían furiosos; acusaban a los habitantes de haber hecho fuego contra ellos. En la plaza habían golpeado al alcalde y a varios vecinos que salían a su encuentro. El cura, inclinado sobre unos agonizantes, también había sido atropellado... Todos presos. Los alemanes hablaban de fusilarlos.

Las palabras de la vieja fueron cortadas por el ruido de algunos automóviles que se aproximaban.

—Abre la verja —ordenó el dueño al conserje.

La verja quedó abierta, y ya no volvió a cerrarse nunca. Terminaba el derecho de propiedad.

Se detuvo ante la entrada un automóvil enorme cubierto de polvo y lleno de hombres. Detrás sonaron las bocinas de otros vehículos, que se avisaban al detenerse con un seco tirón de frenos. Desnoyers vio soldados apeándose de un salto, todos vestidos de gris verdoso, con una funda del mismo tono cubriendo el casco puntiagudo. Uno de ellos, que marchaba delante, le puso su revólver en la frente.

—¿Dónde están los francotiradores?— preguntó.

Estaba pálido, con una palidez de cólera, de venganza y de miedo. Le temblaban las mejillas a impulsos de la triple emoción. Don Marcelo se explicó lentamente, contemplando a corta distancia de sus ojos el negro redondel del tubo amenazador. No había visto francotiradores. El castillo tenía por únicos habitantes el conserje con su familia y él, que era el dueño.

Miró el oficial al edificio y luego examinó a Desnoyers con visible extrañeza, como si lo encontrase de aspecto demasiado humilde para ser su propietario. Le había creído un simple empleado, y su respeto a las jerarquías sociales hizo que bajase el revólver. No por esto desistió de sus gestos imperiosos. Empujó a don Marcelo para que le sirviese de guía; lo hizo marchar delante de él, mientras a sus espaldas se agrupaban unos cuarenta soldados. Avanzaron en dos filas, al amparo de los árboles que bordeaban la avenida central, con el fusil pronto para disparar y mirando inquietamente a las ventanas del castillo, como si esperasen recibir desde ellas una descarga cerrada. Desnoyers marchó con tranquilidad por el centro, y el oficial, que había imitado la precaución de su gente, acabó por unirse a él cuando atravesaba el puente levadizo.

Los hombres armados se esparcieron por las habitaciones en busca de enemigos. Metían las bayonetas debajo de las camas y divanes. Otros, con un automatismo destructor, atravesaron los cortinajes y las ricas cubiertas de los lechos. El dueño protestó: «¿Para qué este destrozo inútil?...» Experimentaba una tortura insufrible al ver las botas enormes manchando de barro las alfombras, al oír el choque de culatas y mochilas contra los muebles frágiles, de los que caían objetos. ¡Pobre mansión histórica!...

El oficial lo miró con extrañeza, asombrado de que protestase por tan fútiles motivos. Pero dio una orden en alemán, y sus hombres cesaron en las rudas exploraciones. Luego, como una justificación de este respeto extraordinario, añadió en francés:

—Creo que tendrá usted el honor de alojar al general de nuestro Cuerpo de ejército.

La certeza de que en el castillo no se ocultasen enemigos le hizo más amable. Sin embargo, persistió en su cólera contra los francotiradores. Un grupo de vecinos había hecho fuego sobre los ulanos cuando avanzaban descuidados después de la retirada de los franceses.

Desnoyers creyó necesaria una protesta. No eran vecinos ni francotiradores: eran soldados franceses. Tuvo buen cuidado de callar su presencia en la barricada; pero afirmó que había distinguido los uniformes desde un torreón de su castillo. El oficial hizo un gesto de agresividad.

—¿Usted también?... ¿Usted, que parece un hombre razonable, repite tales patrañas?

Y, para cortar la discusión, dijo con arrogancia:

—Llevaban uniforme, si usted se empeña en afirmarlo; pero eran francotiradores. El Gobierno francés ha repartido armas y uniformes a los campesinos para que nos asesinen. Lo mismo hizo el de Bélgica... Pero conocemos sus astucias y sabremos castigarlos. El pueblo iba a ser incendiado. Había que vengar los cuatro cadáveres alemanes que estaban tendidos en las afueras de Villeblanche, cerca de las barricadas. El alcalde, el cura, los principales vecinos, todos fusilados.

Visitaban en aquel momento el último piso. Desnoyers vio flotar por encima del ramaje de su parque una bruma oscura cuyos contornos enrojecía el sol. El extremo del campanario era lo único del pueblo que se distinguía desde allí. En torno del gallo de hierro volteaban harapos inútiles, semejantes a telarañas negras elevadas por el viento. Un olor de madera vieja quemada llegó hasta el castillo. Saludó el alemán este espectáculo con una sonrisa cruel. Luego, al descender al parque, ordenó a Desnoyers que le siguiese. Su libertad y su dignidad habían terminado. En adelante iba a ser una cosa bajo el dominio de estos hombres, que podían disponer de él a su capricho. ¡Ay, por qué se había quedado...! Obedeció, montando en un automóvil al lado del oficial, que aún conservaba el revólver en la diestra. Sus hombres se esparcían por el castillo y sus dependencias para evitar la fuga de un enemigo imaginario. El conserje y su familia parecieron decirle «¡Adiós!» con los ojos. Tal vez lo llevaban a la muerte. Más allá de las arboledas del castillo fue surgiendo un mundo nuevo. El corto trayecto hasta Villeblanche representó para él un salto de millones de leguas, la caída en un planeta rojo, donde hombres y cosas tenían la pátina del humo y el resplandor del incendio. Vio el pueblo bajo un dosel oscuro moteado de chispas y brillantes pavesas. El campanario ardía como un blandón enorme; la techumbre de la iglesia estallaba, dejando escapar chorros de llamas. Un hedor de quema se esparcía en el ambiente. El fulgor del incendio parecía contraerse y empalidecer ante la luz impasible del sol.

Corrían a través de los campos, con la velocidad de la desesperación, mujeres y niños dando alaridos. Las bestias habían escapado de los establos, empujadas por las llamas, para emprender una carrera loca. La vaca y el caballejo de labor llevaban pendiente del pescuezo la cuerda rota por el tirón de miedo. Sus flancos echaban humo y olían a pelo quemado. Los cerdos, las ovejas, las gallinas, corrían igualmente, confundidos con gatos y perros. Toda la animalidad doméstica retornaba a la existencia salvaje, huyendo del hombre civilizado. Sonaban tiros y carcajadas brutales. Los soldados, en las afueras del pueblo, insistían regocijados en esta cacería de fugitivos. Sus fusiles apuntaban a las bestias y herían a las personas.

Desnoyers vio hombres, muchos hombres, hombres por todas partes. Eran a modo de hormigueros grises que desfilaban y desfilaban hacia el Sur, saliendo de los bosques, llenando los caminos, atravesando los campos. El verde de la vegetación se diluía bajo sus pasos; las cercas caían rotas, el polvo se alzaba en espirales detrás del sordo rodar de los cañones y el acompasado trote de millares de caballos. A los lados del camino habían hecho alto varios batallones con su acompañamiento de vehículos y bestias de tiro. Descansaban para reanudar su marcha. Conocía a este ejército. Lo había visto en las paradas de Berlín y también le pareció cambiado, como el del día anterior. Quedaba en él muy poco de la brillantez sombría e imponente, de la tiesura muda y jactanciosa que hacían llorar de admiración a sus cuñados. La guerra, con sus realidades, había borrado todo lo que tenía de teatral el formidable organismo de la muerte. Los soldados se mostraban sucios y cansados. Una respiración de carne blanca, atocinada y sudorosa, revuelta con el hedor del cuero, flotaba sobre los regimientos. Todos los hombres tenían cara de hambre. Llevaban días y días caminando incesantemente sobre las huellas de un enemigo que siempre conseguía librarse. En este avance forzado, los víveres de la Intendencia llegaban tarde a los acantonamientos. Sólo podías contar con lo que guardaban en sus mochilas. Desnoyers los vio alineados junto al camino devorando pedazos de pan negro y embutidos mohosos. Algunos se esparcían por los campos para desenterrar las remolachas y otros tubérculos, mascando su dura pulpa entre crujidos de granos de tierra. Un alférez sacudía los árboles frutales, empleando como percha la bandera de su regimiento. La gloriosa enseña, adornada con recuerdos de 1870, le servía para alcanzar ciruelas todavía verdes. Los que estaban sentados en el suelo aprovechaban este descanso extrayendo sus pies hinchados y sudorosos de las altas botas, que esparcían un vapor insufrible.

Los regimientos de Infantería que Desnoyers había visto en Berlín reflejando la luz en metales y correajes, los húsares lujosos y terroríficos, los coraceros de albo uniforme, semejantes a los paladines del Santo Graal, los artilleros con el pecho regleteado de fajas blancas, todos los militares que en los desfiles arrancaban suspiros de admiración a los Hartrott, aparecían ahora unificados y confundidos por la monotonía del color, todos de verde mostaza, como lagartos empolvados que en su arrastre buscan confundirse con el suelo.

Se adivinaba la persistencia de la férrea disciplina. Una palabra dura de los jefes, un golpe de silbato y todos se agrupaban, desapareciendo el hombre en el espesor de la masa de autómatas. Pero el peligro, el cansancio, la certidumbre del triunfo, habían aproximado a los soldados y oficiales momentáneamente, borrando las diferencias de castas. Los jefes salían un poco del aislamiento en que los mantenía su altivez y se dignaban conversar con sus hombres para infundirles ánimo. Un esfuerzo más, y envolverían a franceses e ingleses, repitiendo la hazaña de Sedán, cuyo aniversario se celebraba en aquellos días. Iban a entrar en París: era asunto de una semana.

¡París! Grandes tiendas llenas de riquezas, restaurantes célebres, mujeres, champaña, dinero... Y los hombres, orgullosos de que sus conductores se dignasen hablar con ellos, olvidaban la fatiga y el hambre, reanimándose como las muchedumbres de la Cruzada ante la imagen de Jerusalén. Nach Paris! El alegre grito circulaba de la cabeza a la cola de las columnas en marcha. «¡A París! ¡A París!...» La escasez de comida la compensaban con los productos de una tierra rica en vinos. Al saquear las casas, rara vez encontraban víveres, pero siempre una bodega. El alemán humilde, abrevado con cerveza y que consideraba el vino como un privilegio de los ricos, podía desfondar los toneles a culatazos, bañándose los pies en oleadas del precioso líquido. Cada batallón dejaba como rastro de su paso una estela de botellas vacías. Un alto en un campo lo sembraban de cilindros de vino. Los furgones de los regimientos, no pudiendo renovar sus repuestos de víveres, cargaban vino en todos los pueblos. El soldado, falto de pan, recibía alcohol... Y este regalo iba acompañado de buenos consejos de los oficiales. La guerra es la guerra: nada de piedad con unos adversarios que no la merecían. Los franceses fusilaban a los prisioneros y sus mujeres sacaban los ojos a los heridos. Cada vivienda equivalía a un antro de asechanzas. El alemán sencillo e inocente que penetraba solo iba a muerte segura. Las camas se hundían en pavorosos subterráneos, los armarios eran puertas disimuladas, todo rincón tenía oculto a un asesino. Había que castigar a esta nación traidora que preparaba su suelo como un escenario de melodrama, Los funcionarios municipales, los curas, los maestros de escuela, dirigían y amparaban a los francotiradores. Desnoyers se aterró al considerar la indiferencia con que marchaban estos hombres en torno del pueblo incendiado. No veían el fuego y la destrucción; todo carecía de valor ante sus ojos: era el espectáculo ordinario. Desde que atravesaron las fronteras de su país, pueblos en ruinas, incendiados por las vanguardias, y pueblos en llamas nacientes, provocadas por su propio paso, habían ido marcando las etapas de su avance por el suelo belga y el francés. Al entrar el automóvil en Villeblanche tuvo que moderar su marcha. Muros calcinados se habían desplomado sobre la calle, vigas medio carbonizadas obstruían el paso, obligando al vehículo a virar entre los escombros humeantes. Los solares ardían como braseros entre casas que aún se mantenían en pie, saqueadas, con las puertas rotas, pero libres del incendio. Desnoyers vio en estos rectángulos llenos de tizones, sillas, camas, máquinas de coser, cocinas de hierro, todos los muebles del bienestar campesino, que se consumían o retorcían. Creyó distinguir igualmente un brazo emergiendo de los escombros y que empezaba a arder como un cirio. No, no era posible... Un hedor de grasa caliente se unía a la respiración de hollín de maderas y cascotes.

Cerró los ojos: no quería ver. Pensó por un momento que estaba soñando. Era inverosímil que tales horrores hubiesen podido desarrollarse en poco más de una hora. Creyó a la maldad humana impotente para cambiar en tan poco espacio el aspecto de un pueblo. Una brusca detención del carruaje le hizo mirar. Esta vez los cadáveres estaban en medio de la calle: eran dos hombres y una mujer. Tal vez habían caído bajo las balas de la ametralladora automóvil que atravesó el pueblo precediendo a la invasión. Un poco más allá, vueltos de espalda a los muertos, como si ignorasen su presencia, varios soldados comían sentados en el suelo. El chófer les gritó para que desembarazasen el paso. Con los fusiles y los pies empujaron los cadáveres, todavía calientes, que dejaban a cada volteo un rastro de sangre. Apenas quedó abierto algo de espacio entre ellos y el muro, pasó adelante el vehículo... Un crujido, un salto. Las ruedas de atrás habían aplastado un obstáculo frágil.

Desnoyers continuaba en su asiento, encogido, estupefacto, cerrando los ojos. El horror le hizo pensar en su propio destino. ¿Adónde lo llevaba aquel teniente?...

En la plaza vio la casa municipal que ardía; la iglesia no era más que un cascarón de piedra erizado de lenguas de fuego. Las casas de los vecinos acomodados tenían las puertas y ventanas rotas a hachazos. En su interior se agitaban los soldados, siguiendo un metódico vaivén. Entraban con las manos vacías y surgían cargados de muebles y ropas. Otros, desde los pisos superiores, arrojaban objetos acompañando sus envíos con bromas y carcajadas. De pronto tenían que salir huyendo. El incendio estallaba instantáneamente, con la violencia y la rapidez de una explosión. Seguía los pasos de un grupo de hombres que llevaban cajones y cilindros de metal. Alguien que iba al frente designaba los edificios, y al penetrar por sus rotas ventanas pastillas y chorros de líquido, se producía la catástrofe de un modo fulminante. Vio surgir de un edificio en llamas dos hombres que parecían dos montones de harapos, llevados a rastras por varios alemanes. Sobre la mancha azul de sus capotes distinguió unas caras pálidas, unos ojos desmesuradamente abiertos por el martirio. Sus piernas arrastraban por el suelo, asomando entre las tiras de los pantalones rojos destrozados. Uno de ellos aún conservaba el quepis. Expelían sangre por diversas partes de sus cuerpos: iban dejando atrás el blanco serpenteo de los vendajes deshechos. Eran heridos franceses, rezagados que se habían quedado en el pueblo sin fuerzas para continuar la retirada. Tal vez pertenecían al grupo que, al verse cortado, intentó una resistencia loca.

Deseando restablecer la verdad, miró al oficial que tenía al lado y quiso hablar. Pero éste le contuvo: «Francotiradores disfrazados, que van a recibir su castigo». Las bayonetas alemanas se hundieron en sus cuerpos. Después, una culata cayó sobre la cabeza de uno de ellos... Y los golpes se repitieron con sordo martilleo sobre las cápsulas óseas, que crujían al romperse.

Otra vez pensó el viejo en su propia suerte. ¿Adónde lo llevaba este teniente a través de tantas visiones de horror? Llegaron a las afueras del pueblo, donde los dragones habían establecido su barricada. Las carretas estaban aún allí, pero a un lado del camino. Bajaron del automóvil. Vio un grupo de oficiales vestidos de gris, con el casco enfundado, iguales en todo a los otros. El que lo había conducido hasta este sitio quedó inmóvil, rígido, con una mano en la visera, hablando a un militar que estaba unos cuantos pasos al frente del grupo. Miró a este hombre y él también lo miró con unos ojillos azules y duros que perforaban su rostro enjuto surcado de arrugas. Debía de ser el general. La mirada arrogante y escudriñadora le abarcó de pies a cabeza. Don Marcelo tuvo el presentimiento de que su vida dependía de este examen. Una mala idea que cruzase por su cerebro, un capricho cruel de su imaginación, y estaba perdido. Movió los hombros el general y dijo unas palabras con gesto desdeñoso. Luego montó en un automóvil con dos de sus ayudantes y el grupo se deshizo. La cruel incertidumbre del viejo encontró interminables los momentos que tardó el oficial en volver a su lado.

—Su excelencia es muy bueno —dijo—. Podía fusilarlo, pero le perdona. ¡Y aún dicen ustedes que somos unos salvajes!...

Con la inconsciencia de su menosprecio, explicó que lo había traído hasta allí convencido de que lo fusilarían. El general deseaba castigar a los vecinos principales de Villeblanche y él había considerado por su propia iniciativa que el dueño del castillo debía de ser uno de ellos.

—El deber militar, señor... Así lo exige la guerra.

Después de esta excusa reanudó los elogios a su excelencia. Iba a alojarse en la propiedad de don Marcelo, y por esto le perdonaba la vida. Debía darle las gracias... Luego volvieron a temblar de cólera sus mejillas. Señalaba unos cuerpos tendidos junto al camino. Eran los cadáveres de los cuatro ulanos, cubiertos con unos capotes y mostrando por debajo de ellos las suelas enormes de sus botas.

—¡Un asesinato! —exclamó—. ¡Un crimen que van a pagar caro los culpables!

Su indignación le hacía considerar como un hecho inaudito y monstruoso la muerte de los cuatro soldados, como si en la guerra sólo debieran caer los enemigos, manteniéndose incólume la vida de sus compatriotas. Llegó un grupo de Infantería mandado por un oficial. Al abrirse sus filas vio Desnoyers entre los uniformes grises varios paisanos empujados rudamente. Iban con las ropas desgarradas. Algunos tenían sangre en el rostro y en las manos. Los fue reconociendo uno por uno mientras los alineaban junto a una tapia, a veinte pasos del piquete: el alcalde, el cura, el guardia forestal, algunos vecinos ricos cuyas casas había visto arder.

Iban a fusilarlos... Para evitarle toda duda, el teniente continuó sus explicaciones.

—He querido que vea usted esto. Conviene aprender. Así agradecerá mejor las bondades de su excelencia.

Ninguno de los prisioneros hablaba. Habían agotado sus voces en una protesta inútil. Toda su vida la concentraban en sus ojos, mirando en torno con estupefacción... ¿Y era posible que los matasen fríamente, sin oír sus protestas, sin admitir las pruebas de su inocencia? La certidumbre de la muerte dio de pronto a casi todos ellos una noble serenidad. Inútil quejarse. Sólo un campesino rico, famoso en el pueblo por su avaricia, lloriqueaba desesperadamente repitiendo: «Yo no quiero morir..., yo no quiero morir».

Trémulo y con los ojos cargados de lágrimas, Desnoyers se ocultó detrás de su implacable acompañante. A todos los conocía, con todos había batallado, arrepintiéndose ahora de sus antiguas querellas. El alcalde tenía en la frente la mancha roja de una gran desolladura. Sobre su pecho se agitaba un harapo tricolor: la banda municipal, que se había puesto para recibir a los invasores y éstos le habían arrancado. El cura erguía su cuerpo pequeño y redondo, queriendo abarcar en una mirada de resignación las víctimas, los verdugos, la Tierra entera, el Cielo. Parecía más grueso. El negro ceñidor, roto por las violencias de los soldados, dejaba libre su abdomen y flotante su sotana. Las melenas plateadas chorreaban sangre, salpicando de gotas rojas el blanco alzacuello.

Al verle avanzar por el campo de la ejecución con paso vacilante a causa de su obesidad, una risotada salvaje cortó el trágico silencio. Los grupos de soldados sin armas que habían acudido a presenciar el suplicio saludaron con carcajadas al anciano. «¡A muerte el cura!...» El fanatismo de las guerras religiosas vibraba en su burla. Casi todos ellos eran católicos o protestantes fervorosos; pero sólo creían en los sacerdotes de su país. Fuera de Alemania, todo resultaba despreciable, hasta la propia religión.

El alcalde y el sacerdote cambiaron de lugar en la fila, buscándose.

Se ofrecían mutuamente el centro del grupo con una cortesía solemne.

—Aquí, señor alcalde; éste es su sitio: a la cabeza de todos.

—No; después de usted, señor cura.

Discutían por última vez, pero en este momento supremo era para cederse el paso, queriendo cada uno humillarse ante el otro. Habían unido sus manos por instinto mirando de frente al piquete de ejecución, que bajaba sus fusiles en rígida fila horizontal. A sus espaldas sonaron lamentos. «¡Adiós, hijos míos!... ¡Adiós, vida!...

¡Yo no quiero morir..., no quiero morir!...»

Los dos hombres sintieron la necesidad de decir algo, de cerrar la página de su existencia con una afirmación.

—¡Viva la República!— gritó el alcalde

—¡Viva Francia!— dijo el cura

Desnoyers creyó que ambos habían gritado lo mismo.

Se alzaron dos verticales sobre las cabezas: el brazo del sacerdote trazó en el aire un signo, el sable del jefe del piquete relampagueó al mismo tiempo lívidamente... Un trueno seco, rotundo, seguido de varias explosiones tardías.

Sintió lástima don Marcelo por la pobre Humanidad al ver las formas grotescas que adopta en el momento de morir. Unos se desplomaron como sacos medio vacíos: otros rebotaron en el suelo lo mismo que pelotas, algunos dieron un salto de gimnasia con los brazos en alto, cayendo de espaldas o de bruces, en una actitud de nadador. Vio cómo salían del montón humano piernas contorsionadas por los estremecimientos de la agonía... Unos soldados avanzaron con el mismo gesto de los cazadores que van a cobrar sus piezas. De la palpitación de los miembros revueltos se elevaron unas melenas blancas y una débil mano que se esforzaba por repetir su signo. Varios tiros y culatazos en el lívido montón chorreante de sangre... Y los últimos temblores de vida quedaron borrados para siempre.

El oficial había encendido un cigarro.

—Cuando usted guste— dijo a Desnoyers con irónica cortesía.

Montaron en el automóvil para atravesar Villeblanche, regresando al castillo. Los incendios cada vez más numerosos y los cadáveres tendidos en las calles ya no impresionaron al viejo. ¡Había visto tanto! ¿Qué podía alterar su sensibilidad?... Deseaba salir del pueblo cuanto antes en busca de la paz de los campos. Pero los campos habían desaparecido bajo la invasión: por todas partes soldados, caballos, cañones. Los grupos en descanso destruían con su contacto lo que los rodeaba. Los batallones en marcha habían invadido todos los caminos, rumorosos y automáticos como una máquina, precedidos por los pífanos y los tambores, lanzando de cuando en cuando, para animarse, su grito de alegría. Nach Paris!

El castillo también estaba desfigurado por la invasión. Había aumentado mucho el número de sus guardianes durante la ausencia del dueño. Vio todo un regimiento de Infantería acampado en el parque. Miles de hombres se agitaban bajo los árboles preparando su comida en las cocinas rodantes. Los arriates de su jardín, las plantas exóticas, las avenidas cuidadosamente enarenadas y barridas, todo roto y ajado por la avalancha de hombres, bestias y vehículos. Un jefe ostentando en una manga el brazal distintivo de la Administración militar daba órdenes como si fuese el propietario. Ni se dignó fijar sus ojos en este civil que marchaba al lado de un teniente con encogimiento de prisionero. Los establos estaban vacíos. Desnoyers vio sus últimas vacas que salían conducidas a palos por los pastores con casco. Los reproductores costosos eran degollados todos en el parque como simples bestias de carnicería. En los gallineros y palomares no quedaba una sola ave. Las cuadras estaban llenas de caballos enjutos, que se daban un hartazgo ante el pesebre repleto. El pasto almacenado se esparcía pródigamente por las avenidas, perdiéndose en gran parte antes de ser aprovechado. La caballada de varios escuadrones iba suelta por los prados, destruyendo bajo su pateo los canales, los bordes de los taludes, el alisamiento del suelo, todo un trabajo de largos meses. La leña seca ardía en el parque con un llameo inútil. Por descuido o por maldad, alguien había aplicado el fuego a sus montones. Los árboles, con la corteza reseca por los ardores del verano, crujían al ser lamidos por las llamas. El edificio estaba ocupado igualmente por una multitud de hombres que obedecían a este jefe. Sus ventanas, abiertas, dejaban ver un continuo tránsito por las habitaciones. Desnoyers oyó golpes que resonaron dentro de su pecho. ¡Ay su mansión histórica!... El general iba a instalarse en ella, luego de haber examinado en la orilla del Marne los trabajos de los pontoneros, que establecían varios pasos para las tropas. Su miedo de propietario le hizo temblar. Temía que rompiesen las puertas de las habitaciones cerradas: quiso ir en busca de las llaves para entregarlas. El comisario no le escuchó: seguía ignorando su existencia. El teniente repuso con amabilidad cortante:

—No es necesario; no se moleste.

Y se fue para incorporarse a su regimiento. Pero antes que Desnoyers le perdiese de vista quiso el oficial darle un consejo. Quieto en su castillo; fuera de él podían tomarle por un espía y ya estaba enterado de la prontitud con que acostumbraban solucionar sus asuntos los soldados del emperador.

No pudo permanecer en el jardín contemplando de lejos su vivienda. Los alemanes que iban y venían se burlaban de él. Algunos marchaban a su encuentro en línea recta, como si no lo viesen, y tenía que apartarse para no ser volteado por este avance mecánico y rígido. Al fin se refugió en el pabellón del conserje. La mujer lo veía con asombro, caído en un asiento de su cocina, desalentado, la mirada en el suelo, súbitamente envejecido al perder las energías que animaban su robusta ancianidad.

—¡Ah señor!... ¡Pobre señor!

De todos los atentados de la invasión, el más inaudito para la pobre mujer era contemplar al dueño refugiado en su vivienda.

—¡Qué va a ser de nosotros!— gemía.

Su marido era llamado con frecuencia por los invasores. Los asistentes de su excelencia, instalados en los sótanos del castillo, lo reclamaban para inquirir el paradero de las cosas que no podían encontrar. De estos viajes volvía humillado, con los ojos llenos de lágrimas. Tenía en la frente la huella negra de un golpe; su chaqueta estaba desgarrada. Eran rastros de un débil intento de oposición durante la ausencia del dueño al iniciar los alemanes el despojo de establos y salones.

El millonario se sintió ligado por el infortunio a unas gentes consideradas hasta entonces con indiferencia. Agradecía mucho la fidelidad de este hombre enfermo y humilde. Le conmovió el interés de la pobre mujer, que miraba el castillo como si fuese propio. La presencia de la hija trajo a su memoria la imagen de Chichí. Había pasado junto a ella sin fijarse en su transformación, viéndola lo mismo que cuando acompañaba, con trote de gozquecillo, a la señorita Desnoyers en sus excursiones por el parque y los alrededores. Ahora era una mujer, con la delgadez del último crecimiento, apuntando las primeras gracias femeniles en su cuerpo de catorce años. La madre no la dejaba salir del pabellón, temiendo a la soldadesca, que lo invadía todo con su corriente desbordada filtrándose en los lugares abiertos, rompiendo los obstáculos que estorbaban su paso. Desnoyers abandonó su desesperado mutismo para confesar que sentía hambre. Le avergonzaba esta exigencia material, pero las emociones del día, la muerte vista muy de cerca, el peligro todavía amenazante, despertaban en él un apetito nervioso. La consideración de que era un miserable en medio de sus riquezas y no podía disponer de nada en su dominio aumentó todavía más su necesidad.

—¡Pobre señor!— dijo otra vez la mujer.

Y contempló con asombro al millonario devorando un pedazo de pan y un triángulo de queso, lo único que pudo encontrar en su vivienda. La certeza de que no conseguiría otro alimento por más que buscase hizo que don Marcelo siguiese atormentado por su apetito. ¡Haber conquistado una fortuna enorme, para sufrir hambre al final de su existencia!... La mujer, como si adivinase sus pensamientos, gemía, elevando los ojos. Desde las primeras horas de la mañana el mundo había cambiado su curso: todas las cosas parecían al revés. ¡Ay la guerra!...

En el resto de la tarde y una parte de la noche fue recibiendo el propietario las noticias que traía el conserje después de sus visitas al castillo. El general y numerosos oficiales ocupaban las habitaciones. No quedaba cerrada una sola puerta; todas estaban de par en par, a culatazos y hachazos. Habían desaparecido muchas cosas; el portero no sabía cómo, pero habían desaparecido, tal vez rotas, tal vez arrebatadas por los que entraban y salían. El jefe del brazal iba de habitación en habitación examinándolo todo, dictando en alemán a un soldado que escribía. Mientras tanto, el general y los suyos estaban en el comedor. Bebían abundantemente y consultaban mapas extendidos en el suelo. El pobre hombre había tenido que bajar a las cuevas en busca de los mejores vinos.

Al anochecer se marcó un movimiento de flujo en aquella marea humana que cubría los campos hasta perderse de vista. Habían quedado establecidos varios puentes sobre el Marne y la invasión reanudó su avance. Los regimientos se ponían en marcha lanzando su grito de entusiasmo: Nach Paris! Los que se quedaban para continuar al día siguiente iban instalándose en las casas arruinadas o al aire libre. Desnoyers oyó cánticos. Bajo el fulgor de las primeras estrellas los soldados se agrupaban como orfeonistas, formando con sus voces un coral solemne y dulce, de religiosa gravedad. Encima de los árboles flotaba una nube roja que la sombra hacía más intensa. Era el reflejo del pueblo, que aún llameaba. A lo lejos, otras hogueras de granjas y caseríos cortaban la noche con sus parpadeos sangrientos. El viejo acabó por dormirse en la cama de sus conserjes, con el sueño pesado y embrutecedor del cansancio, sin sobresaltos ni pesadillas. Caía y caía en un agujero lóbrego y sin término. Al despertar, se imaginó que sólo había dormido unos minutos.

El sol coloreaba de naranjas las cortinillas de la ventana. A través de su tejado vio unas ramas de árbol y pájaros que saltaban piando entre las hojas. Sintió la misma alegría de los frescos amaneceres del verano. ¡Hermosa mañana! Pero ¿qué habitación era aquélla?... Miró con extrañeza el lecho y cuanto le rodeaba. De pronto, la realidad asaltó su cerebro, paralizando dulcemente por los primeros esplendores del día. Fue surgiendo de esta bruma mental la larga escalera de su memoria, con el último peldaño negro y rojo: el bloque de emociones, que representaba el día anterior. ¡Y él había dormido tranquilamente, rodeado de enemigos, sometido a una fuerza arbitraria que podía destruirle en uno de sus caprichos!...

Al entrar en la cocina, su conserje le dio noticias. Los alemanes se iban. El regimiento acampado en el parque había salido al amanecer, y tras de él, otros y otros. En el pueblo quedaba un batallón ocupando las pocas casas enteras y las ruinas de las incendiadas. El general había partido también con su numeroso Estado Mayor. Sólo quedaba en el castillo el jefe de una brigada, al que llamaban sus asistentes el conde, y varios oficiales.

Después de estas noticias se atrevió a salir del pabellón. Vio su jardín destrozado, pero hermoso. Los árboles guardaban impasibles los ultrajes sufridos en sus troncos. Los pájaros aleteaban con sorpresa y regocijo al verse dueños otra vez del espacio abandonado por la inundación humana.

Pronto se arrepintió Desnoyers de su salida. Cinco camiones estaban formados junto a los fosos, ante el puente del castillo. Varios grupos de soldados salían llevando a hombros muebles enormes, como peones que efectúan una mudanza. Un objeto voluminoso envuelto en cortinas de seda, que suplían a la lona de embalaje, era empujado por cuatro hombres hasta uno de los automóviles. El propietario adivinó. ¡Su baño: la famosa tina de oro!... Luego, con un brusco cambio de opinión, no sintió dolor por esta pérdida. Odiaba ahora la ostentosa pieza, atribuyéndole una influencia fatal. Por su culpa se veía allí. Pero. ¡ay!..., los otros muebles amontonados en los camiones... En este momento pudo abarcar toda la extensión de su miseria y su impotencia. Le era imposible defender su propiedad; no podía discutir con aquel jefe que saqueaba el castillo tranquilamente, ignorando la presencia del dueño.

«¡Ladrones!, ¡ladrones!» Y volvió a meterse en el pabellón.

Pasó toda la mañana con el codo en una mesa y la mandíbula apoyada en la mano, lo mismo que el día anterior, dejando que las horas se desgranasen lentamente, no queriendo oír el sordo rodar de los vehículos que se llevaban las muestras de su opulencia. Cerca del mediodía le anunció el conserje que un oficial, llegado una hora antes en automóvil, deseaba verlo.

Al salir del pabellón encontró a un capitán igual a los otros, con el casco puntiagudo y enfundado, el uniforme de color de mostaza, botas de cuero rojo, sable, revólver, gemelos y la carta geográfica en un estuche pendiente del cinturón. Parecía joven; ostentaba en una manga el brazalete del Estado Mayor.

—¿Me conoce?... No he querido pasar por aquí sin verlo.

Dijo esto en castellano, y Desnoyers experimentó una sorpresa más grande que todas las que había sentido en sus largas horas de angustia a partir de la mañana anterior.

—¿De veras que no me conoce? —prosiguió el alemán, siempre en español—. Soy Otto..., el capitán Otto von Hartrott.

El viejo descendió, o más bien rodó por la escalera de su memoria, para detenerse en un peldaño lejano. Vio la estancia, vio a sus cuñados que tenían el segundo hijo.

«Le pondré el nombre de Bismarck», decía Karl. Luego, remontando muchos escalones, se veía en Berlín durante su visita a los Hartrott. Hablaban con orgullo de Otto, casi tan sabio como su hermano mayor, pero que aplicaba el talento a la guerra. Era teniente y continuaba sus estudios para ingresar en el Estado Mayor. «¿Quién sabe si llegará a ser otro Moltke?», decía el padre. Y la bulliciosa Chichí lo bautizó con un apodo, aceptado por la familia. Otto fue en adelante Moltkecito para sus parientes de París. Desnoyers se admiró de las transformaciones realizadas por los años. Aquel capitán vigoroso y de aire insolente, que podía fusilarlo, era el mismo pequeñín que había visto corretear en la estancia, el Moltkecito imberbe del que se reía su hija. Mientras tanto, el militar explicaba su presencia allí. Pertenecía a otra división. Eran muchas..., ¡muchas!, las que avanzaban formando un muro extenso y profundo desde Verdún a París. Su general le había enviado para mantener el contacto con la división inmediata; pero al verse en las cercanías del castillo, había querido visitarlo. La familia no es una simple palabra. Él se acordaba de los días que había pasado en Villeblanche, cuando la familia Hartrott fue a vivir por algún tiempo con sus parientes de Francia. Los oficiales que ocupaban el edificio le habían retenido para que almorzase en su compañía. Uno de ellos mencionó casualmente al dueño de la propiedad, dando a entender que andaba cerca, aunque nadie se fijase en su persona. Una gran sorpresa para el capitán von Hartrott. Y había hecho averiguaciones hasta dar con él, doliéndose de verle refugiado en la habitación de sus porteros.

—Debe con certeza en qué consistían tales sufrimientos, pero adivinaba usted salir de ahí: usted es mi tío— dijo con orgullo. Vuelva a su casa, donde le corresponde estar. Mis camaradas tendrán mucho gusto en conocerlo; son hombres muy distinguidos.

Se lamentó luego de lo que el viejo hubiese podido sufrir. No sabía con certeza en qué consistían tales sufrimientos, pero adivinaba que los primeros instantes de la invasión habrían sido crueles para él.

—¡Qué quiere usted! —repitió varias veces—. Es la guerra.

Al mismo tiempo celebraba que hubiese permanecido en su propiedad.

Tenían orden de castigar con predilección los bienes de los fugitivos. Alemania deseaba que los habitantes permaneciesen en sus viviendas, como si no ocurriese nada de extraordinario. Desnoyers protestó...

¡Pero si los invasores fusilaban a los inocentes y quemaban sus casas!... El sobrino se opuso a que siguiese hablando. Palideció, como si detrás de su epidermis se esparciese una ola de ceniza; le brillaron los ojos, le temblaron las mejillas lo mismo que al teniente que se había posesionado del castillo.

—Se refiere usted al fusilamiento del alcalde y los otros... Me lo acaban de contar los camaradas. Aún ha sido flojo el castigo; debían haber arrasado el pueblo entero; debían haber matado hasta los niños y las mujeres. Hay que acabar con los francotiradores. El viejo lo miró con asombro. Su Moltkecito era tan peligroso y feroz como los otros... Pero el capitán cortó la conversación, repitiendo una vez más la eterna y monstruosa excusa.

—Muy horrible, pero ¡qué quiere usted!... Así es la guerra.

Luego pidió noticias de su madre, alegrándose al saber que estaba en el sur. Le había inquietado mucho la idea de que permaneciese en París. ¡Con las revoluciones que habían ocurrido allá en los últimos tiempos!... Desnoyers quedó dudando, como si hubiese oído mal. ¿Qué revoluciones eran ésas? Pero el oficial había pasado sin más explicaciones a hablar de los suyos, creyendo que Desnoyers sentiría impaciencia por conocer la suerte de la parentela germánica. Todos estaban en una situación magnífica. Su ilustre padre era presidente de varias sociedades patrióticas

—ya que sus años no le permitían ir a la guerra— y organizaba, además, futuras empresas industriales para explotar los países conquistados. Su hermano el sabio daba conferencias acerca de los pueblos que debía anexionarse el Imperio victorioso, tronando contra los malos patriotas que se mostraban débiles y mezquinos en sus pretensiones. Los tres hermanos restantes figuraban en el Ejército; a uno de ellos lo habían condecorado en Lorena. Las dos hermanas, algo tristes por la ausencia de sus prometidos, tenientes de húsares, se entretenían en visitar los hospitales y pedir a Dios que castigase a la traidora Inglaterra. El capitán von Hartrott llevó lentamente a su tío hasta el castillo. Los soldados grises y rígidos, que habían ignorado hasta entonces la existencia de don Marcelo, le seguían con interés viéndole en amistosa conversación con un oficial del estado Mayor. Adivinó que estos hombres iban a humanizarse para él, perdiendo su automatismo inexorable y agresivo.

Al entrar en el edificio, algo se contrajo en su pecho con estremecimiento de angustia. Vio por todas partes dolorosos vacíos que le hicieron recordar los objetos que ocupaban antes el mismo espacio. Manchas rectangulares de color más fuerte delataban en el empapelado el emplazamiento de los muebles y cuadros desaparecidos. ¡Con qué prontitud y buen método trabaja aquel señor del brazal en la manga!... A la tristeza que le produjo el despojo frío y ordenado vino a unirse su indignación de hombre económico, viendo cortinas con desgarrones, alfombras manchadas, objetos rotos de porcelana y cristal, todos los vestigios de una ocupación ruda y sin escrúpulos. El sobrino, adivinando lo que pensaba, repitió la eterna excusa:

«¡Qué hacer!... Es la guerra».

Pero con Moltkecito no tenía por que guardar los miramientos del miedo.

—Esto no es guerra —dijo con acento rencoroso—. Es una expedición de bandidos... Tus camaradas son unos ladrones.

El capitán von Hartrott creció de pronto con violento estirón. Se separó del viejo, mirándolo fijamente mientras hablaba en voz baja, algo silbante por el temblor de la cólera. ¡Atención, tío! Afortunadamente, se había expresado en español y no podían entenderle los que estaban cerca de ellos. Si se permitía insistir en tales apreciaciones, corría el peligro de recibir una bala como respuesta. Los oficiales del emperador no se dejan insultar. Y todo en su persona demostraba la facilidad con que podía olvidarse de su parentesco si recibía la orden de proceder contra don Marcelo. Calló éste bajando la cabeza. ¡Qué iba a hacer!... El capitán reanudó sus amabilidades, como si hubiese olvidado lo que acababa de decir.

Quería presentarle a sus camaradas. Su excelencia el conde de Meinbourg, mayor general, al enterarse de que era pariente de los Hartrott, le dispensaba el honor de convidarle a su mesa. Invitado en su propia vivienda, entró en el comedor, donde estaban muchos hombres vestidos de color mostaza y con botas altas. Instintivamente apreció con rápida ojeada el estado de la habitación. Todo en buen orden, nada roto: paredes, cortinajes y muebles seguían intactos. Pero al mirar al interior de los aparadores monumentales experimentó otra vez una sensación dolorosa. Por todas partes, la oscuridad del roble. Habían desaparecido dos vajillas de plata y otras de porcelana antigua, sin dejar como rastro la más insignificante de sus piezas. Tuvo que responder con graves saludos a las presentaciones que iba haciendo su sobrino, y estrechando la mano que le tendía el conde con aristocrática dejadez. Los enemigos le consideraban con benevolencia y cierta admiración al saber que era un millonario procedente de la tierra lejana donde los hombres se enriquecen rápidamente.

Se vio de pronto sentado como un extraño ante su propia mesa, comiendo en los mismos platos que empleaba su familia, servido por unos hombres de cabeza esquilada al rape que llevaban sobre el uniforme un mandil a rayas. Lo que comía era suyo, el vino procedía de sus bodegas, todo lo que adornaba aquella habitación lo había comprado él, los árboles que extendía su ramaje más allá de la ventana le pertenecían igualmente..., y, sin embargo creyó hallarse en este sitio por primera vez, sufriendo el malestar de la extrañeza y la desconfianza. Comió porque sentía hambre; pero alimentos y vino le parecían de otro planeta.

Iba examinando con asombro a estos enemigos que ocupaban los mismos lugares de su esposa, de sus hijos, de los Lacours... Hablaban en alemán entre ellos; pero los que conocían el francés se valían con frecuencia de este idioma para que los entendiese el invitado. Los que sólo chapurreaban algunas palabras las repetían con acompañamiento de sonrisas amables. Se notaba en todos ellos un deseo de agradar al dueño del castillo.

—Va usted a almorzar con los bárbaros —dijo el conde al ofrecerle un asiento a su lado—. ¿No tiene usted miedo de que lo coman vivo?

Los alemanes rieron con gran estrépito la gracia de su excelencia. Todos hacían esfuerzos por demostrar con sus palabras y gestos que era falsa la barbarie que les atribuían los enemigos. Don Marcelo los miró uno a uno. Las fatigas de la guerra, especialmente la marcha acelerada de los últimos días, estaban visibles en sus personas. Unos eran altos, delgados, con una esbeltez angulosa; otros, cuadrados y fornidos, con el cuello corto y la cabeza hundida entre los hombros. Estos últimos habían perdido sus adiposidades en un mes de campaña, colgándoles la piel arrugada y fláccida en varias partes del rostro. Todos llevaban la cabeza rapada, lo mismo que los soldados. En torno de la mesa brillaban dos filas de esferas craneales sonrosadas o morenas. Las orejas sobresalían grotescamente; las mandíbulas se marcaban con el óseo relieve del enflaquecimiento. Algunos habían conservado el mostacho enhiesto, a la moda del emperador; los más iban afeitados o con bigotes cortos en forma de cepillo.

Un brazalete de oro brillaba a continuación de una mano del conde puesta sobre la mesa. Era el más viejo de todos y el único que conservaba sus cabellos, de un rubio oscuro y canoso, peinados cuidadosamente y brillantes de pomada. Próximo a los cincuenta años, mantenía un vigor femenil, cultivado por los ejércitos violentos. Enjuto, huesudo y fuerte, procuraba disimular su rudeza de hombre de pelea con una negligencia suave y perezosa.

Los oficiales lo trataban con gran respeto. Hartrott había hablado de él, a su tío como de un gran artista, músico y poeta. El emperador era su amigo: se conocían desde la juventud. Antes de la guerra, ciertos escándalos de su vida privada le habían alejado de la Corte: vociferaciones de folicularios y de socialistas. Pero el soberano le mantenía en secreto su afecto de antiguo condiscípulo. Todos recordaban un baile suyo, Los caprichos de Scherazada, representado con gran lujo en Berlín por recomendación del poderoso compañero. Había vivido algunos años en Oriente. En suma: un gran señor y un artista de exquisita sensibilidad, al mismo tiempo que un soldado. El conde no podía admitir el silencio de Desnoyers. Era su comensal, y creyó del caso hacerle hablar para que interviniese en la conversación. Cuando don Marcelo explicó que sólo hacía tres días que había salido de París, todos se animaron, queriendo saber noticias. «Vio usted alguna de las sublevaciones?...» «¿Tuvo la tropa que matar mucha gente?» «¿Cómo fue el asesinato de Poincaré?» Le hicieron estas preguntas a la vez, y don Marcelo, desorientado por su inverosimilitud, no supo que contestar. Creyó haber caído en una reunión de locos. Luego sospechó que se burlaban de él. ¿Sublevaciones? ¿Asesinato del presidente?... Unos lo miraban con lástima por su ignorancia; otros, con recelo, al ver que fingía no conocer unos sucesos que se habían desarrollado junto a él. Su sobrino insistió:

Los diarios de Alemania hablan mucho de eso. El pueblo de París se ha sublevado hace quince días contra el gobierno, asaltando el Elíseo y asesinando al presidente. El Ejército tuvo que emplear las ametralladoras para imponer el orden... Todo el mundo lo sabe. Pero Desnoyers insistía en no saberlo: nada había visto. Y como sus palabras eran acogidas con gesto de maliciosa duda, prefirió callarse. Su excelencia, espíritu superior, incapaz de incurrir en las credulidades del vulgo, intervino para restablecer los hechos. Lo del asesinato tal vez no era cierto; los periódicos alemanes podían exagerar con la mejor buena fe. Precisamente pocas horas antes le había hecho saber el Estado Mayor la retirada del Gobierno francés a Burdeos. Pero lo de la sublevación del pueblo en París y su pelea con la tropa era indiscutible.

—El señor lo ha visto, sin duda; pero no quiere decirlo.

Desnoyers tuvo que contradecir al personaje; pero su negativa ya no fue escuchada. ¡París! Este nombre había hecho brillar los ojos, excitando la verbosidad de todos. Deseaban llegar cuanto antes a la vista de la ciudad, para saciarse de las privaciones y fatigas de un mes de campaña. Eran adoradores de la gloria militar, consideraban la guerra necesaria para la vida, y, sin embargo, se lamentaban de los sufrimientos que le proporcionaba. El conde exhaló una queja de artista:

—¡Lo que le ha perjudicado la guerra! —dijo con languidez—. Este invierno iban a estrenar en París un baile mío. Todos protestaron de su tristeza: su obra sería impuesta después del triunfo, y los franceses tendrían que aplaudirla.

—No es lo mismo— continuó el conde—. Confieso que amo París...

¡Lástima que esas gentes no hayan querido nunca entenderse con nosotros!...

Y se sumió en su melancolía de hombre no comprendido. A uno de los oficiales que hablaba de las riquezas de París con ojos de codicia, lo reconoció de pronto Desnoyers por el brazal que ostentaba en una manga. Era el mismo que había saqueado el castillo.

Como si adivinase sus pensamientos, el comisario se excusó:

—Es la guerra, señor...

¡Lo mismo que los otros!... La guerra había que pagarla con los bienes de los vencidos. Era el nuevo sistema alemán; la vuelta saludable a la guerra de los tiempos remotos; tributos impuestos a las ciudades y saqueo aislado a las casas. De este modo se vencía la resistencia del enemigo y la guerra terminaba antes. No debía entristecerse por el despojo. Sus muebles y alhajas serían vendidos en Alemania. Podía hacer una reclamación al Gobierno francés, para que le indemnizasen después de la derrota: sus parientes de Berlín apoyarían la demanda. Desnoyers oyó con espanto tales consejos. ¡Qué mentalidad la de aquellos hombres! ¿Estaban locos o querían reírse de él? Al terminar el almuerzo, algunos oficiales se levantaron, requiriendo sus sables, para cumplir actos de servicio. El capitán von Hartrott también se levantó: necesitaba volver al lado de su general; había dedicado bastante tiempo a las expansiones de familia. El tío le acompañó hasta el automóvil. Moltkecito se excusaba, una vez más de los desperfectos y despojos sufridos por el castillo.

—Es la guerra... Debemos ser duros para que resulte breve. La verdadera bondad consiste en ser crueles, porque así el enemigo, aterrorizado, se entrega más pronto y el mundo sufre menos.

Don Marcelo levantó los hombros ante el sofisma. Estaban en la puerta del edificio. El capitán dio órdenes a un soldado, y éste volvió poco después con un pedazo de tiza que servía para marcar las señales de alojamiento. Von Hartrott deseaba proteger a su tío. Y empezó a trazar una inscripción en la pared, junto a la puerta: Bitt nicht plündern. Es sind freundlich Leute...

Luego la tradujo en vista de las repetidas preguntas del viejo.

—Quiere decir: «Se ruega no saquear. Los habitantes de esta casa son gente amable..., gente amiga».

¡Ah no!... Desnoyers repelió con vehemencia esta protección. Él no quería ser amable. Callaba porque no podía hacer otra cosa..., pero ¡amigo de los invasores de su país!...

El sobrino borró parte del letrero y sólo dejó el principio: Bitt nicht plündern (Se ruega no saquear). Luego, en la entrada del parque repitió la inscripción. Consideraba necesario este aviso: podía irse su excelencia, podían instalarse en el castillo otros oficiales. Von Hartrott había visto mucho, y su sonrisa daba a entender que nada llegaría a sorprenderle, por enorme que fuese. Pero el viejo siguió despreciando su protección y riéndose con tristeza del rótulo. ¿Qué más podían saquear? Ya se habían llevado lo mejor.

—Adiós, tío. Pronto nos veremos en París.

El capitán montó en su automóvil luego de estrechar una mano fría y blanda que parecía repelerle con su inercia. Al volver hacia su casa vio a la sombra de un grupo de árboles una mesa y sillas. Su excelencia tomaba el café al aire libre, y le obligó a sentarse a su lado. Sólo tres oficiales lo acompañaban... Gran consumo de licores procedentes de su bodega. Hablaban en alemán entre ellos, y así permaneció don Marcelo cerca de una hora, inmóvil, deseando marcharse y no encontrando el instante oportuno para abandonar su silla y desaparecer.

Se adivinaba fuera del parque un gran movimiento de tropas. Pasaba otro cuerpo de ejército con sordo rodar de marea. Las cortinas de árboles ocultaban este desfile incesante que se dirigía hacia el sur. Un fenómeno inexplicable conmovió la luminosa calma de la tarde. Sonaba a lo lejos un trueno continuo, como si rodase por el horizonte azul una tormenta invisible.

El conde interrumpió su conversación en alemán para hablar a Desnoyers, que parecía interesado por el estrépito.

—Es el cañón. Se ha entablado una batalla. Pronto entraremos en danza.

La posibilidad de tener que abandonar su alojamiento, el más cómodo que había encontrado en toda su campaña, le puso de mal humor.

—¡La guerra! —continuó—. Una vida gloriosa, pero sucia y embrutecedora. En todo un mes, hoy es el primer día que vivo como un hombre.

Y como si le atrajesen las comodidades que habría de abandonar en breve, se levantó, dirigiéndose al castillo. Dos alemanes se marcharon hacia el pueblo, y Desnoyers quedó con el otro, ocupado en paladear admirativamente sus licores. Era el jefe del batallón acantonado en Villeblanche.

—¡Triste guerra, señor!— dijo en francés.

De todo el grupo de enemigos, éste era el único que había inspirado a don Marcelo un sentimiento vago de atracción. «Aunque es un alemán, parece buena persona», pensaba viéndolo. Debía de haber sido obeso en tiempo de paz, pero ahora ofrecía el exterior suelto y lacio de un organismo que acaba de sufrir una pérdida de volumen. Se adivinaba en él una existencia anterior de tranquila y vulgar sensualidad, una dicha burguesa que la guerra había cortado rudamente.

—¡Qué vida señor! —siguió diciendo—. Que Dios castigue a los que han provocado esta catástrofe.

Desnoyers casi estaba conmovido. Vio la Alemania que se había imaginado muchas veces: una Alemania tranquila, dulce, de burgueses un poco torpes y pesados, pero que compensaban su rudeza originaria con un sentimentalismo inocente y poético. Este Blumhardt, al que sus compañeros llamaban Bataillon-Kommandeur, era un buen padre de familia. Se lo representó paseando con su mujer y sus hijos bajo los tilos de una plaza de provincia, escuchando con religiosa unción las melodías de una banda militar. Luego lo vio en la cervecería con sus amigos, hablando de problemas metafísicos entre dos conversaciones de negocios. Era el hombre de la vieja Alemania, un personaje de novela de Goethe. Tal vez las glorias del Imperio habían modificado su existencia, y en vez de ir a la cervecería frecuentaba el casino de los oficiales, mientras su familia se mantenía aparte, aislada de los civiles, por el orgullo de la casta militar; pero en el fondo era siempre el alemán bueno, de costumbres patriarcales, pronto a derramar lágrimas ante una escena de familia o un fragmento de buena música. El comandante Blumhardt se acordaba de los suyos, quc vivían en Casel.

—Ocho hijos, señor —dijo con un esfuerzo visible para contener su emoción—. Los dos mayores se preparan para ser oficiales. El menor va a la escuela este año... Es así.

Y señalaba con una mano la altura de sus botas. Temblaba nerviosamente de risa y de pena al recordar a su pequeño. Luego hizo el elogio de su esposa, excelente directora del hogar, madre que se sacrificaba con modestia por sus hijos, por su esposo. ¡Ay la dulce Augusta!... Veinte años de matrimonio iban transcurridos, y la adoraba como el día en que se vieron por primera vez. Guardaba en un bolsillo de su uniforme todas las cartas que ella le había escrito desde el principio de la campaña.

—Véala, señor... Estos son mis hijos.

Sacó del pecho un medallón de plata con adornos de arte de Munich, y tocando un resorte lo hizo abrirse en redondeles, como las hojas de un libro, dejando ver los rostros de toda la familia: la Frau Kommandeur, de una belleza austera y rígida, imitando el gesto y el peinado de la emperatriz; luego las hijas, las Fraulein Kommandeur, vestidas de blanco, los ojos en alto como si cantasen una romanza; y al final los niños, con uniformes de escuelas del Ejército o de instituciones particulares.

¡Pensar que podía perder a estos seres queridos con sólo que un pedazo de hierro lo tocase!... ¡Y había de vivir lejos de ellos ahora que era la buena estación, la época de los paseos en el campo!...

—¡Triste guerra! —volvió a repetir—. Que Dios castigue a los ingleses.

Con una solicitud que conmovió a don Marcelo, le hizo preguntas a su vez acerca de su familia. Se apiadó al enterarse de lo escasa que era su prole; sonrió un poco ante el entusiasmo con que el viejo hablaba de su hija, saludando a Fraulein Chichí como a un diablillo gracioso; puso el gesto compungido al saber que el hijo le había dado grandes disgustos con su conducta.

¡Simpático comandante!... Era el primer hombre dulce y humano que encontraba en el infierno de la invasión. «En todas partes hay buenas personas», se dijo. Si habían de continuar allí los alemanes, mejor era tenerle a él que a otros.

Un ordenanza vino a llamar a don Marcelo de parte de su excelencia. Encontró al conde en su propio dormitorio, luego de pasar por los salones con los ojos cerrados para evitarse el dolor de una cólera inútil. Las puertas estaban forzadas, los suelos sin alfombras, los huecos sin cortinajes. Sólo los muebles rotos en los primeros momentos ocupaban sus antiguos lugares. Los dormitorios habían sido saqueados con más método, desapareciendo únicamente lo que era de utilidad inmediata. El haberse alojado en ellos el día antes el general con todo su séquito los había librado de una destrucción caprichosa. El conde lo recibió con la cortesía de un gran señor que desea atender a sus invitados. No podía consentir que Herr Desnoyers, pariente de un von Hartrott —al que recordaba vagamente haber visto en la corte—, viviese en la habitación de los porteros. Debía ocupar su dormitorio, aquella cama solemne como un catafalco, con penachos y columnas, que había tenido el honor de servir horas antes a un ilustre general del Imperio.

—Yo prefiero dormir aquí. Esta otra habitación va mejor con mis gustos.

Había entrado en el dormitorio de la señora Desnoyers, admirando su moblaje Luis XV, de una autenticidad preciosa, con los oros apagados y los paisajes de sus tapicerías oscurecidos por el tiempo. Era una de las mejores compras de don Marcelo. El conde sonrió con un menosprecio de artista al recordar al jefe de la Intendencia encargado del saqueo oficial.

«¡Qué asno!... Pensar que esto lo ha dejado por viejo y feo...» Luego miró de frente al dueño del castillo.

—Señor Desnoyers, creo no cometer ninguna incorrección, y hasta me imagino que interpreto sus deseos, al manifestarle que estos muebles me los llevo yo. Serán un recuerdo de nuestro conocimiento, un testimonio de nuestra amistad que ahora empieza... Si esto queda aquí, corre peligro de ser destruido. Los guerreros no están obligados a ser artistas. Yo guardaré estas preciosidades en Alemania, y usted podrá verlas cuando quiera. Ahora todos vamos a ser unos... Mi amigo el emperador se proclamará soberano de los franceses.. Desnoyers permaneció silencioso. ¿Qué podía contestar al gesto de ironía cruel, a la mirada con que el gran señor iba subrayando sus palabras?...

—Cuando termine la guerra le enviaré un regalo de Berlín— añadió con tono protector.

Tampoco contestó el viejo. Miraba en las paredes el vacío que habían dejado varios cuadros pequeños. Eran de maestros famosos del siglo XVIII. También debía de haberlos despreciado el comisario por insignificante. Una ligera sonrisa del conde le reveló su verdadero paradero.

Había escudriñado toda la pieza, el dormitorio inmediato, que era el de Chichí, el cuarto de baño, hasta el guardarropa femenino de la familia, que conservaba unos vestidos de la señorita Desnoyers. Las manos del guerrero se perdieron con delectación en los finos bullones de las telas, apreciando su blanda frescura. Este contacto le hizo pensar en París, en las modas, en las casas de los grandes modistos. La rue de la Paix era el lugar más admirado por él en sus visitas a la ciudad enemiga.

Percibió don Marcelo la fuerte mezcla de perfumes que exhalaban su cabeza, sus bigotes, todo su cuerpo. Varios frascos del tocador de las señoras estaban sobre la chimenea.

—¡Qué suciedad de guerra! —dijo el alemán—. Esta mañana he podido tomar un baño, después de una semana de abstinencia; a media tarde tomaré otro... A propósito, querido señor: estos perfumes son buenos, pero no son elegantes. Cuando tenga el gusto de ser presentado a las señoras, les daré las señas de mis proveedores... Yo uso en mi casa esencia de Turquía: tengo muchos amigos allá... Al terminar la guerra haré un envío a la familia.

Sus ojos se habían fijado en algunos retratos colocados sobre una mesa. El conde adivinó a madame Desnoyers viendo la fotografía de doña Luisa. Luego sonrió ante el retrato de Chichí. Muy graciosa: lo que más admiraba de ella era su aire resuelto de muchacho. Pasó una mirada amplia y profunda en la fotografía de Julio.

—Excelente mozo —dijo—. Una cabeza interesante..., artística. En un baile de trajes obtendría un éxito. ¡Qué príncipe persa!... Una aigrette blanca en la cabeza sujeta con un joyel, el pecho desnudo, una túnica negra con pavos de oro...

Y siguió vistiendo imaginativamente al primogénito de Desnoyers con todos los esplendores de un monarca oriental. El viejo sintió un principio de simpatía hacia aquel hombre por el interés que le inspiraba su hijo. ¡Lástima que escogiese con tanta habilidad las cosas preciosas y se las apropiase!

Junto a la cabecera de la cama, sobre un libro de oraciones olvidado por su esposa, vio un medallón con otra fotografía. Esta no era de la casa. El conde, que había seguido la dirección de sus ojos, quiso mostrársela. Temblaban las manos del guerrero... Su altivez desdeñosa e irónica desapareció de golpe. Un oficial de Húsares de la Muerte sonreía en el retrato, contrayendo su perfil enjuto y curvo de pájaro de pelea bajo el gorro, adornado con un cráneo y dos fémures.

—Mi mejor amigo —dijo con voz algo temblorosa—. El ser que más amo en el mundo... ¡Pensar que tal vez se bate en estos momentos y pueden matarlo!... Pensar que yo también puedo morir!...

Don Marcelo creyó entrever una novela del pasado del conde. Aquel húsar era indudablemente un hijo natural. Su simplicidad no podía concebir otra cosa. Sólo en su ternura era un padre capaz de hablar así... Y casi se sintió contagiado por esta ternura. Aquel dio fin a la entrevista. El guerrero le había vuelto la espalda, saliendo del dormitorio, como si desease ocultar sus emociones. A los pocos minutos sonó en el piso bajo un magnífico piano de cola, que el comisario no había podido llevarse por la oposición del general. La voz de éste se elevó sobre el sonido de las cuerdas. Era una voz de barítono algo opaca, pero que comunicaba un temblor apasionado a su romanza. El viejo se sintió conmovido; no entendía las palabras, pero las lágrimas se agolpaban a sus ojos. Pensó en su familia, en las desgracias y peligros que le rodeaban, en la dificultad de volver a encontrar a los suyos... Como si la música tirase de él, descendió poco a poco el piso bajo. ¡Qué artista aquel hombre altivamente burlón! ¡Qué alma la suya!... Los alemanes engañaban a primera vista con su exterior rudo y su disciplina, que les hacía cometer sin escrúpulo las mayores atrocidades. Había que vivir en intimidad con ellos para apreciarlos tal como eran.

Cuando cesó la música estaba en el puente del castillo. Un suboficial contemplaba las evoluciones de los cisnes en las aguas del foso. Era un joven doctor en Derecho, que desempeñaba la función de secretario cerca de su excelencia; un hombre de Universidad movilizado por la guerra.

Al hablar con don Marcelo reveló inmediatamente su origen. Le había sorprendido la orden de partida estando de profesor en un colegio privado y en vísperas de casarse. Todos sus planes matrimoniales habían quedado deshechos.

—¡Qué calamidad, señor!... ¡Qué trastorno para el mundo!... Y, sin embargo, éramos muchos los que veíamos llegar la catástrofe.

Forzosamente debía sobrevenir un día u otro. El capitalismo, el maldito capitalismo tiene la culpa.

El suboficial era socialista. No ocultaba su participación en actos del partido, que le habían originado persecuciones y retrasos en su carrera. Pero la Socialdemocracia se veía ahora aceptada por el emperador y halagada por los junkers más reaccionarios. Todos eran unos. Los diputados del partido formaban en el Reichstag el grupo más obediente al Gobierno... El sólo guardaba de su pasado cierto fervor para anatematizar al capitalismo, culpable de la guerra. Desnoyers se atrevió a discutir con este enemigo, que parecía de carácter dulce y tolerante. «¿No será el responsable el militarismo alemán? ¿No habría buscado y preparado el conflicto, impidiendo todo arreglo con sus arrogancias?» Negó rotundamente el socialista. Sus diputados apoyaban la guerra, y para hacer esto, sus motivos tendrían. Se notaba en él la supeditación a la disciplina, la eterna disciplina germánica, ciega y obediente, que gobierna hasta a los partidos avanzados. En vano el francés repitió argumentos y hechos, todo cuanto había leído desde el principio de la guerra. Sus palabras resbalaron sobre la dureza de este revolucionario, acostumbrado a delegar las funciones del pensamiento.

—¡Quién sabe! —acabó por decir—. Tal vez nos hayamos equivocado. Pero en el instante actual todo está confuso: faltan elementos de juicio para formar una opinión exacta. Cuando termine el conflicto conoceremos a los verdaderos culpables; y si son los nuestros, les exigiremos responsabilidad.

Sintió ganas de reír Desnoyers ante esta candidez. ¡Esperar el final de la guerra para saber quién era el culpable!... Y si el Imperio resultaba vencedor, ¿qué responsabilidad iban a exigirle en pleno orgullo de la victoria, ellos, que se habían limitado siempre a las batallas electorales, sin el más leve intento de rebeldía?

—Sea quien sea el autor —continuó el suboficial—, esta guerra es triste.

¡Cuántos hombres muertos!... Yo estuve en Charleroi. Hay que ver de cerca la guerra moderna. Venceremos, vamos a entrar en París, según dicen; pero caerán muchos de los nuestros antes de obtener la última victoria...

Y para alejar las visiones de muerte fijas en su pensamiento, siguió con los ojos la marcha de los cisnes, ofreciéndoles pedazos de pan, que les hacían torcer el curso de su natación lenta y majestuosa. El conserje y su familia pasaban el puente con frecuentes entradas y salidas. Al ver a su señor en buenas relaciones con los invasores habían perdido el miedo que los mantenía recluidos en su vivienda. A la mujer le parecía natural que don Marcelo viese reconocida su autoridad por aquella gente: el amo siempre es el amo. Y como si hubiese recibido una parte de esta autoridad, entraba sin temor en el castillo, seguida de su hija, para poner en orden el dormitorio del dueño. Querían pasar la noche cerca de él para que no se viese solo entre los alemanes.

Las dos mujeres trasladaron ropas y colchones desde el pabellón al último piso. El conserje estaba ocupado en calentar el segundo baño de su excelencia. Su esposa lamentaba con gestos desesperados el saqueo del castillo. ¡Qué de cosas ricas desaparecidas!... Deseosa de salvar los últimos restos, buscaba al dueño para hacerle denuncias, como si éste pudiese impedir el robo individual y cauteloso. Los ordenanzas y escribientes del conde se metían en los bolsillos todo lo que resultaba fácil de ocultar. Decían, sonriendo, que eran recuerdos. Luego se aproximó con aire misterioso para hacerle una nueva revelación. Había visto a un jefe forzar los cajones donde guardaba la señora la ropa blanca, y cómo formaba un paquete con las prendas más finas y gran cantidad de blondas.

—Ese es, señor —dijo de pronto, señalando a un alemán que escribía en el jardín, recibiendo sobre la mesa un rayo oblicuo de sol que se filtraba entre las ramas.

Don Marcelo lo reconoció con sorpresa. ¡También el comandante Blumhardt!... Pero inmediatamente excusó su acto. Encontraba natural que se llevase algo de su casa, después que el comisario había dado el ejemplo. Además, tuvo en cuenta la calidad de los objetos que se apropiaba. No eran para él: eran para la esposa, para las niñas... Un buen padre de familia. Más de una hora llevaba ante la mesa escribiendo sin cesar, conversando pluma en mano con su Augusta, con toda la familia que vivía en Cassel. Mejor era que se llevase lo suyo este hombre bueno, que los otros oficiales altivos, de voz cortante e insolente tiesura.

Vio cómo levantaba la cabeza cada vez que pasaba Georgette, la hija del conserje, siguiéndola con los ojos. ¡Pobre padre!... Indudablemente se acordaba de las dos señoritas que vivían en Alemania con el pensamiento ocupado por los peligros de la guerra. Él también se acordaba de Chichí, temiendo no verla más. En uno de sus viajes desde el castillo al pabellón, la muchacha fue llamada por el alemán. Permaneció erguida ante su mesa, tímida, como si presintiese un peligro, pero haciendo esfuerzos para sonreír. Mientras tanto, Blumhardt le hablaba acariciándole las mejillas con sus manazas de hombre de pelea. A Desnoyers le conmovió esta visión. Los recuerdos de una vida pacífica y virtuosa resurgían a través de los horrores de la guerra. Decididamente, este enemigo era un buen hombre. Por eso sonrió con amabilidad cuando el comandante, abandonando la mesa, fue hacia él. Entregó su carta y un paquete voluminoso a un soldado para que los llevase al pueblo, donde estaba la estafeta del batallón.

—Es para mi familia —dijo—. No dejo pasar un día de descanso sin enviar carta.

¡Las suyas son tan preciosas para mí!... También envío unos pequeños recuerdos.

Desnoyers estuvo próximo a protestar. ¡Pequeños, no!... Pero con un gesto de indiferencia dio a entender que aceptaba los regalos hechos a costa suya. El comandante siguió hablando de la dulce Augusta y de sus hijos, mientras tronaba la tempestad invisible en el horizonte sereno del atardecer. Cada vez era más intenso el cañoneo.

—La batalla —continuó Blumhardt—. ¡Siempre la batalla!... Seguramente es la última que ganaremos. Antes de una semana vamos a entrar en París... Pero ¡cuántos no llegarán a verlo! ¡Qué de muertos!... Creo que mañana ya no estaremos aquí. Todas las reservas tendrán que atacar para vencer la suprema resistencia... ¡Con tal que yo no caiga!...

La posibilidad de morir al día siguiente contrajo su rostro con un gesto de rencor. Una arruga vertical partía sus cejas. Miró a Desnoyers con ferocidad, como si le hiciese responsable de su muerte y de la desgracia de su familia. Durante unos minutos, don Marcelo no reconoció al Blumhardt dulce y familiar de poco antes, dándose cuenta que la guerra realiza en los hombres.

Empezaba el ocaso, cuando un suboficial —el mismo de la Socialdemocracia— llegó corriendo, en busca del comandante. Desnoyers no podía entenderle por hablar en alemán; pero, siguiendo las indicaciones de su mano, vio en la entrada del castillo, más allá de la verja, un grupo de gente campesina y unos cuantos soldados con fusiles. Blumhardt, después de corta reflexión, emprendió la marcha hacia el grupo, y don Marcelo fue tras de él. Vio un muchacho del pueblo entre dos alemanes que le apuntaban al pecho con sus bayonetas. Estaba pálido, con una palidez de cera. Su camisa, sucia de hollín, aparecía desgarrada de un modo trágico, denunciando los manotones de la lucha. En una sien tenía una desolladura que manaba sangre. A corta distancia, una mujer, con el pelo suelto, rodeada de cuatro niñas y un pequeñuelo, todos manchados de negro, como si surgiesen de un depósito de carbón.

La mujer hablaba elevando las manos, dando gemidos que interrumpían su relato, dirigiéndose inútilmente a los soldados, incapaces de entenderla. El suboficial que mandaba la escolta habló en alemán con el comandante, y mientras tanto, la mujer se dirigió a Desnoyers. Mostraba una repentina serenidad al reconocer al dueño del castillo, como si éste pudiese salvarla.

Aquel mocetón era hijo suyo. Estaban refugiados desde el día anterior en la cueva de su casa incendiada.

El hambre los había hecho salir, luego de librarse de una muerte por asfixia. Los alemanes, al ver a su hijo, lo habían golpeado y querían fusilarlo, como fusilaban a todos los mozos. Creían que el muchacho tenía veinte años: lo consideraban en edad de ser soldado, y para que no se incorporase al Ejército francés, lo iban a matar.

—¡Es mentira! —gritó la mujer—. No tiene más que dieciocho..., menos aún:

sólo tiene diecisiete.

Se volvía a otras mujeres que iban detrás de ella: tristes hembras igualmente sucias, con el rostro ennegrecido y las ropas desgarradas, oliendo a incendio, a miseria, a cadáver. Todas asentían, agregando sus gritos a los de la madre. Algunas extremaban sus declaraciones, atribuyendo al muchacho dieciséis años..., quince. Y a este coro de femeniles vociferaciones se unían los gemidos de los pequeños, que contemplaban a su hermano con los ojos agrandados por el terror. El comandante examinó al prisionero mientras escuchaba al suboficial. Un empleado del Municipio había confesado aturdidamente que tenía veinte años, sin pensar que con esto causaba su muerte.

—¡Mentira! —repitió la madre, adivinando por instinto lo que hablaban—. Ese hombre se equivoca. Mi hijo es robusto, parece de más edad; pero no tiene veinte años... El señor, que lo conoce, puede decirlo. ¿No es verdad, señor Desnoyers?

Al ver reclamado su auxilio por la desesperación maternal, creyó don Marcelo que debía intervenir, y habló al comandante. Conocía mucho a este mozo —no recordaba haberlo visto nunca—, y le creía menor de veinte años.

—Y aunque los tuviera —añadió—, ¿es eso un delito para fusilar a un hombre? Blumhardt no contestaba. Desde que había recobrado sus funciones de mando

parecía ignorar la existencia de don Marcelo. Fue a decir algo, a dar una orden; pero vaciló. Era mejor consultar a su excelencia. Y viendo que se dirigía al castillo. Desnoyers marchó a su lado.

—Comandante, esto no puede ser —comenzó diciendo—. Esto carece de sentido.

¡Fusilar a un hombre por la sospecha de que pueda tener veinte años!...

Pero el comandante callaba y seguía caminando. Al pasar el puente oyeron los sonidos del piano. Esto parecía de buen augurio para Desnoyers. Aquel artista que le conmovía con su voz apasionada iba a decir la palabra salvadora.

Al entrar en el salón tardó en reconocer a su excelencia. Vio a un hombre ante el piano, llevando por toda vestidura una bata japonesa, un quimono femenil de color rosa, con pájaros de oro, perteneciente a su Chichí. En otra ocasión hubiese lanzado una carcajada al contemplar a este guerrero enjuto, huesoso, de ojos crueles, sacando por las mangas sueltas unos brazos nervudos, en una de cuyas muñecas seguía brillando la pulsera de oro. Había tomado el baño y retardaba el momento de recobrar su uniforme, deleitándose con el sedoso contacto de la túnica femenina, igual a sus vestiduras orientales de Berlín. Blumhardt no manifestó la más leve extrañeza ante el aspecto de su general. Erguido militarmente, habló en su idioma, mientras el conde le escuchaba con aire aburrido, pasando sus dedos sobre las teclas.

Una ventana próxima dejaba visible la puesta del sol, envolviendo en un nimbo de oro al piano y al ejecutante. La poesía del ocaso entraba por ella: susurros del ramaje, cantos moribundos de pájaros, zumbidos de insectos que brillaban como chispas bajo el último rayo solar. Su excelencia, viendo interrumpido su ensueño melancólico por la inoportuna visita, cortó el relato del comandante con un gesto de mando y una palabra..., una sola. No dijo más. Dio unas chupadas a un cigarrillo turco que chamuscaba lentamente la madera del piano, y sus manos volvieron a caer sobre el marfil, reanudando la improvisación vaga y tierna inspirada por el crepúsculo.

—Gracias, excelencia— dijo el viejo, adivinando su magnánima respuesta.

El comandante había desaparecido. Tampoco lo encontró fuera de la casa. Un soldado trotaba cerca de la verja para transmitir la orden. Vio cómo la escolta repelía con las culatas al grupo vociferante de mujeres y chiquillos. Quedó limpia la entrada.

Todos se alejaban indudablemente hacia el pueblo después del perdón del general... Estaba en mitad de la avenida, cuando sonó un aullido compuesto de muchas voces, un grito espeluznante, como sólo puede lanzarlo la desesperación femenil. Al mismo tiempo conmovieron al aire fuertes trallazos, un crepitamiento que conocía desde el día anterior. ¡Tiros!... Adivinó al otro lado de la verja un rudo vaivén de personas:

unas, retorciéndose, contenidas por fuertes brazos; otras huyendo con el galope del miedo. Vio correr hacia él a una mujer despavorida, con las manos en la cabeza, lanzando gemidos. Era la esposa del conserje, que se había agregado poco antes al grupo de mujeres.

—¡No vaya, señor! —gritó, cortándole el paso—. Lo han matado..., acaban de fusilarlo.

Don Marcelo quedó inmóvil por la sorpresa. ¡Fusilarlo!... ¿Y la palabra del general?... Corrió hacia el castillo, sin darse cuenta de lo que hacía, y se vio de pronto en el salón. Su excelencia continuaba ante el piano. Ahora cantaba a media voz, con los ojos húmedos por la poesía de sus recuerdos. Pero el viejo no podía escucharle.

—Excelencia, lo han fusilado... Acaban de matarlo, a pesar de la orden. La sonrisa del jefe le hizo comprender de pronto su engaño.

—Es la guerra, querido señor —dijo cesando de tocar—. La guerra, con sus crueles necesidades... Siempre es prudente suprimir al enemigo de mañana.

Y con aire pedantesco, como si diese una lección, habló de los orientales, grandes maestros en el arte de saber vivir. Uno de los personajes más admirados por él era cierto sultán de la conquista turca, que estrangulaba con sus propias manos a los hijos de los adversarios.

—Nuestros enemigos no vienen al mundo a caballo empuñando la lanza — decía el héroe—. Nacen niños, como todos, y es oportuno suprimirlos antes que crezcan.

Desnoyers lo escuchaba sin entenderle. Una idea única ocupaba su pensamiento.

¡Y aquel hombre, que él creía bueno; aquel sentimental, que se enternecía cantando, había dado fríamente, entre dos arpegios, su orden de muerte!...

El conde hizo un gesto de impaciencia. Podía retirarse, y le aconsejaba que en adelante fuese discreto, evitando el inmiscuirse en los asuntos del servicio. Luego le volvió la espalda e hizo correr las manos sobre el piano, entregándose a su melancolía armoniosa. Empezó para don Marcelo una vida absurda, que iba a durar cuatro días, durante los cuales se sucedieron los más extraordinarios acontecimientos. Este período representó en su historia un largo paréntesis de estupefacción, cortado por horribles visiones.

No quiso encontrarse más con aquellos hombres, y huyó de su propio dormitorio, refugiándose en el último piso, en un cuarto de doméstico, cerca del que había escogido la familia del conserje. En vano la buena mujer le ofreció comida al cerrar la noche: no sentía apetito. Estaba tendido en la cama. Prefería la oscuridad y el verse a solas con sus pensamientos. ¡Cuándo terminaría esta angustia!... Se acordó de un viaje que había hecho a Londres años antes. Veía con la imaginación el Museo Británico y ciertos relieves asirios que le habían llenado de pavor, como restos de una Humanidad bestial. Los guerreros incendiaban las poblaciones, los prisioneros eran degollados en montón, la muchedumbre campesina y pacífica marchaba en filas con la cadena al cuello, formando ristras de esclavos. Nunca había reconocido como en aquel momento la grandeza de la civilización presente. Todavía surgían guerras de cuando en cuando; pero habían sido reglamentadas por el progreso. La vida de los prisioneros resultaba sagrada, los pueblos debían ser respetados, existía todo un cuerpo de leyes internacionales para reglamentar como deben matarse los hombres y combatir las naciones, causándose el menor daño posible... Pero ahora acababa de ver la realidad de la guerra. ¡Lo mismo que miles de años antes! Los hombres con casco procedían de igual modo que los sátrapas perfumados y feroces de mitra azul y barba anillada. El adversario era fusilado, aunque no tuviese armas; el prisionero moría a culatazos; las poblaciones civiles emprendían en masa el camino de Alemania como los cautivos de otros siglos. ¿De qué había servido el llamado progreso? ¿Dónde estaba la civilización?... Despertó al recibir en sus ojos la luz de una bujía. La mujer del conserje había subido otra vez para preguntarle si necesitaba algo.

—¡Qué noche!... Óigalos cómo gritan y cantan. ¡Las botellas que llevan bebidas!... Están en el comedor. Es preferible que usted no los vea. Ahora se divierten rompiendo los muebles. Hasta el conde está borracho; borracho también ese jefe que hablaba con usted, y los demás. Algunos de ellos bailan medio desnudos.

Deseaba callarse ciertos detalles; pero su verbosidad femenil saltó por encima de estos propósitos discretos. Algunos oficiales jóvenes se habían disfrazado con sombrero y vestidos de las señoras y danzaban dando gritos e imitando los contoneos femeniles. Uno de ellos era saludado con un rugido de entusiasmo al presentarse sin otro traje que una combinación interior de la señorita Chichí... Muchos gozaban un placer maligno al depositar los residuos digestivos sobre las alfombras o en los cajones de los muebles, empleando para limpiarse los lienzos finos que encontraban a mano. El dueño la hizo callar. ¿Para qué enterarle de todo esto?...

—¿Y nosotros, obligados a servirlos!... —continuó gimiendo la mujer—.

Están locos: parecen otros hombres. Los soldados dicen que se marchan al amanecer. Hay una gran batalla, van a ganarla; pero todos necesitan pelear en ella... Mi pobre marido ya no puede más... Tantas humillaciones... Y mi hija..., ¡mi hija!... Esta era su mayor preocupación. La tenía oculta; pero seguía con inquietud las idas y venidas de algunos de estos hombres enfurecidos por el alcohol. De todos, el más temido era aquel jefe que acariciaba paternalmente a Georgette.

El miedo por la seguridad de su hija le hizo marcharse después de lanzar nuevos lamentos.

—Dios no se acuerda del mundo... ¡Ay, qué será de nosotros!

Ahora permaneció desvelado don Marcelo. Por la ventana abierta entraba la luz de una noche serena. Seguía el cañoneo, prolongándose el combate en la oscuridad. Al pie del castillo entonaban los soldados un cántico lento y melódico que parecía un salmo. Del interior del edificio subió hasta él un estrépito de carcajadas brutales, ruido de muebles que se rompían, correteos de regocijada persecución. ¿Cuándo podría salir de este infierno?... Transcurrió mucho tiempo; no llegó a dormir, pero fue perdiendo poco a poco la noción de lo que le rodeaba.

De pronto se incorporó. Cerca de él, en el mismo piso, una puerta se había rajado con sordo crujido, no pudiendo resistir varios empujones formidables. Sonaron gritos de mujeres, llantos, súplicas desesperadas, ruido de lucha, pasos vacilantes, choques de cuerpos contra las paredes. Tuvo el presentimiento de que era Georgette la que gritaba y se defendía.

Antes de poner los pies en el suelo oyó una voz de hombre, la de su conserje, estaba seguro:

—¡Ah, bandido!...

Luego el estrépito de una segunda lucha..., un tiro..., silencio. Al salir al amplio corredor que terminaba en la escalera vio luces y muchos hombres que subían en tropel, saltando los peldaños. Casi cayó al tropezar con un cuerpo del que se escapaba un rugido de agonía. El conserje estaba a sus pies, agitando el pecho con movimientos de fuelle. Tenía los ojos vidriosos y desmesuradamente abiertos; su boca se cubría de sangre... Junto a él brillaba un cuchillo de cocina. Después vio a un hombre con un revólver en la diestra, conteniendo al mismo tiempo con la otra mano una puerta rota que alguien intentaba abrir desde dentro. Le reconoció, a pesar de su palidez verdosa y del extravío de su mirada: era Blumhardt, un Blumhardt nuevo, con una expresión bestial de orgullo y de insolencia que infundía espanto. Se lo imaginó recorriendo el castillo en busca de la presa deseada, la inquietud del padre siguiendo sus pasos, los gritos de la muchacha, la lucha desigual entre el enfermo con su arma de ocasión y aquel hombre de guerra sostenido por la violencia. La cólera de los años juveniles despertó en él audaz y arrolladora. ¿Qué le importaba morir?...

—Ah bandido! —rugió como el otro.

Y con los puños cerrados marchó contra el alemán. Este le puso el revólver ante los ojos, sonriendo fríamente. Iba a disparar... Pero en el mismo instante Desnoyers cayó al suelo, derribado por los que acababan de subir. Recibió varios golpes; las pesadas botas de los invasores le martillearon con su taconeo. Sintió en su rostro un chorro caliente. ¡Sangre!... No sabía si era suya o de aquel cuerpo, en el que se iba apagando el jadeo mortal. Luego se vio elevado del suelo por varias manos que lo empujaban ante un hombre. Era su excelencia, con el uniforme desabrochado y oliendo a vino. Sus ojos temblaban, lo mismo que su voz.

—Mi querido señor —le dijo, intentando recobrar su ironía mortificante—, le aconsejé que no interviniese en nuestras cosas y no me ha hecho caso. Sufra las consecuencias de su falta de discreción.

Dio una orden, y el viejo se sintió impelido escaleras abajo hasta las cuevas. Los que lo conducían eran soldados al mando de un suboficial. Reconoció al socialista. El joven profesor era el único que no estaba ebrio; pero se mantenía erguido, inabordable, con la ferocidad de la disciplina.

Lo introdujo en una pieza abovedada sin otro respiradero que un ventanuco a ras del suelo. Muchas botellas rotas y dos cajones con alguna paja era todo lo que había en la cueva.

—Ha insultado usted a un jefe —dijo el suboficial rudamente y es indudable que lo fusilarán al amanecer... Su única salvación consiste en que siga la fiesta y le olviden.

Como la puerta estaba rota, lo mismo que todas las del castillo, hizo colocar ante ella un montón de muebles y cajones. Don Marcelo pasó el resto de la noche atormentado por el frío. Era lo único que le preocupaba en aquel momento. Había renunciado a la vida; hasta la imagen de los suyos se fue borrando de su memoria. Trabajó en la oscuridad para acomodarse sobre los dos cajones, buscando el calor de la paja. Cuando empezaba a soplar por el ventanillo la brisa del alba, cayó lentamente en un sueño pesado, un sueño embrutecedor, igual al de los condenados a muerte o al que precede a una mañana de desafío. Le pareció oír gritos en alemán, trotes de caballo, un rumor lejano de redobles y silbidos semejantes al que producían los batallones invasores con sus pífanos y sus tambores planos... Luego perdió por completo la sensación de lo que le rodeaba.

Al abrir otra vez sus ojos, un rayo de sol deslizándose por el ventanuco trazaba un cuadrilátero de oro en la pared, dando un regio esplendor a las telarañas colgantes. Alguien removía la barricada de la puerta. Una voz de mujer, tímida y angustiada, le llamó repetidas veces.

—Señor, ¿está usted ahí?

Levantándose de un salto quiso prestar ayuda a este trabajo exterior, y empujó la puerta vigorosamente. Pensó que los invasores se habían ido. No comprendía de otro modo que la esposa del conserje se atreviese a sacarle de su encierro.

—Sí; se han marchado —dijo ella—. No queda nadie en el castillo.

Al encontrar libre la salida vio don Marcelo a la pobre mujer con los ojos enrojecidos, la faz huesosa, el pelo en desorden. La noche había gravitado sobre su existencia con un peso de muchos años. Toda su energía se desvaneció de golpe al reconocer al dueño. «¡Señor..., señor!», gimió convulsivamente Y se arrojó en sus brazos derramando lágrimas. Don Marcelo no deseaba saber nada; tenía miedo a la verdad. Sin embargo, preguntó por el conserje. Ahora que estaba despierto y libre, acarició la esperanza momentánea de que todo lo visto por él en la noche anterior fuese una pesadilla. Tal vez vivía aún el pobre hombre.

—Lo mataron, señor Lo asesinó aquel militar que parecía bueno... Y no sé dónde está su cuerpo: nadie ha querido decírmelo.

Tenía la sospecha de que el cadáver estaba en el foso. Las aguas verdes y tranquilas se habían cerrado misteriosamente sobre esta ofrenda de la noche... Desnoyers adivinó que otra desgracia preocupaba aún más a la madre, pero se mantuvo en púdico silencio. Fue ella la que habló, entre exclamaciones de dolor... Georgette estaba en el pabellón; había huido horrorizada del castillo al marcharse los invasores. Estos la habían guardado en su poder hasta el último momento.

—Señor, no la vea... Tiembla y llora al pensar que usted puede hablarle luego de lo ocurrido. Está loca; quiere morir. ¡Ay mi hija!... ¿Y no habrá quien castigue a esos monstruos?...

Habían salido del subterráneo y atravesaron el puente. La mujer miró con fijeza las aguas verdes y unidas. El cadáver de un cisne flotaba sobre ellas. Antes de partir, mientras ensillaban sus caballos, los oficiales se habían entretenido cazando a tiros de revólver a los habitantes de la laguna. Las plantas acuáticas tenían sangre; entre sus hojas flotaban unos bullones blancos y fláccidos, como lienzos escapados de las manos de una lavandera.

Cambiaron don Marcelo y la mujer una mirada de lástima. Se compadecieron mutuamente al contemplar a la luz del sol su miseria y envejecimiento.

Ella sintió renacer sus energías al pensar en la hija. El paso de aquellas gentes lo había destruido todo: no quedaba en el castillo otro alimento que unos pedazos de pan duro olvidados en la cocina. «Y hay que vivir, señor... Hay que vivir, aunque sólo sea para ver cómo los castiga Dios...» El viejo levantó los hombros con desaliento:

¿Dios?... Pero aquella mujer tenía razón: había que vivir. Con la audacia de su primera juventud, cuando navegaba por los mares infinitos de tierra del Nuevo Mundo guiando tropas de reses, se lanzó fuera de su parque. Vio el valle, rubio y verde, sonriendo bajo el sol; los grupos de árboles; los cuadrados de tierra amarillenta con las barbas duras del rastrojo; los setos, en los que cantaban pájaros; todo el esplendor veraniego de una campiña cultivada y peinada durante quince siglos por docenas y docenas de generaciones. Y, sin embargo, se consideró solo. a merced del destino, expuesto a perecer de hambre; más sólo que cuando atravesaba las horrendas alturas de los Andes, las tortuosas cumbres de roca y nieve envueltas en un silencio mortal, interrumpido de tarde en tarde por el aleteo del cóndor. Nadie... Su vista no distinguió un solo punto movible: todo fijo, inmóvil, cristalizado, como si se contrajese de pavor entre el trueno que seguía rodando en el horizonte.

Se encaminó al pueblo, masa de paredones negros de la que emergían varias casuchas intactas y un campanario sin tejas, con la cruz torcida por el fuego. Nadie tampoco en sus calles, sembradas de botellas, de maderos chamuscados, de cascotes cubiertos de hollín. Los cadáveres habían desaparecido, pero un hedor nauseabundo de grasa descompuesta, de carne quemada, parecía agarrarse a las fosas nasales. Lo atravesó todo, hasta llegar al sitio ocupado por la barricada de los dragones. Aún estaban las carretas a un lado del camino. Vio un montículo de tierra en el mismo lugar del fusilamiento. Dos pies y una mano asomaban a ras del suelo. Al aproximarse se desprendieron los cadáveres. Un tropel de alas duras batió el espacio, alejándose con graznidos de cólera.

Volvió sobre sus pasos. Gritaba ante las casas menos destrozadas, introducía su cabeza por puertas y ventanas limpias de obstáculos o con hojas de madera a medio consumir. ¿No había quedado nadie en Villeblanche? Columbró entre las ruinas algo que avanzaba a gatas, una especie de reptil, que se detenía en su arrastre con vacilaciones de miedo, pronto a retroceder para deslizarse en su madriguera. Súbitamente tranquilizada, la bestia se irguió. Era un hombre, un viejo. Otras larvas humanas fueron surgiendo al conjuro de sus gritos, pobres seres que habían renunciado a la verticalidad que denuncia desde lejos, y envidiaban a los organismos inferiores su deslizamiento por el polvo, su prontitud para escurrirse en las entrañas de la tierra. Eran mujeres y niños en su mayor parte, todos sucios, negros, con el cabello enmarañado, el ardor de los apetitos bestiales en los ojos, el desaliento del animal débil en la mandíbula caída. Vivían ocultos en los escombros de sus casas. El miedo les había hecho olvidar el hambre; pero al verse libres de enemigos, reaparecían de golpe todas sus necesidades incubadas por las horas de angustia. Desnoyers creyó estar rodeado de una tribu de indios famélicos y embrutecidos, igual a las que había visto en sus viajes de aventurero. Traía con él de París una cantidad de piezas de oro, y sacó una moneda, haciéndola brillar al sol. Necesitaba pan, necesitaba todo lo que fuese comestible: pagaría sin regatear. La vista del oro provocó miradas de entusiasmo y codicia; pero esta impresión fue breve. Los ojos acabaron por contemplar con indiferencia el redondel amarillo. Don Marcelo se convenció de que el milagroso fetiche había perdido su poder. Todos entonaban un coro de desgracias y horrores con voz lenta y quejumbrosa, como si llorasen ante un féretro: «Señor, han muerto a mi marido...» «Señor, mis hijos; me faltan dos hijos...»

«Señor, se han llevado presos a todos los hombres; dicen que es para trabajar la tierra en Alemania...» «Señor, pan; mis pequeños se mueren de hambre».

Una mujer lamentaba algo peor que la muerte: «¡Mi hija!... ¡Mi pobre hija!» Su mirada de odio y locura denunciaban la tragedia secreta; sus alaridos y lágrimas hacían recordar a la otra madre que gritaba lo mismo en el castillo. En el fondo de alguna cueva estaba la víctima, rota de cansancio, sacudida por el delirio, viendo todavía la sucesión de asaltantes brutales con el rostro dilatado por un entusiasmo simiesco.

El grupo miserable tendía en círculo sus manos hacia aquel hombre cuya riqueza conocían todos. Las mujeres le enseñaban sus criaturas amarillentas, con los ojos velados por el hambre y una respiración apenas perceptible. «Pan..., pan», imploraban, como si él pudiese hacer un milagro. Entregó a una madre la moneda que tenía entre los dedos. Luego dio otras piezas de oro. Las guardaban sin mirarlas y seguían su lamento: «Pan..., pan». ¡Y él había ido hasta allí para hacer la misma súplica!... Huyó, reconociendo la inutilidad de su esfuerzo.

Cuando regresaba, desesperado, a su propiedad, encontró grandes automóviles y hombres a caballo que llenaban el camino formando larguísimo convoy. Seguían la misma dirección que él. Al entrar en su parque, un grupo de alemanes estaba tendiendo los hilos de una línea telefónica. Acababan de recorrer las habitaciones en desorden y reían a carcajadas leyendo la inscripción trazada por el capitán von Hartrott: «Se ruega no saquear...» Encontraban la farsa muy ingeniosa, muy germánica.

El convoy invadió el parque. Los automóviles y furgones llevaban una cruz roja. Un hospital de sangre iba a establecerse en el castillo. Los médicos, vestidos de verde y armados lo mismo que los oficiales, imitaban su altivez cortante, su repelente tiesura. Salían de los furgones centenares de camas plegadizas, alineándose en las diversas piezas; los muebles que aún quedaban fueron arrojados en montón al pie de los árboles. Grupos de soldados obedecían con prontitud mecánica las órdenes breves e imperiosas. Un perfume de botica, de drogas concentradas, se esparció por las habitaciones, mezclándose con el fuerte olor de los antisépticos que habían rociado en las paredes para borrar los residuos de la orgía nocturna. Vio después mujeres vestidas de blanco, mocetonas de mirada azul y pelo de cáñamo. Tenían un aspecto grave, duro, austero, implacable. Empujaron repetidas veces a Desnoyers como si no lo viesen. Parecían monjas, pero con revólver debajo el hábito.

A mediodía empezaron a llegar otros automóviles, atraídos por la enorme bandera blanca con una cruz roja que había empezado a ondear en lo alto del castillo. Venían de la parte del Marne; su metal estaba abollado por los proyectiles; sus vidrios tenían roturas en forma de estrella. Bajaban de su interior hombres y más hombres, unos por su pie, otros en camillas de lona: rostros pálidos y rubicundos, perfiles aquilinos y achatados, cabezas rubias y cráneos envueltos en turbantes blancos con manchas de sangre; bocas que reían con risa de bravata y bocas que gemían con los labios azulados; mandíbulas sostenidas por vendajes de momia; gigantes que no mostraban destrozos aparentes y estaban en la agonía; cuerpos informes rematados por una testa que hablaba y fumaba; piernas con piltrafas colgantes que esparcían un líquido rojo entre los lienzos de la primera cura; brazos que pendían inertes como ramas secas; uniformes desgarrados en los que se notaba el trágico vacío de los miembros ausentes.. La avalancha de dolor se esparció por el castillo. A las pocas horas, todo él estaba ocupado; no había un lecho libre; las últimas camillas quedaron a la sombra de los árboles. Funcionaban los teléfonos incesantemente; los operadores, puestos de mandil, iban de un lado a otro, trabajando con rapidez; la vida humana era sometida a los procedimientos salvadores con rudeza y crueldad. Los que morían dejaban una cama libre a los otros que iban llegando. Desnoyers vio cestos que goteaban, llenos de carne informe: piltrafas, huesos rotos, miembros enteros. Los portadores de estos residuos iban al fondo de su parque para enterrarlos en una plazoleta que era el lugar favorito de las lecturas de Chichí.

Soldados formando parejas llevaban envueltos en sábanas que el dueño del castillo reconocía como suyas. Estos bultos eran cadáveres. El parque se convertía en cementerio. Ya no bastaba la plazoleta para contener los muertos y los residuos de las curas: nuevas fosas se iban abriendo en las inmediaciones. Los alemanes, armados de palas, habían buscado auxiliares para su fúnebre trabajo. Una docena de campesinos prisioneros removían la tierra y ayudaban en la descarga de los muertos. Ahora los conducían en una carreta hasta el borde de la fosa, cayendo en ella como los escombros acarreados de una demolición. Don Marcelo sintió un placer monstruoso al considerar el número creciente de enemigos desaparecidos, pero a la vez lamentaba esta avalancha de intrusos que iba a fijarse para siempre en sus tierras. Al anochecer, anonadado por tantas emociones, sufrió el tormento del hambre. Sólo había comido uno de los pedazos de pan encontrados en la cocina por la viuda del conserje. El resto lo había dejado para ella y su hija. Un tormento igual que el hambre presentó para él la desesperación de Georgette. Al verlo pretendía escapar, avergonzada.

—¡Que no me vea el señor!— gemía, ocultando el rostro.

Y el señor, siempre que entraba en el pabellón, evitaba aproximarse a ella, como si su presencia le hiciese sentir más intensamente el recuerdo del ultraje.

En vano, aguijoneado por la necesidad, se dirigió a algunos médicos que hablaban francés. No le escucharon; y al insistir en sus peticiones, lo pusieron a distancia con rudo manotón... ¡Él no iba a perecer de hambre en medio de sus propiedades! Aquellas gentes comían: las duras enfermeras se habían instalado en su cocina... Pero transcurrió el tiempo sin encontrar quien se apiadase de su persona, arrastrando su debilidad de un lado para otro, viejo, con una vejez de miseria, sintiendo en todo su cuerpo la impresión de los golpes recibidos en la noche anterior. Conoció el tormento del hambre como no lo había sufrido nunca en sus viajes por las llanuras desiertas, el hambre entre los hombres, en un país civilizado, llevando sobre su cuerpo un cinto lleno de oro, rodeado de tierras y edificios que eran suyos, pero de los que disponían otros que no se dignaban entenderle. ¡Y para llegar a esta situación al término de su vida había amasado millones y había vuelto a Europa!... ¡Ah ironía de la suerte!... Vio a un sanitario que, con la espalda apoyada en un tronco, iba a devorar un pan y un pedazo de embutido. Sus ojos envidiosos examinaron a este hombre, grande, cuadrado, de mandíbula fuerte cubierta por la eflorescencia de una barba roja. Avanzócon muda invitación una moneda de oro entre sus dedos. Brillaron los ojos del alemán al ver el oro; una sonrisa dilató su boca casi de oreja a oreja.

—Ja— dijo comprendiendo la mímica.

Y le entregó sus comestibles, tomando la moneda. Don Marcelo comenzó a tragar con avidez. Nunca había saboreado la sensualidad de la alimentación como en aquel instante, en medio de su jardín convertido en cementerio, frente a su castillo saqueado, donde gemían y agonizaban centenares de seres. Un brazo gris pasó ante sus ojos. Era el alemán, que volvía con dos panes y un pedazo de carne arrebatados de la cocina. Repitió su sonrisa: Ja?... Y luego de entregarle el viejo una segunda moneda de oro, pudo ofrecer estos alimentos a las dos mujeres refugiadas en el pabellón. Durante la noche —una noche de penoso desvelo cortado por visiones de horror— creyó que se aproximaba el rugido de la artillería. Era una diferencia apenas perceptible; tal vez un efecto del silencio nocturno, que aumentaba la intensidad de los sonidos. Los automóviles seguían llegando del frente, soltaban su cargamento de carne destrozada y volvían a partir. Desnoyers pensó que su castillo no era más que uno de los muchos hospitales establecidos en una línea de más de cien kilómetros, y que al otro lado, detrás de los franceses, existían centros semejantes, y en todos ellos reinaba igual actividad, sucediéndose con aterradora frecuencia las remesas de hombres moribundos. Muchos no conseguían siquiera el consuelo de verse recogidos: aullaban en medio del campo, y hundiendo en el polvo o en el barro sus miembros sangrientos, expiraban revolcándose en sus propias entrañas... Y don Marcelo, que horas antes se consideraba el ser más infeliz de la creación, experimentó una alegría cruel al pensar en tantos miles de hombres vigorosos deshechos por la muerte que podían envidiar su vejez sana, la tranquilidad con que estaba tendido en aquel lecho.

A la mañana siguiente, el sanitario lo esperaba en el mismo sitio con una servilleta llena. ¡Barbudo servicial y bueno!... Le ofreció una moneda de oro.

—Nein— contestó estirando su boca con una sonrisa maliciosa.

Dos rodajas brillantes aparecieron en los dedos de don Marcelo. Otra sonrisa, Nein, y un movimiento negativo de cabeza. ¡Ah ladrón! ¡Cómo abusaba de su necesidad!... Y sólo cuando le hubo entregado cinco monedas pudo adquirir el paquete de víveres. Pronto notó en torno de su persona una conspiración sorda y astuta para apoderarse de su dinero. Un gigante con galones de sargento le puso una pala en la mano, empujándole rudamente. Se vio en el rincón de su parque convertido en cementerio, junto a la carreta de los cadáveres; tuvo que remover la tierra propia confundido con aquellos prisioneros exasperados por la desgracia, que le trataban como a un igual.

Volvió los ojos para no ver los cadáveres rígidos y grotescos que asomaban sobre su cabeza, al borde del hoyo, pronto a derramarse en el fondo de éste. El suelo exhalaba un hedor insufrible. Había empezado la descomposición de los cuerpos en las fosas inmediatas. La persistencia con que lo acosaban sus guardianes y la sonrisa marrullera del sargento le hicieron adivinar el chantaje. El sanitario de las barbas debía de tener parte en todo esto. Soltó la pala, llevándose una mano al bolsillo con gesto de invitación. Ia, dijo el sargento. Y luego de entregar unas monedas pudo alejarse y vagar libremente. Sabía lo que le esperaba: aquellos hombres iban a someterlo a una explotación implacable.

Transcurrió un día más, igual al anterior. En la mañana del siguiente, sus sentidos, afinados por la inquietud, le hicieron adivinar algo extraordinario. Los automóviles llegaban y partían con mayor rapidez; se notaba desorden y azaramiento en el personal. Sonaban los teléfonos con una precipitación local; los heridos parecían más desalentados. El día anterior los había que cantaban al bajar de los vehículos, engañando su dolor con risas y bravatas. Hablaban de la victoria próxima, lamentando no presenciar la entrada en París. Ahora todos permanecían silenciosos, con gesto de enfurruñamiento, pensando en la propia suerte, sin preocuparse de lo que dejaban a su espalda.

Fuera del parque zumbó un ruido de muchedumbre. Negrearon los caminos. Empezaba otra vez la invasión, pero con movimiento de reflujo. Pasaron durante horas enteras rosarios de camiones grises entre los bufidos de sus motores fatigados. Luego, regimientos de infantería, escuadrones, baterías rodantes. Marchaban lentamente, con una lentitud que desconcertaba a Desnoyers, no sabiendo si este retroceso era una fuga o un cambio de posición. Lo único que le satisfacía era el gesto embrutecido y triste de los soldados, el mutismo sombrío de los oficiales. Nadie gritaba; todos parecían haber olvidado el Nach Paris! El monstruo verdoso conservaba aún el armado testuz al otro lado del Marne, pero su cola empezaba a contraer los anillos con ondulaciones inquietas.

Después de cerrar la noche continuó el repliegue de las tropas. El cañoneo parecía aproximarse. Algunos truenos sonaban tan inmediatos que hacían temblar los vidrios de las ventanas. Un campesino fugitivo se refugió en el parque y pudo dar noticias a don Marcelo. Los alemanes se retiraban. Algunas de sus baterías se habían establecido en la orilla del Marne para intentar una nueva resistencia. Y el recién llegado se quedó, sin llamar la atención de los invasores, que días antes fusilaban a la menor sospecha.

Se había perturbado visiblemente el funcionamiento mecánico de su disciplina. Médicos y enfermeros corrían de un lado a otro dando gritos, profiriendo juramentos cada vez que llegaba un nuevo automóvil. Ordenaban al conductor que siguiese adelante, hasta otro hospital situado a retaguardia. Habían recibido orden de evacuar el castillo aquella misma noche.

A pesar de la prohibición, uno de los carruajes se libró de su cargamento de heridos. Tal era el estado de éstos, que los médicos los aceptaron, juzgando inútil que continuasen su viaje. Quedaron en el jardín, tendidos en las mismas camillas de lona que ocupaban dentro del vehículo. A la luz de las linternas, Desnoyers reconoció a uno de los moribundos. Era el secretario de su excelencia, el profesor socialista que le había encerrado en la cueva. Viendo al dueño del castillo, sonrió como si encontrase a un compañero. Era el único rostro conocido entre todas aquellas gentes que hablaban su idioma. Estaba pálido, con las facciones enjutas y un velo impalpable sobre los ojos. No tenía heridas visibles; pero debajo del capote, tendido sobre su vientre, las entrañas deshechas en espantosa carnicería, exhalaban un olor de cementerio. La presencia de Desnoyers le hizo adivinar adónde lo habían llevado, y poco a poco coordinó sus recuerdos. Como si al viejo pudiera interesarle el paradero de sus camaradas, habló en voz tenue y trabajosa que a él le parecía, sin duda, natural...

¡Mala suerte la de su brigada! Habían llegado al frente en un momento de apuro, para ser lanzados como tropa de refresco. Muerto el comandante Blumhardt en los primeros instantes: un proyectil de 75 se le había llevado la cabeza. Muertos casi todos los oficiales que se habían alojado en el castillo. Su excelencia tenía la mandíbula arrancada por un casco de obús. Lo había visto en el suelo rugiendo de dolor, sacándose del pecho un retrato que intentaba besar con su boca rota. Él tenía el vientre destrozado por el mismo obús. Había estado cuarenta y dos horas en el campo sin que lo recogiesen...

Y con una avidez de universitario que quiere verlo todo y explicárselo todo, añadió en este momento supremo, con la tenacidad del que muere hablando.

—Triste guerra, señor... Faltan elementos de juicio para decir quién es el culpable... Cuando la guerra termine, habrá..., habrá... Cerró los ojos, desvanecido por su esfuerzo. Desnoyers se alejó. ¡Infeliz! Colocaba la hora de la justicia en la terminación de la guerra, y mientras tanto, era él quien terminaba, desapareciendo con todos sus escrúpulos de razonador lento y disciplinado. Esta noche no durmió. Temblaban las paredes del pabellón, se movían los vidrios con crujidos de fractura, suspiraban inquietas las dos mujeres en la plaza inmediata. Al estrépito de los disparos alemanes se unían otras explosiones más cercanas.

Adivinó los estallidos de los proyectiles franceses que llegaban buscando a la artillería enemiga por encima del Marne. Su entusiasmo empezaba a resucitar, la posibilidad de una victoria apuntó en su pensamiento. Pero estaba tan deprimido por su miserable situación, que inmediatamente desechó tal esperanza. Los suyos avanzaban; pero su avance no representaba tal vez más que una ventaja local... ¡Era tan extensa la línea de batalla...! Iba a ocurrir lo que en 1870: el valor francés alcanzaría victorias parciales, modificadas a última hora por la estrategia de los enemigos hasta convertirse en derrotas.

Después de medianoche cesó el cañoneo; pero no por esto se restableció el silencio. Rodaban automóviles ante el pabellón entre gritos de mando. Debía de ser el convoy sanitario que evacuaba el castillo. Luego, cerca del amanecer, un estrépito de caballos, de máquinas rodantes, pasó la verja, haciendo temblar el suelo. Media hora después sonó el trote humano de una multitud que marchaba aceleradamente, perdiéndose en las profundidades del parque.

Amanecía cuando saltó del lecho. Lo primero que vio al salir del pabellón fue la bandera de la Cruz Roja, que seguía ondeando en lo alto del castillo. Ya no había camillas debajo de los árboles. En el puente encontró varios sanitarios y uno de los médicos. El hospital se había marchado con todos los heridos transportables. Sólo quedaban en el edificio, bajo la vigilancia de una sección, los más graves, los que no podían moverse. Las valquirias de la sanidad habían desaparecido igualmente.

El barbudo era de los que se habían quedado, y al ver de lejos a don Marcelo sonrió, desapareciendo inmediatamente. A los pocos momentos reaparecía con las manos llenas. Nunca su presente había sido tan generoso. Presintió el viejo una gran exigencia; pero, al llevarse la mano al bolsillo el sanitario lo contuvo:

—Nein... Nein.

¿Qué generosidad era aquélla?... El alemán insistió en su negativa. La boca enorme se dilataba con una sonrisa amable; sus manazas se posaron en los hombros de don Marcelo. Parecía un perro bueno, un perro humilde que acaricia a un transeúnte para que lo lleven con él. Franzosen..., Franzosen. No sabía decir más; pero se adivinaba en sus palabras el deseo de hacer comprender que había sentido siempre gran simpatía por los franceses. Algo importante estaba ocurriendo; el aire malhumorado de los que permanecían en la puerta del castillo, la repentina obsequiosidad de este rústico con uniforme, lo daban a entender.

Más allá del edificio vio soldados, muchos soldados. Un batallón de infantería se había esparcido a lo largo de las tapias, con sus furgones y sus caballos de tiro y de montar. Los soldados manejaban picos, abriendo aspilleras en la pared, cortando su borde en forma de almenas. Otros se arrodillaban o sentaban junto a las aberturas, despojándose de la mochila para estar más desembarazados. A lo lejos sonaba el cañón, y en el intervalo de sus detonaciones un chasquido de tralla, un burbujeo de aceite frito, un crujir de molino de café, el crepitamiento incesante de fusiles y ametralladoras. El fresco de la mañana cubría los hombres y las cosas de un brillo de humedad. Sobre los campos flotaban vedijas de niebla, dando a los objetos cercanos las líneas inciertas de lo irreal. El sol era una mancha tenue al remontarse entre telones de bruma. Los árboles lloraban por todas las aristas de sus cortezas.

Un trueno rasgó el aire, próximo y ruidoso, como si estallase junto al castillo. Desnoyers vaciló, creyendo haber recibido un puñetazo en el pecho. Los demás hombres permanecieron impasibles, con la indiferencia de la costumbre. Un cañón acababa de disparar a pocos pasos de él... Sólo entonces se dio cuenta de que dos baterías se habían instalado en su parque. Las piezas estaban ocultas bajo cúpulas de ramaje; los artilleros derribaban árboles para enmascarar sus cañones con un disimulo perfecto. Vio cómo se iban emplazando los últimos. Con palas formaban un borde de tierra de treinta centímetros alrededor de cada uno de ellos. Este borde defendía los pies de los sirvientes, que tenían el cuerpo resguardado por las mamparas blindadas de ambos lados de la pieza. Luego levantaban una cabaña de troncos y ramajes, dejando visible únicamente la boca del mortífero cilindro. Don Marcelo se acostumbró poco a poco a los disparos, que parecían crear el vacío dentro de su cráneo. Rechinaban los dientes, cerraba los puños a cada detonación; pero seguía inmóvil, sin deseo de marcharse, dominado por la violencia de las explosiones, admirando la serenidad de estos hombres que daban sus órdenes erguidos y fríos o se agitaban como humildes sirvientes alrededor de las bestias tronadoras. Todas sus ideas parecían haber volado, arrancadas por el primer cañonazo. Su cerebro sólo vivía el momento presente. Volvió los ojos con insistencia a la bandera blanca y roja que ondeaba sobre el edificio.

«Es una traición —pensó—, una deslealtad».

A lo lejos, del otro lado del Marne tiraban igualmente los cañones franceses. Se adivinaba su trabajo por las pequeñas nubes amarillas que flotaban en el aire, por las columnas de humo que surgían en varios puntos del paisaje, allí donde había ocultas tropas alemanas, formando una línea que se perdía en el infinito. Una atmósfera de protección y respeto parecía envolver el castillo. Se disolvieron las brumas matinales; el sol mostró al fin su disco brillante y limpio, prolongando en el suelo las sombras de hombres y árboles con una longitud fantástica. Surgían de la niebla colinas y bosques frescos y chorreantes después de la ablución matinal. El valle quedaba por entero al descubierto. Desnoyers vio con sorpresa el río desde el lugar que ocupaba. El cañón había abierto durante la noche grandes ventanas en las arboledas que lo tenían oculto. Lo que más le asombró al contemplar este paisaje matinal, sonriente y pueril, fue no ver a nadie, absolutamente a nadie. Tronaban cumbres y arboledas, sin que se mostrase una sola persona. Más de cien mil hombres debían de estar agazapados en el espacio que abarcaban sus ojos, y ni uno era visible. Los rugidos mortales de las armas, al estremecer el aire, no dejaban en él ninguna huella óptica. No había otro humo que el de la explosión, las espirales negras que elevaban los grandes proyectiles al estallar en el suelo. Estas columnas surgían de todos lados. Cercaban el castillo como una ronda de peonzas gigantescas y negras; pero ninguna se salía del ordenado corro, osando adelantarse hasta tocar el edificio. Don Marcelo seguía mirando la bandera. «Es una traición», repitió mentalmente. Pero al mismo tiempo la aceptaba por egoísmo, viendo en ella una defensa de su propiedad. El batallón había terminado de instalarse a lo largo del muro, frente al río.

Los soldados, arrodillados, apoyaban sus fusiles en aspilleras y almenas. Se mostraban satisfechos de estar descansando después de una noche de combate en retirada. Todos parecían dormidos con los ojos abiertos. Poco a poco se dejaban caer sobre los talones o buscaban el apoyo de la mochila. Sonaban ronquidos en los cortos espacios de silencio que dejaba la artillería. Los oficiales, en pie detrás de ellos, examinaban el paisaje con sus lentes de campaña o hablaban, formando grupos. Unos parecían desalentados, otros furiosos por el retroceso que venían realizando desde el día anterior. Los más permanecían tranquilos, con la pasividad de la obediencia. El frente de batalla era inmenso: ¿quién podía adivinar el final?... Allí se retiraban, y en otros puntos los compañeros estarían avanzando con un movimiento decisivo. Hasta el último instante ningún soldado conoce la suerte de las batallas. Lo que les dolía a todos era verse cada vez más lejos de París.

Vio brillar don Marcelo un redondel de vidrio. Era un monóculo fijo en él con insistencia agresiva. Un teniente flaco, de talle apretado, que conservaba el mismo aspecto de los oficiales que él había visto en Berlín, un verdadero junker, estaba a pocos pasos, sable en mano, detrás de sus hombres, como un pastor sombrío y colérico.

—¿Qué hace usted aquí?— dijo rudamente.

Explicó que era el dueño del castillo. «¿Francés?», siguió preguntando el teniente.

«Sí, francés...» Quedó el oficial en hostil meditación sintiendo la necesidad de hacer algo contra este enemigo. Los gestos y gritos de otros oficiales lo arrancaron a sus reflexiones. Todos miraban a lo alto, y el viejo los imitó.

Desde una hora antes pasaban por el aire pavorosos rugidos envueltos en vapores amarillentos, jirones de nubes que parecían llevar en su interior una rueda chirriando con frenético volteo. Eran los proyectiles de la artillería gruesa germánica, que tiraba a varios kilómetros, enviando sus disparos por encima del castillo. No podía ser esto lo que interesaba a los oficiales. Contrajo sus párpados para ver mejor, y al fin, junto al borde de una nube, distinguió una especie de mosquito que brillaba herido por el sol. En los breves intervalos de silencio se oía el zumbido, tenue y lejano, denunciador de su presencia. Los oficiales movieron la cabeza: Franzosen.

Desnoyers creyó lo mismo. No podía imaginarse las dos cruces negras en el interior de sus alas. Vio con el pensamiento dos anillos tricolores iguales a los redondeles que colorean los mantos volantes de las mariposas.

Se explicaba la inquietud de los alemanes. El avión francés se había inmovilizado unos instantes sobre el castillo, no prestando atención a las burbujas blancas que estallaban debajo y en torno de él. En vano los cañones de las posiciones inmediatas le enviaban sus obuses. Viró con rapidez, alejándose hacia su punto de partida. «Debe de haberlo visto todo —pensó Desnoyers—. Nos ha reparado: sabe lo que hay aquí».

Adivinó que iba a cambiar rápidamente el curso de los sucesos. Todo lo que había ocurrido hasta entonces en las primeras horas de la mañana carecía de importancia comparado con lo que vendría después. Sintió miedo, el miedo irresistible de lo desconocido, y al mismo tiempo curiosidad, angustia, la impaciencia ante un peligro que amenaza y nunca acaba de llegar.

Una explosión estridente sonó fuera del parque, pero a corta distancia de la tapia: algo semejante a un hachazo gigantesco dado con un hacha enorme como un castillo. Volaron por el aire copas enteras de árboles, varios troncos partidos en dos, terrones negros con cabelleras de hierbas, un chorro de polvo que oscureció el cielo. Algunas piedras rodaron del muro. Los alemanes se encogieron, pero sin emoción visible. Conocían esto; esperaban su llegada como algo inevitable, después de haber visto al aeroplano. La bandera con la cruz roja ya no podía engañar a los artilleros enemigos.

Don Marcelo no tuvo tiempo para reponerse de su sorpresa: una segunda explosión más cerca de la tapia..., una tercera en el interior del parque. Le pareció que había saltado de repente a otro mundo. Vio los hombres y las cosas a través de una atmósfera fantástica que rugía, destruyéndolo todo con la violencia cortante de sus ondulaciones. Había quedado inmóvil por el terror, y, sin embargo, no tenía miedo.

Él se había imaginado hasta entonces el miedo en distinta forma. Sentía en el estómago un vacío angustioso. Vaciló repetidas veces sobre sus pies, como si alguien lo empujase dándole un golpe en el pecho para enderezarlo acto seguido con un nuevo golpe en la espalda. Un olor de ácidos se esparció en el ambiente, dificultando la respiración, haciendo subir a los ojos el escozor de las lágrimas. En cambio, los ruidos cesaron de molestarle: no existían para él. Los adivinaba en el oleaje del aire, en las sacudidas de las cosas, en el torbellino que encorvaba a los hombres; pero no repercutían en su interior. Había perdido la facultad auditiva: toda la fuerza de sus sentidos se concentró en la mirada. Sus ojos parecieron adquirir múltiples facetas, como los de ciertos insectos. Vio lo que ocurría delante de su persona, a sus lados, detrás de él. Y presenció cosas maravillosas, instantáneas, como si todas las reglas de la vida acabasen de sufrir un trastorno caprichoso. Un oficial que estaba a pocos pasos emprendió un vuelo inexplicable. Empezó a elevarse, sin perder su tiesura militar, con el casco en la cabeza, el entrecejo fruncido, el bigote rubio y corto, y más abajo el pecho color de mostaza, las manos enguantadas que sostenían unos gemelos y un papel. Pero aquí terminaba su individualidad. Las piernas grises, con sus polainas, habían quedado en el suelo, inánimes, como fundas vacías, expeliendo al deshincharse su rojo contenido. El tronco, en la violenta ascensión, se desfondaba como un cántaro, soltando su contenido de vísceras. Más allá, unos artilleros que estaban derechos aparecían súbitamente tendidos e inmóviles, embadurnados de púrpura.

La línea de infantería se aplastó en el suelo. Los hombres se contraían, para hacerse menos visibles, junto a las aspilleras por las que asomaban sus fusiles. Muchos se habían colocado la mochila sobre la cabeza o la espalda para que los defendiese de los cascos de obús. Si se movían, era para amoldarse mejor en la tierra, buscando excavarla con su vientre. Varios de ellos habían cambiado de postura con una rapidez inexplicable. Ahora estaban tendidos de espaldas, y parecían dormir. Uno tenía abierto el uniforme sobre el abdomen, mostrando entre los desgarrones de la tela carnes sueltas, azules y rojas, que surgían y se hinchaban con burbujeos de expansión. Otro había quedado sin piernas. Vio también ojos agrandados por la sorpresa y el dolor, bocas redondas y negras que parecían agitar los labios con un aullido. Pero no gritaban: al menos él no oía sus gritos. Había perdido la noción del tiempo. No sabía si llevaba en esta inmovilidad varias horas o un minuto. Lo único que le molestaba era el temblor de las piernas que se resistían a sostenerlo... Algo cayó a sus espaldas. Llovían escombros. Al volver la cabeza, vio su castillo transformado. Acababan de robarle medio torreón. Las pizarras se esparcían en menudos fragmentos; los sillares se desmoronaban; el cuadro de piedra de una ventana se mantenía suelto y en equilibrio como un bastidor. Los maderos viejos de la caperuza empezaron a arder como antorchas.

La vista de este cambio instantáneo de su propiedad le impresionó más que los estragos causados por la muerte. Se dio cuenta del horror de las fuerzas ciegas e implacables que rugían en torno de él. La vida concentrada en sus ojos se esparció, descendiendo hasta sus pies... Y echó a correr, sin saber adónde ir, sintiendo la misma necesidad de ocultarse que experimentaban aquellos hombres encadenados por la disciplina, obligados a aplastarse en el suelo, a envidiar la blanda invisibilidad de los reptiles.

Su instinto lo empujaba hacia el pabellón, pero en mitad de la avenida le cortó el paso otra de las asombrosas mutaciones. Una mano invisible acababa de arrancar de un revés la mitad de la techumbre. Todo un lienzo de pared se dobló, formando una cascada de ladrillos y polvo. Quedaron al descubierto las piezas interiores, lo mismo que una decoración de teatro: la cocina donde él había comido, el piso superior con el dormitorio, que aún conservaba deshecha su cama. ¡Pobres mujeres!...

Retrocedió, corriendo hacia el castillo. Se acordaba de la cueva donde había pasado encerrado una noche. Y cuando se vio bajo su bóveda sombría la tuvo por el mejor de los salones, alabando la prudencia de sus constructores.

El silencio subterráneo fue devolviéndole la sensibilidad auditiva. Escuchó como una tormenta amortiguada por la distancia el cañoneo de los alemanes y el estallido de los proyectiles franceses. Vinieron a su memoria los elogios que había prodigado al cañón de 75 sin conocerlo más que por referencias. Ya había presenciado sus efectos. «Tira demasiado bien», murmuró. En poco tiempo iba a destrozar su castillo; encontraba excesiva tanta perfección... Pero no tardó en arrepentirse de estas lamentaciones de su egoísmo. Una idea tenaz como un remordimiento se había aferrado a su cerebro. Le pareció que todo lo que sufría era una expiación por la falta cometida en su juventud. Había evitado el servir a su patria, y ahora se encontraba envuelto en los horrores de la guerra, con la humildad de un ser pasivo e indefenso, sin las satisfacciones del soldado, que puede devolver los golpes. Iba a morir, estaba seguro de ello, con una muerte vergonzosa, sin gloria alguna, anónimamente. Los escombros de su propiedad le servirían de sepulcro. Y la certidumbre de la muerte en las tinieblas, como un roedor que ve obstruidos los orificios de su madriguera, comenzó a hacerle intolerable este refugio. Arriba continuaba la tempestad. Un trueno pareció estallar sobre su cabeza, y a continuación el estrépito de un derrumbamiento. Un nuevo proyectil había caído sobre el edificio. Oyó rugidos de agonía, gritos, carreras precipitadas en el techo.

Tal vez el obús, con su furia ciega, había despedazado muchos de los moribundos que ocupaban los salones.

Temió quedar enterrado en su refugio y subió a saltos la escalera de los subterráneos. Al pasar por el piso bajo vio el cielo a través de los techos rotos. De los bordes pendían trozos de madera, pedazos bamboleantes de pavimento, muebles detenidos en mitad de su caída. Pisó cascotes al atravesar el hall, donde antes había alfombras; tropezó con hierros rotos y retorcidos, fragmentos de camas llovidas de lo más alto del edificio; creyó distinguir miembros convulsos entre los montones de escombros; escuchó voces angustiosas que no podía comprender.

Salió corriendo, con la misma ansia de luz y de aire que empuja al náufrago a la cubierta desde las entrañas del buque... Había transcurrido más tiempo del que él se imaginaba desde que se refugió en la oscuridad. El sol estaba muy alto. Vio en el jardín nuevos cadáveres en actitudes trágicas y grotescas. Los heridos gemían encorvados o permanecían en el suelo, apoyada la espalda en un árbol, con un mutismo doloroso. Algunos habían abierto la mochila para sacar su bolsa de sanidad y atendían a la curación de los desgarrones de su carne. La infantería disparaba ahora sus fusiles incesantemente. El número de tiradores había aumentado. Nuevos grupos de soldados entraban en el parque: unos, con un sargento al frente; otros, seguidos por un oficial que llevaba el revólver apoyado en el pecho, como si con él guiase a los hombres. Era la infantería expulsada de sus posiciones junto al río, que venía a reforzar la segunda línea de defensa. Las ametralladoras unían su tac—tac de telar en movimiento al chasquido de la fusilería.

Silbaba el espacio, rayado incesantemente por el abejorreo de un enjambre invisible. Millares de moscardones pegajosos se movían entorno de Desnoyers sin que alcanzase a verlos. Las cortezas de los árboles saltaban, empujadas por uñas ocultas; llovían hojas, se agitaban las ramas con balanceos contradictorios; partían las piedras del suelo, impelidas por un pie misterioso. Todos los objetos inanimados parecían adquirir una vida fantástica. Los cazos de cinc de los soldados, las piezas metálicas de su equipo, los cubos de la artillería, repiqueteaban solos, como si recibiesen una granizada impalpable. Vio un cañón acostado, con las ruedas rotas y en alto, entre muchos hombres que parecían dormir; vio soldados que se tendían y doblaban la cabeza sin un grito, sin una contracción, como si los dominase el sueño instantáneamente. Otros, aullaban arrastrándose o caminaban con las manos en el vientre y las posaderas rozando el suelo.

El viejo experimentó una sensación aguda de calor. Un perfume punzante de drogas explosivas le hizo llorar y arañó su garganta. Al mismo tiempo tuvo frío: sintió su frente helada por un sudor glacial. Tuvo que apartarse del puente. Varios soldados pasaban con heridos para meterlos en el edificio, a pesar de que éste caía en ruinas. De pronto recibió una rociada líquida de cabeza a pies, como si se abriese la tierra dando paso a un torrente. Un obús había caído en el foso, levantando una enorme columna de agua, haciendo volar en fragmentos las carpas que dormían en el barro, rompiendo una parte de los bordes, convirtiendo en polvo la balaustrada blanca con sus jarrones de flores.

Se lanzó a correr con la ceguera del terror, viéndose de pronto ante un pequeño redondel de cristal que lo examinaba fríamente. Era el junker, el oficial del monóculo. Volvía a caer en sus manos... Le señaló con el extremo de su revólver dos cubos que estaban a corta distancia. Debía llenarlos en la laguna y dar de beber a sus hombres, sofocados por el sol. El tono imperioso no admitía réplica, pero don Marcelo intentó resistirse. ¿El sirviente de criado a los alemanes?...

Su extrañeza fue corta. Recibió un golpe de la culata del revólver en medio del pecho y al mismo tiempo la otra mano del teniente cayó cerrada sobre su rostro. El viejo se encorvó: quería llorar, quería perecer. Pero ni derramó lágrimas ni la vida se escapó de su cuerpo ante esta afrenta, como era su deseo... Se vio con los dos cubos en las manos llenándolos en el foso, yendo luego a lo largo de la fila de hombres, que abandonaban el fusil para sorber el líquido con una avidez de bestias jadeantes.

Ya no le causaba miedo la estridencia de los cuerpos invisibles. Su deseo era morir; sabía que forzosamente iba a morir. Eran demasiados sus sufrimientos: en el mundo no quedaba espacio para él. Tuvo que pasar ante brechas abiertas en el muro por el estallido de los obuses. Ningún obstáculo impedía su visión por estas roturas. Vallas o arboledas se habían modificado o borrado con el fuego de la artillería. Distinguió al pie de la cuesta que ocupaba su castillo varias columnas de ataque que habían pasado por el Marne. Los asaltantes estaban inmovilizados por el fuego nutrido de los alemanes. Avanzaban a saltos, por compañías, tendiéndose después al abrigo de los repliegues del terreno para dejar pasar las ráfagas de muerte. El viejo se sintió animado por una resolución desesperada: ya que había de morir, que lo matase una bala francesa. Y avanzó erguido, con sus dos cubos entre aquellos hombres acostados que disparaban. Luego, con súbito pavor, quedó inmóvil, hundiendo la cabeza entre los hombros, pensando que la bala que él recibiese representaba un peligro menos para el enemigo. Era mejor que lo matasen los alemanes... Y empezó a acariciar mentalmente la idea de recoger un arma cualquiera de los muertos, cayendo sobre el junker que le había abofeteado. Estaba llenando por tercera vez los cubos y contemplaba de espaldas al teniente, cuando ocurrió una cosa inverosímil, absurda, algo que le hizo recordar las fantásticas mutaciones del cinematógrafo. Desapareció de pronto la cabeza del oficial: dos surtidores de sangre saltaron de su cuello y el cuerpo se desplomó como un saco vacío. Al mismo tiempo un ciclón pasaba a lo largo de la pared, entre ésta y el edificio, derribando árboles, volcando cañones, llevándose las personas en remolino como si fuesen hojas secas. Adivinó que la muerte soplaba en una nueva dirección. Hasta entonces había llagado de frente, por la parte del río, batiendo la línea enemiga parapetada en la muralla. Ahora, con la brusquedad de un cambio atmosférico, venía del fondo del parque. Un movimiento hábil de los agresores, el uso de un camino apartado, tal vez un repliegue de la línea alemana, había permitido a los franceses colocar sus cañones en una nueva posición batiendo de flanco a los ocupantes del castillo. Fue una fortuna para don Marcelo el retardarse unos minutos al borde del foso, abrigado por la masa del edificio. La rociada de la batería oculta pasó a lo largo de la avenida, barriendo los vivos, destrozando por segunda vez a los muertos, matando los caballos, rompiendo las ruedas de las piezas, haciendo volar un armón con llamaradas de volcán, en cuyo fondo rojo y azulado saltaban cuerpos negros. Vio centenares de hombres caídos; vio caballos que corrían pisándose las tripas. La siega de la muerte no había sido por gavillas: todo un campo quedaba liso con sólo un golpe de hoz. Y como si las baterías de enfrente adivinasen la catástrofe, redoblaron por su parte el fuego, enviando una lluvia de obuses. Caían por todos lados. Más allá del castillo, en el fondo del parque, se abrían cráteres en la arboleda que vomitaban troncos enteros. Los proyectiles sacaban de sus fosas a los muertos enterrados la víspera. Los que no habían caído siguieron tirando por las aberturas del muro. Luego, se levantaron con precipitación. Unos, armaban la bayoneta, pálidos, con los labios apretados y un brillo de locura en los ojos; otros, volvían la espalda corriendo hasta la salida del parque, sin prestar atención a los gritos de los oficiales y a los disparos de revólver que hacían contra los fugitivos.

Todo esto ocurrió con vertiginosa rapidez, como una escena de pesadilla. Al otro lado del muro sonaba un zumbido ascendente igual al de la marea. Oyó gritos, le pareció que unas voces roncas y discordantes cantaban La Marsellesa. Las ametralladoras funcionaban con velocidad, como máquinas de coser. El ataque iba a quedar inmovilizado de nuevo por esta resistencia furiosa. Los alemanes, locos de rabia, tiraban y tiraban. En una brecha aparecieron quepis rojos, piernas del mismo color intentando pasar sobre los escombros. Pero la visión se borró instantáneamente bajo la rociada de las ametralladoras. Los asaltantes debían de caer a montones al otro lado de la pared.

Desnoyers no supo con certeza cómo se realizó la mutación. De pronto vio los pantalones rojos dentro del parque. Pasaban con un salto irresistible sobre el muro, de deslizaban por las brechas, venían del fondo de la arboleda por entradas invisibles. Eran soldados pequeños, cuadrados, sudorosos con el capote desabrochado. Y revueltos con ellos, en el desorden de la carga, tiradores africanos con ojos de diablo y bocas espumantes, zuavos de amplios calzones, cazadores de uniforme azul.

Los oficiales alemanes querían morir. Con el sable en alto, después de haber agotado los tiros de sus revólveres, avanzaban contra los asaltantes, seguidos de los soldados que aún les obedecían. Hubo un choque, una mezcolanza. Al viejo le pareció que el mundo había caído en profundo silencio. Los gritos de los combatientes el encontrón de los cuerpos, la estridencia de las armas, no representaban nada después que los cañones habían enmudecido. Vio hombres clavados por el vientre en el extremo de un fusil, mientras una punta enrojecida asomaba por sus riñones; culatas en alto cayendo como martillos; adversarios que se abrazaban rodando por el suelo, pretendiendo dominarse con patadas y mordiscos. Desaparecieron los pechos de color de mostaza; sólo vio espaldas de este color huyendo hacia la salida del parque, filtrándose entre los árboles, cayendo en mitad de su carrera alcanzados por las balas. Muchos de los asaltantes deseaban perseguir a los fugitivos y no podían, ocupados en desprender con rudos tirones su bayoneta de un cuerpo que la sujetaba en sus espasmos agónicos.

Se encontró de pronto don Marcelo en medio de estos choques mortales, saltando como un niño, agitando las manos, profiriendo gritos. Luego, volvió a despertar teniendo entre sus brazos la cabeza polvorienta de un oficial joven que lo miraba con asombro. Tal vez le creía loco al recibir sus besos, al escuchar sus palabras incoherentes, al recibir en sus mejillas una lluvia de lágrimas. Siguió llorando cuando el oficial se desprendió de él con rudo empujón... Necesitaba desahogarse después de tantos días de angustia silenciosa: «¡Viva la Francia!» Los suyos estaban ya en la entrada del parque. Corrían con la bayoneta por delante en seguimiento de los últimos restos del batallón alemán que escapaba hacia el pueblo. Un grupo de jinetes pasó por el camino. Eran dragones que llegaban para extremar la persecución. Pero sus caballos estaban fatigados; únicamente la fiebre de la victoria, que parecía transmitirse de los hombres a las bestias, sostenía su trote forzado y sudoroso. Uno de estos jinetes se detuvo junto a la entrada del parque. El caballo devoró con avidez unos hierbajos, mientras el hombre permanecía encogido en la silla como si durmiese.

Desnoyers le tocó en una cadera, quiso despertarlo e inmediatamente rodó por el lado opuesto. Estaba muerto; las entrañas colgaban fuera de su abdomen. Así había avanzado sobre su corcel, trotando confundido con los demás.

Empezaron a caer en las inmediaciones enormes peonzas de hierro y humo. La artillería alemana hacía fuego contra sus posiciones perdidas. Continuó el avance. Pasaron batallones, escuadrones, baterías, con dirección al Norte, fatigados, sucios, cubiertos de polvo y barro, pero con un enardecimiento que galvanizaba sus fuerzas casi agotadas. Los cañones franceses empezaron a tronar por la parte del pueblo.

Grupos de soldados exploraban el castillo y las arboledas inmediatas. De las habitaciones en ruinas, de las profundidades de las cuevas, de los matorrales del parque, de los establos y garajes incendiados, iban surgiendo hombres verdosos con la cabeza terminada en punta. Todos elevaban los brazos, exhibiendo las manos bien abiertas: Kamarades..., kamarades, non kaput. Temían, con la intranquilidad del remordimiento, que los matasen inmediatamente. Habían perdido de golpe toda su fiereza al verse lejos del oficial y libres de la disciplina. Algunos que sabían un poco de francés hablaban de su mujer y de sus hijos para enternecer a los enemigos, que los amenazaban con las bayonetas. Un alemán marchaba junto a Desnoyers, pegándose a sus espaldas. Era el sanitario barbudo. Se golpeaba el pecho y luego le señalaba a él. Franzosen..., gran amigo de Franzosen. Y sonreía a su protector. Permaneció en el castillo hasta la mañana siguiente. Vio la inesperada salida de Georgette y su madre de las profundidades del pabellón arruinado. Lloraban al contemplar los uniformes franceses.

—¡Esto no podía seguir! —gritó la viuda—. ¡Dios no muere!

Las dos empezaron a dudar de la realidad de los días anteriores. Después de una mala noche pasada entre escombros, don Marcelo decidió marcharse. ¿Qué le quedaba que hacer en este castillo destrozado?... Le estorbaba la presencia de tanto muerto. Eran cientos, eran miles. Los soldados y los campesinos iban enterrando los cadáveres a montones allí donde los encontraban. Fosas junto al edificio, en todas las avenidas del parque, en los arriates de los jardines, dentro de las dependencias. Hasta en el fondo de la laguna circular había muertos. ¿Cómo vivir a todas horas con esta vecindad trágica, compuesta en su mayor parte de enemigos?... ¡Adiós, castillo de Villeblanche! Emprendió el camino de París; se proponía llegar a él fuese como fuese. Encontró cadáveres por todas partes; pero éstos no vestían el uniforme verdoso. Habían caído muchos de los suyos en la ofensiva salvadora. Muchos caerían aún en las últimas convulsiones de la batalla que continuaba a sus espaldas, agitando con un trueno incesante la línea del horizonte... Vio pantalones de grana que emergían de los rastrojos, suelas claveteadas que brillaban en posición vertical junto al camino, cabezas lívidas, cuerpos amputados, vientres abiertos que dejaban escapar hígados enormes y azules, troncos separados, piernas sueltas. Y desprendiéndose de esta amalgama fúnebre, quepis rojos y oscuros, gorros orientales, cascos con melenas de crines, sables retorcidos, bayonetas rotas, fusiles, montones de cartuchos de cañón. Los caballos muertos abullonaban la llanura con sus costillares hinchados. Vehículos de artillería con las maderas consumidas y la armazón de hierro retorcido revelaban el trágico momento de la voladura. Rectángulos de tierra apisonada marcaban el emplazamiento de las baterías enemigas antes de retirarse. Encontró cañones volcados con las ruedas rotas, armones de proyectiles convertidos en madejas retorcidas de barras de acero, conos de materia carbonizada que eran residuos de hombres y caballos quemados por los alemanes en la noche anterior a su retroceso.

A pesar de estas incineraciones bárbaras, los cadáveres de una y otra parte eran infinitos, no tenían límite. Parecía que la tierra hubiese vomitado todos los cuerpos que llevaban recibidos desde los primeros tiempos de la Humanidad. El sol, impasible, poblaba de puntos de luz, de fulgores amarillentos, los campos de muerte. Los pedazos de bayonetas, las chapas metálicas, las cápsulas de fusil, centelleaban como pedazos de espejo. La noche húmeda, la lluvia, el tiempo oxidador, no habían modificado aún con su acción corrosiva estos residuos del combate, borrando su brillo. La carne empezaba a descomponerse. Un hedor de cementerio acompañaba al caminante, siendo cada vez más intenso así como avanzaba hacia París. Cada media hora le hacía pasar a un nuevo círculo de podredumbre creciente, descender un peldaño en la descomposición animal. Al principio, los muertos eran del día anterior: estaban frescos. Los que encontró al otro lado del río llevaban dos días sobre el terreno; luego, tres;

luego, cuatro. Bandas de cuervos se levantaban con perezoso aleteo al oír sus pasos; pero volvían a posarse en tierra, repletos, pero no ahítos, habiendo perdido todo miedo al hombre.

De tarde en tarde encontraba grupos vivientes. Eran pelotones de Caballería, gendarmes, zuavos, cazadores. Vivaqueaban en torno de las granjas arruinadas, explorando el terreno para cazar a los fugitivos alemanes. Desnoyers tenía que explicar su historia, mostrando el pasaporte que le había dado Lacour para hacer su viaje en el tren militar. Sólo así pudo seguir adelante. Estos soldados —muchos de ellos heridos levemente— estaban aún bajo la impresión de la victoria. Reían, contaban sus hazañas, los grandes peligros arrostrados en los días anteriores. «Los vamos a llevar a puntapiés hasta la frontera...» Su indignación renacía al mirar en torno de ellos. Los pueblos, las granjas, las casas aisladas, todo quemado. Como esqueletos de bestias prehistóricas, se destacaban sobre la llanura muchos armazones de acero retorcidos por el incendio. Las chimeneas de ladrillo de las fábricas estaban cortadas casi a ras de tierra o mostraban en sus cilindros varios orificios de obús limpios y redondos. Parecían flautas pastoriles clavadas en el suelo.

Junto a los pueblos en ruinas, las mujeres removían la tierra, abriendo fosas.

Este trabajo resultaba insignificante. Se necesitaba un esfuerzo inmenso para hacer desaparecer tanto muerto. «Vamos a morir después de la victoria —pensó don Marcelo—. La peste va a cebarse en nosotros». El agua de los arroyos no se había librado de este contagio. La sed le hizo beber en una laguna, y al levantar la cabeza vio unas piernas verdes que emergían de la superficie líquida, hundiendo sus botas en el barro de la orilla. La cabeza de un alemán estaba en el fondo del charco.

Llevaba varias horas de marcha, cuando se detuvo, creyendo reconocer una casa en ruinas. Era la taberna donde había almorzado días antes, al dirigirse a su castillo. Penetró entre los muros hollinados, y un enjambre de moscas pegajosas vino a zumbar en torno de su cara. Un hedor de grasa descompuesta por la muerte arañó su olfato. Una pierna que parecía de cartón chamuscado asomaba entre los escombros. Creyó ver otra vez a la vieja con los nietos agarrados a sus faldas. «Señor, por qué huyen las gentes? La guerra es asunto de soldados. Nosotros no hacemos mal a nadie, y nada debemos temer». Media hora después, al bajar una cuesta, tuvo el más inesperado de los encuentros. Vio un automóvil de alquiler, un automóvil de París, con su taxímetro en el pescante. El chófer se paseaba tranquilamente junto al vehículo, como si estuviese en su punto de parada. No tardó en entablar conversación con este señor que se le aparecía roto y sucio como un vagabundo, con media cara lívida por la huella de un golpe. Había traído a unos parisienses que deseaban ver el campo del combate. Eran de los que escriben en los periódicos; los aguardaba allí para regresar al anochecer.

Don Marcelo hundió la diestra en un bolsillo. Doscientos francos si le llevaba a París. El chófer protestó con la gravedad de un hombre fiel a sus compromisos...

«Quinientos». Y mostró un puñado de monedas de oro. El otro, por toda respuesta dio una vuelta a la manivela del motor, que empezó a roncar. Todos los días no se daba una batalla en las inmediaciones de París. Sus clientes podían esperarlo. Y Desnoyers, dentro del vehículo, vio pasar por las portezuelas este campo de horrores en huida vertiginosa para disolverse a sus espaldas. Rodaba hacia la vida humana..., volvía a la civilización.

Al entrar en París, las calles solitarias le parecieron llenas de gentío. Nunca había encontrado tan hermosa la ciudad. Vio la Ópera, vio la plaza de la Concordia, se imaginó estar soñando al apreciar el enorme salto que había dado en una hora. Comparó lo que le rodeaba con las imágenes de poco antes, con aquella llanura de muerte que se extendía a unos cuantos kilómetros de distancia.. No, no era posible. Uno de los dos términos de este contraste debía de ser forzosamente falso.

Se detuvo el automóvil: habían llegado a la avenida de Víctor Hugo...

Creyó seguir soñando. ¿Realmente estaba en su casa?... El majestuoso portero lo saludó asombrado, no pudiendo explicarse su aspecto de miseria. «¡Ah señor!... ¿De dónde venía el señor?» —Del infierno— murmuró don Marcelo. Su extrañeza continuó al verse dentro de su vivienda recorriendo las habitaciones. Volvía a ser alguien. La vista de sus riquezas, el goce de sus comodidades le devolvieron la noción de su dignidad. Al mismo tiempo fue resucitando en su memoria el recuerdo de todas las humillaciones y ultrajes que había sufrido. ¡Ah canallas!...

Dos días después sonó por la mañana el timbre de su puerta. ¡Una visita!

Avanzó hacia él un soldado, un pequeño soldado de Infantería de línea, tímido, con el quepis en la diestra, balbuciendo excusas en español.

—He sabido que estaba usted aquí... Vengo a...

¿Esta voz?... Don Marcelo tiró de él en el oscuro recibimiento, llevándolo hacia un balcón... ¡Qué hermoso lo veía!... El quepis era de un rojo oscurecido por la mugre; el capote, demasiado ancho, estaba rapado y recosido; los zapatones exhalaban un hedor de cuero. Nunca había contemplado a su hijo tan elegante y apuesto como lo estaba ahora con estos residuos de almacén.

—¡Tú!... ¡Tú!

El padre lo abrazó convulsivamente, gimiendo como un niño, sintiendo que sus pies se negaban a sostenerlo.

Siempre había esperado que acabarían por entenderse. Tenía su sangre: era bueno, sin otro defecto que cierta testarudez. Lo excusaba ahora por todo lo pasado, atribuyéndose a sí mismo gran parte de la culpa. Había sido demasiado duro.

¡Tú soldado! —repitió—. ¡Tú defendiendo a mi país, que no es el tuyo!...

Y volvía a besarlo, retrocediendo luego unos pasos para apreciar mejor su aspecto. Decididamente, lo encontraba más hermoso en su grotesco uniforme que cuando era célebre por sus elegancias de danzarín amado de las mujeres.

Acabó por dominar su emoción. Sus ojos llenos de lágrimas brillaron con maligno fulgor. Un gesto de odio crispaba su rostro.

—Ve —dijo simplemente—. Tú no sabes lo que es esta guerra; yo vengo de ella, le he visto de cerca. No es una guerra como las otras, con enemigos leales: es una cacería de fieras... Tira sin escrúpulo contra el montón. Por cada uno que tumbes, libras a la Humanidad de un peligro.

Se detuvo unos instantes, como si dudase y añadió al fin con trágica calma:

—Tal vez encuentres frente a ti rostros conocidos. La familia no se forma siempre a nuestro gusto. Hombres de tu sangre están al otro lado. Si ves a alguno de ellos..., no vaciles: ¡tira! Es tu enemigo. ¡Mátalo!... ¡Mátalo!

TERCERA PARTE

I. DESPUÉS DEL MARNE

A fines de octubre, la familia Desnoyers volvió a París. Doña Luisa no podía vivir en Biarritz, lejos de su marido. En vano la Romántica le hablaba de los peligros del regreso. El Gobierno todavía estaba en Burdeos; el presidente de la República y los ministros sólo hacían rápidas apariciones en la capital. Podía cambiar de un momento a otro el curso de la guerra; lo del Marne sólo representaba un alivio momentáneo. Pero la buena señora se mantuvo insensible a estas sugestiones luego de haber leído las cartas de don Marcelo. Además, pensaba en su hijo, su Julio, que era soldado... Creyó que regresando a París estaría más en contacto con él que en esta playa vecina a la frontera española.

Chichí también quiso volver. René ocupaba mucho lugar en su pensamiento. La ausencia había servido para que se enterase de que estaba enamorada. ¡Tanto tiempo sin ver al soldadito de azúcar!... Y la familia abandonó su vida de hotel para regresar a la avenida de Víctor Hugo.

París iba modificando su aspecto después de la sacudida de principios de septiembre. Los dos millones escasos de habitantes que permanecieron quietos en sus casas, habían acogido con grave seriedad la victoria. Ninguno se explicaba con exactitud el curso de la batalla: vinieron a conocerla cuando por fortuna ya había terminado. Un domingo de septiembre, a la hora en que paseaban los parisienses aprovechando el hermoso atardecer, supieron por los periódicos el gran triunfo de los aliados y el peligro que habían corrido. La gente se alegró, pero sin abandonar su actitud calmosa. Seis semanas de guerra habían cambiado el carácter de París, bullanguero e impresionante. Fue la victoria devolviendo lentamente a la capital su antiguo aspecto. Una calle desierta semanas antes se poblaba de transeúntes. Iban abriéndose las tiendas. Los vecinos, acostumbrados en sus casas a un silencio conventual. Volvían a escuchar ruidos de instalación en el techo y debajo de sus pies.

La alegría de don Marcelo al ver llegar a los suyos fue oscurecida por la presencia de doña Elena. Era Alemania que volvía a su encuentro, el enemigo otra vez en su domicilio. ¿Cuándo podría libertarse de esta esclavitud?... Ella callaba en presencia de su cuñado. Los sucesos recientes parecían desorientarla. Su rostro tenía una expresión de extrañeza, como si contemplase en pleno trastorno las leyes físicas más elementales. Le era imposible comprender en sus reflexivos silencios cómo los alemanes no habían conquistado aquel suelo que ella pisaba; y, para explicarse este fracaso, admitía las más absurdas suposiciones.

Una preocupación particular aumentaba su tristeza. Sus hijos..., ¡qué sería de sus hijos! Don Marcelo no le habló nunca de su entrevista con el capitán von Hartrott. Callaba su viaje a Villeblanche; no quería contar sus aventuras durante la batalla del Marne. ¿Para qué entristecer a los suyos con tales miserias?... Se había limitado a anunciar a doña Luisa, alarmada por la suerte de su castillo, que en muchos años no podrían ir a él, por haber quedado inhabitable. Una caperuza de planchas de cinc sustituía ahora a la antigua techumbre para evitar que las lluvias rematasen la destrucción interna. Más adelante, después de la paz, pensaría en su renovación. Por ahora tenía demasiados habitantes... Y todas las señoras, incluso doña Elena, se estremecían al imaginarse los miles de cadáveres formando un círculo en torno del edificio, ocultos en el suelo. Esta visión hacía gemir de nuevo a la señora von Hartrott.

—¡Ay mis hijos!

Su cuñado, por humanidad, la había tranquilizado sobre la suerte de uno de ellos: el capitán Otto. Estaba en perfecta salud al iniciarse la batalla. Lo sabía por un amigo que había conversado con él... Y no quiso decir más.

Doña Luisa pasaba una parte del día en las iglesias, adormeciendo sus inquietudes con el rezo. Esas oraciones ya no eran vagas y generosas por la suerte de millones de hombres desconocidos, por la victoria de todo un pueblo. Las concretaba con maternal en una sola persona, su hijo, que era soldado como los otros y tal vez en aquellos momentos se veía en peligro. ¡Las lágrimas que le costaba!... Había suplicado que él y su padre se entendiesen, y cuando, al fin, Dios quería favorecerla con un milagro, Julio se alejaba al encuentro de la muerte.

Sus plegarias nunca iban solas. Alguien rezaba junto a ella en la iglesia, formulando idénticas peticiones. Los ojos lacrimosos de su hermana se elevaban al mismo tiempo que los suyos hacia el cadáver crucificado. «¡Señor, salva a mi hijo!...» Doña Luisa, al decir esto, veía a Julio tal como se lo había mostrado su esposo en una fotografía pálida recibida de las trincheras, con quepis y capote, las piernas oprimidas por unas bandas de paño, un fusil en la diestra y el rostro ensombrecido por una barba naciente. «¡Señor, protégenos!...» Y doña Elena contemplaba a su vez un grupo de oficiales con casco y uniforme verde reseda partido por las manchas de cuero del revólver, los gemelos, el portamantas y el cinturón, del que pendía el sable. Al verlas salir juntas hacia Saint-Honoré d'Eylau, don Marcelo se indignaba algunas veces:

«Estaban jugando con Dios... Esto no es serio. ¿Cómo puede atender unas oraciones tan contrarias?... ¡Ah las mujeres!» Y con la superstición que despierta el peligro, creía que su cuñada causaba un grave mal a su hijo. La divinidad fatigada de tanto rezo contradictorio, iba a volverse de espaldas para no oír a unos ni a otros.

¿Por qué no se marchaba esta mujer fatal?... Lo mismo que al principio de las hostilidades, volvió a sentir el tormento de su presencia. Doña Luisa repetía inconscientemente las afirmaciones de su hermana, sometiéndolas al criterio superior del esposo. Así pudo enterarse don Marcelo de que la victoria del Marne no había existido nunca en la realidad: era una invención de los aliados. Los generales alemanes habían creído prudente retroceder, por sus altas previsiones estratégicas, dejando para más adelante la conquista de París, y los franceses no habían hecho más que ir detrás de sus pasos, ya que les dejaban el terreno libre. Esto era todo. Ella conocía las opiniones de algunos militares de países neutros: había hablado en Biarritz con personas de gran competencia; sabía lo que decían los periódicos de Alemania. Nadie creía allá en lo del Marne. El público ni siquiera conocía esta batalla.

—¿Tu hermana dice eso?— interrumpió Desnoyers pálido por la sorpresa y la cólera.

Sólo se le ocurría desear una transformación completa de aquel enemigo albergado bajo su techo. ¡Ay! ¿Por qué no se convertía en hombre? ¿Por qué no venía a ocupar su sitio, aunque sólo fuese por media hora, el fantasmón de su esposo?

—Pero la guerra sigue —insistía ingenuamente doña Luisa—. Los enemigos aún están en Francia... ¿De qué ha servido lo del Marne? Aceptaba las explicaciones moviendo la cabeza con gesto de inteligencia, comprendiendo todo inmediatamente, para olvidarlo en seguida y repetir una horas después las mismas dudas.

Sin embargo empezó a mostrar una sorda hostilidad contra su hermana.

Había tolerado hasta entonces sus entusiasmos en favor de la patria del marido, porque consideraba más importantes los vínculos de familia que las rivalidades de nación. Por el hecho que Desnoyers fuese francés y Karl alemán, ella no iba a pelear con Elena. Pero de pronto se desvaneció este sentimiento de tolerancia. Su hijo estaba en peligro... ¡Que muriesen todos los Hartrott antes que Julio recibiese la herida más insignificante!... Participó de los sentimientos belicosos de su hija, reconociendo en ella un gran talento para apreciar los sucesos. Deseaba ver transportadas a la realidad todas las puñaladas fantásticas de Chichí.

Afortunadamente, la Romántica se fue antes que se exteriorizase esta antipatía. Pasaba las tardes fuera de la casa. Luego, al regresar, iba repitiendo opiniones y noticias de amigos suyos desconocidos de la familia.

Don Marcelo se indignaba contra los espías que aún vivían ocultos en París. ¿Qué mundo misterioso frecuentaba su cuñada?... De pronto anunció que se marchaba a la mañana siguiente; tenía un pasaporte para Suiza, y de allí se dirigiría a Alemania. Ya era hora de volver al lado de los suyos; agradecía mucho las bondades de la familia... Y Desnoyers la despidió con irónica agresividad. Saludos a von Hartrott: deseaba cuanto antes hacerle una visita en Berlín. Una mañana, doña Luisa, en vez de entrar en la iglesia de la plaza de Víctor Hugo, siguió adelante hasta la rue de la Pompe, halagada por la idea de ver el estudio. Le pareció que con esto iba a ponerse en contacto con su hijo. Era un placer nuevo, más intenso que contemplar su fotografía o leer su última carta.

Esperaba encontrar a Argensola, el amigo de los buenos consejos. Sabía que continuaba viviendo en el estudio. Dos veces había ido a verla por la escalera de servicio, como en otros tiempos; pero ella estaba ausente.

Al subir en el ascensor palpitó su corazón con una celeridad de placer y de angustia. Se le ocurrió a la buena señora, con cierto rubor, que algo semejante debían sentir las mujeres locas cuando faltaban por primera vez a sus deberes.

Sus lágrimas surgieron con toda libertad al verse en aquella habitación, cuyos muebles y cuadros le recordaban al ausente.

Argensola corrió desde la puerta al fondo de la pieza, agitado, confuso, saludándola con frases de bienvenida y removiendo al mismo tiempo objetos. Un abrigo de mujer caído en un diván quedó borrado por una tela oriental; un sombrero con flores fue volando de un manotazo a ocultarse en un rincón. Doña Luisa creyó ver en el hueco de un cortinaje una camisa femenil que huía, transparentando rosadas desnudeces. Sobre la estufa, dos tazones y residuos de tostadas denunciaban un desayuno doble. ¡Estos pintores!... ¡Lo mismo que su hijo! Y se enterneció al pensar en la mala vida del consejero de Julio.

—Mi respetable doña Luisa... Querida madame Desnoyers...

Hablaba en francés y a gritos, mirando a la puerta por donde había desaparecido el aleteo blanco y rosado. Temblaba al pensar que la compañera oculta incurriese en celosos errores, comprometiéndole con una extemporánea aparición.

Luego hablaron del soldado. Los dos se comunicaban sus noticias. Doña Luisa casi repitió textualmente los párrafos de sus cartas, tantas veces releídas. Argensola se abstuvo con modestia de enseñar los textos de las suyas. Los dos amigos empleaban un estilo epistolario que hubiese ruborizado a la buena señora.

—Un valiente —afirmó con orgullo, considerando como propios los actos de su compañero—, un verdadero héroe; y yo, madame Desnoyers, entiendo algo de esto... Sus jefes saben apreciarle...

Julio era sargento a los dos meses de estar en campaña. El capitán de su compañía y otros oficiales del regimiento pertenecían al círculo de esgrima donde él había obtenido tantos triunfos.

—¡Qué carrera! —continuó—. Es de los que llegan jóvenes a los grados más altos, como los generales de la Revolución... ¡Y qué hazañas!

El militar sólo había mencionado ligeramente en sus cartas algunos de sus actos, con la indiferencia del que vive acostumbrado al peligro y aprecia en sus camaradas un arrojo igual. Pero el bohemio los exageró, ensalzándolos como si fuesen los hechos más culminantes de la guerra. Había llevado una orden a través de un fuego infernal, después de haber caído muertos tres mensajeros sin poder cumplir el mismo encargo. Había saltado el primero al atacar muchas trincheras y salvado a bayonetazos, en choque de cuerpo a cuerpo, a numerosos camaradas. Cuando sus jefes necesitaban un hombre de confianza, decía invariablemente: «Que llamen al sargento Desnoyers». Lo afirmó como si lo hubiese presenciado, como si acabase de llegar de la guerra; y doña Luisa temblaba, derramando lágrimas de alegría y de miedo al pensar en las glorias y peligros de su hijo. Aquel Argensola tenía el don de conmoverla por la vehemencia con que relataba las cosas.

Creyó que debía agradecer tanto entusiasmo mostrando algún interés por la persona del panegirista... ¿Qué había hecho él en los últimos tiempos?...

—Yo, señora, he estado donde debía estar. No me he movido de aquí. He presenciado el sitio de París.

En vano su razón protestaba contra la inexactitud de esta palabra. Bajo la influencia de sus lecturas sobre la guerra de 1870, llamaba sitio a las operaciones desarrolladas junto a París durante el curso de la batalla del Marne.

Modestamente señaló un diploma con marco de oro que figuraba sobre el piano, teniendo como fondo una bandera tricolor. Era un papel que se vendía en las calles: un certificado de permanencia en la capital durante la semana de peligro. Había llenado los blancos con sus nombres y cualidades, y al pie figuraban las firmas de dos habitantes de la rue de la Pompe: un tabernero y un amigo de la portera. El comisario de Policía del distrito garantizaba con rúbrica y sello la responsabilidad de estos honorables testigos. Nadie pondría en duda, después de tal precaución, si había presenciado o no el sitio de París. ¡Tenía amigos tan incrédulos!

Para conmover a la buena señora, hizo memoria de sus impresiones. Había visto en pleno día un rebaño de ovejas en el bulevar, junto a la verja de la Magdalena. Sus pasos habían despertado en muchas calles el eco sonoro de las ciudades muertas. Él era el único transeúnte; en las aceras vagaban perros y gatos abandonados. Sus recuerdos militares le enardecían como soplos de gloria.

—Yo he visto el paso de los marroquíes... He visto los zuavos en automóvil.

La misma noche que Julio había salido para Burdeos, él vagó hasta el amanecer, siguiendo una línea de avenidas a través de medio París, desde el león de Belfort a la estación del Este. Veintiséis mil hombres con todo su material de campaña, procedentes de Marruecos, habían desembarcado en Marsella y llegado a la capital, realizando una parte del viaje en ferrocarril y otra a pie. Acudían para intervenir en la gran batalla que se estaba iniciando. Eran tropas compuestas de europeos y africanos. La vanguardia, al entrar por la puerta de Orléans, emprendió el paso gimnástico, atravesando así medio París, hasta la estación del Este, donde esperaban los trenes.

El vecindario vio escuadrones de espahís, de teatrales uniformes, montados en sus caballitos nerviosos y ligeros; tiradores marroquíes con turbantes amarillos; tiradores senegaleses de cara negra y gorro rojo; artilleros coloniales; cazadores de África. Eran combatientes de profesión, soldados que en tiempos de paz vivían peleando en las colonias, perfiles enérgicos, rostros bronceados, ojos de presa. El largo desfile se inmovilizaba en las calles durante horas enteras para dar tiempo a que se acomodasen en los trenes las fuerzas que iban delante... Y Argensola había seguido a la masa armada e inmóvil desde los bulevares a la puerta de Orléans, hablando con los oficiales, escuchando los gritos ingenuos de los guerreros africanos, que nunca habían visto a París y lo atravesaban sin curiosidad, preguntando dónde estaba el enemigo.

Llegaron a tiempo para atacar a von Kluck en las orillas del Ourcq, obligándole a retroceder, so pena de verse envuelto. Lo que no contaba Argensola era que su excursión nocturna a lo largo de este Cuerpo de Ejército la había hecho acompañado de la amable persona que estaba dentro y dos amigas más, grupo entusiástico y generoso que repartía flores y besos a los soldados bronceados, riendo del asombro con que les mostraban sus blancos dientes. Otro día, había visto el más extraordinario de los espectáculos de la guerra. Todos los automóviles de alquiler, unos dos mil vehículos, cargando batallones de zuavos, a ocho hombres por carruaje, y saliendo a toda velocidad, erizados de fusiles y gorros rojos. Formaban en los bulevares un cortejo pintoresco: una especie de boda interminable. Y los soldados descendían de los automóviles en el mismo margen de la batalla, haciendo fuego así que saltaban del estribo. Todos los hombres que sabían manejar el fusil los había lanzado Gallieni contra la extrema derecha del enemigo en el momento supremo, cuando la victoria era aún incierta y el peso más insignificante podía decidirla. Escribientes de las oficinas militares, ordenanzas, individuos de la Policía, gendarmes, todos habían marchado para dar el último empujón, formando una masa de heterogéneos colores. Y el domingo por la tarde, cuando con sus tres compañeros de sitio tomaba el sol en el Bosque de Bolonia entre millares de parisienses, se enteró por los extraordinarios de los periódicos que el combate que se había desarrollado junto a la ciudad y se iba alejando era una gran batalla, una victoria.

—He visto mucho, madame Desnoyers... Puedo contar grandes cosas.

Y ella aprobaba: sí que sabía Argensola... Al marcharse le ofreció su apoyo. Era el amigo de su hijo y estaba acostumbrada a sus peticiones. Los tiempos habían cambiado; don Marcelo era ahora de una generosidad sin límites... Pero el bohemio la interrumpió con un gesto señorial: vivía en la abundancia. Julio lo había nombrado su administrador. El giro de América había sido reconocido por el banco como una cantidad en depósito, y podían disponer de un tanto por ciento, con arreglo a los decretos sobre la moratoria. Su amigo le enviaba un cheque siempre que necesitaba dinero para el sostenimiento de la casa. Nunca se había visto en una situación tan desahogada. La guerra tiene igualmente sus cosas buenas. Pero con el deseo de que no se perdiesen las buenas costumbres, anunció que subiría una vez más por la escalera de servicio para llevarse un cesto de botellas... Después de la marcha de su hermana, doña Luisa iba sola a la iglesia, hasta que de pronto se vio con una compañera inesperada.

—Mamá, voy con usted...

Era Chichí, que parecía sentir una devoción ardiente. Ya no animaba la casa con su alegría ruidosa y varonil; ya no amenazaba a los enemigos con puñaladas imaginarias. Estaba pálida, triste, con los ojos auroleados de azul. Inclinaba la cabeza como si gravitase al otro lado de su frente un bloque de pensamientos graves, completamente nuevos.

Doña Luisa la observaba en la iglesia con celoso despecho. Tenía los ojos húmedos, lo mismo que ella; oraba con fervor, lo mismo que ella..., pero no era seguramente por su hermano. Julio había pasado a segundo término en sus recuerdos. Otro hombre también en peligro llenaba su pensamiento.

El último de los Lacours ya no era simple soldado ni estaba en París. Al llegar de Biarritz, Chichí había escuchado con ansiedad las hazañas de su soldadito de azúcar. Quiso conocer, palpitante de emoción, todos los peligros a quc se había visto sometido, y el joven guerrero de servicio auxiliar le habló de sus inquietudes en la oficina durante los días interminables en que peleaban las tropas cerca de París, oyéndose desde las afueras el tronar de la artillería. Su padre había querido llevarlo a Burdeos, pero el desorden administrativo de última hora lo mantuvo en la capital.

Algo más había hecho. El día del gran esfuerzo, cuando el gobernador de la plaza lanzó en automóvil a todos los hombres válidos, había tomado un fusil, sin que nadie le llamase, ocupando un vehículo con otros de su oficina. No había visto más que humo, casas incendiadas, muertos y heridos. Ni un solo alemán pasó ante sus ojos, exceptuando a un grupo de ulanos prisioneros. Había estado varias horas tendido al borde de un camino disparando... Y nada más. Por el momento, resultaba bastante para Chichí. Se sintió orgullosa de ser la novia de un héroe del Marne, aunque su intervención sólo hubiese sido de unas horas. Pero al transcurrir los días, su carácter se fue ensombreciendo.

Le molestaba salir a la calle con René, simple soldado, y además del servicio auxiliar... Las mujeres del pueblo, excitadas por el recuerdo de sus hombres que peleaban en el frente o vestidas de luto por la muerte de alguno de ellos, eran de una insolencia agresiva. La delicadeza y la elegancia del príncipe republicano parecían irritarlas. Repetidas veces oyó ella al pasar palabras gruesas contra los emboscados.

La idea de que su hermano, que no era francés, estaba batiéndose, le hacía aún más intolerable la situación de Lacour. Tenía por novio a un emboscado. ¡Cómo reirían sus amigas!...

El hijo del senador adivinó sin duda los pensamientos de ella, y esto le hizo perder su tranquilidad sonriente. Durante tres días no se presentó en casa de Desnoyers. Todos creyeron que estaba retenido por un trabajo oficinesco.

Una mañana, al dirigirse Chichí a la avenida del Bosque escoltada por una de sus doncellas cobrizas, vio de pronto a un militar que marchaba hacia ella.

Vestía un uniforme flamante, del nuevo color azul grisáceo, color de horizonte, adoptado por el Ejército francés. El barboquejo del quepis era dorado, y en las mangas llevaba un pequeño retazo de oro. Su sonrisa, sus manos tendidas, la seguridad con que avanzaba hacia ella, le hicieron reconocerlo. ¡René oficial!... ¡Su novio subteniente!

—Sí; ya no puedo más... Ya he oído bastante.

A espaldas del padre y valiéndose de sus amistades había realizado en pocos días esta transformación. Como alumno de la Escuela Central, podía ser subteniente en la artillería de reserva, y había solicitado que lo enviasen al frente. ¡Terminado el servicio auxiliar!... Antes de dos días iba a salir para la guerra.

—¿Tú has hecho eso? —exclamó Chichí—. ¿Tú has hecho eso?...

Lo miraba pálida, con los ojos enormemente agrandados, unos ojos que parecían devorarlo con su admiración.

—Ven, pobrecito mío... Ven aquí, soldadito dulce... Te debo algo.

Y volviendo su espalda a la doncella, le invitó a doblar una esquina inmediata. Era lo mismo: la calle transversal estaba tan frecuentada como la avenida. ¡Pero el cuidado que le daban a ella los curiosos!... Con vehemencia, le echó los brazos al cuello, ciega e insensible para todo lo que no fuese él.

—Toma..., toma.

Plantó en su cara dos besos violentos, sonoros, agresivos.

Después, vacilando sobre sus piernas, súbitamente desfallecida, se llevó el pañuelo a los ojos y rompió a llorar desesperadamente.

II. EN EL ESTUDIO

Al abrir una tarde la puerta, Argensola quedó inmóvil, como si la sorpresa hubiese clavado sus pies en el suelo. Un viejo le saludaba con amable sonrisa.

—Soy el padre de Julio.

Y pasó adelante, con la seguridad de un hombre que conoce perfectamente el lugar donde se encuentra. Por fortuna, el pintor estaba solo, y no necesitó correr de un lado a otro disimulando los vestigios de una grata compañía. Tardó algún rato en reponerse de su emoción. Había oído hablar tanto de don Marcelo y de su mal carácter, que le causó una gran inquietud verlo aparecer inesperadamente en el estudio... ¿Qué deseaba el temible señor?

Su tranquilidad fue renaciendo al examinarlo con disimulo. Se había aviejado mucho desde el principio de la guerra. Ya no conservaba aquel gesto de tenacidad y mal humor que parecía repeler a las gentes. Sus ojos brillaban con una alegría pueril; le temblaban ligeramente las manos; su espalda se encorvaba. Argensola, que había huido siempre al encontrarlo en la calle y experimentado grandes miedos al subir la escalera de servicio de su casa, sintió ahora una repentina confianza. Le sonreía como a un camarada; daba excusas para justificar su visita. Había querido ver la casa de su hijo. ¡Pobre viejo!... Le arrastraba la misma atracción del enamorado que para alegrar su soledad recorre los lugares que frecuentó la persona amada. No le bastaban las cartas de Julio: necesitaba ver su antigua vivienda, rozarse con todos los objetos que le habían rodeado, respirar el mismo aire, hablar con aquel joven que era su íntimo compañero.

Fijaba en el pintor unos ojos paternales... «Un mozo interesante el tal Argensola». Y al pensar esto no se acordó de las veces que le había llamado sinvergüenza sin conocerlo, sólo porque acompañaba a su hijo en una vida de reprobación.

La mirada de Desnoyers se paseó con deleite por el estudio. Conocía los tapices, los muebles, todos los adornos procedentes del antiguo dueño. Él hacía memoria con facilidad de las cosas que había comprado en su vida, a pesar de ser tantas. Sus ojos buscaban ahora lo personal, lo que podía evocar la imagen del ausente. Y se fijaron en los cuadros apenas bosquejados, en los estudios sin terminar que llenaban los salones.

¿Todo era de Julio?... Muchos de los lienzos pertenecían a Argensola; pero éste, influido por la emoción del viejo, mostró una amplia generosidad. Sí, todo de Julio... Y el padre fue de pintura en pintura, deteniéndose con gesto admirativo ante los bocetos más informes, como si presintiese en su confusión las desordenadas visiones del genio.

—Tiene talento, ¿verdad? —preguntó, implorando una palabra favorable—. Siempre lo he creído inteligente... Algo diablo, pero el carácter cambia con los años... Ahora es otro hombre. Y casi lloró al oír como el español, con toda la vehemencia de su verbosidad pronta al entusiasmo, ensalzaba al ausente, describiéndolo como un gran artista que asombraría al mundo cuando le llegase su hora.

El pintor de almas se sintió al final tan conmovido como el padre. Admiraba a este viejo con cierto remordimiento. No quería acordarse de lo que había dicho contra él en otra época. ¡Qué injusticia!... Don Marcelo agarraba sus manos como las de un compañero. Los amigos de su hijo eran sus amigos. Él no ignoraba cómo vivían los jóvenes. Si alguna vez tenía un apuro, si necesitaba una pensión para seguir pintando, allí estaba él, deseoso de atenderlo. Por lo pronto, le esperaba a comer en su casa aquella misma noche, y si quería ir todas las noches, mucho mejor. Comería en familia, modestamente; la guerra había cambiado las costumbres; pero se vería en la intimidad de un hogar, lo mismo que si estuviese en la casa de sus padres. Hasta habló de España, para hacerse más grato al pintor. Sólo había estado allí una vez, por breve tiempo; pero después de la guerra pensaba recorrerla toda. Su suegro era español, su mujer tenía sangre española, en su casa empleaban el castellano como idioma de la intimidad. ¡Ah España, país de noble pasado y carácter altivos!... Argensola sospechó que, de pertenecer él a otra nación, el viejo lo habría alabado lo mismo. Este afecto no era más que un reflejo del amor del hijo ausente, pero él lo agradecía. Y casi abrazó a don Marcelo al decirle ¡adiós!

Después de esta tarde fueron muy frecuentes sus visitas al estudio. El pintor tuvo que recomendar a las amigas un buen paseo después del almuerzo, absteniéndose de aparecer en la rue de la Pompe antes que cerrase la noche. Pero a veces don Marcelo se presentaba inesperadamente por la mañana, y él tenía que correr de un lado a otro, tapando aquí, quitando más allá para que el taller conservase un aspecto de virtud laboriosa.

—¡Juventud..., juventud! —murmuraba el viejo con una sonrisa de tolerancia. Y tenía que hacer un esfuerzo, recordar la dignidad de sus años, para no pedir a Argensola que le presentase a las fugitivas, cuya presencia adivinaba en las habitaciones interiores. Habían sido tal vez amigas de su hijo, representaban una parte de su pasado, y esto le bastaba para suponer en ellas grandes cualidades que las hacían interesantes.

Estas sorpresas, con sus correspondientes inquietudes, acabaron por conseguir que el pintor se lamentase un poco de su nueva amistad. Le molestaba, además, la invitación a comer que continuamente formulaba el viejo. Encontraba muy buena, pero demasiado aburrida, la mesa de los Desnoyers. El padre y la madre sólo hablaban del ausente. Chichí apenas prestaba atención al amigo de su hermano. Tenía el pensamiento fijo en la guerra; le preocupaba el funcionamiento del correo, formulando protestas contra el Gobierno cuando transcurrían varios días sin recibir carta del subteniente Lacour. Se excusó Argensola con diversos pretextos de seguir comiendo en la avenida de Víctor Hugo. Le placía más ir a los restaurantes baratos con su séquito femenino. El viejo aceptaba las negativas con un gesto de enamorado que se resigna.

—¿Tampoco hoy?...

Y para compensarse de tales ausencias, iba al día siguiente al estudio con gran anticipación.

Representaba para él un placer exquisito dejar que se deslizase el tiempo sentado en un diván que aún parecía guardar la huella del cuerpo de Julio, viendo aquellos lienzos cubiertos de colores por un pincel, acariciado por el calor de una estufa que roncaba dulcemente en un silencio profundo, conventual. Era un refugio agradable, lleno de recuerdos, en medio del París monótono y entristecido de la guerra, en el no encontraba amigos, pues todos necesitaban pensar en las propias preocupaciones.

Los placeres de su pasado habían perdido todo encanto. El Hotel Drouot ya no le tentaba. Se estaban subastando en aquellos momentos los bienes de los alemanes residentes en Francia, embargados por el Gobierno. Era como una respuesta al viaje forzoso que habían hecho los muebles del castillo de Villeblanche tomando el camino de Berlín. En vano le hablaban los corredores del escaso público que asistía a las subastas. No sentía la atracción de estas ocasiones extraordinarias. ¿Para qué hacer más compras?... ¿De qué servía tanto objeto inútil?... Al pensar en la existencia dura que llevaban millones de hombres a campo raso, le asaltaban deseos de una vida ascética. Había empezado a odiar los esplendores ostentosos de su casa de la avenida de Víctor Hugo. Recordaba sin pena la destrucción del castillo. Sentía una pereza irresistible cuando sus aficiones pretendían empujarle, como en otros tiempos, a las compras incesantes. No; mejor estaba allí... Y allí, era siempre el estudio de Julio. Argensola trabajaba en presencia de don Marcelo. Sabía que el viejo abominaba de las gentes inactivas, y había emprendido varias obras, sintiendo el contagio de esta voluntad inclinada a la acción. Desnoyers seguía con interés los trazos del pincel y aceptaba todas las explicaciones del retratista de almas. Él era partidario de los antiguos; en las compras sólo había adquirido obras de pintores muertos; pero le bastaba saber que Julio pensaba como su amigo, para admitir humildemente todas las teorías de éste. La laboriosidad del artista era corta. A los pocos minutos prefería hablar con el viejo, sentándose en el mismo diván. El primer motivo de conversación era el ausente. Repetían fragmentos de las cartas que llevaban recibidas: hablaban del pasado con discretas alusiones. El pintor describía la vida de Julio antes de la guerra como una existencia dedicada por completo a las preocupaciones del arte. El padre no ignoraba la inexactitud de tales palabras, pero agradecía la mentira como una gran amistad. Argensola era un compañero bueno y discreto; jamás, en sus mayores desenfados verbales, había hecho alusión a madame Laurier.

En aquellos días preocupaba al viejo el recuerdo de ésta. La había encontrado en la calle dando el brazo a su esposo, que ya estaba restablecido de sus heridas. El ilustre Lacour contaba satisfecho la reconciliación del matrimonio. El ingeniero sólo había perdido un ojo. Ahora se hallaba al frente de su fábrica, requisada por el Gobierno para la fabricación de obuses. Era capitán y ostentaba dos condecoraciones. No sabía ciertamente el senador cómo se había realizado la inesperada reconciliación. Los había visto llegar un día a su casa juntos, mirándose con ternura, olvidados completamente del pasado.

—¿Quién se acuerda de las cosas de antes de la guerra? —había dicho el personaje—. Ellos y sus amigos ya no se acuerdan del divorcio. Vivimos todos una nueva existencia... Yo creo que los dos son ahora más felices que antes.

Esta felicidad la había presentido Desnoyers al verlos. Y el hombre de rígida moral, que anatematizaba el año anterior la conducta de su hijo con Laurier teniéndola por la más nociva de las calaveradas, sintió cierto despecho al contemplar a Margarita pegada a su marido, hablándole con amoroso interés. Le pareció una ingratitud esta felicidad matrimonial. ¡Una mujer que había influido tanto en la vida de Julio!... ¿Así pueden olvidarse los amores?... Los dos habían pasado como si no le conociesen. Tal vez el capitán Laurier no veía con claridad, pero ella lo había mirado con sus ojos cándidos, volviendo la vista precipitadamente para evitar su saludo... El viejo se entristeció ante tal indiferencia, no por él, sino por el otro. ¡Pobre Julio!... El inflexible señor, en plena inmoralidad mental, lamentaba este olvido como algo monstruoso.

La guerra era otro objeto de conversación durante las tardes pasadas en el estudio. Argensola ya no llevaba los bolsillos repletos de impresos, como al principio de las hostilidades. Una calma resignada y serena había sucedido a la excitación del primer momento, cuando las gentes esperaban intervenciones extraordinarias y maravillosas. Todos los periódicos decían lo mismo. Le bastaba con leer el comunicado oficial, y este documento sabía esperarlo sin impaciencia, presintiendo que, poco más o menos, diría lo mismo que el anterior. La fiebre de los primeros meses, con sus ilusiones y optimismos, le parecía ahora algo quimérico. Los que no estaban en la guerra habían vuelto poco a poco a sus trabajos habituales. La existencia recobraba su ritmo ordinario. «Hay que vivir», decían las gentes. Y la necesidad de continuar la vida llenaba el pensamiento con sus exigencias inmediatas. Los que tenían individuos armados en el ejército se acordaban de ellos, pero sus ocupaciones amortiguaban la violencia del recuerdo, acabando por aceptar la ausencia como algo que de extraordinario pasaba a ser normal. Al principio la guerra cortaba el sueño, hacía intragable la comida, amargaba el placer, dándole una palidez fúnebre. Todos hablaban lo mismo. Ahora se abrían lentamente los teatros, circulaba el dinero, reían las gentes, hablaban de la gran calamidad, pero sólo a determinadas horas, como algo que iba a ser largo, muy largo, y exigía con su fatalismo inevitable una gran resignación.

—La Humanidad se acostumbra fácilmente a la desgracia —decía Argensola—, siempre que la desgracia sea larga... Esa es nuestra fuerza: por eso vivimos.

Don Marcelo no aceptaba dicha resignación. La guerra iba a ser más corta de lo que se imaginaban todos. Su entusiasmo le fijaba un término inmediato: dentro de tres meses, en la primavera próxima. Y si la paz no era en la primavera, sería en el verano. Un nuevo interlocutor tomó parte en sus conversaciones. Desnoyers conoció al vecino ruso, del que le hablaba Argensola. También este personaje raro había tratado a su hijo, y esto bastó para que Tchernoff le inspirase gran interés.

En tiempo normal lo habría mantenido a distancia. El millonario era partidario del orden. Abominaba de los revolucionarios, con el miedo instintivo de todos los ricos que han creado su fortuna y recuerdan con modestia su origen. El socialismo de Tchernoff y su nacionalidad habrían provocado forzosamente en su pensamiento una serie de imágenes horripilantes: bombas, puñaladas, justas expiaciones en la horca, envíos a Siberia. No; no era un amigo recomendable... Pero ahora don Marcelo experimentaba un profundo trastorno en la apreciación de las ideas ajenas. ¡Había visto tanto!... Los procedimientos terroríficos de la invasión, la falta de escrúpulos de los jefes alemanes, la tranquilidad con que los submarinos echaban a pique buques pacíficos cargados de viajeros indefensos, las hazañas de los aviadores, que a dos mil metros de altura arrojaban bombas sobre las ciudades abiertas, destrozando mujeres y niños, le hacían recordar como sucesos sin importancia los atentados del terrorismo revolucionario que años antes provocaban su indignación.

—¡Y pensar —decía— que nos enfurecíamos, como si el mundo fuese a deshacerse, porque alguien arrojaba una bomba contra un personaje!

Estos exaltados ofrecían para él una cualidad que atenuaba sus crímenes. Morían víctimas de sus propios actos o se entregaban sabiendo cuál iba a ser su castigo. Se sacrificaban sin buscar la salida: rara vez se habían salvado valiéndose de las precauciones de la impunidad. ¡Mientras que los terroristas de la guerra!... Con la violencia de su carácter imperioso, el viejo efectuaba una reversión absoluta de valores.

—Los verdaderos anarquistas están ahora en lo alto —decía con risa irónica—. Todos los que nos asustaban antes eran unos infelices... En un segundo matan los de nuestra época más inocentes que los otros en treinta años.

La dulzura de Tchernoff, sus ideas originales, sus incoherencias de pensador acostumbrado a saltar de la reflexión a la palabra sin preparativo alguno, acabaron por reducir a don Marcelo. Todas sus dudas las consultaba con él. Su admiración le hacía pasar por alto la procedencia de ciertas botellas con que Argensola obsequiaba algunas veces a su vecino. Aceptó con gusto que Tchernoff consumiese estos recuerdos de la época en que vivía él luchando con su hijo. Después de saborear el vino de la avenida de Víctor Hugo, sentía el ruso una locuacidad visionaria semejante a la de la noche en que evocó la fantástica cabalgada de los cuatro jinetes apocalípticos. Lo que más admiraba Desnoyers era su facilidad para exponer las cosas, fijándolas por medio de imágenes. La batalla del Marne con los combates subsiguientes y la carrera de ambos ejércitos hacia la orilla del mar eran para él hechos de fácil explicación... ¡Si los franceses no hubiesen estado fatigados después de su triunfo en el Marne!...

—...Pero las fuerzas humanas —continuaba Tchernoff— tienen un límite, y el francés, con todo su entusiasmo, es un hombre como los demás. Primeramente, la marcha rapidísima del Este al Norte, para hacer frente a la invasión por Bélgica; luego, los combates: a continuación, una retirada veloz para no verse envueltos; finalmente, una batalla de siete días; y todo esto en un período de tres semanas nada más... En el momento del triunfo faltaron piernas a los vencedores para ir adelante y faltó caballería para perseguir a los fugitivos. Las bestias estaban más extenuadas aún que los hombres. Al verse acosados con poca tenacidad, los que se retiraban, cayéndose de fatiga, se tendieron y excavaron la tierra, creándose un refugio. Los franceses también se acostaron, arañando el suelo para no perder lo recuperado. Y empezó de este modo la guerra de trincheras. Luego, cada línea con el intento de envolver a la línea enemiga, había ido prolongándose hacia el Norte, y de los estiramientos sucesivos resultó la carrera hacia el mar de unos y otros, formando el frente de combate más grande que se conocía en la Historia.

Cuando don Marcelo, en su optimismo entusiástico, anunciaba la terminación de la guerra para la primavera siguiente..., para el verano, siempre con cuatro meses de plazo a lo más, el ruso movía la cabeza.

—Esto será largo..., muy largo. Es una guerra nueva, la verdadera guerra moderna. Los alemanes iniciaron las hostilidades a estilo antiguo, como si no hubiesen observado nada después de mil ochocientos setenta: una guerra de movimientos envolventes, de batallas a campo raso, lo mismo que podía discurrir Moltke imitando a Napoleón. Deseaban terminar pronto y estaban seguros del triunfo.

¿Para qué hacer uso de procedimientos nuevos?... Pero lo del Marne torció sus planes: de agresores tuvieron que pasar a la defensiva, y entonces emplearon todo lo que su estado Mayor había aprendido en las campañas de japoneses y rusos, iniciándose la guerra de trincheras, la lucha subterránea, que es lógica por el alcance y la cantidad de disparos del armamento moderno. La conquista de un kilómetro de terreno representaba ahora más que hace un siglo el asalto de una fortaleza de piedra... Ni unos ni otros van a avanzar en mucho tiempo. Tal vez no avancen nunca definitivamente. Esto va a ser largo y aburrido, como las peleas entre atletas de fuerzas equilibradas.

—Pero alguna vez tendrán fin— dijo Desnoyers.

—Indudablemente; más ¿quién sabe cuándo?... ¿Y cómo quedarán unos y otros cuando esto termine?...

Él creía en un final rápido, cuando menos lo esperase la gente, por la fatiga de uno de los dos luchadores, cuidadosamente disimulada hasta el último momento.

—Alemania será la derrotada —añadió con firme convicción—. No sé cuándo ni cómo; pero caerá lógicamente. Su golpe maestro le falló en septiembre, al no entrar en París, deshaciendo al ejército enemigo.

Todos los triunfos de su baraja los echó entonces sobre la mesa. No ganó, y continúa prolongando el juego porque tiene muchas cartas, y lo prolongará todavía largo tiempo... Pero lo que no pudo hacer en el primer momento no lo hará nunca.

Para Tchernoff, la derrota final no significaba la destrucción de Alemania ni el aniquilamiento del pueblo alemán.

—A mí me indignan —continuó— los patriotismos excesivos. Oyendo a ciertas gentes que formulan planes para la supresión definitiva de Alemania, me parece estar escuchando a los pangermanistas de Berlín cuando repartían los continentes.

Luego concretó su opinión:

—Hay que derrotar al Imperio, para tranquilidad del mundo: suprimir la gran máquina de guerra que perturba la paz de las naciones... Desde mil ochocientos setenta, todos vivimos pésimamente. Durante cuarenta y cuatro años se ha conjurado el peligro; pero en todo este tiempo, ¡qué de angustias!...

Lo que más irritaba a Tchernoff era la enseñanza inmoral nacida de esta situación y que había acabado por apoderarse del mundo: la glorificación de la fuerza, la santificación del éxito, el triunfo del materialismo, el respeto al hecho consumado, la mofa de los más nobles sentimientos, como si fuesen simples frases sonoras y ridículas; el trastorno de los valores morales, una filosofía de bandidos que pretendía ser la última palabra del progreso y no era más que la vuelta al despotismo, la violencia, la barbarie de las épocas más primitivas de la Historia.

Deseaba la supresión de los representantes de esta tendencia; pero no por esto pedía el exterminio del pueblo alemán.

—Ese pueblo tiene grandes méritos confundidos con malas condiciones, que son herencia de un pasado de barbarie demasiado próximo. Posee el instinto de la organización y del trabajo, y puede prestar buenos servicios a la Humanidad... Pero antes es necesario administrarle una ducha: la ducha del fracaso. Los alemanes están locos de orgullo, y su locura resulta peligrosa para el mundo. Cuando hayan desaparecido los que los envenenaron con ilusiones de hegemonía mundial, cuando la desgracia haya refrescado su imaginación y se conformen con ser un grupo humano ni superior ni inferior a los otros, formarán un pueblo tolerante, útil..., y quién sabe si hasta simpático. No había en la hora presente, para Tchernoff, pueblo más peligroso.

Su organización política lo convertía en una horda guerrera educada a puntapiés y sometida a continuas humillaciones para anular la voluntad, que se resiste siempre a la disciplina.

—Es una nación donde todos reciben golpes y desean darlos al que está más abajo. El puntapié que suelta el emperador se transmite de dorso en dorso hasta las últimas capas sociales. Los golpes empiezan en la escuela y se continúan en el cuartel, formando parte de la educación. El aprendizaje de los príncipes herederos de Prusia consistió siempre en recibir bofetadas y palos de su progenitor el rey. El káiser pegó a sus retoños; el oficial, a sus soldados; el padre, a sus hijos y a la mujer; el maestro, a los alumnos; y cuando el superior no puede dar golpes, impone a los que tiene debajo el tormento del ultraje moral. Por eso, cuando abandonaba su vida ordinaria, tomando las armas para caer sobre otro grupo humano, eran de una ferocidad implacable.

—Cada uno de ellos —continuó el ruso— lleva debajo de la espalda un depósito de patadas recibidas, y desea consolarse dándolas a su vez a los infelices que coloca la guerra bajo su dominación. Este pueblo de señores, como él mismo se llama, aspira a serlo..., pero fuera de su casa. Dentro de ella es el que menos conoce la dignidad humana. Por eso siente con tanta vehemencia el deseo de esparcirse por el mundo, pasando de lacayo a patrón.

Repentinamente don Marcelo dejó de ir con frecuencia al estudio. Buscaba ahora a su amigo el senador. Una promesa de éste había trastornado su tranquila resignación.

El personaje estaba triste desde que el heredero de las glorias de su familia, se había ido a la guerra, rompiendo la red protectora de recomendaciones en que lo había envuelto. Una noche, comiendo en casa de Desnoyers, apuntó una idea que hizo estremecer a éste. «¿No le gustaría ver a su hijo?...» El senador estaba gestionando una autorización del Cuartel general para ir al frente. Necesitaba ver a René. Pertenecía al mismo Cuerpo de ejército que Julio; tal vez estaban lugares algo lejanos; pero un automóvil puede dar muchos rodeos antes de llegar al término de su viaje. No necesitó decir más. Desnoyers sintió de pronto un deseo vehemente de ver a su hijo. Llevaba muchos meses teniendo que contentarse con la lectura de sus cartas y la contemplación de una fotografía hecha por uno de sus camaradas...

Desde entonces asedió a Lacour, como si fuese uno de sus electores deseoso de un empleo. Lo visitaba por las mañanas en su casa, lo invitaba a comer todas las noches, iba a buscarlo por las tardes en los salones del Luxemburgo. Antes de la primera palabra de saludo, sus ojos formulaban siempre la misma interrogación...:

«¿Cuándo conseguiría el permiso?» El gran hombre lamentaba la indiferencia de los militares con el elemento civil. Siempre habían sido enemigos del parlamentarismo. Además Joffre se muestra intratable. No quiere curiosos... Mañana veré al presidente.

Pocos días después llegó a la casa de la avenida de Víctor Hugo con un gesto de satisfacción que llenó de alegría a don Marcelo.

—¿Ya está?...

—Ya está... pasado mañana salimos.

Desnoyers fue en la tarde siguiente al estudio de la rue de la Pompe.

—Mañana me voy.

El pintor deseó acompañarlo. ¿No podría ir también como secretario del senador?... Don Marcelo sonrió. La autorización servía únicamente para Lacour y un acompañante. Él era quien iba a figurar como secretario, ayuda de cámara o lo que fuese de su futuro consuegro. Al final de la tarde salió del estudio, acompañado hasta el ascensor por las lamentaciones de Argensola. ¡No poder agregarse a la expedición!... Creía haber perdido la oportunidad para pintar su obra maestra.

Cerca de su casa encontró a Tchernoff. Don Marcelo estaba de buen humor. La seguridad de que iba a ver pronto a su hijo le comunicaba una alegría infantil. Casi abrazó al ruso, a pesar de su aspecto desastrado, sus barbas trágicas y su enorme sombrero, que hacía volver la cabeza a los transeúntes.

Al final de la avenida destacaba su mole el Arco de Triunfo sobre un cielo coloreado por la puesta de sol. Una nube roja flotaba en torno del monumento, reflejándose en su blancura con palpitaciones purpúreas.

Se acordó Desnoyers de los cuatro jinetes y todo lo demás que le había contado Argensola antes de presentarle al ruso.

—Sangre —dijo alegremente—. Todo el cielo aparece de sangre... Es la bestia apocalíptica que ha recibido el golpe de gracia. Pronto la veremos morir.

Tchernoff sonrió igualmente; pero su sonrisa fue melancólica.

—No; la Bestia no muere. Es la eterna compañera de los hombres. Se oculta chorreando sangre cuarenta años,,,, sesenta..., un siglo; pero reaparece. Todo lo que podemos desear es que su herida sea larga, que se esconda por mucho tiempo y no la vean nunca las generaciones que guardarán todavía nuestro recuerdo.

III. LA GUERRA

Iba ascendiendo don Marcelo por una montaña cubierta de arboleda. El bosque ofrecía una trágica desolación. Se había inmovilizado en él una tempestad muda, fijándolo todo en posiciones violentas, antinaturales. Ni un solo árbol conservaba la forma rectilínea y el abundante ramaje de los días de paz. Los grupos de pinos recordaban las columnatas de los templos ruinosos. Unos se mantenían erguidos en toda su longitud, pero sin el remate de la copa, como fustes que hubiesen perdido su capitel; otros estaban cortados por la mitad, en pico de flauta, lo mismo que las pilastras partidas por el rayo. Algunos dejaban colgar en torno de su seccionamiento las esquirlas filamentosas de la madera muerta, a semejanza de un mondadientes roto.

La fuerza destructora se había ensañado en los árboles seculares: hayas, encinas, robles. Grandes marañas de ramaje cortado cubrían el suelo, como si acabase de pasar por él una banda de leñadores gigantescos. Los troncos aparecían seccionados a poca distancia de la tierra, con un corte limpio y pulido, como de un solo hachazo. En torno de las raíces desenterradas abundaban las piedras revueltas con los terrones; piedras que dormían en las entrañas del suelo y la explosión había hecho volar sobre la superficie. A trechos —brillando entre los árboles o partiendo el camino con una inoportunidad que obligaba a molestos rodeos— extendían sus láminas acuáticas unos charcos enormes, todos iguales, de una regularidad geométrica, redondos, exactamente redondos. Desnoyers los comparó con palanganas hundidas en el suelo para uso de los invisibles titanes que habían talado la selva. Su profundidad enorme empezaba en los mismos bordes. Un nadador podía arrojarse en estos charcos sin tocar el fondo. El agua era verdosa, agua muerta,, agua de lluvia, con una costra de vegetación perforada por las burbujas respiratorias de los pequeños organismos que empezaban a vivir en sus entrañas. En mitad de la cuesta, rodeada de pinos, había varias tumbas con cruces de madera; tumbas de soldados franceses rematadas por banderines tricolores. Sobre estos túmulos cubiertos de musgo descansaban varios quepis de artilleros. El leñador feroz, al destrozar el bosque, había alcanzado ciegamente a las hormigas que se movían entre los troncos.

Don Marcelo llevaba polainas, amplio sombrero, y, sobre los hombros, un poncho fino arrollado como una manta. Había sacado a luz estas prendas que le recordaban su lejana vida en la estancia. Detrás de él caminaba Lacour, procurando conservar su dignidad senatorial, entre los jadeos y resoplidos de fatiga. También llevaba botas altas y sombrero blando, pero había conservado el chaqué de solemnes faldones por no renunciar por completo a su uniforme parlamentario. Delante marchaban dos capitanes sirviéndoles de guías. Estaban en una montaña ocupada por la artillería francesa. Iban hacia las cumbres, donde había ocultos cañones y cañones formando una línea de varios kilómetros. Los artilleros alemanes habían causado estos destrozos contestando a los tiros de los franceses. El bosque estaba rasgado por el obús. Las lagunas circulares eran embudos abiertos por las marmitas germánicas en un suelo de fondo calizo e impermeable que conservaba los regueros de la lluvia.

Habían dejado su automóvil al pie de la montaña. Uno de los oficiales, viejo artillero, les explicó esta precaución. Debían seguir cuesta arriba cautelosamente. Estaban al alcance del enemigo, y un automóvil podía atraer sus cañonazos.

—Un poco fatigosa la subida —continuó—. ¡Ánimo, señor senador!... Ya estamos cerca.

Empezaron a cruzarse en el camino con soldados de artillería. Muchos de ellos sólo tenían de militar el quepis. Parecían obreros de una fábrica de metalurgia, fundidores y ajustadores, con pantalones y chalecos de pana. Llevaban los brazos descubiertos, y algunos, para marchar sobre el barro con mayor seguridad, calzaban zuecos de madera. Eran antiguos trabajadores del hierro incorporados por la movilización a la artillería de reserva. Sus sargentos habían sido contramaestres; muchos de sus oficiales, ingenieros y dueños de taller. De pronto, los que subían tropezaron con los férreos habitantes del bosque. Cuando éstos hablaban se estremecía el suelo, temblaba el aire, y los pobladores de la arboleda, cuervos y liebres, mariposas y hormigas, huían despavoridas para ocultarse, como si el mundo fuese a perecer en ruinosa convulsión.

Ahora los monstruos bramadores permanecían callados. Se llegaba junto a ellos sin verlos. Entre el ramaje verde asomaba el extremo de algo semejante a una viga gris; otras veces, esta aparición emergía de un amontonamiento de troncos secos. Al dar la vuelta al obstáculo aparecía una plazoleta de tierra limpia ocupada por varios hombres, que vivían, dormían y trabajaban en torno de un artefacto enorme montado sobre ruedas.

El senador, que había escrito versos en su juventud y hacía poesía oratoria cuando inauguraba alguna estatua en su distrito, vio en estos solitarios de la montaña, ennegrecidos por el sol y el humo, despechugados y remangados, una especie de sacerdotes puestos al servicio de la divinidad fatal, que recibía de sus manos la ofrenda de las enormes cápsulas explosivas, vomitándolas en forma de trueno. Ocultos bajo el ramaje, para librarse de la observación de los aviadores enemigos, los cañones franceses se esparcían por las crestas y mesetas de una serie de montañas. En este rebaño de acero había piezas enormes, con ruedas reforzadas, de patines semejantes a las de las locomóviles agrícolas que Desnoyers tenía en sus estancias para arar la tierra. Como bestias menores, más ágiles y juguetones en su incesante ladrido, los grupos del setenta y cinco aparecían interpolados entre los sombríos monstruos. Los dos capitanes habían recibido del general de su Cuerpo de ejército la orden de enseñar minuciosamente al senador el funcionamiento de la artillería. Y Lacour aceptaba con reflexiva gravedad sus observaciones, mientras volvía los ojos a un lado y a otro con la esperanza de reconocer a su hijo. Lo interesante para él era ver a René... Pero, recordando el pretexto oficial de su viaje, seguí de cañón en cañón oyendo explicaciones.

Mostraban los proyectiles los sirvientes de las piezas: grandes cilindros ojivales extraídos de los almacenes, llamados abrigos, eran profundas madrigueras, pozos oblicuos reforzados con sacos de tierra y maderos. Servían de refugio al personal libre y guardaban las municiones a cubiertos de una explosión.

Un artillero le mostró dos bolsas unidas, de tela blanca, bien repletas. Parecían un salchichón doble, y eran la carga de uno de los grandes cañones. La bolsa quedó abierta, saliendo a luz unos paquetes de hojas color de rosa. El senador y su acompañante se admiraron de que esta pasta, que parecía un artículo de tocador, fuese uno de los terribles explosivos de la guerra moderna.

—Afirmo —dijo Lacour— que al encontrar en la calle uno de estos atados lo habría creído procedente del bolso de una dama o un olvido de dependiente de perfumería..., todo, menos un explosivo. ¡Y con esto, que parece fabricado para los labios, puede volarse un edificio!... Siguieron su camino. En lo más alto de la montaña vieron un torreón algo desmoronado. Era el puesto más peligroso. Un oficial examinaba desde él la línea enemiga para apreciar la exactitud de los disparos.

Mientras sus camaradas estaban debajo de la tierra o disimulados por el ramaje, él cumplía su misión desde este punto visible. A corta distancia de la torre se abrió ante sus ojos un pasillo subterráneo. Descendieron por sus entrañas lóbregas, hasta dar con varias habitaciones excavadas en el suelo. Un lado de montaña cortada a pico era su fachada exterior. Angostas ventanillas perforadas en la piedra daban luz y aire a estas piezas.

Un comandante viejo, encargado del sector, salió a su encuentro.

Desnoyers creyó ver a un jefe de sección de un gran almacén de París. Sus ademanes eran exquisitos, su voz suave parecía implorar perdón a cada palabra, como si se dirigiese a un grupo de damas ofreciéndoles los géneros de última novedad. Pero esta impresión sólo duró un momento. El soldado de pelo canoso y lentes de miope, que guardaba en plena guerra los gestos de un director de fábrica recibiendo a sus clientes, mostró al mover los brazos unas vendas y algodones en el interior de sus mangas. Estaba herido en ambas muñecas de una explosión de obús, y, sin embargo, continuaba en su sitio. «¡Diablo de señor melifluo y almibarado! —pensó don Marcelo—. Hay que reconocer que es alguien».

Habían entrado en el puesto de mando, vasta pieza que recibía la luz por una ventana horizontal de cuatro metros de ancho con sólo una altura de palmo y medio. Parecía el espacio abierto entre dos hojas de persiana.

Debajo de ella se extendía una mesa de pino cargada de papeles, con varios taburetes. Ocupando uno de estos asientos se abarcaba con los ojos toda la llanura. En las paredes había aparatoseléctricos, cuadros de distribución, bocinas acústicas y teléfonos, muchos teléfonos.

El comandante apartó y amontonó los papeles, ofreciendo los taburetes con el mismo ademán que si estuviese en un salón.

—Aquí, señor senador.

Desnoyers, compañero humilde, tomó asiento a su lado. El comandante parecía un director de teatro preparándose a mostrar algo extraordinario. Colocó sobre la mesa un enorme papel que reproducía todos los accidentes de la llanura extendida ante ellos: caminos, pueblos, campos, alturas y valles. Sobre este mapa aparecía un grupo triangular de líneas rojas en forma de abanico. El vértice era el sitio donde ellos estaban; la parte ancha del triángulo, el límite del horizonte real que abarcaban con los ojos.

—Vamos a tirar contra este bosque —dijo el artillero, señalando un extremo de la carta—. Aquí es allá —continuó, designando en el horizonte una pequeña línea oscura—. Tomen ustedes los gemelos.

Pero antes que los dos apoyasen el borde de los oculares en sus cejas, el comandante colocó sobre el mapa un nuevo papel. Era una fotografía enorme y algo borrosa, sobre cuyos trazos aparecía un abanico de líneas encarnadas igual al otro.

—Nuestros aviadores —continuó el artillero cortés— han tomado esta mañana algunas vistas de las posiciones enemigas. Esto es una ampliación de nuestro taller fotográfico... Según sus informes, hay acampados en el bosque dos regimientos alemanes. Don Marcelo vio en la fotografía la mancha del bosque, y dentro de ella, líneas blancas que figuraban caminos, grupos de pequeños cuadrados que eran manzanas de casas de un pueblo. Creyó estar en un aeroplano contemplando la tierra a más de mil metros de altura. Luego se llevó los gemelos a los ojos, siguiendo la dirección de una de las líneas rojas, y vio agrandarse en el redondel de la lente una barra negra, algo semejante a una línea gruesa de tinta: el bosque, el refugio de los enemigos.

—Cuando usted lo disponga, señor senador, empezamos —dijo el comandante, llegando al último extremo de la cortesía—. ¿Está usted pronto?...

Desnoyers sonrió levemente. ¿A qué iba a estar pronto su ilustre amigo? ¿De qué podía servir, un simple mirón como él, y emocionado indudablemente por lo nuevo del espectáculo?... Sonaron a sus espaldas un sinnúmero de timbres: vibraciones que llamaban, vibraciones que respondían. Los tubos acústicos parecían hincharse con el galope de las palabras. El hilo eléctrico pobló el silencio de la habitación con las palpitaciones de su vida misteriosa. El amable jefe ya no se ocupaba de su persona. Lo adivinaron a su espalda, ante la boca de un teléfono, conversando con sus oficiales a varios kilómetros de distancia. El héroe dulzón y bien hablado no abandonaba un momento su retorcida cortesía.

—¿Quiere usted tener la bondad de empezar?... —dijo suavemente el oficial lejano—. Con mucho gusto le comunico la orden.

Sintió don Marcelo un ligero temblor nervioso junto a una de sus rodillas. Era Lacour, inquieto por la novedad. Iba a iniciarse el fuego; iba a ocurrir algo que no había visto nunca. Los cañones estaban encima de sus cabezas; temblaría la bóveda como la cubierta de un buque cuando disparan sobre ella. La habitación, con sus tubos acústicos y sus vibraciones de teléfonos, era semejante al puente de un navío en el momento del zafarrancho. ¡El estrépito que iba a producirse!... Transcurrieron algunos segundos, que fueron larguísimos... De pronto, un trueno lejano que parecía venir de las nubes. Desnoyers ya no sintió la vibración nerviosa junto a su pierna.

El senador se movió a impulsos de la sorpresa; su gesto parecía decir:

«¿Esto es todo?...» Los metros de tierra que tenían sobre ellos amortiguaron las detonaciones. El tiro de una pieza gruesa equivalía a un garrotazo en un colchón. Más impresionante resultaba el gemido del proyectil sonando a gran altura, pero desplazando el aire con tal violencia que sus ondas llegaban hasta la ventana. Huía..., huía, debilitando su rugido. Pasó mucho tiempo antes que se notasen sus efectos. Los dos amigos llegaron a creer que se había perdido en el espacio. «No llega..., no llega», pensaban. De pronto surgió en el horizonte, exactamente en el lugar indicado sobre el borrón del bosque, una enorme columna de humo. Una torre giratoria de vapor negro seguida de una explosión volcánica.

—¡Qué mal debe vivirse allí!— dijo el senador.

Él y Desnoyers experimentaron una impresión de alegría animal, un regocijo egoísta, viéndose en lugar seguro, a varios metros debajo del suelo.

—Los alemanes van a tirar de un momento a otro— dijo en voz baja don Marcelo a su amigo.

El senador fue de la misma opinión. Indudablemente iban a contestar, entablándose un duelo de artillería.

Todas las baterías francesas habían abierto el fuego. La montaña tronaba incesantemente: se sucedían los rugidos de los proyectiles; el horizonte, todavía silencioso, iba erizándose de negras columnas salomónicas. Los dos reconocieron que se estaba muy bien en este refugio, semejante a un palco de teatro... Alguien tocó en un hombro a Lacour. Era uno de los capitanes que les guiaban por el frente.

—Vamos arriba —dijo con sencillez. Hay que ver de cerca cómo trabajan nuestros cañones. El espectáculo vale la pena.

¿Arriba?... El personaje quedó perplejo, asombrado, como si le propusiesen un viaje interplanetario. ¿Arriba, cuando los enemigos iban a contestar de un momento a otro?... El capitán explicó que el subteniente Lacour estaba tal vez esperando a su padre. Habían avisado por teléfono a su batería, emplazada a un kilómetro de distancia: debía aprovechar el tiempo para verlo. Subieron de nuevo a la luz por el boquete del subterráneo. El senador se había erguido majestuosamente.

«Van a tirar —decía una voz en su interior—; van a contestar los enemigos».

Pero se ajustó el chaqué como un manto trágico y siguió adelante, grave y solemne. Si aquellos hombres de guerra, adversarios del parlamentarismo, querían reír ocultamente de las emociones de un personaje civil, se llevaban un chasco.

Desnoyers admitió la decisión con que el gran hombre se lanzaba fuera del subterráneo, lo mismo que si marchase contra el enemigo. A los pocos pasos se desgarró la atmósfera en ondas tumultuosas. Los dos vacilaron sobre los pies, mientras zumbaban sus oídos y creían sentir en la nuca la impresión de un golpe. Se les ocurrió al mismo tiempo que ya habían empezado a tirar los alemanes. Pero eran los suyos los que tiraban. Una vedija de humo surgió del bosque, a una docena de metros, disolviéndose instantáneamente. Acababa de disparar una de las piezas de enorme calibre, oculta en el ramaje junto a ellos. Los capitanes dieron una explicación sin detener el paso. Tenían que seguir por delante de los cañones, sufriendo la violenta sonoridad de sus estampidos, para no aventurarse en el espacio descubierto, donde estaba el torreón del vigía. También ellos esperaban de un momento a otro la contestación de enfrente. El que iba junto a don Marcelo le felicitó por la impavidez con que soportaba los cañonazos.

—Mi amigo conoce eso —dijo el senador con orgullo—. Estuvo en la batalla del Marne.

Los dos militares apreciaron con alguna extrañeza la edad de Desnoyers.

¿En qué lugar había estado? ¿A qué Cuerpo pertenecía?...

—Estuve de víctima —dijo el aludido modestamente.

Un oficial venía corriendo hacia ellos al lado del torreón, por el espacio desnudo de los árboles. Repetidas veces agitó su quepis para que le viesen mejor. Lacour tembló por él. Podían distinguirle los enemigos; se ofrecía como blanco al cortar imprudentemente el espacio descubierto, con el deseo de llegar antes. Y aún tembló más al verlo de cerca... Era René.

Sus manos oprimieron con cierta extrañeza unas manos fuertes, nervudas. Vio el rostro de su hijo con los rasgos más acentuados, oscurecido por la pátina que da la existencia campestre. Un aire de resolución, de confianza en las propias fuerzas, parecía desprenderse de su persona. Seis meses de vida intensa le habían transformado. Era el mismo, pero con el pecho más amplio, las muñecas más fuertes. Las facciones suaves y dulces de la madre se habían perdido bajo esta máscara varonil. Lacour reconoció con orgullo que ahora se parecía a él.

Después de los abrazos de saludo, René atendió a don Marcelo con más asiduidad que a su padre. Creía percibir en su persona algo del perfume de Chichí. Preguntó por ella: quería saber detalles de su vida, a pesar de la frecuencia con que llegaban sus cartas. El senador, mientras tanto, conmovido por su reciente emoción, había tomado cierto aire oratorio al dirigirse a su hijo. Improvisó un fragmento de discurso en honor de este soldado de la República que llevaba el glorioso nombre de Lacour, juzgando oportuno el momento para hacer conocer a aquellos militares profesionales los antecedentes de su familia.

—Cumple tu deber, hijo mío. Los Lacours tienen tradiciones guerreras.

Acuérdate de nuestro abuelo, el comisario de la Convención, que se cubrió de gloria en la defensa de Maguncia. Mientras hablaba se habían puesto todos en marcha, doblando una punta del bosque para colocarse detrás de los cañones.

Aquí el estrépito era menos violento. Las grandes piezas, después de cada disparo, dejaban escapar por la recámara una nubecilla de humo semejante a la de una pipa. Los sargentos dictaban cifras comunicadas en voz baja por otro artillero que tenía en una oreja el auricular del teléfono. Los sirvientes obedecían silenciosos en torno del cañón. Tocaban una ruedecita, y el monstruo elevaba su morro gris, lo movía a un lado o a otro, con la expresión inteligente y la agilidad de una trompa de elefante. Al pie de la pieza más próxima se erguía, con el tirador en las manos, un artillero de cara impasible. Debía de estar sordo. Su embrutecimiento facial delataba cierta autoridad, Para él la vida no era más que una serie de tirones y truenos. Conocía su importancia. Era el servidor de la tormenta, el guardián del rayo.

—¡Fuego!— gritó el sargento.

Y el trueno estalló a su voz. Todo pareció temblar; pero acostumbrados los dos viajeros a oír los estampidos de las piezas por la parte de la boca, les pareció de segundo orden el estrépito presente. Lacour iba a continuar su relato sobre el glorioso abuelo de la Convención, cuando algo extraordinario cortó su facundia.

—Tiran— dijo simplemente el artillero que ocupaba el teléfono.

Los dos oficiales repitieron al senador esta noticia, transmitida por los vigías de la torre. ¿No había dicho él que los enemigos iban a contestar? Obedeciendo el santo instinto de conservación y empujado al mismo tiempo por su hijo, se vio en un abrigo de la batería. No quiso agazaparse en el interior de la estrecha cueva. Permaneció junto a la entrada, con una curiosidad que se sobreponía a la inquietud. Sintió venir al invisible a pesar del estrépito de los cañones inmediatos. Percibía con rara sensibilidad su paso a través de la atmósfera por encima de los otros ruidos más potentes y cercanos. Era un gemido que ensanchaba su intensidad; un triángulo sonoro con el vértice en el horizonte, que se abría al avanzar, llenando todo el espacio. Luego ya no fue un gemido, fue un bronco estrépito formado por diversos choques y roces, semejantes al descenso de un tranvía eléctrico por una calle en cuesta, a la carrera de un tren que pasa ante una estación sin detenerse.

Lo vio aparecer en forma de nube, agrandóse como si fuese a desplomarse sobre la batería. Sin saber cómo, se encontró en el fondo del abrigo y sus manos tropezaron con el frío contacto de un montón de cilindros de acero alineados como botellas. Eran proyectiles. «Si la marmita alemana —pensó. Estallase sobre esta madriguera..., ¡qué espantosa voladura!...» Pero se tranquilizaba al considerar la solidez de esa bóveda: vigas y sacos de tierra se sucedían en un espesor de varios metros. Quedó de pronto en absoluta oscuridad. Otro se había refugiado en el abrigo, obstruyendo con su cuerpo la entrada de la luz: tal vez su amigo Desnoyers.

Pasó un año que en su reloj sólo representaba un segundo; luego pasó un siglo de igual duración... y al fin estalló el esperado trueno, temblando el abrigo, pero con blandura, con sorda elasticidad, como si fuese de caucho. La explosión, a pesar de esto, resultaba horrible. Otras explosiones menores, enroscadas, juguetonas y silbantes surgieron detrás de la primera. Con la imaginación dio forma Lacour a este cataclismo. Y vio una serpiente alada vomitando chispas y humo, una especie de monstruo wagneriano, que al aplastarse contra el suelo abría sus entrañas, esparciendo miles de culebrillas ígneas que lo cubrían todo con sus mortales retorcimientos... El proyectil debía de haber estallado muy cerca, tal vez en la misma plazoleta ocupada por la batería.

Salió del abrigo, esperando encontrar un espectáculo horroroso de cadáveres despedazados, y vio a su hijo que sonreía encendiendo un cigarro y hablando con Desnoyers... ¡Nada! Los artilleros terminaban tranquilamente de cargar una pieza gruesa. Habían levantado los ojos un momento al pasar el proyectil enemigo, continuando luego su trabajo.

—Ha debido de caer a unos trescientos metros— dijo René tranquilamente.

El senador, espíritu impresionable, sintió de pronto una confianza heroica. No valía la pena ocuparse tanto de la propia seguridad cuando los otros hombres, iguales a él —aunque fuesen vestidos de distinto modo—, no parecían reconocer el peligro.

Y al pasar nuevos proyectiles, que iban a perderse en los bosques con estallidos de cráter, permaneció al lado de su hijo, sin otro signo de emoción que un leve estremecimiento en las piernas. Le parecía ahora que únicamente los proyectiles franceses, por ser suyos, daban en el blanco y mataban. Los otros tenían la obligación de pasar por alto, perdiéndose lejos entre un estrépito inútil. Con tales ilusiones se fabrica el valor... «¿Y eso es todo?», parecían decir sus ojos. Recordaba con cierta vergüenza su refugio en el abrigo; se reconocía capaz de vivir allí, lo mismo que René.

Sin embargo, los obuses alemanes eran cada vez más frecuentes. Ya no se perdían en el bosque; sus estallidos sonaban más cercanos. Los dos oficiales cruzaron sus miradas. Tenían el encargo de velar por la seguridad del ilustre visitante.

—Esto se calienta— dijo uno de ellos.

René, como si adivinase lo que pensaban, se dispuso a partir. «¡Adiós, papá!» Estaba haciendo falta en su batería. El senador intentó resistirse, quiso prolongar la entrevista, pero chocó con algo duro e inflexible que repelía toda su influencia. Un senador valía poco entre aquella gente acostumbrada a la disciplina, —¡Salud, hijo mío!... Mucha suerte... Acuérdate de quién eres.

Y el padre lloró al oprimirle entre sus brazos. Lamentaba en silencio la brevedad de la entrevista, pensó en los peligros que aguardaban a su único hijo al separarse de él.

Cuando René hubo desaparecido, los capitanes iniciaron la marcha del grupo. Se hacía tarde; debían llegar antes del anochecer a un determinado acantonamiento.

Iban cuesta abajo, al abrigo de una arista de la montaña, viendo pasar muy altos los proyectiles enemigos.

En una hondonada encontraron varios grupos de cañones 75. Estaban esparcidos en la arboleda, disimulados por montones de ramaje, como perros agazapados que ladraban asomando sus hocicos grises. Los grandes cañones rugían con intervalos de grave pausa. Estas jaurías de acero gritaban incesantemente, sin abrir el más leve paréntesis de una tela que se parte sin fin. Las piezas eran muchas, los disparos vertiginosos y las detonaciones se confundían en una sola, como las series de puntos que se unen formando una línea compacta. Los jefes embriagados por el estrépito, daban sus órdenes a gritos, agitando los brazos paseando por detrás de las piezas. Los cañones se deslizaban sobre las cureñas inmóviles, avanzando y retrocediendo como pistolas automáticas. Cada disparo arrojaba la cápsula vacía, introduciendo al punto un nuevo proyectil en la recámara humeante. Se arremolinaba el aire a espaldas de las baterías con oleaje furioso. Lacour y su compañero recibían a cada tiro un golpe en el pecho, el violento contacto de una mano invisible que los empujaba hacia atrás. Tenían que acompasar su respiración al ritmo de los disparos. Durante una centésima de segundo, entre la onda aérea barrida y la nueva onda que avanzaba, sus pechos experimentaban la angustia del vacío. Desnoyers admiró el ladrido de estos perros grises. Conocía bien sus mordeduras. Aún se mantenían frescas en su pobre castillo.

A Lacour le pareció que las filas de cañones cantaban algo monótono y feroz, como debieron ser los himnos guerreros de la Humanidad de los tiempos prehistóricos. Esta música de notas secas, ensordecedoras, delirantes, iba despertando en los dos algo que duerme en el fondo de todas las almas: el salvajismo de los remotos abuelos. El aire se caldeaba con olores acres, punzantes, bestialmente embriagadores. Los perfumes del explosivo llegaban hasta el cerebro por la boca, por las orejas, por los ojos.

Experimentaron el mismo enardecimiento de los directores de las piezas que gritaban y braceaban en medio del trueno. Las cápsulas vacías iban formando una capa espesa detrás de los cañones. ¡Fuego!..., ¡siempre fuego!

—Hay que rociar bien —gritaban los jefes—. Hay que dar un buen riego al bosque donde están los boches.

Y las bocas de los 75 regaban sin interrupción inundando de proyectiles la remota arboleda.

Enardecidos por esta actividad mortal, embriagados por la celeridad destructora, sometidos al vértigo de las horas rojas. Lacour y Desnoyers se vieron de pronto agitando sus sombreros, moviéndose de un lado a otro como si fuesen a bailar la danza sagrada de la muerte, gritando con la boca seca por el acre vapor de la pólvora:

«¡Viva..., viva!»

El automóvil rodó toda la tarde, deteniéndose algunas veces en los caminos congestionados por el largo desfile de los convoyes. Pasaron a través de campos sin cultivar, con esqueletos de viviendas. Corrieron a lo largo de pueblos incendiados que no eran más que una sucesión de fachadas negras con huecos abiertos sobre el vacío.

—Ahora le toca a usted —dijo el senador a Desnoyers—. Vamos a ver a su hijo.

Se cruzaron a la caída de la tarde con numerosos grupos de infantería, soldados de luengas barbas y uniformes descoloridos por la intemperie. Volvían de los atrincheramientos, llevando sobre la joroba de sus mochilas palas, picos y otros útiles para remover la tierra, que habían adquirido una importancia de armas de combate. Iban cubiertos de barro, de cabeza a pies. Todos parecían viejos en plena juventud. Su alegría al volver al acantonamiento, después de una semana de trinchera, poblaba el silencio de la llanura con canciones acompañadas por el sordo choque de sus zapatos claveteados. En el atardecer de color violeta, el coro varonil iba esparciendo las estrofas aladas de La Marsellesa, o las afirmaciones heroicas del Canto de partida.

—Son los soldados de la Revolución —decía entusiasmado el senador—: Francia ha vuelto al mil setecientos noventa y dos.

Pasaron la noche en un pueblo medio arruinado, donde se había establecido la comandancia de una división. Los dos capitanes se despidieron. Otros se encargarían de guiarlos en la mañana siguiente. Se habían alojado en el Hotel de la Sirena, edificio viejo con la fachada roída por los obuses. El dueño les mostró con orgullo una ventana rota que había tomado la forma de un cráter. Esta ventana hacía perder su importancia a la antigua muestra del establecimiento: una mujer de hierro con cola de pescado. Como Desnoyers ocupaba la habitación inmediata a la que había recibido el proyectil, el hotelero quiso enseñársela antes que se acostase.

Todo roto: paredes, suelo, techo. Los muebles hechos astillas en los rincones; harapos de floreado papel colgando de las paredes. Por un agujero enorme se veían las estrellas y entraba el frío de la noche. El dueño hizo constar que este destrozo no era obra de los alemanes. Lo había causado un proyectil del 75 al ser repelidos los invasores fuera del pueblo. Y sonreía con patriótico orgullo ante la destrucción, repitiendo:

—Es obra de los nuestros. ¿Qué le parece cómo trabaja el setenta y cinco?... ¿Qué dice usted de esto?...

A pesar de la fatiga del viaje, don Marcelo durmió mal, agitado por el pensamiento de que su hijo estaba a corta distancia. Una hora después del amanecer salieron del pueblo en automóvil, guiados por otro oficial. A los dos lados del camino vieron campamentos y campamentos. Dejaron atrás los parques de municiones; pasaron la tercera línea de tropas; luego, la segunda. Miles y miles de hombres se habían instalado en pleno campo, improvisando sus viviendas. Este hormiguero varonil recordaba, con su variedad de uniformes y razas, las grandes invasiones de la Historia. No era un pueblo en marcha: el éxodo de un pueblo lleva tras de él mujeres y niños. Aquí sólo se veían hombres, hombres por todas partes. Todos los géneros de habitación discurridos por la Humanidad, a partir de la caverna, eran utilizados en estas aglomeraciones militares. Las cuevas y canteras servían de cuarteles. Unas chozas recordaban el rancho americano; otras, cónicas y prolongadas, imitaban al gurbi de África. Muchos de los soldados procedían de sus colonias; algunos habían vivido como negociantes en países del Nuevo Mundo, y al tener que improvisar una casa más estable que la tienda de lona, apelaban a sus recuerdos, imitando la arquitectura de las tribus con las que estuvieron en contacto. Además, en esta masa de combatientes había tiradores marroquíes, negros y asiáticos, que parecían crecerse lejos de las ciudades, adquiriendo a campo raso una superioridad que los convertía en maestros de los civilizados. Junto a los arroyos aleteaban ropas blancas puestas a secar. Filas de hombres despechugados hacían frente al fresco de la mañana, inclinándose sobre la lámina acuática para lavarse con ruidosas abluciones seguidas de enérgicos restriegos... En un puente escribía un soldado, empleando como mesa el parapeto... Los cocineros se movían en torno de las ollas humeantes. Un tufillo grasiento de sopa matinal iba esparciéndose entre los perfumes resinosos de los árboles y el olor de la tierra mojada.

Largos barracones de madera y cinc servían a la Caballería y la Artillería para guardar el ganado y el material. Los soldados limpiaban y herraban al aire libre a los caballos, lucios y gordos. La guerra de las trincheras mantenía a éstos en plácida obesidad.

—¡Si hubiesen estado a así en la batalla del Marne!... —dijo Desnoyers a su amigo.

Ahora la caballada vivía en interminable descanso. Sus jinetes combatían a pie, haciendo fuego en las trincheras. Las bestias se hinchaban en una tranquilidad conventual, y había que sacarlas de paseo para que no enfermasen ante el pesebre repleto. Se destacaron sobre la llanura, como libélulas grises, varios aeroplanos dispuestos a volar. Muchos hombres se agrupaban en torno de ellos. Los campesinos convertidos en soldados consideraban con admiración al camarada encargado del manejo de estas máquinas. Veían en su persona el mismo poder de los brujos venerados y temidos en los cuentos de la aldea.

Don Marcelo se fijó en la transformación general del uniforme de los franceses. Todos iban vestidos de azul grisáceo de cabeza a pies. Los pantalones de grana, los quepis rojos que había visto en las jornadas del Marne ya no existían. Los hombres que transitaban por los caminos eran militares. Todos los vehículos, hasta las carretas de bueyes, iban guiados por un soldado.

Se detuvo de pronto el automóvil junto a unas casas arruinadas y ennegrecidas por el incendio.

—Ya hemos llegado —dijo el oficial—. Ahora habrá que caminar un poco. El senador y su amigo empezaron a marchar por la carretera.

—Por ahí, no, no —volvió a decir el guía—. Este camino es nocivo para la salud. Hay que librarse de las corrientes de aire.

Explicó que los alemanes tenían sus cañones y atrincheramientos al final de esta carretera, que descendía por una depresión del terreno y remontaba en el horizonte su cinta blanca entre dos filas de árboles y casas quemadas. La mañana lívida, con su esfumamiento brumoso, los ponía a cubierto del fuego enemigo. En un día de sol, la llegada del automóvil habría sido saludada por un obús. «Esta guerra es así — terminó diciendo—; se aproxima uno a la muerte sin verla». Se acordaron los dos de las recomendaciones del general que los había tenido el día antes en su mesa.

«Mucho cuidado: la guerra de trincheras es traidora». Vieron ante ellos el inmenso campo sin una persona, pero con su aspecto ordinario. Era el campo de domingo, cuando los trabajadores están en sus casas y el suelo parece reconcentrarse en silenciosa meditación. Se veían objetos informes abandonados en la llanura, como los instrumentos agrícolas en días de asueto. Tal vez eran automóviles rotos, armones de artillería destrozados por la explosión de su carga.

—Por aquí— dijo el oficial, al que se habían agregado cuatro soldados para llevar a hombros varios sacos y paquetes traídos por Desnoyers en el techo del automóvil.

Avanzaron en fila a lo largo de un muro de ladrillos ennegrecidos, siguiendo un camino descendente. A los pocos pasos, la superficie del suelo estaba a la altura de sus rodillas; más allá los alcanzaba al talle; luego a los hombros, y así se hundieron en la tierra, viendo únicamente sobre sus cabezas una estrecha faja de cielo. Estaban en pleno campo. Habían dejado a sus espaldas el grupo de ruinas que ocultaba la entrada del camino. Marchaban de un modo absurdo, como si aborreciesen la línea recta, en zigzag, en curvas, en ángulos. Otros senderos no menos complicados partían de esta zanja, que era la avenida central de una inmensa urbe subterránea. Caminaban... caminaban. Transcurrió un cuarto de hora, media hora, una hora entera. Lacour y su amigo pensaban con nostalgia en las carreteras flanqueadas de árboles, en la marcha al aire libre, viendo el cielo y los campos. No daban veinte pasos seguidos en la misma dirección. El oficial, que marchaba delante, desaparecía a cada momento en una revuelta. Los que iban detrás jadeaban y hablaban invisibles, teniendo que apresurar el paso para no perderse. De cuando en cuando hacían alto para reconcentrarse y contarse, por miedo a que alguien se hubiese extraviado en una galería transversal. El suelo era resbaladizo. En algunos lugares había un barro casi líquido, blanco y corrosivo, semejante al que chorrea de los andamios de una casa en construcción.

El eco de sus pasos, el roce de sus hombros, desprendían terrones y guijarros de los dos taludes. De tarde en tarde subían el zanjón, y los caminantes subían con él. Bastaba un pequeño esfuerzo para ver por encima de los montones de tierra. Pero lo que veían eran campos incultos, alambrados con postes en cruz, el mismo aspecto de la llanura que descansa, falta de habitantes. Sabía por experiencia el oficial lo que costaba muchas veces esta curiosidad, y no les permitía prolongarla: «Adelante, adelante».

Llevaban hora y media caminando. Los dos viejos empezaron a sentir la fatiga y la desorientación de esta marcha en zigzag. No sabían ya si avanzaban o retrocedían. Las rudas pendientes, las continuas revueltas produjeron en ellos un principio de vértigo.

—¿Falta mucho para llegar?— preguntó el senador.

—Allí— dijo el oficial, señalando por encima de los montones de tierra.

Allí era el campamento en ruinas y varias casas quemadas que se veían a lo lejos: los restos de un pueblo tomado y perdido varias veces por unos y otros.

El mismo trayecto lo habrían hecho sobre la corteza terrestre en media hora marchando en línea recta. A los ángulos del camino subterráneo, preparados para impedir un avance del enemigo, había que añadir los obstáculos de la fortificación de campaña: túneles cortados por verjas, jaulones de alambre que estaban suspendidos; pero al caer, obstruían el zanjón, pudiendo los defensores hacer fuego a través de su enrejado. Empezaron a encontrar soldados con fardos y cubos de agua. Se perdían en la tortuosidad de los senderos transversales. Algunos, sentados en un montón de maderos, sonreían leyendo un pequeño periódico redactado en las trincheras.

Se notaban en el camino los mismos indicios que denuncian sobre la superficie de la tierra la proximidad de una población. Se apartaban los soldados para abrir paso a la comitiva; asomaban caras barbudas y curiosas en los callejones. Sonaban a lo lejos un estrépito de ruidos secos, como si al final de la vía tortuosa existiese un polígono de tiro o se ejercitase un grupo de cazadores en derribar palomas. La mañana continuaba nebulosa y glacial. A pesar del ambiente húmedo, un moscardón de zumbido pegajoso cruzó varias veces sobre los dos visitantes.

—Balas— dijo lacónicamente el oficial.

Desnoyers había hundido un poco la cabeza entre los hombros. Conocíaperfectamente este ruido de insectos. El senador marchó más aprisa: ya no sentía cansancio.

Se vieron ante un teniente coronel, que los recibió como un ingeniero que enseña sus talleres, como un oficial de Marina que muestra las baterías y torres de su acorazado. Era el jefe del batallón que ocupaba este sector de las trincheras. Don Marcelo lo miró con interés al pensar que su hijo estaba bajo sus órdenes.

—Esto es lo mismo que un buque— dijo luego de saludarlos.

Los dos amigos reconocieron que las fortificaciones subterráneas tenían cierta semejanza con las entrañas de navío. Pasaron de trinchera en trinchera. Eran las de última línea, las más antiguas: galerías oscuras en las que sólo entraban hilillos de luz a través de las aspilleras y las ventanas amplias y bajas de las ametralladoras. La larga línea de defensa formaba un túnel, cortado por breves espacios descubiertos. Se iba saltando de la luz a la oscuridad y de la oscuridad a la luz con una rudeza visual que fatigaba los ojos. En los espacios abiertos el suelo era más alto. Había banquetas de tablas empotradas en los taludes para que los observadores pudiesen sacar la cabeza o examinar el paisaje valiéndose del periscopio. Los espacios cerrados servían a la vez de baterías y dormitorios. Estos acuartelamientos habían sido al principio trincheras descubiertas, iguales a las de primera línea. Al repeler al enemigo y ganar terreno, los combatientes, que llevaban en ellas todo el invierno, habían buscado instalarse con la mayor comodidad. Sobre las zanjas al aire libre habían atravesado vigas de las casas arruinadas; sobre las vigas, tablones, puertas, ventanas y encima del maderaje varias filas de sacos de tierra. Estos sacos estaban cubiertos por una capa de mantillo, de la que brotaban hierbas, dando al lomo de la trinchera una placidez verde y pastoril. Las bóvedas de ocasión resistían a la caída de los obuses, que se enterraban en ellas sin causar grandes daños. Cuando un estallido las quebrantaba demasiado, los trogloditas salían de noche, como hormigas desveladas, recomponiendo ágilmente el tejado de su vivienda.

Todo aparecía limpio, con la pulcritud ruda y algo torpe que pueden conseguir los hombres cuando viven lejos de las mujeres y entregados a sus propios recursos.

Estas galerías tenían algo de claustro de monasterio, de cuadra de presidio, de entrepuente de acorazado. Su piso era medio metro más bajo que el de los espacios descubiertos que unían a unas trincheras con otras. Para que los oficiales pudiesen avanzar sin bajadas y subidas, unos tablones formando andamio estaban tendidos de puerta a puerta.

Al ver los soldados al jefe se formaban en fila. Sus cabezas quedaban al nivel del talle de los que iban pasando por los tablones. Desnoyers miró con avidez a todos estos hombres. ¿Dónde estaría Julio? Se fijó en la fisonomía especial de los diversos reductos. Todos parecían iguales en su construcción, pero los ocupantes los habían modificado con sus adornos. La cara exterior era siempre la misma, cortada por aspilleras en las que había fusiles apuntados hacia el enemigo y por ventanas de ametralladoras. Los vigías, en pie junto a estas aberturas, espiaban el campo solitario, como los marinos de cuarto exploraban el mar desde el puente. En las caras interiores estaban los armarios y los dormitorios: tres filas de literas hechas con tablas, iguales a los lechos de los hombres de mar. El deseo de ornato artístico que sienten las almas simples había embellecido los subterráneos. Cada soldado tenía un museo formado con láminas de periódicos y postales de colores. Retratos de comediantas y bailarinas sonreían con su boca pintada en el charolado cartón, alegrando el ambiente casto del reducto.

Don Marcelo sintió impaciencia al ver tantos centenares de hombres sin encontrar entre ellos a su hijo. El senador, avisado por sus ojeadas, habló al jefe, que le precedía con grandes muestras de deferencia. Este hizo un esfuerzo de memoria para recordar quien era Julio Desnoyers. Pero su duda fue corta. Se acordó de las hazañas del sargento.

—Un excelente soldado— dijo...; van a llamarlo inmediatamente, señor senador... Está de servicio con su sección en las trincheras de primera línea.

El padre, impaciente por verlo, propuso el que los llevasen a ellos a este sitio avanzado; pero su petición hizo sonreír al jefe y a los otros militares. No eran para visitas de paisanos estas zanjas descubiertas a cien metros, a cincuenta metros del enemigo, sin otra defensa que las alambradas y sacos de tierra. El barro resultaba perpetuo en ellas; había que arrastrarse, expuestos a recibir un balazo, sintiendo caer en la espalda la tierra levantada por los proyectiles. Sólo los combatientes podían frecuentar estas obras avanzadas.

—Siempre hay peligro —continuó el jefe—, siempre hay tiroteo... ¿Oye usted como tiran?

Desnoyers percibió, efectivamente, un crepitamiento lejano, en el que no se había fijado hasta entonces. Experimentó una sensación de angustia al pensar que su hijo estaba allí, donde sonaba la fusilería. Se le aparecieron con todo relieve de la realidad los peligros que le rodeaban diariamente. ¿Si moriría en aquellos momentos, antes que él pudiese verlo?...

Transcurrió el tiempo para don Marcelo con una desesperante lentitud. Pensó que el mensajero que había salido con el aviso para la trinchera avanzada no llegaría nunca. Apenas se fijó en las dependencias que les iba mostrando el jefe: piezas subterráneas que servían a los soldados de gabinete de aseo y desaseo, salas de baño de una instalación primitiva; una cueva con un rótulo: Café de la Victoria; otra cueva con un letrero: Teatro... Lacour se interesaba por todo esto, celebrando la alegría francesa, que ríe y canta ante el peligro. Su amigo continuaba pensando en julio.

¿Cuándo lo encontraría?

Se detuvieron junto a una ventana de ametralladora, manteniéndose, por recomendación de los militares, a ambos lados de la hendidura horizontal, ocultando el cuerpo, avanzando la cabeza prudentemente para mirar con un solo ojo. Vieron una profunda excavación y el borde opuesto del suelo. A corta distancia, varias filas de equis de madera unidas por hilos de púas que formaban un alambrado compacto.

Cien metros más allá, un segundo alambrado. Reinaba un silencio profundo, un silencio de absoluta soledad, como si el mundo estuviese dormido.

—Ahí están los boches— dijo el comandante con voz apagada.

—¿Dónde?— preguntó el senador esforzándose por ver.

Indicó el jefe el segundo alambrado, que Lacour y su amigo creían perteneciente a los franceses. Era de la trinchera alemana.

—Estamos a cien metros de ellos —continuó—; pero hace tiempo que no atacan por este lado.

Los dos experimentaron cierta emoción al pensar que el enemigo estaba a tan corta distancia, oculto en el suelo, en una invisibilidad misteriosa que aún le hacía más temible. ¡Si surgiese de pronto con la bayoneta calada, con la granada de mano, los líquidos incendiarios y las bombas asfixiantes para asaltar el reducto!... Desde esta ventana percibieron con más intensidad el tiroteo de la primera línea. Los disparos parecían aproximarse. El comandante les hizo abandonar rudamente su observatorio: temía que se generalizase el fuego, llegando hasta allí. Los soldados, sin recibir órdenes, con la prontitud de la costumbre, se habían aproximado a sus fusiles, que estaban de posición horizontal asomando por las aspilleras. Otra vez los visitantes marcharon uno tras de otro. Descendieron a cuevas que eran antiguas bodegas de casas desaparecidas. Los oficiales se habían instalado en estos antros, utilizando todos los residuos de la destrucción. Una puerta de calle sobre dos caballetes de troncos era una mesa. Las bóvedas y paredes estaban tapizadas con cretona de los almacenes de París. Fotografías de mujeres y niños adornaban las paredes entre el brillo niquelado de aparatos telegráficos y telefónicos.

Desnoyers vio sobre una puerta un Cristo de marfil amarillento por los años, tal vez por los siglos: una imagen heredada de generación en generación, que debía de haber presenciado muchas agonías... En otra cueva encontró, en lugar ostensible, una herradura de siete agujeros. Las creencias religiosas extendían sus alas con toda amplitud en este ambiente de peligro y de muerte, y al mismo tiempo adquirían nuevo valor las supersticiones más grotescas, sin que nadie osase reír de ellas.

Al salir de uno de los subterráneos, en mitad de un espacio descubierto, encontró a su hijo. Supo que era él por el gesto indicador del jefe, porque un militar avanzaba sonriente, tendiéndole las manos. El instinto de la paternidad, del que había hablado tantas veces como de algo infalible, no le avisó en la presente ocasión. ¿Cómo podía reconocer a Julio en este sargento cuyos pies eran dos bolas de tierra mojada, con un capote descolorido y de bordes deshilachados, lleno de barro hasta los hombros, oliendo a paño húmedo y a correa?... Después del primer abrazo, echó la cabeza atrás para contemplarle, sin desprenderse de él. Su palidez morena había adquirido un tono bronceado. Llevaba la barba crecida, una barba negra y rizosa. Don Marcelo se acordó de su suegro. El centauro Madariaga se reconocería indudablemente en este guerrero endurecido por la vida al aire libre. Lamentó en el primer momento su aspecto sucio y fatigado; luego volvió a encontrarlo más hermoso, más interesante que en sus épocas de gloria mundana.

—¿Qué necesitas?... ¿Qué deseas?

Su voz temblaba de ternura. Habló al combatiente tostado y robusto con la misma entonación que usaba veinte años antes, cuando se detenía ante los escaparates de Buenos Aires llevando a un niño de la mano.

—¿Quieres dinero?...

Había traído una cantidad importante para entregarla a su hijo. Pero el militar hizo un gesto de indiferencia, como si le ofreciese un juguete. Nunca había sido tan rico como en el momento presente. Tenía mucho dinero en París y no sabía qué hacer con él: de nada le servía.

—Envíeme cigarros... Son para mí y mis camaradas.

Recibía grandes paquetes de su madre llenos de víveres escogidos, de tabaco, de ropas. Pero él no guardaba nada; todo era poco para atender a sus compañeros, hijos de familias pobres o que estaban solos en el mundo. Su munificencia se había extendido desde su grupo a la compañía, y de ésta a todo el batallón. Don Marcelo adivinó su popularidad simpática en las miradas y sonrisas de los soldados que pasaban junto a ellos. Era el hijo generoso de un millonario. Y esta popularidad lo acarició a él igualmente al circular la noticia de que había llegado el padre del sargento Desnoyers, un potentado que poseía fabulosas riquezas al otro lado del mar.

—He adivinado tus deseos— continuó el viejo.

Y buscaba con la vista los sacos traídos desde el automóvil por las tortuosidades del camino subterráneo.

Todas las hazañas de su hijo ensalzadas y amplificadas por Argensola desfilaban ahora por su memoria. Tenía al héroe ante sus ojos.

—¿Estás contento?... ¿No te arrepientes de tu decisión?...

—Sí; estoy contento, papá...; muy contento.

Julio habló sin jactancias, modestamente. Su vida era dura, pero igual a la de millones de hombres. En su sección, que sólo se componía de unas docenas de soldados, los había superiores a él por la inteligencia, por sus estudios, por su carácter. Y todos sobrellevaban animosamente la ruda prueba, experimentando la satisfacción del deber cumplido. Además, el peligro en común servía para desarrollar las más nobles virtudes de los hombres. Nunca en tiempo de paz había sabido como ahora lo que era el compañerismo. ¡Qué sacrificios tan hermosos había presenciado!

—Cuando esto termine, los hombres serán mejores..., más generosos. Los que queden con vida podrán hacer grandes cosas. Sí; estaba contento. Por primera vez paladeaba el goce de considerarse útil, la convicción de que servía para algo, de que su paso por el mundo no resultaría infructuoso. Se acordaba con lástima de aquel Desnoyers que no sabía cómo ocupar el vacío de su existencia y lo rellenaba con toda clase de frivolidades. Ahora tenía obligaciones que absorbían todas sus fuerzas; colaboraba en la formación del futuro, era un hombre.

—Estoy contento— repitió.

El padre lo creía. Pero en un rincón de su mirada franca se imaginó ver algo doloroso, un recuerdo tal vez del pasado que persistía entre las emociones del presente. Cruzó por su memoria la gentil figura de la señora Laurier. Adivinó que su hijo aún se acordaba de ella. «¡Y no poder traérsela!...» El padre rígido del año anterior se contempló con asombro al formular mentalmente este deseo inmoral. Pasaron un cuarto de hora sin soltarse las manos, mirándose en los ojos. Julio preguntó por su madre y por Chichí. Recibía cartas de ellas con frecuencia, pero esto no bastaba a su curiosidad. Rió al conocer la vida amplia y abundante de Argensola. Estas noticias, que le alegraban, venían de un mundo que sólo estaba a cien kilómetros en línea recta, pero tan lejano..., ¡tan lejano! De pronto notó el padre que le oía con menos atención. Sus sentidos, aguzados por una vida de alarmas y asechanzas, parecían apartarse de allí, atraídos por el tiroteo.

Ya no eran disparos aislados. Se unían, formando un crepitamiento continuo. Apareció el senador, que se había alejado para que el padre y el hijo hablasen con más libertad.

—Nos echan de aquí, amigo mío. No tenemos suerte en nuestras visitas.

Ya no pasaban soldados. Todos habían acudido a ocupar sus puestos, como en un buque que se prepara al combate. Julio tomó su fusil, que había dejado contra el talud. En el mismo instante saltó un poco de polvo encima de la cabeza de su padre: se formó un pequeño agujero de la tierra.

—Pronto, lejos de aquí— dijo empujando a don Marcelo.

En el interior de una trinchera cubierta fue la despedida, breve, nerviosa: «Adiós, papá». Un beso y le volvió la espalda. Deseaba correr cuanto antes al lado de los suyos. Se había generalizado el fuego en toda la línea. Los soldados disparaban serenamente, como si cumpliesen una función ordinaria. Era un combate que surgía todos los días, sin saber ciertamente quién lo había iniciado, como una consecuencia del emplazamiento de dos masas armadas a corta distancia, frente a frente. El jefe del batallón abandonó a sus visitantes temiendo una intentona de ataque. Otra vez el oficial encargado de guiarlos se puso a la cabeza de la fila y empezaron a desandar el camino tortuoso y resbaladizo. El señor Desnoyers marchaba con la cabeza baja, colérico por esta intervención del enemigo que había cortado su dicha. Ante sus ojos revoloteaba la mirada de Julio, su barba negra y rizosa, que era para él la mayor novedad del viaje. Oía su voz grave de hombre que ha encontrado un nuevo sentido a la vida.

—Estoy contento, papá...; estoy contento.

El tiroteo, cada vez más lejano, le producía una dolorosa inquietud. Luego sintió una fe instintiva, absurda, firmísima. Veía a su hijo hermoso e inmortal como un dios. Tenía el presentimiento de que su vida saldría intacta de todos los peligros. Que muriesen otros era natural; pero ¡Julio!...

Mientras caminaba, alejándose de él, la esperanza parecía cantar en su oído. Y como un eco de sus gratas afirmaciones, el padre repitió mentalmente: «No hay quien lo mate. Me lo anuncia el corazón, que nunca me engaña... ¡No hay quien lo mate!»

Cuatro meses después, la confianza de don Marcelo sufrió un rudo golpe. Julio estaba herido. Pero al mismo tiempo que recibía la noticia con un retraso lamentable. Lacour le tranquilizó con sus averiguaciones en el ministerio de la Guerra. El sargento Desnoyers era subteniente, su herida estaba casi curada y gracias a las gestiones del senador vendría a pasar una quincena de convalecencia al lado de su familia.

—Un valiente, amigo mío —terminó diciendo el personaje—. He leído lo que dicen de él sus jefes. Al frente de su pelotón atacó a una compañía alemana; mató por su mano al capitán; hizo no sé cuántas hazañas más. Le han dado la Medalla Militar, lo han hecho oficial... Un verdadero héroe.

Y el padre, llorando de emoción, movía la cabeza, temblorosamente, cada vez más envejecido y más entusiasta. Se arrepintió de su falta de fe en los primeros momentos, al recibir la noticia de la herida. Casi había creído que su hijo podía morir.

¡Un absurdo!... A Julio no había quien lo matase; se lo afirmaba el corazón. Lo vio entrar un día en su casa, entre gritos y espasmos de las mujeres. La pobre doña Luisa lloraba abrazada a él, colgándose de su cuello con estertores de emoción. Chichí lo contempló grave y reflexiva, colocando la mitad de su pensamiento en el recién llegado, mientras el resto volaba lejos, en busca de otro combatiente. Las doncellas cobrizas se disputaron la abertura de un cortinaje, pasando por este hueco sus curiosas miradas de antílope.

El padre admiró el pequeño retazo de oro en las bocamangas del capotón con los faldones abrochados atrás, examinando después el casco azul oscuro de bordes planos adoptado por los franceses para la guerra de trincheras. El quepis tradicional había desaparecido. Un airoso capacete, semejante al de los arcabuceros de los tercios españoles, sombreaba el rostro de Julio. Se fijó únicamente en su barba corta y bien cuidada, distinta de la que él había visto en las trincheras. Iba limpio y acicalado por su reciente salida del hospital.

—¿No es verdad que se me parece?— dijo el viejo con orgullo.

Doña Luisa protestó, con la intransigencia que muestran las madres en materia de semejanzas.

—Siempre ha sido tu vivo retrato.

Al verlo sano y alegre, toda la familia experimentó una repentina inquietud. Deseaba examinar su herida para convencerse de que no corría ningún peligro.

—¡Si no es nada! —protestó el subteniente—. Un balazo en un hombro.

Los médicos temieron que perdiese el brazo izquierdo; pero todo ha quedado bien... No hay que acordarse.

Chichí revisó a Julio con los ojos, de pies a cabeza, descubriendo inmediatamente los detalles de su elegancia militar. El capote estaba rapado y sucio, las polainas arañadas, olía a paño sudado, a cuero, a tabaco fuerte; pero en una muñeca llevaba un reloj de platino y en la otra la medalla de identidad sujeta con una cadena de oro. Siempre había admirado al hermano por su buen gusto ingénito, y guardó en su memoria estos detalles para comunicarlos por escrito a René. Luego pensó en la conveniencia de sorprender a mamá con una demanda de empréstito para hacer por su cuenta un envío al artillero. Don Marcelo contemplaba ante él quince días de satisfacción y de gloria. El subteniente Desnoyers no pudo salir solo a la calle. El padre rondaba por el recibimiento ante el casco que se exhibía en el perchero con un fulgor molesto y glorioso. Apenas Julio lo colocaba en su cabeza, surgía su progenitor, con sombrero y bastón, dispuesto a salir igualmente.

—¿Me permites que te acompañe?... ¿No te molesto?

Lo decía con tal humildad, con un deseo vehemente de ver admitido su ruego, que el hijo no osaba repeler su acompañamiento. Para callejear con Argensola tenía que escurrirse por la escalera de servicio y valerse de otras astucias de colegial.

Nunca el señor Desnoyers había marchado tan satisfecho por las calles de París como al lado de este mocetón con su capote de gloriosa vejez y el pecho realzado por dos condecoraciones: la Cruz de Guerra y la Medalla

Militar. Era un héroe, y este héroe era su hijo. Las miradas simpáticas del público en los tranvías y en el ferrocarril subterráneo las aceptaba como un homenaje para ambos. Las ojeadas interesantes que las mujeres lanzaban al buen mozo le producían cierto cosquilleo de vanidad e inquietud. Todos los militares que encontraba, por más galones y cruces que ostentasen, le parecían emboscados indignos de compararse con Julio. Los heridos que descendían de los coches apoyándose en palos y muletas le inspiraban un sentimiento de lástima humillante para ellos. ¡Desgraciados!... No tenían la suerte de su hijo. A éste no había quien lo matase, y cuando por casualidad recibía una herida, sus vestigios se borraban acto seguido, sin detrimento de la gallardía de su persona.

Algunas veces, especialmente por la noche, mostraba una inesperada magnanimidad, dejando que Julio saliese solo. Se acordaba de su juventud triunfadora en amores, que tantos éxitos había conseguido antes de la guerra. ¡Qué no tendría ahora con su prestigio de soldado valeroso!... Paseando por su dormitorio antes de acostarse, se imaginaba al héroe en la amable compañía de una gran dama. Sólo una celebridad femenina era digna de él; su orgullo paternal no aceptaba menos... Y nunca se le podía ocurrir que Julio estaba con Argensola en un music-hall, en un cinematógrafo, gozando de las monótonas y simples diversiones de París ensombrecido por la guerra, con la simplicidad de gustos de un subteniente, y que en punto a éxitos amorosos su buena fortuna no iba más allá de la renovación de algunas amistades antiguas.

Una tarde, cuando marchaba a su lado por los Campos Elíseos, se estremeció viendo a una dama que venía en dirección contraria. Era la señora Laurier... ¿La reconocería Julio? Creyó percibir que éste se tornaba pálido, volviendo los ojos hacia otras personas con afectada distracción. Ella siguió adelante, erguida, indiferente. El viejo casi se irritó ante tal frialdad. ¡Pasar junto a su hijo sin que el instinto le avisase su presencia! ¡Ah las mujeres!... Volvió la cabeza para seguirla; pero inmediatamente tuvo que desistir de su atisbo. Había sorprendido a Margarita inmóvil detrás de ellos, con la palidez de la sorpresa, fijando una mirada profunda en el militar que se alejaba. Don Marcelo creyó leer en sus ojos la admiración, el amor, todo un pasado que resurgía de pronto en su memoria. ¡Pobre mujer!... Sintió por ella un cariño paternal, como si fuese la esposa de Julio. Su amigo Lacour había vuelto a hablarle del matrimonio Laurier. Sabía que Margarita iba a ser madre. Y el viejo, sin tener en cuenta la reconciliación de los esposos ni el paso del tiempo, se sintió emocionado por esta maternidad como si su hijo hubiese intervenido en ella.

Mientras tanto, Julio seguía marchando sin volver la cabeza, sin enterarse de esta mirada fija en su dorso, pálido y canturreando para disimular su emoción. Y nunca supo nada. Siguió creyendo que Margarita había pasado junto a él sin conocerle, pues el viejo guardó silencio. Una de las preocupaciones de don Marcelo era conseguir que su hijo relatase el encuentro de guerra en que había sido herido. No llegaba visitante a su casa para ver al subteniente sin que el viejo dejase de formular la misma petición:

—Cuéntanos cómo te hirieron... Explica cómo mataste al capitán alemán.

Julio se excusaba con visible molestia. Ya estaba harto de su propia historia. Por complacer a su padre había hecho el relato ante el senador, ante Argensola y Tchernoff en su estudio, ante otros amigos de la familia que habían venido a verlo... No podía más. Y era su padre el que acometía la narración por su propia cuenta, dándole relieve y los detalles de un hecho visto por sus propios ojos. Había que apoderarse de las ruinas de una refinería de azúcar enfrente de la trinchera. Los alemanes habían sido expulsados por el cañoneo francés. Era necesario el reconocimiento guiado por un hombre seguro. Y los jefes habían designado, como siempre, al sargento Desnoyers. Al romper el día, el pelotón había avanzado cautelosamente, sin encontrar obstáculos. Los soldados se esparcieron por las ruinas. Julio fue solo hasta el final de ellas, con el propósito de examinar las posiciones del enemigo, cuando, al dar vuelta a un ángulo de la pared, tuvo el más inesperado de los encuentros. Un capitán alemán estaba frente a él. Casi habían chocado al doblar la esquina. Se miraron en los ojos, con más sorpresa que odio, al mismo tiempo que buscaban matarse por instinto, procurando cada uno ganar al otro en velocidad. El capitán había soltado la carta del país que llevaba en las manos. Su diestra buscó el revólver, forcejeando para sacarlo de la funda., sin apartar un instante la mirada del enemigo. Luego desistió, con la convicción de que este movimiento era inútil. Demasiado tarde.. Sus ojos desmesuradamente abiertos por la proximidad de la muerte, siguieron fijos en el francés. Este se había echado el fusil a la cara. Un tiro casi a quemarropa... y el alemán cayó redondo. Sólo entonces se fijó en el ordenanza del capitán, que marchaba algunos pasos detrás de éste. El soldado disparó su fusil contra Desnoyers, hiriéndole en un hombro. Acudieron los franceses, matando al ordenanza. Luego cruzaron un vivo fuego con la compañía enemiga, que había hecho alto más allá mientras su jefe exploraba el terreno.

Julio, a pesar de la herida, continuó al frente de su sección, defendiendo la fábrica contra fuerzas superiores, hasta que al fin llegaron auxilios y el terreno quedó definitivamente en poder de los franceses.

—¿No fue así, hijo mío?— terminaba don Marcelo.

El hijo asentía, deseoso de que acabase cuanto antes un relato molesto por su persistencia. Sí; así había sido. Pero lo que ignoraba su padre, lo que él no diría nunca, era el descubrimiento que había hecho después de matar al capitán.

Los dos hombres, al mirarse frente a frente durante un segundo, mostraron en sus ojos algo más que la sorpresa del encuentro y el deseo de suprimirse. Desnoyers conocía a aquel hombre. El capitán, por su parte, le conocía a él. Lo adivinó en su gesto... Pero cada uno de ellos, con la preocupación de matar para seguir viviendo, no podía reunir sus recuerdos.

Desnoyers hizo fuego con la seguridad de que mataba a una persona conocida. Luego, mientras dirigía la defensa de la posición, aguardando la llegada de refuerzos, se le ocurrió la sospecha de que aquel enemigo cuyo cadáver estaba a poca distancia podía ser un individuo de su familia, uno de los Hartrott. Parecía, sin embargo, más viejo que sus primos y mucho más joven que su tío Karl. Este, con sus años, no iba a figurar como simple capitán de Infantería. Cuando, debilitado por la pérdida de sangre, pudo ser conducido a las trincheras, el sargento quiso ver el cuerpo de su enemigo. Sus dudas continuaron ante la faz empalidecida por la muerte. Los ojos abiertos parecían guardar aún la impresión de la sorpresa. Aquel hombre lo conocía indudablemente; él también conocía aquella cara.

¿Quién era?... De pronto, con su imaginación vio el mar, y vio un gran buque, una mujer alta y rubia que lo miraba con los ojos entornados, un hombre fornido y bigotudo que hacía discursos imitando el estilo de su emperador. «Descansa en paz, capitán Erckmann». Así habían venido a terminar, en un rincón de Francia, las discusiones entabladas en medio del Océano.

Se disculpó mentalmente, como si estuviese en presencia de la dulce Berta. Había tenido que matar para que no lo matasen. Así es la guerra. Intentó consolarse pensando que Erckmann tal vez había caído sin identificarle, sin saber que su matador era el compañero de viaje de meses antes... Y guardó el secreto en lo más profundo de su memoria este encuentro preparado por la fatalidad. Se abstuvo de comunicarlo a su amigo Argensola, que conocía los incidentes de la travesía atlántica.

Cuando menos lo esperaba, don Marcelo se encontró al final de aquella existencia de alegría y orgullo que le había proporcionado la presencia de su hijo. Quince días transcurren pronto. El subteniente se marchó, y toda la familia, después de este período de realidades, tuvo que volver a las caricias engañosas de la ilusión y la esperanza, aguardando la llegada de las cartas, haciendo conjeturas sobre el silencio del ausente, enviándole paquete tras paquete con todo lo que el comercio ofrecía para los militares: cosas útiles y absurdas. La madre cayó en un gran desaliento. El viaje de Julio había servido para hacerle sentir, con más intensidad, su ausencia. Viéndole, escuchando aquellos relatos de muerte que el padre se complacía en repetir, se dio mejor cuenta de los peligros que rodeaban a su hijo. La fatalidad parecía avisarla con fúnebres presentimientos.

—Lo van a matar —decía a su marido—. Esa herida es un aviso del cielo.

Al salir a la calle temblaba de emoción ante los soldados inválidos. Los convalecientes de aspecto enérgico próximos a volver al frente, aún le inspiraban mayor lástima. Se acordó de un viaje a San Sebastián con su esposo, de una corrida de toros que le había hecho gritar de indignación y lástima, apiadada de la suerte de los pobres caballos.

Quedaban las entrañas colgando y eran sometidos en los corrales a una rápida cura, para volver a salir a la arena enardecidos por falsas energías.

Repetidas veces aguantaban esta recomposición macabra, hasta que al fin llegaba la última cornada, la definitiva... Los hombres recién curados evocaban en ella la imagen de las pobres bestias. Algunos habían sido heridos tres veces desde el principio de la guerra y volvían remendados y galvanizados a someterse a la lotería de la suerte, siempre en espera del golpe supremo... ¡Ay su hijo! Se indignaba Desnoyers oyendo a su esposa.

—Pero ¡si a Julio no hay quien lo mate!... Es mi hijo. Yo he pasado en mi juventud por terribles peligros. También me hirieron en las guerras del otro mundo, y, sin embargo, aquí me tienes cargado de años. Los sucesos se encargaban de robustecer su fe ciega. Llovían desgracias en torno de la familia, entristeciendo a sus allegados, y ni una sola rozaba al intrépido subteniente, que insistía en sus hazañas con un desenfado de mosquetero.

Doña Luisa recibió una carta de Alemania. Su hermana le escribía desde Berlín, valiéndose de un Consulado sudamericano en Suiza. Esta vez la señora Desnoyers lloró por alguien que no era su hijo: lloró por Elena y por los enemigos. En Alemania también había madres, y ella colocaba el sentimiento de la maternidad por encima de todas las diferencias raciales y patrióticas.

¡Pobre señora von Hartrott! Su carta, escrita un mes antes, sólo contenía fúnebres noticias y palabras de desesperación. El capitán Otto había muerto. Muerto también uno de sus hermanos menores. Este, al menos, ofrecía a la madre el consuelo de haber caído en un territorio dominado por los suyos. Podía llorar junto a su tumba. El otro estaba enterrado en suelo francés; nadie sabía dónde. Jamás descubriría ella sus restos, confundidos con centenares de cadáveres; ignoraría eternamente dónde se consumía este cuerpo salido de sus entrañas... Un tercer hijo estaba herido en Polonia. Sus dos hijas habían perdido a sus prometidos, y la desesperaban con su mudo dolor. Von Hartrott seguía presidiendo sociedades patrióticas, y hacía planes de engrandecimiento sobre la próxima victoria, pero había envejecido mucho en los últimos meses. El sabio era el único que se mantenía firme. Las desgracias de la familia recrudecían la ferocidad del profesor Julius von Hartrott. Calculaba, para un libro que estaba escribiendo, los centenares de miles de millones que Alemania debía exigir después de su triunfo y las partes de Europa que necesitaba hacer suyas...

La señora Desnoyers creyó escuchar desde la avenida de Víctor Hugo aquel llanto de la madre que corría silencioso en una casa de Berlín. «Comprenderás mi desesperación, Luisa... ¡Tan felices que éramos! ¡Que Dios castigue a los que han hecho caer sobre el mundo tantas desgracias! El emperador es inocente. Sus enemigos tienen la culpa de todo...» Don Marcelo callaba en presencia de su esposa. Compadecía a Elena por su infortunio, pasándose por alto las afirmaciones políticas de la carta. Se enterneció, además, al ver cómo lloraba doña Luisa a su sobrino Otto. Había sido su madrina de bautizo, y Desnoyers, su padrino. Era verdad: don Marcelo lo había olvidado. Vio con la imaginación la plácida vida de la estancia, los juegos de la chiquillería rubia, que él acariciaba a espaldas del abuelo, antes que naciese Julio. Durante unos años había dedicado a sus sobrinos todo su amor, desorientado por la tardanza de un hijo propio. De buena fe se conmovió al pensar en la desesperación de Karl. Pero luego, al verse solo, una frialdad egoísta borraba estos sentimientos. La guerra era la guerra, y los otros la habían buscado.

Francia debía defenderse, y cuantos más enemigos cayesen, mejor... Lo único que debía interesarle a él era Julio. Y su fe en los destinos del hijo le hizo experimentar una alegría brutal, una satisfacción de padre cariñoso hasta la ferocidad.

—A ése no hay quien lo mate... Me lo dice el corazón.

Otra desgracia más próxima quebrantó su calma. Un anochecer, al regresar a la avenida de Víctor Hugo, encontró a doña Luisa con aspecto de terror llevándose las manos a la cabeza..

—La niña, Marcelo... ¡La niña!

Chichí estaba en el salón tendida en un sofá, pálida, con una blancura verdosa, mirando ante ella fijamente, como si viese a alguien en el vacío. No lloraba; sólo un ligero brillo de nácar hacía temblar sus ojos redondeados por el espanto.

—¡Quiero verlo! —dijo con voz ronca—. ¡Necesito verlo!

El padre adivinó que algo terrible le había ocurrido al hijo de Lacour. Únicamente por esto podía mostrar Chichí tal desesperación. Su esposa le fue relatando la triste noticia. René estaba herido, gravemente herido. Un proyectil había estallado sobre su batería, matando a muchos de sus compañeros. El oficial había sido extraído de un montón de cadáveres: le faltaba una mano, tenía heridas en las piernas, en el tronco, en la cabeza.

—¡Quiero verlo!— repetía Chichí.

Y don Marcelo tuvo que hacer grandes esfuerzos para que su hija desistiese de esta testarudez dolorosa que la impulsaba a exigir un viaje inmediato al frente, atropellando obstáculos, hasta llegar al lado del herido. El senador acabó por convencerla. Había que esperar; él, que era su padre, tenía que resignarse. Estaba gestionando que René fuese trasladado a un hospital de París. El gran hombre inspiró lástima a Desnoyers. Hacía esfuerzos por conservar su serenidad estoica de padre a estilo antiguo, recordaba a sus ascendientes gloriosos y a todas las figuras heroicas de la República romana. Pero estas ilusiones de orador se desplomaban de pronto, y su amigo le sorprendió llorando más de una vez. ¡Un hijo único, y podía perderlo!... El mutismo de Chichí le inspiraba aún mayor conmiseración. No lloraba: su dolor era sin lágrimas, sin desmayos. La palidez verdosa de su rostro, el brillo de fiebre de sus ojos, una rigidez que la hacía marchar como un autómata, eran los únicos signos de su emoción. Vivía con el pensamiento alejado, sin darse cuenta de lo que la rodeaba. Cuando el herido llegó a París, ella y el senador se transfiguraron. Iban a verlo, y esto bastó para que se imaginasen que ya se había salvado. La novia corrió al hospital con su futuro suegro y su madre. Luego fue sola, quiso quedarse allí, vivir al lado del herido, declarando la guerra a todos los reglamentos, chocando con monjas y enfermeras, que le inspiraban un odio de rivalidad. Pero al ver el escaso resultado de sus violencias, se empequeñeció, se hizo humilde, pretendiendo ganar con sus gracias una a una a todas las mujeres. Al fin consiguió pasar gran parte del día junto a René.

Desnoyers tuvo que retener sus lágrimas al contemplar al artillero en la cama...

¡Ay! ¡Así podía verse su hijo!... Le pareció una momia egipcia, a causa de su envoltura de apretados vendajes. Los cascos de obús le habían acribillado. Sólo pudo ver unos ojos dulces y un bigotillo rubio asomando entre las tiras blancas. El pobre sonreía a Chichí, que velaba junto a él con cierta autoridad, como si estuviese en su casa.

Transcurrieron dos meses. René se mejoró; ya estaba casi restablecido. Su novia había dudado de esta curación desde que la dejaron permanecer junto a él.

—A mí no se me muere quien yo quiera —decía con una fe semejante a la de su padre—. ¡A cualquier hora permito que los boches me dejen sin marido!

Conservaba a su soldadito de azúcar, pero en un estado lamentable...

Nunca don Marcelo se dió cuenta del horror de la guerra como al ver entrar en su casa a este convaleciente que había conocido meses antes fino y esbelto, con una belleza delicada y algo femenil. Tenía el rostro surcado por varias cicatrices, que formaban un arabesco violáceo. Su cuerpo guardaba ocultas otras semejantes. La mano izquierda había desaparecido con un parte del antebrazo. La manga colgaba sobre el vacío doloroso del miembro ausente; la otra mano se apoyaba en un bastón, auxilio necesario para poder mover una pierna que no quería recobrar su elasticidad.

Pero Chichí estaba contenta. Veía a su soldadito con más entusiasmo que nunca: un poco deformado, pero muy interesante. Ella, seguida de su madre, acompañaba al herido para que pasease por el Bosque. Sus miradas se volvían fulminante cuando, al atravesar una calle, automovilistas y cocheros no retenían su carrera para dejar paso al inválido... «¿Emboscados sin vergüenza?...» Sentía la misma alma iracunda de las mujeres del pueblo que en otros tiempos insultaban a René viéndolo sano y feliz. Temblaba de satisfacción y orgullo al devolver el saludo a sus amigas. Sus ojos hablaban: «Sí; ése es mi novio... Un héroe». Le preocupaba la Cruz de Guerra puesta en el pecho de la blusa horizonte.

Sus manos cuidaban de su arreglo para que se destacase con mayor visualidad. Se ocupaba en prolongar la vida de su uniforme, siempre el mismo, el viejo, el que llevaba en el momento de ser herido. Uno nuevo le daría cierto aire de militar oficinesco, de los que se quedaban en París.

En vano René, cada vez más fuerte, quería emanciparse de sus cuidados dominadores. Era inútil que intentase marchar con ligereza y soltura.

—Apóyate en mí.

Y tenía que tomar el brazo de su novia. Todos los planes de ella para el futuro se basaban en la fiereza con que protegería a su marido, en los cuidados que iba a dedicar a su debilidad.

—¿Mi pobre invalidito! —decía con susurro amoroso—. ¡Tan feo y tan inútil que me lo han dejado esos pillos!... Pero, por suerte, me tiene a mí, que le adoro..... Nada importa que te falte una mano; yo te cuidaré. Serás mi hijito. Vas ver, cuando nos casemos, con qué regalo vives, cómo te llevaré de elegante y acicalado... Pero ¡ojo con las otras! Mira que a la primera que me hagas, invalidito, te dejo abandonado a tu inutilidad.

Desnoyers y el senador también se ocupaban del futuro de ellos, pero de un modo más positivo. Había que realizar el matrimonio cuanto antes. ¿Qué esperaban?... La guerra no era un obstáculo. Se efectuaban más casamientos que nunca, en el secreto de la intimidad. El tiempo no era de fiestas.

Y René Lacour se quedó para siempre en la casa de la avenida de Víctor Hugo después de la ceremonia nupcial, presenciada por una docena de personas.

Don Marcelo había soñado otras cosas para su hija: una boda ruidosa, de la que hablasen largamente los periódicos; un yerno de brillante porvenir...

Pero, ¡ay!, la guerra... Todos veían destruidas a aquellas horas algunas de sus ilusiones.

Se consoló apreciando su situación. ¿Qué le faltaba? Chichí era feliz, con una alegría egoísta y ruidosa que dejaba en olvido todo lo que no fuese su amor. Sus negocios no podían resultar mejores. Después de la crisis de los primeros momentos, las necesidades de los beligerantes arrebataban los productos de sus estancias. Jamás había alcanzado la carne precios tan altos. El dinero afluía a él con más ímpetu que antes y los gastos de su vida habían disminuido... Julio estaba en peligro de muerte; pero él tenía la convicción de que nada malo podía ocurrirle. Su única preocupación era permanecer tranquilo, evitándose las emociones fuertes. Experimentaba cierta alarma al considerar la frecuencia con que se sucedían en parís los fallecimientos de personas conocidas: políticos, artistas, escritores. Todos los días caía alguien de cierto nombre. La guerra no sólo mataba en el frente. Sus emociones volaban como flechas por las ciudades tumbando a los quebrantados, a los débiles, que en tiempo normal habrían prolongado su existencia.

«¡Atención, Marcelo! —se decía con un regocijo egoísta—. Mucha alma.

Hay que evitar a los cuatro jinetes del amigo Tchernoff». Pasó una tarde en el estudio conversando con éste y Argensola de las noticias que publicaban los periódicos. Se había iniciado una ofensiva de los franceses en Champaña, con grandes avances y muchos prisioneros.

Desnoyers pensó en la pérdida de vidas que esto podía representar. Pero la suerte de Julio no le hizo sentir ninguna inquietud. Su hijo no estaba en aquella parte del frente. El día anterior había recibido una carta de él fechada una semana antes; pero casi todas llegaban con igual retraso. El subteniente Desnoyers se mostraba animoso y alegre. Lo iban a ascender de un momento a otro; figuraba entre los propuestos para la Legión de Honor. Don Marcelo se veía en lo futuro padre de un general joven, como los de la Revolución. Contempló los bocetos en torno de él, admirándose de que la guerra hubiese torcido de un modo tan extraordinario la carrera de su hijo. Al volver a su casa se cruzó con Margarita Laurier, que iba vestida de luto. El senador le había hablado de ella pocos días antes. Su hermano el artillero acababa de morir en Verdun.

«¡Cuántos caen! —se dijo—. ¡Cómo estará su pobre madre!» Pero inmediatamente sonrió al recordar a los que nacían. Nunca se había preocupado la gente como ahora de acelerar la reproducción. La misma señora Laurier ostentaba con orgullo la redondez de su maternidad, que había llegado a los mayores extremos visibles. Sus ojos acariciaron el volumen vital que se delataba bajo los velos del luto. Otra vez pensó en Julio, sin tener en cuenta el curso del tiempo. Sintió la atracción de la criatura futura, como si tuviese con ella algún parentesco; se prometió ayudar generosamente al hijo de los Lauriers si alguna vez lo encontraba en la vida. Al entrar en su casa, doña Luisa le salió al paso para manifestarle que Lacour le estaba esperando.

—Vamos a ver qué cuenta nuestro ilustre consuegro— dijo alegremente.

La buena señora estaba inquieta. Se había alarmado, sin saber por qué, ante el gesto solemne del senador, con ese instinto femenil que perfora las precauciones de los hombres, adivinando lo que hay oculto detrás de ellas. Había visto, además, que René y su padre hablaban en voz baja, con una emoción contenida.

Rondó con irresistible curiosidad por las inmediaciones del despacho, esperando oír algo. Pero su espera no fue larga. De repente, un grito..., un alarido..., una voz como sólo puede emitirla un cuerpo al que se le escapan las fuerzas. Y doña Luisa entró a tiempo para sostener a su marido, que se venía al suelo.

El senador se excusaba, confuso, ante los muebles, ante las paredes, volviendo la espalda en su aturdimiento al cabizbajo René, que era el único que podía oírle.

—No me ha dejado terminar... Ha adivinado desde la primera palabras...

Chichí se presentó, atraída por el grito, para ver cómo su padre se escapaba de los brazos de su esposa, cayendo en un sofá, rodando luego por el suelo, con los ojos vidriosos y salientes, con la boca contraída, llorando espuma.

Un lamento se extendió por las lujosas habitaciones, un quejido, siempre el mismo, que pasaba por debajo de las puertas hasta la escalera majestuosa y solitaria.

—¡Oh Julio!... ¡Oh hijo mío!...

V. CAMPOS DE MUERTE

Iba avanzando el automóvil lentamente, bajo el cielo lívido de una mañana de invierno.

Temblaba el suelo a lo lejos con blancas palpitaciones semejantes al aleteo de una banda de mariposas posadas en unos surcos. Sobre unos campos el enjambre era denso, en otros formaba pequeños grupos. Al aproximarse el vehículo, las blancas mariposas se animaban con nuevos colores. Un ala se volvía azul, otra encarnada... Eran pequeñas banderas, a cientos, a miles, que se estremecían día y noche con la tibia brisa impregnada del sol, con el huracán acuoso de las mañanas pálidas, con el frío mordiente de las noches interminables. La lluvia había lavado y relavado sus colores, debilitándolos. Las telas inquietas tenían sus bordes roídos por la humedad. Otras estaban quemadas por el sol, como insectos que acabasen de rozar el fuego.

Las banderas dejaban entrever con las palpitaciones de su temblor leños negros que eran cruces. Sobre estos maderos aparecían quepis oscuros, gorros rojos, cascos rematados por cabellera de crines que se pudrían lentamente, llorando lágrimas atmosféricas por todas sus puntas

—¡Cuánto muerto!— suspiró en el interior del automóvil la voz de don Marcelo. Y René, que iba enfrente de él, movió la cabeza con triste asentimiento.

Doña Luisa miraba la fúnebre llanura, mientras sus labios se estremecían levemente con un rezo continuo. Chichí volvía a un lado y a otro sus ojos agrandados por el asombro. Parecía más grande, más fuerte, a pesar de la palidez verdosa que decoloraba su rostro. Las dos señoras iban vestidas de luto, con luengos velos. De luto también el padre, hundido en su asiento, con aspecto de ruina, las piernas cuidadosamente envueltas en una manta de pieles. René conservaba su uniforme de campaña, llevando sobre él un corto impermeable de automovilista. A pesar de sus heridas, no había querido retirarse del Ejército. Estaba agregado a una oficina técnica hasta la terminación de la guerra.

La familia Desnoyers iba a cumplir su deseo. Al recobrar sus sentidos después de la noticia fatal, el padre había concentrado toda su voluntad en una petición:

—Necesito verlo... ¡Oh mi hijo!... ¡Mi hijo!

Inútilmente el senador le demostró la imposibilidad de este viaje. Se estaban batiendo todavía en la zona donde había caído Julio. Más adelante tal vez fuese posible la visita. «Quiero verlo», insistió el viejo. Necesitaba contemplar la tumba del hijo antes de morir él a su vez. Y Lacour tuvo que esforzarse durante cuatro meses, formulando súplicas y forzando resistencias, para conseguir que don Marcelo pudiese realizar este viaje.

Un automóvil militar se llevó, al fin, una mañana a todos los de la familia

Desnoyers. El senador no pudo ir con ellos. Circulaban rumores de una próxima modificación ministerial, y él debía mostrarse en la Alta Cámara, por si la República reclamaba sus servicios un tanto menospreciados.

Pasaron la noche en una ciudad de provincia, donde estaba la Comandancia de un

Cuerpo de ejército. René tomó informes de los oficiales que habían presenciado el gran combate. Con el mapa a la vista fue siguiendo sus explicaciones, hasta conocer la sección de terreno en que se había movido el regimiento de Julio.

A la mañana siguiente reanudaron el viaje. Un soldado que había tomado parte en la batalla les servía de guía, sentado en el pescante al lado del chófer. René consultaba de cuando en cuando el mapa extendido sobre sus rodillas y hacía preguntas al soldado. El regimiento de éste se había batido junto al de Desnoyers, pero no podía recordar con exactitud los lugares pisados por él meses antes. El campo había sufrido transformaciones. Presentaba un aspecto distinto de cuando lo vio cubierto de hombres, entre las peripecias del combate. La soledad le desorientaba... Y el automóvil fue avanzando con lentitud, sin más norte que los grupos de sepulturas, siguiendo la carretera central, lisa y blanca, metiéndose por los caminos transversales; zanjas tortuosas, barrizales de relejes profundos, en los que daba grandes saltos que hacían chillar sus muelles.. A veces seguía a campo traviesa, de un grupo de cruces a otro, aplastando con la huella de sus neumáticos los surcos abiertos por la labranza. Tumbas..., tumbas por todos lados. Las blancas langostas de la muerte cubrían el paisaje. No quedaba un rincón libre de este aleteo glorioso y fúnebre. La tierra gris recién abierta por el arado, los caminos amarillentos, las arboledas oscuras, todo palpitaba con una ondulación incansable. El suelo parecía gritar; sus palabras eran las vibraciones de las inquietas banderas. Y los miles de gritos, con una melopea recomenzada incesantemente a través de los días y las noches, cantaban el choque monstruoso que había presenciado esta tierra y del cual guardaba todavía un escalofrío trágico.

—Muertos..., muertos —murmuraba Chichí siguiendo con la vista la fila de cruces que se deslizaba por los flancos del automóvil en incesante renovación.

—¡Señor, por ellos!... ¡Por sus madres!— gemía doña Luisa reanudando su rezo. Aquí se había desarrollado lo más terrible del combate, la pelea a uso antiguo, el

choque cuerpo a cuerpo, fuera de las trincheras, a la bayoneta, con la culata, con los puños, con los dientes. El guía, que empezaba a orientarse, iba señalando diversos puntos del horizonte solitario. Allí estaban los tiradores africanos; más acá, los cazadores.

Las grandes agrupaciones de tumbas eran de soldados de línea que habían cargado a la bayoneta por los lados del camino. Se detuvo el automóvil. René bajó detrás del soldado para examinar las inscripciones de unas cruces. Tal vez procedían estos muertos del regimiento que buscaban. Chichí bajó también maquinalmente, con el irresistible deseo de proteger a su marido. Cada sepultura guardaba varios hombres. El número de cadáveres podía contarse por los quepis o los cascos que se pudrían y oxidaban adheridos a los brazos de la cruz. Las hormigas formaban rosario sobre las prendas militares, perforadas por agujeros de putrefacción, y que ostentaban aún la cifra del regimiento. Las coronas con que había adornado la piedad patriótica algunos de estos sepulcros se ennegrecían y deshojaban. En unas cruces los nombres de los muertos eran todavía claros; en otras, empezaban a borrarse y dentro de poco serían ilegibles.

«¡La muerte heroica!... ¡La gloria!», pensaba Chichí con tristeza. Ni el nombre siquiera iba a sobrevivir de la mayor parte de estos hombres vigorosos desaparecidos en plena juventud. Sólo quedaría de ellos el recuerdo que asaltase de tarde en tarde a una campesina vieja guiando su vaca por un camino de Francia y que le haría murmurar entre suspiros: «¡Mi pequeño!... ¿Dónde estará enterrado mi pequeño?» Sólo viviría en la mujer del pueblo, vestida de luto, que no sabe cómo resolver el problema de su existencia; en los niños que al ir a la escuela con blusas negras, dirían con una voluntad feroz: «Cuando yo sea grande iré a matar boches para vengar a mi padre».

Y doña Luisa, inmóvil en su asiento, siguiendo con la mirada el paso de Chichí entre las tumbas, volvía a interrumpir su rezo:

—¡Señor, por las madres sin hijos..., por los pequeños sin padre..., porque tu cólera nos olvide y tu sonrisa vuelva a nosotros!

El marido, caído en su asiento, miraba también el campo fúnebre. Pero sus ojos se fijaban en unas tumbas sin coronas ni banderas, simples cruces con una tablilla de breve inscripción. Eran sepulturas alemanas, que parecían formar página aparte en el libro de la muerte. A un lado, en las innumerables tumbas francesas, inscripciones de poca cuantía, números simples: uno, dos, tres muertos. Al otro lado, en las sepulturas espaciadas y sin adornos, partidas fuertes, guarismos abultados, cifras de un laconismo aterrador. Cercas de palos, largas y estrechas, limitaban estas zanjas rellenas de carne. La tierra blanqueada como si tuviese nieve o salitre. Era la cal revuelta con los terrones. La cruz llevaba en su tablilla la indicación de que la tumba contenía alemanes, y a continuación un número: 200... 300..., 400...

Estas cifras obligaban a Desnoyers a realizar un esfuerzo imaginativo. Se decían prontamente, pero no era fácil evocar con exactitud la visión de trescientos muertos juntos, trescientos envoltorios de carne humana lívida y sangrienta, los correajes rotos, el casco abollado, las notas terminadas en bolas de fango, oliendo a tejidos rígidos en los que se inicia la descomposición, con los ojos vidriosos y tenaces, con el rictus del supremo misterio, alineándose en capas, lo mismo que si fuesen ladrillos, en el fondo de un zanjón que va a cerrarse para siempre... Y este fúnebre alineamiento se repetía a trechos por toda la inmensidad de la llanura.

Don Marcelo sintió una alegría feroz. Su paternidad doliente experimentaba el consuelo fugitivo de la venganza. Julio había muerto, y él iba a morir también, no pudiendo sobrellevar su desgracia; pero

¡cuántos enemigos consumiéndose en estos pudrideros, que dejaban en el mundo seres amados que los recordasen, como él recordaba a su hijo!... Se los imaginó tal como debían ser antes del momento de su muerte, tal como él los había visto en los avances de la invasión en torno de su castillo.

Algunos de ellos, los más ilustrados y temibles, ostentaban en el rostro las teatrales cicatrices de los duelos universitarios. Eran soldados que llevaban libros en la mochila, y después del fusilamiento de un lote de campesinos o del saqueo de una aldea se dedicaban a leer poetas y filósofos al resplandor de los incendios. Hinchados de ciencia con la hinchazón del sapo, orgullosos de su intelectualidad pedantesca y suficiente, habían heredado la dialéctica pesada y tortuosa de los antiguos teólogos. Hijos del sofisma y nietos de la mentira, se consideraban capaces de probar los mayores absurdos con las cabriolas mentales a que los tenía acostumbrados su acrobatismo intelectual. El método favorito de la tesis, la antítesis y la síntesis lo empleaban para demostrar que Alemania debía ser señora del mundo; que Bélgica era la culpable de su ruina por haberse defendido; que la felicidad consiste en vivir todos los humanos regimentados a la prusiana, sin que se pierda ningún esfuerzo; que el supremo ideal de la existencia consiste en el establo limpio y el pesebre lleno; que la libertad y la justicia no representan más que ilusiones del romanticismo revolucionario francés; que todo hecho consumado resulta santo desde el momento que triunfa, y el derecho es simplemente un derivado de la fuerza. Estos intelectuales con fusil se consideran los paladines de una cruzada civilizadora. Querían que triunfase definitivamente el hombre rubio sobre el moreno; deseaban esclavizar al despreciable hombre del Sur, consiguiendo para siempre que el mundo fuese dirigido por los germanos, la sal de la Tierra, la aristocracia de la Humanidad. Todo lo que en la historia valía algo era alemán. Los antiguos griegos habían sido de origen germánico; alemanes también los grandes artistas del Renacimiento italiano. Los hombres del Mediterráneo, con la maldad propia de su origen habían falsificado la Historia.

Pero en lo mejor de estos ensueños ambiciosos, el cruzado del pangermanismo recibía un balazo del latino despreciable, bajando a la tumba con todos sus orgullos.

«Bien estás donde estás, pedante belicoso», pensaba Desnoyers, acordándose de las conversaciones con su amigo el ruso. ¡Lástima que no estuviesen allí también todos los Herr Professor que se habían quedado en las universidades alemanas, sabios de indiscutible habilidad en su mayor parte para desmarcar los productos intelectuales, cambiando la terminología de las cosas! Estos hombres de barba fluvial y antiparras de oro, pacíficos conejos del laboratorio y de la cátedra, habían preparado la guerra presente con sus sofismas y su orgullo. Su culpabilidad era mayor que la del Herr Lieutenant de apretado corsé y reluciente monóculo, que al desear la lucha y la matanza no hacía más que seguir sus aficiones profesionales.

Mientras el soldado alemán de baja clase pillaba lo que podía y fusilaba ebrio lo que le saltaba al paso, el estudiante guerrero leía en el vivac a Hegel y Nietzsche. Era demasiado culto para ejecutar con sus manos estos actos de justicia histórica. Pero él y sus profesores habían excitado todos los malos instintos de la bestia germánica, dándoles un barniz de justificación científica. «Sigue en tu sepulcro, intelectual peligroso», continuaba Desnoyers mentalmente.

Los marroquíes feroces, los negros de mentalidad infantil, los indostánicos tétricos, le parecían más respetables que todas las togas de armiño que desfilaban orgullosas y guerreras por los claustros de las universidades alemanas. ¡Qué tranquilidad para el mundo si desapareciesen sus portadores! Ante la barbarie refinada, fría y modesta del sabio ambicioso, prefería la barbarie pueril y modesta del salvaje: le molestaba menos, y además no era hipócrita. Por esto los únicos enemigos que le inspiraban conmiseración eran los soldados oscuros de pocas letras que se pudrían en aquellas tumbas. Habían sido rústicos del campo, obreros de fábricas, dependientes de comercio, alemanes glotones, de intestino inconmensurable, que veían en la guerra una ocasión de satisfacer sus apetitos, de mandar y pegar a alguien, después de pasar la vida en su país obedeciendo y recibiendo patadas.

La historia de su patria no era más que una serie de correrías hacia el Sur, semejante a los malones de los indios, para apoderarse de los bienes de los hombres que viven en las orillas templadas del Mediterráneo. Los Herr Professor habían demostrado que estas expediciones de saqueo representaban un trabajo de alta civilización. Y el alemán marchaba adelante, con el entusiasmo de un buen padre que se sacrifica por conquistar el pan de los suyos. Centenares de miles de cartas escritas por familias con manos temblorosas seguían a la gran horda germánica en sus avances a través de las tierras invadidas. Desnoyers había oído la lectura de algunas de ellas, a la caída de la tarde, ante su castillo arruinado. Eran papeles encontrados en los bolsillos de muertos y prisioneros. «No tengan misericordia con los pantalones rojos. Mata welches: no perdones a los pequeños...» «Procura apoderarte de un piano...» «Me gustaría un buen reloj». «Nuestro vecino el capitán ha enviado a su esposa un collar de perlas ¡Y tú sólo envías cosas insignificantes!» Avanzaba heroicamente el virtuoso germano, con el doble deseo de engrandecer a su país y hacer valiosos envíos a los hijos. «¡Alemania sobre el mundo!» Pero en lo mejor de sus ilusiones caía en la fosa revuelto con otros camaradas que acariciaban los mismos ensueños.

Desnoyers se imaginó la impaciencia, al otro lado del Rin, de las piadosas mujeres que esperaban y esperaban. Las listas de muertos no habían dicho nada tal vez de los ausentes. Y las cartas seguían partiendo hacia las líneas alemanas: unas cartas que nunca recibiría el destinatario. «Contesta. Cuando no escribes es tal vez porque nos preparas una buena sorpresa. No olvides el collar. Envíanos un piano. Un armario tallado de comedor me gustaría mucho. Los franceses tienen cosas hermosas...» La cruz escueta permanecía inmóvil sobre la tierra blanca de cal. Cerca de ella aleteaban las banderas. Se movían a un lado y a otro, como una cabeza que protesta, sonriendo irónicamente. ¡No!... ¡No!...

Siguió avanzando el automóvil. El guía señalaba ahora un grupo lejano de tumbas. Allí era indudablemente donde se había batido el regimiento. Y el vehículo salió del camino, hundiendo sus ruedas en la tierra removida, teniendo que hacer grandes rodeos para evitar los sepulcros esparcidos caprichosamente por los azares del combate. Casi todos los campos estaban arados. El trabajo del hombre se extendía de tumba en tumba, haciéndose más visible así como la mañana iba repeliendo su envoltura de nieblas.

Bajo los últimos soles del invierno empezaba a sonreír la Naturaleza, ciega, sorda, insensible, que ignora nuestra existencia y acoge indiferente en sus entrañas lo mismo a un pobre animalillo humano que a un millón de cadáveres.

Las fuentes guardaban todavía sus barbas de hielo; la tierra se desmenuzaba bajo el pie con un crujido de cristal; las charcas tenían arrugas inmóviles; los árboles, negros y dormidos, conservaban sobre el tronco la camisa de verde metálico con que los había vestido el invierno; las entrañas del suelo respiraban un frío absoluto y feroz, semejante al de los planetas apagados y muertos... Pero ya la primavera se había ceñido su armadura de flores en los palacios del trópico, ensillando el verde corcel, que relinchaba con impaciencia: pronto correría los campos, llevando ante su galope en desordenada fuga a los negros trasgos invernales, mientras a su espalda flotaba la suelta melena de oro como una estela de perfumes. Anunciaban su llegada las hierbas de los caminos cubriéndose de minúsculos botones. Los pájaros se atrevían a salir de sus refugios para aletear entre los cuervos que graznaban de cólera junto a las tumbas cerradas. El paisaje iba tomando bajo el sol una sonrisa falsamente pueril, un gesto de niño que mira con ojos cándidos, mientras sus bolsillos están repletos de cosas robadas.

El labriego tenía arado el bancal y relleno de semilla el surco. Podían los hombres seguir matándose; la tierra nada tiene que ver con sus odios, y no por ellos va a interrumpirse el curso de su vida. La reja había abierto sus renglones rectos e inflexibles, como todos los años, borrando el pateo de hombres y bestias, los profundos relejes de los cañones. Nada desorientaba su testarudez laboriosa. Los embudos abiertos por las bombas los había rellenado. Algunas veces, el triángulo de acero tropezaba con obstáculos subterráneos: un muerto anónimo y sin tumba. El férreo arañazo seguía adelante, sin piedad para lo que no se ve. De tarde en tarde se detenía ante obstáculos menos blandos. Eran proyectiles hundidos en el suelo y sin estallar.

Desenterraba el campesino el aparato de muerte, que, a veces, con tardía maldad hacía explosión entre sus manos... Pero el hombre de la tierra no conoce el miedo cuando va a buscar el sustento, y continuaba su avance rectilíneo, torciendo únicamente al llegar junto a una tumba visible. Los surcos se apartaban piadosamente, rodeando con su pequeño oleaje, como si fuesen islas, a estos pedazos de suelo rematados por banderas o cruces. El terrón hundido en una boca lívida guardaba en sus entrañas los gérmenes creadores de un pan futuro. Las semillas, como pulpos en gestación, se preparaban a extender los tentáculos de sus raíces hasta los cráneos que pocos meses antes contenían gloriosas esperanzas o monstruosas ambiciones. La vida iba a renovarse una vez más.

El automóvil se detuvo. Corrió el guía entre las cruces, inclinándose para descifrar sus borrosas inscripciones.

—¡Aquí es!

Había encontrado en una sepultura el número del regimiento. Saltaron con prontitud fuera del vehículo Chichí y su marido. Luego descendió doña Luisa con una rigidez dolorosa, contrayendo el rostro para ocultar sus lágrimas. Finalmente, los tres se decidieron a ayudar al padre que había repelido su envoltorio de pieles. ¡Pobre señor Desnoyers! Al tocar el suelo vaciló sobre sus piernas, luego fue avanzando trabajosamente, moviendo los pies con dificultad, hundiendo su bastón en los surcos.

—Apóyate, mi viejo— dijo la esposa ofreciéndole un brazo.

El autoritario jefe de familia no podía moverse ahora sin la protección de los suyos.

Se inició la marcha entre las tumbas, lenta, penosa. Exploraba el guía el matorral de cruces, deletreando nombres, permaneciendo indeciso ante los rótulos borrosos. René efectuaba el mismo trabajo por otro lado. Chichí avanzó sola de tumba en tumba. El viento hacía revolotear sus velos negros.

Los rizos se escapaban de su sombrero de luto cada vez que inclinaba la cabeza ante una inscripción pugnando por descifrarla. Sus breves pies se hundieron en los surcos. Recogió su falda para marchar con más soltura, dejando al descubierto una parte de su adorable basamento. Una atmósfera voluptuosa de vida, de belleza oculta, de amor, siguió sus pasos sobre la tierra de muerte y podredumbre. A lo lejos sonaba la voz del padre.

—¿Todavía no?

Los dos viejos se impacientaban, queriendo encontrar cuanto antes la tumba de su hijo.

Transcurrió media hora sin que los exploradores diesen con ella. Siempre nombres desconocidos, cruces anónimas o inscripciones que consignaban cifras de otros regimientos. Don Marcelo ya no podía tenerse en pie. La marcha por la tierra blanda, a través de los surcos, era para él un tormento. Empezó a desesperarse... ¡Ay! No encontraría nunca la sepultura de Julio. Los padres también la buscaron por su lado. Inclinaban sus cabezas dolorosas ente todas las cruces; hundían muchas veces los pies en el montículo largo y estrecho que parecía marcar el bulto de un cadáver. Leían los nombres... ¡Tampoco estaba allí! Y seguían adelante por el rudo camino de esperanzas y desalientos.

Fue Chichí la que avisó con un grito: «¡Aquí..., aquí» Los viejos corrieron temiendo caer a cada paso. Toda la familia se agrupó ante un montón de tierra que tenía la forma vaga de un féretro y empezaba a cubrirse de hierbas.

En la cabecera una cruz, con letras grabadas profundamente a punta de cuchillo, obra piadosa de los compañeros de armas: «Desnoyers...» Luego, en abreviaturas militares, el grado, el regimiento y la compañía.

Un largo silencio. Doña Luisa se había arrodillado instantáneamente, con los ojos fijos en la cruz: unos ojos enormes, de córneas enrojecidas, y que no podían llorar. Las lágrimas la habían acompañado hasta allí. Ahora huían, como repelidas por la inmensidad de un dolor incapaz de plegarse a las manifestaciones ordinarias.

El padre quedó mirando con extrañeza la rústica tumba. Su hijo estaba allí, ¡allí para siempre!... ¡Y no lo vería más! Lo adivinó dormido en las entrañas del suelo, sin ninguna envoltura, en contacto directo con la tierra, tal como le había sorprendido la muerte, con su uniforme miserable y heroico. La consideración de que las raíces de las plantas tocaban tal vez con sus cabelleras el mismo rostro que él había besado amorosamente, de que la lluvia serpenteaba en húmedas filtraciones a lo largo de su cuerpo, fue lo primero que le sublevó, como si fuese un ultraje. Hizo memoria de los exquisitos cuidados a que se había sometido en vida: el largo baño, el masaje, la vigorización del juego de las armas y del boxeo, la ducha helada, los elegantes y discretos perfumes... ¡Todo para venir a pudrirse en un campo de trigo, como un montón de estiércol, como una bestia de labor que muere reventada y la entierran en el mismo lugar de su caída!

Quiso llevarse de allí a su hijo inmediatamente y se desesperó porque no podía hacerlo. Lo trasladaría tan pronto como se lo permitiesen, erigiéndole un mausoleo igual a los de los reyes... ¿Y qué iba a conseguir con esto? Cambiaría de sitio un montón de huesos; pero su carne, su envoltura, todo lo que formaba el encanto de su persona, quedaría allí confundido con la tierra.. El hijo del rico Desnoyers se había agregado para siempre a un pobre campo de la Champaña. ¡Ah miseria! ¿Y para llegar a esto había trabajado tanto él, amontonando millones?...

No conocía siquiera cómo había sido su muerte. Nadie podía repetirle sus últimas palabras. Ignoraba si su fin había sido instantáneo, fulminante, saliendo del mundo con una sonrisa de inconsciencia, o si había pasado largas horas de suplicio abandonado en el campo, retorciéndose como un reptil, rodando por los círculos de un dolor infernal antes de sumirse en la nada. Ignoraba igualmente qué había debajo de aquel túmulo: un cuerpo entero tocado por la muerte con mano discreta, o una amalgama de restos informes destrozados por el huracán de acero... ¡Y no lo vería más! ¿Y aquel Julio que llenaba su pensamiento sería simplemente un recuerdo, un nombre que viviría mientras sus padres viviesen, y se extinguiría luego poco a poco al desaparecer ellos!...

Se sorprendió al oír un quejido, un sollozo... Luego se dio cuenta de que era él mismo el que acompañaba sus reflexiones con un hipo de dolor.

La esposa estaba a sus pies. Rezaba con los ojos secos, rezaba a solas con su desesperación, fijando en la cruz una mirada de hipnótica tenacidad...

Allí estaba su hijo, tendido junto a sus rodillas, lo mismo que de niño, en la cuna, cuando ella vigilaba su sueño... La exclamación del padre estallaba también en su pensamiento, pero sin exasperaciones coléricas, con una tristeza desalentada. ¿Y no lo vería más!... ¡Y era posible esto!

Chichí interrumpió con su presencia las dolorosas reflexiones de los dos. Había corrido hacia el automóvil y regresaba con una brazada de flores.

Colgó una corona en la cruz; depositó un ramo enorme al pie de ésta. Luego fue derramando una lluvia de pétalos por toda la superficie del túmulo, grave y ceñuda, como si cumpliese rito religioso, acompañando la ofrenda con salutaciones de su pensamiento:

«A ti que tanto amaste la vida por sus bellezas y sus sensualismos... A ti, que supiste hacerte amar por las mujeres...» Lloraba mentalmente su recuerdo con tanta admiración como dolor. De no ser hermana, hubiese querido ser su amante.

Y al agotarse la lluvia de flores se apartó, para no turbar con su presencia el dolor gimiente de los padres. Ante la inutilidad de sus quejas, el antiguo carácter de don Marcelo se había despertado colérico, rugiendo contra el Destino.

Miró el horizonte, allí donde él se imaginaba que debían estar los enemigos, y cerró los puños con rabia. Creyó ver a la Bestia, eterna pesadilla de los hombres. ¿Y el mal quedaría sin castigo, como tantas veces?...

No había justicia; el mundo era un producto de la casualidad; todo mentiras, palabras de consuelo para que el hombre sobrelleve sin asustarse el desamparo en que vive.

Le pareció que resonaba a lo lejos el galope de los cuatro jinetes apocalípticos atropellando a los humanos. Vio un mocetón brutal membrudo con la espada de la guerra; el arquero de sonrisa repugnante con las flechas de la peste; al avaro calvo con las balanzas del hambre; al cadáver galopante con la hoz de la muerte. Los reconoció como las únicas divinidades familiares y terribles que hacían sentir su presencia al hombre. Todo lo demás resultaba un ensueño. Los cuatro jinetes eran la realidad.

De pronto, por un misterio de asimilación mental, le pareció leer lo que pensaba aquella cabeza lloriqueante que permanecía a sus pies. La madre, impulsada por sus propias desgracias, había evocado las desgracias de los otros. También ella miraba el horizonte. Se imaginó ver más allá de la línea de los enemigos un desfile de dolor igual al de su familia. Contempló a Elena con sus hijas marchando entre tumbas, buscando un nombre amado, cayendo de rodillas ante una cruz. ¡Ay! Esta satisfacción dolorosa no podía conocerla por completo. Le era imposible pasar al lado opuesto para ir en busca de otra sepultura. Y aunque alguna vez pasase, no la encontraría. El cuerpo adorado se había perdido para siempre en los pudrideros anónimos, cuya vista le había hecho recordar poco antes a su sobrino Otto.

—Señor, ¿por qué vinimos a estas tierras? ¿Por qué no continuamos viviendo en el lugar donde nacimos?...

Al adivinar estos pensamientos, vio Desnoyers la llanura inmensa y verde de la estancia donde había conocido a su esposa. Le pareció oír el trote de los ganados. Contempló al centauro Madariaga en la noche tranquila, proclamando bajo el fulgor de las estrellas las alegrías de la paz, la santa fraternidad de una gentes de las más diversas procedencias unidas por el trabajo, la abundancia y la falta de ambiciones políticas.

Él también, pensando en su hijo, se lamentó como la esposa: «¿Por qué habremos venido?...» Él también, con la solidaridad del dolor, compadeció a los del otro lado. Sufrían lo mismo que ellos: habían perdido a sus hijos. Los dolores humanos son iguales en todas partes. Pero luego se revolvió contra su conmiseración. Karl era partidario de la guerra; era de los que la consideraba como el estado perfecto del hombre, y la había preparado con sus provocaciones. Estaba bien que la guerra devorase a sus hijos: no debía llorarlos. ¿Pero él, que había amado siempre la paz!

¡Él, que sólo tenía un hijo, uno solo..., y lo perdía para siempre!...

Iba a morir, estaba seguro de que iba a morir... Sólo le quedaban unos meses de existencia. Y la pobre compañera que rezaba a sus pies también desaparecería pronto. No se sobrevive a un golpe como el que acababan de experimentar. Nada les quedaba que hacer en el mundo. Su hija sólo pensaba en ella, en formar un núcleo aparte, con el duro instinto de la independencia que separa a los hijos de los padres, para que la Humanidad continúe su renovación. Julio era el único que podía haber perpetuado el apellido. Los Desnoyers habían muerto; los hijos de su hija serían Lacours... Todo terminado.

Don Marcelo sintió cierta satisfacción al pensar en su próxima muerte.

Deseaba salir del mundo cuanto antes. No le inspiraba curiosidad el final de esta guerra que tanto le había preocupado. Fuese cual fuese su terminación, acabaría mal. Aunque la Bestia quedase mutilada, volvería a resurgir años después, como eterna compañera de los hombres... Para él, lo único importante era que la guerra le había robado a su hijo. Todo sombrío, todo negro... El mundo iba a perecer... Él iba a descansar.

Chichí estaba subida en un montículo que tal vez contenía cadáveres. Con el entrecejo fruncido, contemplaba la llanura. ¡Tumbas..., siempre tumbas! El recuerdo de Julio había pasado a segundo término en su memoria. No podía resucitarle ya por más que llorase. La vista de los campos de muerte sólo le hacía pensar en los vivos. Volvió los ojos a un lado y a otro, mientras sujetaba con ambas manos el revuelo de sus faldas, movidas por el viento. René se hallaba al pie del montículo. Varias veces lo miró, luego de contemplar las sepulturas, como si estableciese una relación entre su marido y aquellos muertos. ¡Y él había expuesto su existencia en combates iguales a éste!...

—¡Y tú, pobrecito mío —continuó en alta voz—, podías estar a estas horas debajo de un montón de tierra con una cruz de palo, lo mismo que tantos infelices!...

El subteniente sonrió con melancolía. Así era.

—Ven, sube —dijo Chichí imperiosamente—. Quiero decirte una cosa.

Al tenerlo cerca le echó los brazos al cuello, lo apretó contra las magnolias ocultas de su pecho, que exhalaban un perfume de vida y de amor, le besó rabiosamente en la boca, lo mordió, sin acordarse ya de su hermano, sin ver a los dos viejos que lloraban abajo queriendo morir...; y sus faldas libres al viento, moldearon la soberbia curva de unas caderas de ánfora.

FIN...

CPSIA information can be obtained
at www.ICGtesting.com
Printed in the USA
LVOW04s1751150316
479274LV00014B/299/P

9 781523 424313